Günter Burkart

Weg ins Heim

Günter Burkart

Weg ins Heim

Lebensläufe und Alltag
von BewohnerInnen in
der stationären Altenhilfe

VS VERLAG FÜR SOZIALWISSENSCHAFTEN

Bibliografische Information der Deutschen Nationalbibliothek
Die Deutsche Nationalbibliothek verzeichnet diese Publikation in der
Deutschen Nationalbibliografie; detaillierte bibliografische Daten sind im Internet über
<http://dnb.d-nb.de> abrufbar.

1. Auflage 2009

Alle Rechte vorbehalten
© VS Verlag für Sozialwissenschaften | GWV Fachverlage GmbH, Wiesbaden 2009

Lektorat: Katrin Emmerich / Sabine Schöller

VS Verlag für Sozialwissenschaften ist Teil der Fachverlagsgruppe
Springer Science+Business Media.
www.vs-verlag.de

Umschlaggestaltung: KünkelLopka Medienentwicklung, Heidelberg
Druck und buchbinderische Verarbeitung: Krips b.v., Meppel
Gedruckt auf säurefreiem und chlorfrei gebleichtem Papier
Printed in the Netherlands

ISBN 978-3-531-17022-0

Inhaltsverzeichnis

1 Persönliche Vorbemerkung

Vor dem Hintergrund der demographischen Entwicklungen und trotz eines deutlichen Ausbaus ambulanter Hilfeformen in den letzten beiden Jahrzehnten ist auch nach der Jahrtausendwende für einen Teil der alten Menschen in der BRD der Weg in ein Pflegeheim[1] die vorläufige Endstation ihres Lebensweges. Durch mehr als zwei Jahrzehnte in der ambulanten Arbeit mit Senioren konnte ich die Stationen und Krisen einiger solcher Wege verfolgen und teilweise beratend begleiten. Dass die Gruppe der Alten keine homogene Gruppe darstellt, sondern sich in vielerlei Hinsicht differenziert, wurde mir in dieser Zeit klar. Allerdings erschien mir aus der „ambulanten Perspektive" der Schritt in ein Pflegeheim als ein letzter und endgültiger, als einer jedenfalls, der im Interesse des Betroffenen so lange wie irgend möglich vermieden werden sollte.

In der praktischen Arbeit im Sozialdienst eines Altenheims in Trägerschaft des CQJ[2] schließlich traf ich in den letzten Jahren[3] auf Menschen, die diesen Schritt hinter sich hatten. Einige meiner Vorstellungen zu deren Befindlichkeit in einem Pflegeheim passten nicht zu dem, was ich hier im täglichen Umgang mit alten Menschen erfahren konnte. Wo ich bei den BewohnerInnen überwiegend Trauer, Verzweiflung und Niedergeschlagenheit erwartet hatte, fand ich das Gegenteil vor: Beziehungen und deren aktive Gestaltung, positives Annehmen der Situation, Interesse an der eigenen Entwicklung. Zwar konnte ich auch beobachten, dass sich manche BewohnerInnen „abgeschoben" fühlten, andere jedoch ließen das Gegenteil im Sinne einer bewussten Entscheidung für ein oder gar für dieses besondere Pflegeheim erkennen. Auch lernte ich einige BewohnerInnen kennen, die im Heim nicht die letzte Station ihres Lebens sahen, sondern eine vorübergehende Bleibe auf dem Weg zurück in verbreitete, nicht-institutionalisierte Lebensformen.

---

[1] Im Folgenden wird der Begriff Heim bzw. Pflegeheim ausschließlich für Einrichtungen der stationären Altenhilfe im Sinne des Pflegeversicherungsgesetzes verwendet. Damit gemeint sind also *nicht* Seniorenwohnanlagen, Wohnheime für Senioren, Einrichtungen des "Betreuten Wohnens" und Mischformen wie mehrgliedrige Einrichtungen.

[2] CQJ ist die anonymisierte Bezeichnung für einen Verein im Rahmen der Träger-Verbände der freien Wohlfahrtspflege

[3] Seit Jahresbeginn 2004

Vor der weiteren Beobachtung, dass sich viele dieser alten Menschen gern mit jüngeren unterhalten und vor allem freudig die eigene Lebensgeschichte erzählen, entstand die Idee zur Untersuchung von Lebensläufen der Heimbewohner und wie diese schließlich in ein Pflegeheim führten. Dabei sollte, neben dem eigentlichen Erkenntnisinteresse, besonders der Dialog zwischen den beteiligten Generationen gefördert werden. Dies mit Studierenden zu organisieren und durchzuführen entstand aus der Überzeugung, neben der Vermittlung und Anwendung entsprechender Methoden zur Bearbeitung relevanter Fragestellungen auch einen Einblick in ein interessantes Praxisfeld zu gewährleisten. Die Realisierung solcher Ideen wurde erleichtert durch einen Lehrauftrag am Fachbereich Erziehungswissenschaften der Goethe Universität in Frankfurt am Main, wo ich seit 1998 Methoden der empirischen Sozialforschung unterrichte und inzwischen, nach meinem Abschied vom CQJ im April 2008, als Lehrkraft für besondere Aufgaben arbeite.

Bei der Planung des Projekts wurde weiterhin davon ausgegangen, dass beteiligte BewohnerInnen einen nicht unwesentlichen Gewinn aus diesen Interviews und den übrigen Begegnungen mit den Studierenden ziehen würden[4]. Wenn sich dies so zeigen sollte, hätten im Idealfall alle Beteiligten Gewinn und Nutzen, vielleicht sogar Spaß bei der Angelegenheit:

- Die BewohnerInnen, die ihre Geschichte erzählen und deren Geschichte noch dazu niedergeschrieben wird, die aber auch Gelegenheit für zusätzliche Aufmerksamkeit durch ihre „Enkel-Generation" erhalten.
- Die Studierenden durch Zugang zu Methoden der Sozialforschung „in Anwendung" in einem klar umrissenen Praxisfeld.
- Das Heim durch zusätzliche Informationen in anonymisierter Form über die Biographie und die Wahrnehmung des Heimalltags eines Teils seiner BewohnerInnen, aber nicht zuletzt auch durch die mit dem Projekt verbundene Öffentlichkeitsarbeit.
- Die Pflegenden durch zusätzliche Unterstützung bei Hilfen für die BewohnerInnen[5], aber auch durch Beachtung und Anerkennung für ihre Tätigkeit durch Außenstehende.

Die Form des Zugangs über Erzählungen von Lebensgeschichten setzte allerdings auf Seiten der BewohnerInnen die Fähigkeit zur angemessenen sprachlichen Kommunikation voraus. Realistisch betrachtet, konnte sich dieses Angebot

---

[4] So auch die Einschätzung der Leitung und der MitarbeiterInnen des Sozialdienstes des Seniorenzentrums.
[5] Selbstverständlich nur außerhalb der eigentlichen Pflegetätigkeiten.

hauptsächlich nur an solche BewohnerInnen wenden, die sich noch weitgehend in ihrer eigenen Geschichte orientieren konnten[6].

Neben qualitativen Interviews sollte in diesem Zusammenhang auch ein quantitatives Bezugsystem entwickelt und eine Erhebung über die psychische und soziale Situation aller BewohnerInnen des Heims erstellt werden. Dieser quantitative Teil sollte zunächst dazu beitragen, die Interviews in einem Gesamtrahmen von Befunden über alle BewohnerInnen zu verorten. Dimensionen dieser Einordnung sollten beispielsweise der Grad der Orientierung und das Maß der Isolation des einzelnen Bewohners sein. Befragte dieser Erhebung wären dann eher die MitarbeiterInnen des Hauses im Bereich der Pflege und Betreuung. Soviel zur Idee.

Schließlich erweiterte sich in der Diskussion mit den beteiligten Studierenden (und ob der schieren Anzahl jener, die unbedingt an dem Projekt teilnehmen wollten und sich auch durch die Androhung von viel Arbeit, umfänglichen Zeitaufwandes[7] usw. nicht abschrecken ließen) die Forschungsfragestellung um noch einen weiteren methodischen Zugang zum Alltag der BewohnerInnen: Eine Teilgruppe der Teilnehmer sollte mit den Methoden der Ethnographie den Heimalltag und seine Routinen festhalten.

Die drei Wege des Herangehens sollten schließlich zusammen geführt werden und eine „dichte Beschreibung" (vgl. Geertz 1987) einer Einrichtung der stationären Altenpflege und ihrer BewohnerInnen ergeben, die geeignet sein sollte, mehr als nur einen oberflächlichen Eindruck vom Leben alter Menschen in diesem Pflegeheim zu geben. Formal betrachtet wurde also eine Einzelfallstudie angestrebt: Der einzelne „Fall" war dabei dieses Pflegeheim mit seinen BewohnerInnen.

Von Seiten der Heimleitung wurde die Idee ausdrücklich begrüßt und unterstützt. Dies war erfreulicherweise auch bei den Mitarbeitern des Hauses, den BewohnerInnen und deren Angehörigen der Fall. Das Projekt begann mit Ende des Sommersemesters 2004 und endete im Februar 2006. Danach erfolgten letzte Auswertungen und die Verschriftung der Ergebnisse.

Allerdings kam neben den genannten drei noch eine vierte Blickrichtung im Laufe der Untersuchung hinzu: Die der Fotografie nämlich, insbesondere die der Porträt-Fotografie. Nachdem während des Forschungsprojekts ohnehin eine Vielzahl von Aufnahmen zur Interaktion von BewohnerInnen, Studierenden und

---

[6] Wobei einige Formen von Demenz durchaus für die Untersuchung und Angebote zugänglich erschienen: Etwa wenn trotz gestörtem Kurzzeitgedächtnis länger zurückliegende Phasen der eigenen Geschichte gut erinnert werden konnten. Allerdings wurden sie dann häufig im gleichen Interview mehrfach wiederholt.

[7] Die Teilnehmer waren regelmäßig mindestens acht bis neun Stunden pro Woche im Heim vor Ort, einige allerdings noch in viel größerem zeitlichen Umfang.

Mitarbeitern entstanden waren, wurde unter dem Titel „Antlitz des Alters - Menschen im Heim" eine Serie von Porträts einiger BewohnerInnen erstellt. Die Idee hierbei war, die Besonderheit und Schönheit alter Menschen festzuhalten und mit diesen und mit Außenstehenden auf dem Weg der Fotografie zu kommunizieren. Allerdings wird dieser Zugang hier nicht ausführlich vorgestellt und auch nicht methodisch diskutiert.

Die vorliegende Untersuchung wurde im Wesentlichen zusammen mit Studierenden in dem von mir geleiteten Seminar „Qualitative und quantitative Methoden in der Pädagogik" im Wintersemester 2004/2005 und im Sommersemester 2005 an der Goethe-Universität in Frankfurt am Main durchgeführt. Im Sommersemester 2005 erhielt ein Teil der Studierenden über die Teilnahme am Seminar hinaus Gelegenheit, in einem folgenden Seminar die zuvor erhobenen Daten auszuwerten, weitere Daten zu erheben und mit anderen, auch quantitativen Methoden zu arbeiten und zu forschen. Im Wintersemester 2005/2006 wurden dann mit größtenteils „neuen" Studierenden die Auswertung der entstandenen Dokumente erneut durchgeführt, allerdings in den Räumen der Universität und, von zwei Exkursionen in die Einrichtung abgesehen, ohne umfangreichen Kontakt der Beteiligten zu den BewohnerInnen des Seniorenzentrums.

In diesem Projekt bin ich als Person[8] gegenüber den Beteiligten in mindestens vier Rollen aufgetreten, die jedoch für diese nicht immer klar trennbar und unterscheidbar waren: Zum Einen als Leiter dieses Forschungsprojekts, der um Vermittlung und Verständigung zwischen den „Eindringlingen", also den Studierenden und Forschenden auf der einen und den BewohnerInnen und Mitarbeitern auf der anderen Seite bemüht war. Zweitens war ich Lehrender gegenüber den Studierenden, das heißt weder „Chef" noch Kollege. Drittens war ich als Prüfer der Hausarbeiten und Diplomarbeiten für einige Studenten in noch anderer, ggf. sanktionierender Weise unterwegs. Und schließlich war ich im Feld tätiger professioneller Sozialpädagoge, der auch dort den Ansprüchen an ihn ausgesetzt war. Im Nachhinein kann ich bekennen: Ziemlich vielschichtig, das Ganze. Aber es hat vor allem Spaß gemacht und ich habe von jeder Seite Engagement und Interesse an der Sache erlebt, deshalb schon an dieser Stelle mein Dank an alle Beteiligten.

---

[8] Die Rollen der übrigen Beteiligten werden weiter unten noch ausführlich beleuchtet. Deshalb beschränke ich mich hier zunächst auf meine Person.

2 Von der Fragestellung zur Konzeption des Forschungsprojekts

2.1 Lebensläufe von BewohnerInnen in einer Einrichtung der stationären Altenhilfe und deren Alltag im Pflegeheim: „Weg ins Heim" oder „weg ins Heim?"

Im Dezember 2005 waren 2,13 Millionen Menschen in Deutschland pflegebedürftig im Sinne des Pflegeversicherungsgesetzes (SGB XI); mehr als zwei Drittel davon (68%) waren Frauen (vgl. Statistisches Bundesamt 2007)[9]. Das Risiko der Pflegebedürftigkeit steigt mit fortschreitendem Lebensalter deutlich an:

> „Mit zunehmendem Alter sind Menschen i. d. R. eher pflegebedürftig. Während bei den 70- bis unter 75-Jährigen ´nur´ jeder zwanzigste (5%) pflegebedürftig war, wurde für die 90- bis unter 95-Jährigen die höchste Pflegequote ermittelt: Der Anteil der Pflegebedürftigen an allen Menschen dieser Altersgruppe betrug dabei 60%. Auffallend ist, dass Frauen ab ca. dem achtzigsten Lebensjahr eine deutlich höhere Pflegequote aufwiesen – also eher pflegebedürftig sind als Männer dieser Altersgruppen. So beträgt z. B. bei den 90- bis unter 95-jährigen Frauen die Pflegequote 65%, bei den Männern gleichen Alters hingegen ´nur´ 44%" (Statistisches Bundesamt 2005: S. 4).

Der überwiegende Teil der Pflegebedürftigen wurde zu Hause versorgt (68%), fast ein Drittel von ihnen (676.582 Personen) lebte jedoch in einem von 10.424 Pflegeheimen; dabei hat die Quote der Pflegebedürftigen mit stationärer Unterbringung gegenüber dem Jahr 2001 deutlich zugenommen. Auch die Anzahl der Pflegeheime ist im gleichen Zeitraum gestiegen (Statistisches Bundesamt 2007). Die Tendenz zur erhöhten „Heimquote" der Pflegebedürftigen wird vom Statistischen Bundesamt bereits zwei Jahre zuvor bemerkt und beschrieben (Statistisches Bundesamt 2005: S. 7):

---

[9] Das Statistische Bundesamt veröffentlicht seine Pflegestatistik alle zwei Jahre, jeweils rückblickend z.B. für 2007 mit Stand Ende 2005. Veröffentlichungen des Statistischen Bundesamtes von 2005 beziehen sich also auf den Zeitpunkt Dezember 2003 usw.

„Gegenüber 2001 hat die Bedeutung der stationären Versorgung zugenommen. Die Zahl der Heime stieg um 6,3% bzw. rund 600; die Zahl der Heime mit vollstationärer Dauerpflege um 5,3% bzw. 440 Heime. Die Zahl der zugelassenen Plätze nahm insgesamt um 5,8% (39.000 Plätze) zu; die Plätze für vollstationäre Dauerpflege um 5,5% (35.000 Plätze). Zunehmend Bedeutung gewinnen dabei die Plätze in 1-Bett Zimmern (+ 11,0% bzw. 34.000 Plätze). Bei den stationär versorgten Pflegebedürftigen ist insgesamt ein Anstieg um 5,9% (36.000 Pflegebedürftige) zu verzeichnen. Die Zahl der vollstationären Dauerversorgten nahm dabei um 5,1% bzw. 30.000 zu. Am stärksten ist hier der Anstieg im Bereich der Pflegestufe I (16.000 bzw. 8,6%)" (Statistisches Bundesamt 2005: S. 7).

In diesen stationären Pflegeeinrichtungen arbeiteten 2005 insgesamt 546.000 Personen, umgerechnet in Vollzeitäquivalente (Vollzeitstellen) entsprach dies 405.000 Stellen. Die MitarbeiterInnen waren mit 85% zum überwiegenden Teil weiblich und etwa zur Hälfte (50% der Personen und 53% der Vollzeitäquivalente) ausgebildete Pflegefachkräfte, also vor allem Altenpflegerinnen oder Krankenschwestern (Altenpfleghelferinnen wurden nicht als Fachkräfte gezählt). In der Tendenz fanden sich in den Heimen die älteren und im Sinne der Pflege hilfebedürftigeren Menschen. Ebenso ist der Anteil der Frauen im Heim mit 77% deutlich höher als bei den zuhause Gepflegten (63%).

„Von den zu Hause Versorgten waren im Dezember 2005 64% Frauen. Der Frauenanteil im Heim war mit 78% deutlich höher. Die Heimbewohner waren zudem älter als die zu Hause Gepflegten: Bei den Heimbewohnern waren ungefähr die Hälfte (46%) 85 Jahre und älter, bei den zu Hause versorgten ca. ein Viertel (27%). Schwerstpflegebedürftige wurden zudem eher im Heim versorgt: Der Anteil der Pflegebedürftigen der Stufe III (höchste Pflegestufe) betrug im Heim 21% – bei den zu Hause Versorgten 10%" (Statistisches Bundesamt 2007: S. 4).

Das Pflegeheim ist damit in der Tendenz ein Ort der schwer- und schwerstpflegebedürftigen, hochaltrigen Frauen. Die Gründe für den hohen Anteil des weiblichen Geschlechts dürften in der höheren Lebenserwartung von Frauen, in den überproportional männlichen Opfern des zweiten Weltkriegs und in der höheren Bereitschaft von Frauen zur Pflege ihres Lebensgefährten liegen. Der „Feminisierung in der Gruppe der Pflegebedürftigen" (Hanisch-Berndt und Göritz 2005: 2.1.) entspricht eine vergleichbare Entwicklung bei den Angestellten in diesen Einrichtungen: Auch sie sind in sieben von acht Fällen weiblich.

Nicht nur die Anzahl der Pflegebedürftigen ist in den letzten Jahren gewachsen. Der Anteil der Menschen in Pflegeheimen wächst gegenüber den Pflegebedürftigen insgesamt überproportional, wie die folgende Tabelle über einen Zeitraum von sechs Jahren verdeutlicht (vgl. Statistisches Bundesamt 2007: S. 24).

Tabelle 1: Pflegebedürftige insgesamt und in Pflegeheimen von 1999 bis 2005

	15.12.1999	15.12.2001	15.12.2003	15.12.2005	Steigerung gegenüber 1999
Pflegebedürftige insgesamt	2.016.091	2.039.780	2.076.935	2.128.550	+ 5,58%
Pflegebedürftige in Heimen	573.211	604.365	640.289	676.582	+ 18,03%

Die Versorgung pflegebedürftiger Menschen in stationären Einrichtungen scheint also nicht an Bedeutung zu verlieren, eher zeichnet sich für die Zukunft mit zunehmender Lebenserwartung der Bevölkerung und zunehmendem Anteil von hochaltrigen Menschen das Gegenteil ab. Damit stellt sich die Frage, wie Menschen in solch ein Pflegeheim gelangen und was sie dort erwartet. Entscheiden sie sich für ein Leben im Heim oder bleibt ihnen nichts anderes übrig? Werden sie überhaupt gefragt, oder entscheiden das andere für sie? Ist also der Übergang von alten, pflegebedürftigen Menschen in eine Einrichtung der stationären Altenhilfe für die Betroffenen ein „Weg ins Heim", oder werden sie in solche Hilfeformen „gesteckt", im Sinne von „weg ins Heim[10]"? Und wenn es dann soweit gekommen ist, was erwartet einen alten Menschen in solch einer Einrichtung? Ist das Heim für die BewohnerInnen ein Ort der Abgeschobenen, Einsamen und Verzweifelten?

2.2 Vorläufige Überlegungen zur Fragestellung und zu den Zielen des Forschungsprojekts

Die Untersuchung soll die Frage beantworten, welche Konstellationen und Bedingungen für ältere Menschen oder deren Angehörige zu einer Entscheidung für das Leben in einem Altenpflegeheim führen. Weiterhin auch die Frage, wie sich ihnen der Alltag in einem solchen Heim und konkret in dieser Einrichtung[11] darstellt. Dabei stellt sich gleich zu Beginn das Problem, wer die Entscheidung für ein Pflegeheim bezüglich des Betroffenen getroffen hat. Damit ergeben sich im Einzelnen folgende Teilaspekte, die zu klären sind:

---

[10] "Weg ins Heim oder weg ins Heim?" war unter den Beteiligten die geläufige Kurzbezeichnung für das Forschungsprojekt.
[11] Einer Einrichtung, die zweifellos ihre besondere "Eigenart" mitbringt, wie alle übrigen Einrichtungen dieser Art natürlich auch; gemeint ist die jeweilige "Kultur" der Institution, die nach dem Vorverständnis nicht unerheblich sein könnte.

1. Durch welche Konstellation von Umständen wurde die Entscheidung für den Übergang in ein Pflegeheim getroffen?
2. Wer hat diese Entscheidung getroffen, wer war außerdem beteiligt?
3. Was erwartet die neue HeimbewohnerIn nach dem Einzug, mit welchen Bedingungen, welchen Möglichkeiten und Einschränkungen hat sie künftig zu leben?

Entlang dieser Aspekte der Fragestellung sollte durch drei Formen der Annäherung an den Untersuchungsgegenstand Material erhoben werden: Zum einen durch die Beschreibung der HeimbewohnerInnen anhand quantitativer Merkmale wie Alter, Dauer des Aufenthalts in der Einrichtung usw. im quantitativen Fokus. Weiterhin sollte durch teilnehmende Beobachtung im ethnographischen Fokus der Heimalltag festgehalten werden. Im biographischen Fokus schließlich sollte durch Interviews die Lebensgeschichte von BewohnerInnen aufgezeichnet und hinsichtlich der Gründe für einen Heimübergang untersucht werden.

Vermutet wurde, dass sich in den Lebensläufen der BewohnerInnen dieses Pflegeheims prozesshafte Strukturen finden lassen, die mit der Aufnahme in die stationäre Pflege in Zusammenhang stehen und die im Rahmen einer Typologie darstellbar und vergleichbar sind. Damit wird für die biographische Betrachtung eine Orientierung an den Methoden des narrativen Interviews bereits nahegelegt (vgl. Schütze 1983: S. 284f.; Flick 2002: S. 146 ff.; Hopf 2003: S. 355 ff.).

Die Entscheidung für ein Pflegeheim wurde vorerst als das Ergebnis einer Reihe von Krisen im Lebenslauf des Betroffenen verstanden; nach dem Vorverständnis waren es eine oder mehrere dieser Krisen, die zur Entscheidung für das Heim geführt haben. Im Lebenslauf des Betroffenen dürfte das aber nicht die letzte solcher kritischen Veränderungen gewesen sein: Im Heim stellen sich neue Herausforderungen, vor allem wegen neuer Beziehungen und Konflikte. Hier begegnen sich aus Sicht des „Neuzugangs" (intern übliche Bezeichnung für gerade hinzugezogene BewohnerInnen) im Wesentlichen drei Gruppen von Personen: Einerseits die anderen BewohnerInnen, die schon den Alltag im Heim mitbestimmen. Andererseits die MitarbeiterInnen des Hauses, zu denen die Neuen zwangsläufig schon wegen der großen Nähe bei pflegerischen Hilfen in eine Beziehung eintreten. Nicht zuletzt die Angehörigen, die eigenen, aber auch die fremden. Zwischen diesen drei Gruppen findet der Heimalltag statt und wird im Konflikt ausgetragen, ausgehandelt oder vollzieht sich freundlich. Die klassische Dreiheit jeden pädagogisch fassbaren Verhältnisses: Der Klient, der Angehörige, der Professionelle[12]. Welche Formen der Kommunikation, welche Kontakte und welche „Rituale" sind dabei mit dem Leben in diesem Heim verbunden?

---

[12] Vgl. Goffman 1972: S 309. Goffman beschreibt nicht nur das Verhältnis von Pädagogen, Angehörigen und unmittelbaren Klienten der Pädagogen (nicht unähnlich auch den Pflegeberufen): Er stellt

Im Heim stellen sich meist auch zusätzliche Veränderungen der persönlichen, gesundheitlichen und kognitiven Fähigkeiten des Bewohners ein, meist langfristig nicht zum Besseren. Sind Altenpflegeheime Einrichtungen, wo es „zum Sterben hingeht"? Wo der endgültige Abgang aus diesem Leben einigermaßen würdig (oder auch nicht) begleitet wird? Wie empfinden die Betroffenen dabei? Ist es für sie ein „Weg ins Heim" oder ein „weg ins Heim?" – ein Abgeschobensein oder ein neuer, zu gestaltender Lebensabschnitt? Und wie viel aktive Gestaltung, wie viel Abhängigkeit, wie viel Freiheit bleibt hierbei jeweils übrig? Auch hierzu könnten sich Angaben in den Lebensgeschichten finden lassen, ergänzend sollten aber vor allem in den ethnographischen Texten entsprechende Hinweise vorkommen.

Es wurde bereits angedeutet, dass nicht ausschließlich qualitativ geforscht werden sollte. Die Trennung zwischen beiden Forschungstraditionen, die zeitweise sehr strikt betrieben wurde, erscheint heute erfreulicherweise nicht mehr so hart (oder dogmatisch?) zu verlaufen (vgl. z.B. Kelle u. Erzberger 2003: S 299 ff.; Kromrey, 1998: S. 524). Im Projekt schien es jedenfalls von vornherein notwendig, die Grundgesamtheit, über die eine Aussage getroffen werden sollte, in Gänze quantitativ zu beschreiben. Dies schien schon deshalb wichtig, um ausgewählte Gruppen von Personen wie die Interviewten etwa, in dieser Gesamtheit „verorten" zu können. Es dürfte leicht nachvollziehbar sein, dass Menschen mit fortgeschrittenen Formen der Desorientierung für eine Serie narrativer Interviews schwer zugänglich sind. Umso wichtiger erschien es daher, die Interviewten im Verhältnis zu den übrigen BewohnerInnen in ein quantitativ beschreibbares Verhältnis zu setzen.

Dabei stellt sich natürlich das Problem, über wen oder was eigentlich mit den Ergebnissen etwas ausgesagt werden soll: Aussagen getroffen werden hier einerseits über einzelne BewohnerInnen und ihre Geschichte, soweit es sich um die Interviewten handelt; hierzu wurden die teilweise recht umfangreichen, verschrifteten Interviews von 22 Bewohnerinnen und Bewohnern[13] ausgewertet. Zugleich werden Aussagen über dieses konkrete Pflegeheim und seine BewohnerInnen getroffen, die sich in den Beschreibungen und Protokollen im ethnographischen Focus in der entsprechenden Auswertung wiederfinden.

Es war ebenfalls ein Ziel des Projekts, die verschiedenen methodischen Zugänge insofern zusammen zu führen, dass die Ergebnisse aller drei methodischen

---

ab auf grundsätzlich jede Expertendienstleistung und grenzt diese gegenüber sich expertisierend darstellenden "Verkäufern" von Dienstleistungen ab (vgl. ebenda).

[13] Übrigens ist im Folgenden mit der männlichen Form auch die weibliche gemeint. Und umgekehrt. Wenn ich ein bestimmtes Geschlecht meine, schreibe ich das also ausdrücklich dazu. Überwiegend verwende ich allerdings die inzwischen übliche Form "BewohnerIn", und "MitarbeiterIn", was schon allein der belegten Tatsache überwiegend weiblicher Akteure in allen drei Gruppen geschuldet ist.

Herangehensweisen auch den anderen Blickwinkeln zur Verfügung gestellt werden sollten: Wenn also einer der „Ethnographen" in einem Gespräch mit einem der Interviewten wesentliche Erkenntnisse oder Einblicke in die Lebensgeschichte eines solchen Bewohners erhielt und protokollierte, stellte er dies den „Biographen" zur Verfügung, wie umgekehrt Beschreibungen des Heimalltags aus der Sicht der „Interviewten" weiter gegeben wurden. Die quantitativen Ergebnisse wurden ohnehin an alle Beteiligten weitergegeben[14].

Es sollte also, zusammenfassend gesagt, bei dieser Untersuchung um typische Formen gehen, wie ein alter Mensch in ein Pflegeheim gelangt, wie sie oder er sich mit den Verhältnissen dort arrangiert und wie dies von Seiten der Einrichtung reguliert wird. Neben den schon erwähnten Zielen der Vermittlung von Methoden der empirischen Sozialforschung gegenüber den beteiligten Studierenden hatte die Untersuchung das Ziel, auf die Lebensbedingungen alter Menschen und der Pflegenden in stationären Einrichtungen der Altenhilfe aufmerksam zu machen und die Diskussion um die Ausgestaltung solcher Einrichtungen anzuregen.

2.3 Das CQJ-Seniorenzentrum C-burg

Das CQJ-Seniorenzentrum C-burg[15], fertig gestellt 1998, steht in der Kreisstadt C-burg des Kreises N-burg etwa fünf Gehminuten westlich des neuen Stadtzentrums mit Rathaus, Kreisverwaltung und Einzelhandelsgeschäften. In C-burg leben etwa 33.000 Einwohner. Im Süden des Zentrums, nur durch eine wenig befahrene Nebenstraße getrennt, findet sich ein weitläufiger Park mit Spielplätzen und Biergarten. In den Nachbargebäuden des Zentrums sind Wohnungen des „Betreuten Wohnens" und eine Beratungsstelle für Senioren, beides in städtischer Trägerschaft, untergebracht. Eine der größeren Durchgangsstraßen der Stadt geht in etwa 400 Metern Entfernung am Zentrum vorbei.

Vor dem Gebäude befindet sich ein kreisförmiger Platz mit Brunnen in der Mitte, der von Sitzbänken umgeben ist. In den wärmeren Jahreszeiten wird der Platz als Treffpunkt genutzt. Dort finden auch das jährliche Sommerfest und gelegentliche Grillpartys statt.

Das Seniorenzentrum ist ein Gebäude mit fünf Geschossen und ungewöhnlichem Grundriss: Dieser ist punktsymmetrisch als dreistrahliger Stern aufgebaut, dessen Strahlen sich am Ende nochmals in je zwei Flure verzweigen. Die Gebäudestruktur hat damit einen fraktal anmutenden Charakter, es gibt keine

---

[14] Die Beteiligten waren zuvor schriftlich zur Verschwiegenheit außerhalb des Projekts verpflichtet worden. Sofern im Folgenden Namen von Bewohnern genannt werden, sind diese anonymisiert.
[15] Auch die Namen von Städten und Gemeinden sind im Folgenden anonymisiert wiedergegeben.

endlos langen Gänge. Insgesamt wirkt das Gebäude von außen zwar groß - es ist deutlich größer als die Nachbargebäude - aber nicht klotzig, von innen hell und luftig.

Im oberen Stockwerk sind sieben Wohnungen des „Betreuten Wohnens" in Trägerschaft des CQJ vorhanden, im ersten, zweiten und dritten Stockwerk befindet sich der Bereich des Pflegeheims mit den Bewohnerzimmern für 96 BewohnerInnen in drei Wohnbereichen (abgekürzt WB), die den Stockwerken entsprechen. Von den 96 Betten[16] befinden sich 32 in Doppelzimmern mit etwa 25 Quadratmetern Wohnfläche. Die Einzelzimmer haben eine Fläche von etwa 22 Quadratmetern; alle Zimmer verfügen über ein eigenes Badezimmer. In den Wohnbereichen 1 und 2 sind je sechs Doppelzimmer und 24 Einzelzimmer, im WB 3 sind es vier Doppelzimmer und 16 Einzelzimmer; hier fehlt der nördliche der Gänge, statt dessen befindet sich dort ein großer Wintergarten mit vorgelagerter Dachterrasse. Die Preise pro Tag und Person sind zwar, wie in solchen Einrichtungen üblich, nach Pflegestufen differenziert, aber nicht nach der Zimmerform, also bei Unterbringung im Doppelzimmer gleich hoch wie im Einzelzimmer[17]. Die Einzelzimmer werden nach einer Warteliste vergeben, sodass jede neue BewohnerIn zunächst einige Monate sein Zimmer mit einer weiteren BewohnerIn teilt; zum Teil werden die Doppelzimmer von Ehepaaren bewohnt.

Im Zentrum jedes Wohnbereichs befindet sich der Besprechungs- und Aufenthaltsraum der MitarbeiterInnen von Pflege und Hauswirtschaft, der für BewohnerInnen und BesucherInnen frei zugänglich ist. Davon abgeschlossen ist ein zum Flur hin verglaster, von außen einsehbarer, in der Regel aber verschlossener Raum mit Medikamenten und Kommunikationseinrichtungen. In unmittelbarer Nähe hierzu finden sich auch Funktionsräume wie Wannenbäder, Lagerräume für Material und Geräte und die beiden Aufzüge. In jedem der Gänge befinden sich im Bereich ihrer Verzweigung ein heller Speisebereich für 12 Personen, der zu den Fluren hin offen gestaltet wurde, ein weiterer Aufenthaltsbereich mit Sofa und Sesseln und eine kleine Küche. Daneben findet sich in jedem Wohnbereich ein kleiner Gemeinschaftsraum, „Wohnzimmer" genannt, mit Fernsehgerät, Sofas und Sesseln, der zum Flur hin ebenfalls verglast ist. Wände und Tische sind mit Bildern und Dekorationsmaterial unterschiedlich und abwechslungs-

---

[16] Von den 96 Betten werden planmäßig nur 95 Betten belegt. Ein Bett wird i.d.R. für "Kurzzeitpflege" oder für Notfälle freigehalten, etwa wenn ein Bewohner wegen ansteckender Krankheiten nach Klinikaufenthalten "isoliert" werden muss.

[17] Die Kosten pro Tag betragen derzeit für die erste Pflegestufe € 73,10 (als Gesamtpreis; darin enthalten sind die Kosten für Pflege, Unterkunft, Verpflegung, Reinigung, Wäscheservice usw.). Dem stehen durchschnittliche Kostenbeiträge der Pflegekassen in Höhe von etwa € 34,10 täglich gegenüber (monatlich € 1.023,- bei Pflegestufe I); die Differenz von ca. € 39,00 täglich ist vom Bewohner, seinen Angehörigen oder vom Sozialhilfeträger zu finanzieren.

reich gestaltet. Jeder Wohnbereich hat eine spezifische, dominierende Farbe, so ist z.b. der WB1 der „blaue Wohnbereich".

Im Erdgeschoss des Gebäudes befinden sich im Nordflügel die Gemeinschaftsräume, drei davon, durch verschiebbare Wände getrennt, können zu einem großen Festsaal für 150 Personen verbunden werden, in dem die meisten Veranstaltungen und Festlichkeiten stattfinden. Der Mittelteil dieses Saals öffnet sich über mehrere große Glastüren zum weitläufigen Garten und zur vorgelagerten Terrasse der Anlage. Daneben sind hier weitere Räume für Kleingruppen, sowie das Büro des Hausmeisters und ein Verwaltungsbüro beherbergt.

Im südöstlichen Flügel ist eine Großküche untergebracht, wo die Mahlzeiten für die BewohnerInnen frisch hergestellt werden. In diesem Teil findet sich neben einem Friseur-Salon auch das Bistro mit Blick auf den Brunnenvorplatz und den Park, getrennt in einen Raucher- und einen Nichtraucher-Bereich. Das Bistro ist nicht nur für BewohnerInnen, Angehörige und MitarbeiterInnen zugänglich, sondern öffnet sich auch BesucherInnen aus der Umgebung. Insbesondere BewohnerInnen des umliegenden „Betreuten Wohnens" essen hier regelmäßig zu Mittag oder kommen auf ein Eis oder ein Glas Wein vorbei. Dabei wird vom Haus konzeptionell auch das Ziel verfolgt, BewohnerInnen des Seniorenzentrums Gelegenheit zur Begegnung mit Außenstehenden zu geben.

Im südwestlichen Flügel schließlich befinden sich im Erdgeschoß die Räume von Verwaltung, Heim- und Pflegedienstleitung und Sozialdienst, dahinter eine Tagesstätte für an Demenz erkrankte Senioren mit eigenem Garten. Im Eingangsbereich, der „Halle" des Zentrums ist der offene Empfang untergebracht, daneben vielfältige, jahreszeitlich wechselnde Dekoration, Hinweistafeln zu den Gruppenangeboten im Haus und zu aktuellen Themen, Aquarien, mehrere Sofas und weitere Sitzgelegenheiten.

2.4 Konzeptioneller Rahmen und MitarbeiterInnen des Seniorenzentrums

Der Begriff „Seniorenzentrum" wird innerhalb und außerhalb der Einrichtung und des Trägers durchaus unterschiedlich verwendet. Einerseits sprechen Außenstehende vom Seniorenzentrum als baulicher Einheit, die ebenso das Betreute Wohnen des CQJ und die Tagesstätte im Haus umfasst; im Bereich der Pflege wird der Begriff dagegen nur auf den inneren Kern, nämlich das eigentliche Pflegeheim, angewandt. In diesem Sinn wird der Begriff auch hier verwendet: Wenn von der Baulichkeit die Rede ist, wird das gesamte Gebäude gemeint, wenn von BewohnerInnen gesprochen wird, sind die BewohnerInnen im Pflegebereich gemeint. Wenn von Mietern des Betreuten Wohnens des CQJ und BesucherInnen der Tagesstätte die Rede ist, wird das entsprechend betont.

Die Gründe für diesen etwas kompliziert wirkenden Sprachgebrauch liegen historisch in organisatorischen Besonderheiten der Aufgabenbereiche unter diesem Dach: Zuständig und verantwortlich für den Bereich des Kerns, des eigentlichen „Pflegeheims" war und ist die Heimleitung. Sie ist für das Betreute Wohnen weder verantwortlich noch ist sie weisungsbefugt gegenüber den dortigen Mitarbeitern; gleiches gilt für die Tagespflege: Das eine wird gesteuert, verwaltet und betreut vom CQJ-Kreisverband N-burg, dem Träger des Zentrums. Die Tagespflege befindet sich zwar auch in der Trägerschaft des CQJ-Kreisverbands N-burg, war allerdings zuvor eine Gliederung eines Altenheims (typische Bezeichnung von Pflegeheimen vor Einführung der Pflegeversicherung / SGB XI) in Trägerschaft der kreisfreien Stadt N-burg. Durch eine Vereinbarung zwischen CQJ und der Stadt N-burg wurde danach Anfang der 90er Jahre des letzten Jahrhunderts eine gemeinsame Trägerschaft zwischen Wohlfahrtsverband und Kommune besiegelt[18]. Alte Zuständigkeiten und Differenzierungen, unterschiedliche Arbeitsverträge der MitarbeiterInnen[19] und eine gewisse „Vielfalt" innerhalb des Hauses sind die Folge.

Konzeptionelle Festlegungen der ganz grundsätzlichen Art finden sich u.a. im Pflegeleitbild einer Einrichtung der stationären Pflege. Das Pflegeleitbild des CQJ-Seniorenzentrums C-burg definiert folgende Ziele für Pflege und Betreuung seiner BewohnerInnen:

„Wir, das CQJ-Seniorenzentrum C-burg, haben uns in Anlehnung an die (...) Grundsätze des CQJ zur Aufgabe gemacht, unseren Bewohnern in Kooperation mit allen an der Betreuung und Pflege beteiligten Berufsgruppen, eine ganzheitliche und aktivierende Pflege zukommen zu lassen. Wir setzen unsere professionellen Fähigkeiten ein, um jede BewohnerIn, unter Berücksichtigung der einzelnen Biographie und Persönlichkeit, eine adäquate Versorgung anbieten zu können. Unsere Pflege basiert in Theorie und Praxis auf dem Modell der Monika Krohwinkel und schließt Angehörige und Bezugspersonen gleichermaßen in die Pflege mit ein. Es hebt die Individualität des Menschen, sowie sein Selbstbestimmungsrecht, bis in hohe Alter hervor" (CQJ-Seniorenzentrum C-burg 2003).

Die Selbstverpflichtung der Einrichtung stellt also in hohem Maß ab auf individuelle, an den Bedürfnissen der BewohnerInnen orientierter Betreuung und Pflege, die „ganzheitlich", also unter Berücksichtigung aller Lebensaspekte[20] und der

---

[18] Und in der zweiten Jahreshälfte 2005 wieder aufgelöst.

[19] Auch im selben Team, durch Versetzungen, Austausch von Mitarbeitern, neue organisatorische Überlegungen und Besitzstandswahrung.

[20] Hierfür steht der Verweis auf die Pflegewissenschaftlerin Krohwinkel, die mit ihrem Modell der ATL, der "Aktivitäten des täglichen Lebens" eine grundlegende Orientierung für die Pflegeberufe im umfassenden Sinn geschaffen hat.

besonderen Lebensgeschichte auf den einzelnen Menschen eingeht[21]. Das Pflegeziel der „aktivierenden Pflege" bedeutet darüber hinaus das Bestreben, die aktuellen Möglichkeiten des Bewohners nicht nur zu erhalten, sondern nach Möglichkeit zu verbessern[22]. Im Pflegeleitbild ist ebenfalls die angestrebte Haltung der Einrichtung und ihrer MitarbeiterInnen gegenüber den Menschen im Heim als Ziel idealisierend beschrieben:

> „Unser Bestreben ist es, allen Bewohnern partnerschaftlich zu begegnen und ihnen die Möglichkeit zu geben, auch bei physischer Einschränkung ihre Eigenständigkeit zu bewahren und vorhandene Ressourcen fachgerecht zu fördern. Wir möchten, dass die Bewohner in unserer Einrichtung, Sicherheit, Geborgenheit, kompetente Beratung und Unterstützung erfahren. Wir grenzen auch das Sterben und den Tod nicht aus, da dies für uns ein selbstverständlicher Teil des Lebens ist" (CQJ-Seniorenzentrum C-burg 2003).

Diese Ziele sollen die MitarbeiterInnen des Hauses in ihrer Arbeit leiten. Den engsten und häufigsten Kontakt zu den BewohnerInnen haben dabei die in den drei Wohnbereichen Beschäftigten. Die MitarbeiterInnen in den Wohnbereichen des Seniorenzentrums sind überwiegend Pflegefachkräfte mit einer Ausbildung in der Alten- oder Krankenpflege und angelernte Kräfte, vor allem Pflegehelfer und Hauswirtschaftskräfte. Dabei bilden die MitarbeiterInnen relativ feste, „bereichstreue" Teams, die in Wechselschicht hauptsächlich den Frühdienst von 6:15 bis 14:01 Uhr und den Spätdienst von 13:00 bis 20:46 Uhr leisten. Früh- oder Spätdienst sind je WB mit vier bis sechs Mitarbeitern besetzt, die schwerpunktmäßig bestimmte Flügel betreuen. Der Nachtdienst, meist nur zwei bis drei Pflegefachkräfte für das ganze Zentrum, rekrutiert sich aus solchen Mitarbeitern, die auf eigenen Wunsch überwiegend Nachtdienst und nur in Ausnahmefällen Früh- oder Spätdienst leisten (von 20:15 bis 7:00 Uhr). Für jeden Wohnbereich ist eine Wohnbereichsleitung und eine Stellvertretung eingesetzt, die der Pflegedienstleitung unterstellt sind.

Zwischen jedem Schichtwechsel besprechen sich die im Wohnbereich diensthabenden MitarbeiterInnen in einer sogenannten „Übergabe" zu aktuellen Vorkommnissen und Erfordernissen, die umfangreichste Übergabe findet täglich von 13:00 bis 14:00 Uhr statt. Zu dieser Besprechung werden auch bedarfsweise MitarbeiterInnen aus anderen Aufgabenbereichen wie Küche oder Sozialdienst hinzu gezogen oder melden ihrerseits ihre Teilnahme an. Krankengymnastik,

---

[21] "Ganzheitliche Pflege – Ein Pflegeverständnis, das den Menschen als untrennbare Körper-Seele-Geist-Einheit wahrnimmt und die Pflege in diesem Sinne konzipiert" (Koch-Straube 2003: S. 434).
[22] "Aktivierende Pflege – Eine über die Grund- und Behandlungspflege hinausgehende oder besser sie integrierende Versorgung, die die Erhaltung und Förderung der Selbständigkeit und Eigenverantwortlichkeit der (alten) Menschen zum Ziel hat" (Koch-Straube 2003: S. 433).

Logopädie, Fußpflege und dergleichen werden von externen Kräften erbracht, gleiches gilt für die ärztliche Versorgung.

Die für die BewohnerInnen erbrachten Leistungen werden in verschiedenen „Bewohnerakten" im Wohnbereich dokumentiert, getrennt nach Leistungen der Pflege und des Sozialdienstes. Diese Dokumentationen sind wesentliche Grundlagen der regelmäßigen Überprüfung der Einrichtung durch die Heimaufsicht einerseits und der Pflegekassen, vertreten durch den Medizinischen Dienst der Pflegekassen (MDK) andererseits; beide Institutionen tauschen die Ergebnisse ihrer Kontrollen aus.

2.5 Die BewohnerInnen des Pflegeheims

Die BewohnerInnen der Wohnbereiche sind allesamt „pflegebedürftig" im Sinne des Pflegeversicherungsgesetzes (Gesetz zur Absicherung des Risikos der Pflegebedürftigkeit – PflegeVG; auch: 11. Sozialgesetzbuch, SGB XI). Der Begriff der Pflegebedürftigkeit ist im Gesetzestext definiert. Dort werden in Abhängigkeit von der Pflegebedürftigkeit die Voraussetzungen genannt, nach denen Versicherungsleistungen gewährt werden:

„Pflegebedürftig sind Personen, die wegen einer körperlichen, geistigen oder seelischen Krankheit oder Behinderung für die gewöhnlichen und regelmäßig wiederkehrenden Verrichtungen im Ablauf des tägliches Lebens auf Dauer, voraussichtlich für mindestens sechs Monate, in erheblichem oder höheren Maße der Hilfe bedürfen." (§ 14 SGB XI).

Als Ursachen für den Hilfebedarf werden im Gesetz „körperliche, geistige und seelische Krankheiten oder Behinderungen" genannt; dies wird im Abs. 2 des § 14 SGB XI näher erläutert:

„Krankheiten oder Behinderungen im Sinne des Absatzes 1 sind: 1.) Verluste, Lähmungen oder andere Funktionsstörungen am Stütz- und Bewegungsapparat, 2.) Funktionsstörungen der inneren Organe oder der Sinnesorgane, 3.) Störungen des Zentralnervensystems wie Antriebs-, Gedächtnis- oder Orientierungsstörungen sowie endogene Psychosen, Neurosen oder geistige Behinderungen." (§ 14 SGB XI).

Die Arten des Hilfebedarfs und der Hilfeleistung sind in Abs. 3 des § 14 SGB XI beschrieben:

„Die Hilfe im Sinne des Absatzes 1 besteht in der Unterstützung, in der teilweisen oder vollständigen Übernahme der Verrichtungen im Ablauf des täglichen Lebens oder in Beaufsichtigung oder Anleitung mit dem Ziel der eigenständigen Übernahme dieser Verrichtungen." (§ 14 SGB XI).

Für die Feststellung der Pflegebedürftigkeit im Sinne des SGB XI wird der Hilfebedarf bei den regelmäßig wiederkehrenden Verrichtungen im Ablauf des täglichen Lebens in den Bereichen der Grundpflege (Körperpflege, Ernährung, Mobilität) und der hauswirtschaftlichen Versorgung berücksichtigt. Diese Verrichtungen sind in § 14 Abs. 4 SGB XI wie folgt aufgeführt:

„Gewöhnliche und regelmäßige wiederkehrende Verrichtungen im Sinne des Absatzes 1 sind:
1. im Bereich der Körperpflege das Waschen, Duschen, Baden, die Zahnpflege, das Kämmen, Rasieren, die Darm- oder Blasenentleerung,
2. im Bereich der Ernährung das mundgerechte Zubereiten oder die Aufnahme der Nahrung,
3. im Bereich der Mobilität das selbständige Aufstehen und Zu-Bett-Gehen, An- und Auskleiden, Gehen, Stehen, Treppensteigen oder das Verlassen und Wiederaufsuchen der Wohnung,
4. im Bereich der hauswirtschaftlichen Versorgung das Einkaufen, Kochen, Reinigen der Wohnung, Spülen, Wechseln und Waschen der Wäsche und Kleidung oder das Beheizen." (§ 14 SGB XI).

Nach der individuellen Bewertung des Hilfebedarfs durch den Medizinischen Dienst der Krankenkassen (MDK) erfolgt bei entsprechendem Bedarf die Einstufung in eine von drei Pflegestufen, die einem Mindestbedarf an Hilfen pro Tag entspricht. Diese sind im § 15 des Gesetzes festgelegt:

„(1) Für die Gewährung von Leistungen nach diesem Gesetz sind pflegebedürftige Personen (§ 14) einer der folgenden drei Pflegestufen zuzuordnen:
Pflegebedürftige der Pflegestufe I (erheblich Pflegebedürftige) sind Personen, die bei der Körperpflege, der Ernährung oder der Mobilität für wenigstens zwei Verrichtungen aus einem oder mehreren Bereichen mindestens einmal täglich der Hilfe bedürfen und zusätzlich mehrfach in der Woche Hilfen bei der hauswirtschaftlichen Versorgung benötigen.
Pflegebedürftige der Pflegestufe II (Schwerpflegebedürftige) sind Personen, die bei der Körperpflege, der Ernährung oder der Mobilität mindestens dreimal täglich zu verschiedenen Tageszeiten der Hilfe bedürfen und zusätzlich mehrfach in der Woche Hilfen bei der hauswirtschaftlichen Versorgung benötigen.
Pflegebedürftige der Pflegestufe III (Schwerstpflegebedürftige) sind Personen, die bei der Körperpflege, der Ernährung oder der Mobilität täglich rund um die Uhr, auch nachts, der Hilfe bedürfen und zusätzlich mehrfach in der Woche Hilfen bei der hauswirtschaftlichen Versorgung benötigen." (§ 15 SGB XI).

Dementsprechend sind die im Pflegebereich lebenden Menschen erheblich pflegebedürftig oder schwer- und schwerstpflegebedürftig. Interessenten ohne Pflegestufe (mindestens Pflegestufe 1) werden nicht aufgenommen. Allerdings kommt es in seltenen Fällen vor, dass BewohnerInnen nach erneuter Begutachtung durch den MDK die Pflegebedürftigkeit „aberkannt" wird, was dann gelegentlich zu Finanzierungsschwierigkeiten für die Betroffenen führt[23].

Interessenten werden bei entsprechender Pflegebedürftigkeit nur aufgenommen, wenn sie mindestens 60 Jahre alt sind, wobei es auch hier fallspezifische Ausnahmen gibt; so war die jüngste Bewohnerin zum Zeitpunkt der Erhebung gerade 56 Jahre alt. Solche Ausnahmen bedürfen regelmäßig der besonderen Genehmigung durch die Heimaufsicht[24].

Der Aufnahme durch den Sozialdienst (SD) des Hauses geht die Prüfung der Möglichkeit zur entsprechenden pflegerischen Versorgung durch die Pflegedienstleitung voraus; die Grundlage für diese Prüfung bilden schriftliche Berichte des behandelnden Arztes. Dabei muss berücksichtigt werden, dass das Seniorenzentrum ein so genanntes „offenes Haus" ist, in dem kein Bereich besonders gesichert oder abgeschlossen ist. Hochmobile und gleichzeitig hochgradig demenziell veränderte Pflegebedürftige werden daher regelmäßig als Bewerber abgelehnt[25].

Zwar sollen bei den Interessenten beide Geschlechter gleich behandelt werden. Das Problem für männliche Pflegebedürftige, überhaupt in diesem Haus aufgenommen zu werden, liegt aber bei den Doppelzimmern: Jeder Neuankömmling wird zunächst, nicht zuletzt aus Gründen der Gleichbehandlung, im Doppelzimmer aufgenommen. Bei einem deutlich erhöhten Anteil von weiblichen BewohnerInnen zusammen mit dem Zugang im Doppelzimmer haben Männer daher eine deutlich geringere Chance, in das Seniorenzentrum zu kommen. Entsprechend ist die Verteilung der Geschlechter, nämlich mehr als vier Bewohnerinnen auf einen Bewohner.

Der Besuch von Angehörigen der BewohnerInnen und deren Präsenz im Haus ist im Seniorenzentrum erwünscht und wird vom Haus unterstützt. Dies zeigt sich beispielsweise auch darin, dass Angehörige bei Tagesaktivitäten, Gruppenangeboten und Veranstaltungen oder Festivitäten regelmäßig (teilweise in großer Anzahl) vertreten sind.

---

[23] Nicht aber zwingenderweise zum Auszug aus dem Seniorenzentrum. Diese Entscheidung bleibt dem Bewohner überlassen.

[24] Es finden sich in Deutschland eine Reihe von Wohn- und Pflegeheimen, die auf besondere Personengruppen ausgerichtet sind; dies sind vor allem jüngere Menschen mit geistiger, aber auch mit körperlicher Behinderung.

[25] Auch hier gibt es Pflegeheime mit beschützenden Abteilungen oder Wohngruppen für diesen Personenkreis.

Die Betten des Pflegeheims sind immer belegt. Wenn BewohnerInnen versterben, sind in der Regel bereits nächste Interessenten zur Aufnahme bekannt. Der Kontakt dieser Anwärter zur Aufnahme wird von diesen selbst, ihren Angehörigen, den gesetzlichen Betreuern oder den Krankenhäusern der Umgebung hergestellt. Eine Warteliste im eigentlichen Sinn wird nicht geführt, es werden auf Wunsch aber die Daten von Interessenten festgehalten, die sich vorsorglich mit dem Haus in Verbindung setzen. Bei dringendem Bedarf von Interessenten, beispielsweise bei bevorstehender Entlassung aus einer Klinik, wird zur übergangsweisen ambulanten oder stationären Pflege mit Pflegediensten, Einrichtungen der Kurzzeitpflege und anderen Pflegeheimen kooperiert, falls zur Zeit kein Platz im Seniorenzentrum C-burg verfügbar ist.

2.6 Stand der Forschung und theoretische Orientierung

In der sozialwissenschaftlichen Literatur finden sich zwar gelegentlich Aussagen über Menschen in Pflegeheimen, selten aber wurden Studien aus der „Innenperspektive" solcher Einrichtungen heraus durchgeführt. Es hat auf den ersten Blick den Anschein, dass diese besondere Form des Gemeinschaftslebens im Alter von Wissenschaft und Gesellschaft weitgehend ausgeblendet wird. Die Auseinandersetzung mit solchen „Soziotopen" erfolgt meist aus der Distanz heraus und ist überwiegend von kritischer Natur, wie etwa in den Ausführungen von Johan Galtung zu der Frage von neu zu formulierenden Menschenrechten und deren Chancen zur Durchsetzung:

> „Meine Liste könnte ganz gut das Recht der Alten auf ein Leben in ihrer Familie enthalten. Es ist klar, dass sich dieses Recht gegen Alten- und Pflegeheime richtet. Dabei ist die Frage nach der Wahrscheinlichkeit, dass ein solches Recht von jenen Ländern, die in großem Stil ihre Alten von den Familien trennen und ins Altersheim stecken, jemals formell angenommen wird, gar nicht einmal das zentrale Problem. Denn in punkto Umsetzung - und darauf käme es an –wären die führenden Länder der Ersten Welt bei einem Menschenrecht wie diesem mit Sicherheit ganz am Ende der Skala. Es würde sich die übliche Rangordnung also glatt umkehren, und das ist für die maßgebenden Länder Grund genug, sich der Umsetzung eines solchen Rechts zu widersetzen." (Johan Galtung 2000 in Hirsch, 2002: S. 16).

Hier zeigt sich die Vermutung, dass „Alte ins Heim gesteckt" werden, dass also ein hohes Maß an Fremdbestimmung mit der Heimaufnahme verbunden ist und dem alten Menschen von der Gesellschaft zudem eine Herausnahme aus der Familie in eine für ihn neue und erzwungene institutionalisierte Sozialform zugemutet wird. Dies wird auch bei Hirsch deutlich, der eine Ursache hierfür in der

Anwendung des Betreuungsrechts, eine andere in der Organisation der medizinischen Versorgung alter Menschen sieht:

„Kaum ein alter Mensch geht freiwillig in ein Pflegeheim. Er wird auch selten gefragt. Wenn ein alter Mensch 'unter Betreuung steht', ist sein Wille zwar de jure mitentscheidend, de facto aber 'völlig uninteressant'. Das - eigentlich sozialpsychiatrischen Vorstellungen entsprechende - Betreuungsrecht, welches für den zu Betreuenden eingerichtet wurde, fördert in der Praxis eine 'problemlose' Heimeinweisung oder unnötige Zwangsmaßnahmen. Der (auch mutmaßliche) Wille des Betreuten wird kaum berücksichtigt. Die heute gängige Praxis nach Kosteneinsparung hat dazu geführt, dass kranke alte Menschen häufig einer ineffizienten (Früh)-Diagnostik, einer mangelhaften und im stationären Bereich unter dem Diktat der kurzen Verweildauer liegenden Behandlung ausgesetzt sind mit der Folge, dass sie rascher und häufiger als notwendig in einem Pflegeheim untergebracht werden. Die strikte Trennung zwischen 'Behandlungs-' und 'Pflegefall' der verschiedenen Kostenträger (Krankenkasse vs. Pflegekasse) fördert dieses Vorgehen. Zwischen den gerontopsychiatrischen, geriatrischen und allgemeinmedizinischen/ internistischen Kliniken und der stationären Altenhilfe sind Verschiebebahnhöfe entstanden, die zu einer rascheren Verschlechterung führen und zudem kostentreibend sind" (Hirsch 2002: S. 18).

In dem Beitrag von Thomas Klein und Ingeborg Salaske untersuchen beide die „Bedeutung sozialer Beziehungen für das Heimeintrittsrisiko im Alter" (Klein und Salaske 1994: S. 642). Die Datenbasis liefert hierfür das „Sozioökonomische Panel" aus den Jahren 1984 bis 1991, einer weiteren bundesweiten Repräsentativerhebung in privaten Haushalten: Hieraus wurden 1230 Personen über 64 Jahre in die Untersuchung einbezogen, von denen im Untersuchungszeitraum 55 Personen in einem Heim aufgenommen wurden. Diese Personen wurden mit dem statistischen Verfahren der Ereignisanalyse auf Bedingungen familiärer und anderer sozialer Zusammenhänge hinsichtlich der Heimaufnahme untersucht (Klein und Salaske 1994: S. 653).

Von zentraler Bedeutung bei der Frage nach Heimunterbringung im Alter erscheint den Autoren im Sinne der untersuchungsleitenden Vermutungen das soziale Netzwerk alter Menschen, insbesondere die Beziehung zum Ehepartner, den Kindern, den Geschwistern und anderen Verwandten, den Freunden und den Nachbarn zu sein, was als „informelles Versorgungspotential" bezeichnet wird (vgl. Klein und Salaske 1994: S. 641). Die Bedeutung der Vertreter dieses Versorgungspotentials ist aus ihrer Sicht hierarchisch abgestuft:

„Innerhalb des sozialen Unterstützungsnetzwerkes alter Menschen wird (was die praktische Unterstützung betrifft) von einer hierarchischen Ordnung ausgegangen, wobei die engere Familie (Ehepartner und Kinder) – soweit vorhanden – von größter

Bedeutung ist, gefolgt von Verwandten, Freunden und Nachbarn." (Klein und Salaske 1994: S. 643).

Weil nach dem Ergebnis der Untersuchung Ehepartner und Kinder – vor allem die Töchter – bei der häuslichen Versorgung alter Menschen bezüglich der Heimeintrittsvermeidung eine entscheidende Rolle spielen (Klein und Salaske 1994: S. 656).

> „ ... deutet sich an, dass das soziale Netzwerk, das ledigen Älteren oder auch geschiedenen Älteren zur Verfügung steht, weniger als Garant für praktische Unterstützung zu sehen ist als insbesondere der Ehepartner, oder auch die Kinder. Dies bedeutet nicht unbedingt, dass der Ehepartner oder die Kinder Betreuungsarbeiten lieber übernehmen als Freunde oder Nachbarn. Eventuell spielen in diesem Zusammenhang Normvorstellungen der Gesellschaft und der davon ausgehende Druck auf die Angehörigen und finanzielle Aspekte eine nicht unbedeutende Rolle." (Klein und Salaske 1994: S. 657).

Manchmal bestätigt empirische Forschung eben auch nur Naheliegendes.

In einer weiteren Untersuchung von T. Klein und I. Salaske zusammen mit H. Schilling, S. Schneider und E. Wunder beschäftigen diese sich ebenfalls mit den Gründen für einen Übergang in ein Pflegeheim und deren Zusammenhängen mit sozialstrukturellen Charakteristika von Altenheimbewohnern. Die BewohnerInnen von Einrichtungen der stationären Altenhilfe werden dabei im Vergleich zu der nicht-institutionalisierten Bevölkerung im fortgeschrittenen Alter in Deutschland betrachtet (Klein u.a. 1997). Die Datenbasis der bundesweiten Repräsentativerhebung für die Bevölkerung in Heimen bildet der Altenheimsurvey (vgl. Klein und Gabler 1996), darin wurden etwa 3000 BewohnerInnen von entsprechenden Einrichtungen im Alter über 60 Jahren befragt. Durch die ergänzende Anwendung von so genannten „Proxi-Interviews" wurden auch solche BewohnerInnen einbezogen, die aus gesundheitlichen Gründen nicht mehr selbst befragt werden konnten, indem neben den BewohnerInnen auch Pflegepersonen interviewt wurden. Ein Ziel der Untersuchung war die Analyse von objektiven und subjektiven Gründen für den Heimeintritt (Klein u.a. 1997: S. 55). Zu den Inhalten des Surveys vermerken die Autoren:

> „Zum Gegenstand des Altenheimsurveys gehören insbesondere auch Angaben zur Familienbiographie, zur Gesundheitsbiographie, zu den Lebensumständen und den Wohnverhältnissen vor dem Heimeintritt und zur Veränderung der Kontakthäufigkeit und der geografischen Entfernung zu den Kindern" (Klein u.a. 1997: S. 54).

Verglichen wurden die Daten der Bevölkerung in Einrichtungen mit den Ergebnissen des genannten Sozioökonomischen Panels für die Bevölkerung über 60

Jahren in Privathaushalten. Die Auswertung der Daten hinsichtlich objektiver Gründe für die Heimunterbringung wird mit den Mitteln der multivariaten Statistik vorgenommen (Ereignisanalyse), um überlappende Einflüsse mehrerer Variablen konstant halten zu können:

> „Zur Analyse der Heimeintrittsrate sind deshalb multivariate Analysen notwendig, bei der die Einflüsse der einzelnen Faktoren gegenseitig konstant gehalten werden. Die Betrachtung einzelner Faktoren lässt außerdem unberücksichtigt, dass sich die Wirkung verschiedener Faktoren gegenseitig verstärken oder abschwächen kann. Bei einer Analyse möglicher Bestimmungsgründe der Heimeintrittsrate müssen deshalb auch Interaktionseinflüsse Berücksichtigung finden" (Klein u.a. 1997: S. 59).

Die Autoren kommen zu dem Ergebnis, „dass jedes zusätzliche Altersjahr über 60 Jahre die Heimeintrittsrate um etwa 37% erhöht" (Klein u.a. 1997: S. 54), dass aber „der Alterseffekt nicht auf die mit dem Alter zunehmende Verwitwung und den sich verschlechternden Gesundheitszustand zurückzuführen ist". Weiterhin, „dass die Heimeintrittsrate von Frauen nicht statistisch signifikant über der von Männern liegt, wenn der Familienstand und andere Faktoren statistisch konstant gehalten werden. Die oben festgestellte Überrepräsentation von Frauen in Altenheimen hat also offenbar nichts mit einer von anderen Faktoren unabhängig höheren Eintrittsrate von Frauen zu tun" (ebenda).

Bei der Betrachtung subjektiver Gründe für den Heimeintritt kommen die Autoren zu dem Ergebnis, dass diese überwiegend in der gesundheitlichen Situation, gefolgt von fehlenden Sozialkontakten und wohnungsbedingten Gründen zu finden sind (Klein u.a. 1997: S. 60). Zusammenfassend vermerken sie:

> „Unter den als bedeutsam ermittelten Faktoren ergibt sich weitgehend eine Kongruenz der objektiven Gründe mit der subjektiven Sicht der Heimbewohner: Eine angegriffene Gesundheit, ein defizitäres soziales Netzwerk und eine der Pflegebedürftigkeit unangemessene Wohnungssituation kristallisieren sich als subjektive Motive des Heimeintritts heraus" (Klein u.a. 1997: S. 66).

In einer weiteren repräsentativen Stichtagserhebung zum Jahresende 1994 im Auftrag des Bundesministeriums für Familie, Senioren, Frauen und Jugend zu „Möglichkeiten und Grenzen selbständiger Lebensführung in Einrichtungen" nennt Ulrich Schneekloth bei den Gründen des Heimübergangs vor allem die gesundheitliche Situation (62% der Heimbewohner im Westen Deutschlands und 64% der Bewohner im Osten), gefolgt von einer problematischen Pflegesituation (43% im Westen, 46% im Osten), sowie dem Wunsch nach sozialer Einbindung bzw. Betreuung (41% im Westen, 46% im Osten; Mehrfachnennungen). Weitere Gründe waren die mangelnde Eignung der bisherigen Wohnung und der

Wunsch, Angehörigen nicht zur Last zu fallen (Schneekloth 1997: S. 41). Der Zugang zum Pflegeheim erfolgt nach dieser Untersuchung zu 37% aus Kliniken und Übergangseinrichtungen.

Als Indikatoren für Handlungsspielräume der Bewohner in Heimen sieht Schneekloth einerseits die Kontrolle der Bewohner über ihren unmittelbaren Nahbereich, z.b. Umfang der Möglichkeiten zur Gestaltung ihres Zimmers (Bilder, Kleinmöbel, auch Haustierhaltung), andererseits die kontrollfreie Verfügung über Bargeld und Schlüssel für Zimmer und Hauseingangstür. Im erweiterten Sinn nennt er hierzu ebenfalls individuelle Essenszeiten und die Möglichkeit, Besucher auch in der Nacht zu beherbergen.

Andere Darstellungen der Realität im Pflegeheim sind zwar aus der Innenperspektive solcher Einrichtungen heraus geschrieben, haben jedoch oft eine deutliche journalistisch-skandalisierende Tendenz, wie z.B. die Ausführungen von Markus Breitscheidel mit dem Titel „Abgezockt und totgepflegt". In einem Vorwort von Günter Wallraff heißt es dort:

> „Aus seiner Heim-Suchung in die soziale Hölle entstand ein zutiefst aufrüttelnder Insider- und Tatsachenbericht. Empfehlenswert für alle, die nicht verdrängen wollen, dass sie auch einmal alt und pflegebedürftig werden können. Und Pflichtlektüre für die Ausnahmepolitiker, die sich noch ein Gewissen leisten und soziale Verantwortung spüren" (Wallraff 2005: S. 9).

Das Heim als „soziale Hölle"? Die meisten Berichte dieser Art betonen, dass nicht behauptet werde, dass alle Pflegeheime schlecht sind. Andererseits geben die Autoren regelmäßig zu bedenken, dass ohne solche Berichterstattung, die ja schließlich nicht aus der Luft gegriffen sei, kaum jemand die tatsächliche allgemein beklagte Misere in den deutschen Pflegeheimen hinterfragen würde.

Auch Claus Fussek und Sven Loerzer kommen in ihrem Bericht mit dem Titel „Alt und abgeschoben" zu ähnlichen Ergebnissen (Fussek, Loerzer 2005). Als eine der Ursachen für die von ihnen beschriebenen Zustände sehen sie allerdings die Form der Selbstdarstellung von stationären Einrichtungen gegenüber den Kostenträgern und der Öffentlichkeit: Dabei beklagen die Heime einerseits Personalmangel, gleichzeitig behaupten sie, qualitativ hochwertige oder gar optimale Pflege zu leisten. Hierzu vermerkt Claus Fussek ironisch:

> „Dann ist doch alles in Ordnung, oder? Warum sollte eine qualitativ hochwertige Pflege durch Personalzuschaltungen noch hochwertiger und damit noch teurer werden" (Fussek, Loerzer 2005: S. 168).

Als Gründe für Missstände in Pflegeheimen werden häufig hohe Arbeitsbelastung, Mängel in der Ausbildung, Angst und schlechte Bezahlung der Pflegenden genannt.

„Bedingt durch die Arbeitsbelastung und die ihnen kaum zugebilligte gesellschaftliche Anerkennung, haben Pflegekräfte oft Angst, verfügen über keine Kräfte mehr oder wissen nicht, sich adäquat gegen die auf sie einwirkende Gewalt - überwiegend strukturelle und kulturelle - zu wehren. Es gilt, den Entscheidungs-, Handlungs-, Bewegungs- und Gestaltungsfreiraum für Heimbewohner lebensweltorientiert zuzulassen und eine möglichst optimale Selbstbestimmung zu gewährleisten. Voraussetzung hierfür ist, dass diese Freiräume entsprechend auch für die Pflegepersonen ermöglicht werden." (Hirsch 2002: S. 19).

Eine der wenigen qualitativen Studien zu Pflegeheimen aus der „Innenperspektive" ist die Arbeit von Ursula Koch-Straube mit dem Titel „Fremde Welt Pflegeheim" (Koch-Straube 2003). Es handelt sich dabei um eine „ethnologische Studie", wie dies bereits der Untertitel ausweist. Koch-Straube beschreibt ein Altenheim in einer süddeutschen Stadt. Die Wahl des methodischen Zugangs zu den Menschen im Heim wird begründet mit ungenügenden Forschungsergebnissen der gerontologischen Forschung, die nur punktuell die „Lebenswirklichkeit der alten Menschen oder die Arbeitssituation der MitarbeiterInnen" (Koch-Straube 2003: S. 25) beleuchten.

„Anstatt von außen, aus der Distanz auf das Forschungsfeld zu schauen, nötigt der ethnologische Weg zur Erkenntnis zur Binnensicht. Nicht anders als z.B. eine afrikanische Kultur im Vergleich mit einer europäischen kann das Pflegeheim als ein fremdes Territorium gegenüber anderen sozialen Einheiten betrachtet werden, ausgestattet mit einer eigenen, sich von anderen unterscheidenden Kultur, eigener Philosophie des Lebenssinns, eigenen Werten, Normen und Regeln zur Bewältigung des Alltags" (Koch-Straube 2003: S. 25).

Durch kontinuierliche Beobachtung der Ethnie Pflegeheim soll dabei das Verstehen des sozialen Systems und seiner Alltagsroutinen ermöglicht werden, „die Rekonstruktion des Alltags in einer dichten Beschreibung der Bedeutungsstrukturen von Ereignissen und Handlungen" (Koch-Straube 2003: S. 26) vor dem theoretischen Hintergrund der Ethno-Psychoanalyse: Das Anliegen der Ethno-Psychoanalyse nach Koch-Straube ist „das Verstehen von Individuen in ihren sozialen Kontexten, ihren kulturbiographischen Prägungen und um das Erfassen von Lebenswelten auf dem Weg des ´szenischen Verstehens´" (Koch-Straube 2003: S. 29). Dabei wird davon ausgegangen, dass der Forschende in seinem Unbewussten das Forschungsobjekt in Form von „Übertragungsgeflechten" erkennt, die der kritischen Reflexion (in diesem Fall mit Mitteln der Supervision) zugänglich und analysierbar sind. Der Forschende soll damit auch ihm irrational erscheinende Selbstdefinitionen und Verhaltensmuster erkennen können. Die Studie von Ursula Koch-Straube belegt jedenfalls eindrucksvoll, dass die Ethnomethodologie für die Ethnie Pflegeheim geeignete Methoden bereitstellt.

Einen anderen Weg zur Innenperspektive findet Holger Düx in seiner Untersuchung „Lebenswelten von Menschen in einem Alten- und Pflegeheim" (Düx 1997). Der Autor wählt den Weg der verdeckten Beobachtung in einem Alten- und Pflegeheim, wo er als Pflegehelfer seit 1992 kontinuierlich arbeitete. Als Gründe für die „verdeckte Ermittlung", deren moralische und forschungsethische Bedenklichkeit der Autor durchaus diskutiert, nennt er zwei Gründe:

> „Zum einen blieb auf diese Weise die jeweilige Interview- und Erzählsituation natürlich und unbeeinflußt durch mein spezifisches Erkenntnisinteresse; die Alten- und PflegeheimbewohnerInnen konnten sich darüberhinaus – ohne Furcht vor etwaigen Nachteilen/Repressionen seitens der Institution – völlig frei und unbefangen äußern. Zum anderen hätte die Offenbarung meines Forschungsvorhabens mit Sicherheit zu einer Einflußnahme, wenn nicht gar zur grundsätzlichen Infragestellung des gesamten Projekts von 'offizieller' Seite (Institutionsträger, Heimleitung) geführt" (Düx 1997: S. 10 f.).

Der Autor arbeitet dabei mit verschiedenen Methoden, vor allem mit Gedächtnis-Interviews, „rezeptiven Interviews"[26] und Feldbeobachtung. Das untersuchte Alten- und Pflegeheim ist in einen Wohn- und einen Pflegeheimbereich aufgeteilt, deren BewohnerInnen der Autor in seinen Ergebnissen häufig kontrastiert, z.B. hinsichtlich unterschiedlicher „Identitätsbildungs- und Differenzierungsprozessen" (Düx 1997: S. 117): Sind im Wohnheim vor allem Gruppenzugehörigkeiten und damit verbundenes Prestige konstitutiv für Identität und Integration der BewohnerInnen, steht dem im Pflegeheim Krankheit versus Gesundheit als identitätsstiftend gegenüber:

> „Im Pflegeheim werden dagegen 'Krankheiten' bzw. die individuelle 'Gesundheit' zum zentralen lebensweltlichen Identitätsbildungs- und Differenzierungskriterium. Sämtliche Chancen und Möglichkeiten zugunsten einer autonomen und kommunikativen Lebensführung hängen von der physischen und psychischen Konstitution der Betroffenen ab. (...) Die untersten Positionen in der Sozialhierarchie besitzen die geistig verwirrten BewohnerInnen" (Düx 1997: S. 117).

---

[26] Diese rezeptiven Interviews nach Kleinig (1994) sind hinsichtlich der Interviewsituation, der Zurückhaltung des Interviewers in der Haupterzählung und der erzählungsgenerierenden und – erhaltenden Begleitung durch aktives Zuhören (vgl. Düx 1997: S. 13) den im Projekt eingesetzten Methoden des narrativen Interviews ähnlich. Die Methode von Kleinig wird daher hier nicht ausführlich diskutiert.

Bei der Diskussion der Ergebnisse des Projekts „Weg ins Heim oder weg ins Heim?" wird später noch weiter auf die Untersuchung von Düx eingegangen. Karl Heinz Urlaub erforscht Formen der Zusammenarbeit zwischen Einrichtungen der stationären Altenpflege und den Angehörigen der BewohnerInnen. „Angehörigenarbeit in Heimen wird zunächst analysiert als Problem und Anliegen von Institutionen in ihrem Außensystem. BewohnerInnen gehörten und Angehörige gehören zum Außensystem. Der Lebenszusammenhang der BewohnerInnen war und ist (?) außerhalb des Heimes, und Angehörige sind ein wesentlicher Teil davon" (Urlaub 1995: S. 11) In der Untersuchung wird sich auch an quantitativen Methoden der Datengewinnung orientiert, methodisch wird hauptsächlich mit Fragebögen und Leitfadeninterviews gearbeitet, befragt werden MitarbeiterInnen in 40 Pflegeheimen.

Gudrun Dietrich legte eine quantitative Untersuchung vor, die sich mit der Lebensqualität von BewohnerInnen in Pflegeheimen im Bereich Nürnberg und Erlangen befasst. Anhand von Fragebogeninstrumenten sucht sie Zusammenhänge zwischen der Selbstbeurteilung der individuellen Lebensqualität und anderen, quantitativ messbaren Faktoren. Sie findet eindeutige Beziehungen zwischen dieser und den Dimensionen soziale Kontakte mit Angehörigen und Mitbewohnern, den Beziehungen zum Personal, der Zufriedenheit mit der Wohnsituation und dem Heim als Einrichtung, vor allem aber mit dem Befinden um den eigenen Gesundheitszustand der Befragten. In ihrem Fazit widerspricht Dietrich vielen skandalisierenden Studien:

> „Die öffentliche Einschätzung der Altenwohnheime als trostlose Institution mit eher depressiven 'Insassen' wurde in dieser Arbeit deutlich nicht bestätigt. Im Gegensatz dazu zeigt es sich, daß die 'Alten' durchaus Wert auf Lebensqualität im Alter legen. Die Arbeit wollte unter diesem Gesichtspunkt einen Beitrag leisten, daß die Faktoren, die diese subjektiv empfundene Lebensqualität bestimmen, mehr in den Blickpunkt der Betrachtung rücken. Vielleicht – und das wäre der Wunsch der Verfasserin – stehen dann nicht nur kindgerechte Wohnungen, sondern auch 'altengerechte' Altenheime im Mittelpunkt des öffentlichen Interesses" (Dietrich 1997: S. 63).

Dem kann ich mich nach meinem Verständnis nur anschließen.

Bereits 1979, also sechs Jahre vor Einführung der Pflegeversicherung, untersuchten C. Closs, und P. Kempe das Kontaktverhalten von Heimbewohnern in drei verschiedenen Einrichtungen in Hamburg, einem Wohnheim, einem Wohnheim mit Pflegestation und einem Altenheim hinsichtlich der Lebenszufriedenheit der BewohnerInnen (Closs und Kempe 1979). Sie wollen mit ihrer Befragung dazu beitragen, das negative Image von Einrichtungen für alte Menschen zu korrigieren. Die Vorurteile in der Bevölkerung beschreiben die Autoren folgendermaßen:

„Aus dem breiten Spektrum von Alteneinrichtungen mit sehr differenten Angeboten wird unversehens die ´tote Institution´, die durch Überversorgung und Reglementierung aus relativ eigenständigen und selbsthilfefähigen Betagten bald inaktive Versorgungsempfänger zu machen scheint, die sich resignierend mit einer Reduzierung ihrer Lebensvollzüge und Sozialkontakte auf ein Minimalniveau abfinden" (Closs und Kempe 1979: S. 328).

Dieses negative Bild von Alteneinrichtungen verhindere nach Auffassung der Autoren eine realistische Planung im Alter, vor allem für bildungsferne Gruppen alter Menschen und ihrer Angehörigen:

„Betagte mit höherem Bildungsgrad sind eher dazu in der Lage, die Vorurteilsschwelle zu überschreiten und sich realistische Kenntnisse über die für sie in Frage kommenden Alteneinrichtungen zu verschaffen. Eine derartige, frühzeitige Planung und Vorbereitung des letzten Lebensabschnittes dürfte nicht nur der Verunsicherung angesichts nachlassender Selbsthilfefähigkeit entgegenwirken, den rechtzeitigen Entschluß zum Heimeintritt erleichtern und Belastungen der Wartezeit reduzieren, sondern auch die Anpassung an das Leben im Heim günstig beeinflussen. Ein Abbau des Negativ-Stereotyps würde daher gerade Angehörigen sozial benachteiligter Schichten diesen Weg erleichtern und so der immer wieder gefundenen Mehrfachbenachteiligung dieses Personenkreises entgegenwirken" (Closs und Kempe 1979: S. 329).

In den für die Untersuchung durchgeführten Befragungen ließen die Autoren die BewohnerInnen der verschiedenen Alteneinrichtungen den vergangenen Tag rekonstruieren, um unter anderem Kontaktmaße zu ermitteln. In den Ergebnissen zeigt sich, dass die Lebenszufriedenheit der BewohnerInnen weniger nach dem Typ der Einrichtung zu differieren scheint als durch „spezifische Heimgegebenheiten und insbesondere Charakteristika der Bewohnerschaft geprägt" ist (Closs und Kempe 1979: S. 339).

„Überraschende Befunde ergeben sich des Zusammenhanges der Kontaktmaße zur Lebenszufriedenheit der Betagten. Im Hinblick auf die Lebenszufriedenheit macht es – entgegen unserer Erwartung – kaum einen Unterschied, mit wem die Kontakte realisiert werden konnten. Demgegenüber zeigt der Ausschnitt fremd- wie eigeninitiativer Formen des Kollektivkontaktes konsistente und relativ enge Beziehungen zu den verschiedenen Maßen der Lebenszufriedenheit" (Closs und Kempe 1979: S. 329).

In ihrer Arbeit „Autonomie im Alter" wenden sich Huber, Siegel, Wächter und Brandenburg an PraktikerInnen in der stationären Altenpflege. Die Autoren wollen dazu beitragen, dass die aktuellen Diskussionen in Gerontologie und Pflegewissenschaft um Autonomie im Alter in die pflegerische Praxis übertragen werden; hierfür sollen praxisnahe Möglichkeiten aufgezeigt werden, um für die zu pflegenden alten Menschen mehr Autonomie im Pflegealltag zu erreichen (Huber u.a. 2005: S. 11). Als empirische Grundlage verwenden die Autoren eine an der katholischen Fachhochschule in Freiburg durchgeführte qualitative Untersuchung zum Erleben von Autonomie aus der Sicht der BewohnerInnen eines Pflegeheims. Befragt wurden sechs Bewohnerinnen in einer Einrichtung der stationären Altenhilfe in Baden-Württemberg. Die Untersuchung kommt zu dem Ergebnis, dass die befragten Frauen sich zwar durch die Pflegenden gut informiert fühlen, ihren Entscheidungsspielraum aber als gering einschätzen. Je enger eine Entscheidungsdimension dabei in „den täglichen Organisationsablauf des Heims eingebunden ist, desto geringer wurden die Entscheidungsspielräume durch die Bewohnerinnen eingestuft" (Huber u.a. 2005: S. 70).

Autonomie wird verstanden als Selbstbestimmung im Sinne von Entscheidungsspielräumen und wird von den Autoren gegenüber dem Begriff der Selbständigkeit abgegrenzt. Selbständigkeit bedeute die Unabhängigkeit des Menschen von Hilfe und Unterstützung durch andere, was bei den Menschen im Pflegeheim durch deren Pflegebedürftigkeit regelmäßig nur eingeschränkt festgestellt werden kann. Autonomie dagegen meint nicht die Unabhängigkeit von Hilfen Dritter, sondern die Möglichkeit zur Entscheidung über diese Hilfen: „So verstanden, kann auch ein unselbständiger Mensch autonom, d.h. selbstbestimmt handeln" (Huber u.a. 2005: S. 33).

„Der klassische Begriff der Autonomie wird aus der Tradition des Liberalismus mit ´Selbstbestimmung´ übersetzt. Es geht darum, das eigene Leben zu kontrollieren, positive wie negative Entscheidungen die eigene Person betreffend beeinflussen zu können. Sich autonom zu verhalten bedeutet im Grunde eine unabhängige und von äußeren Einflüssen freie Entscheidung treffen zu können. Dahinter steht die Annahme eines rationalen Subjekts, das seine eigenen Präferenzen kennt und diese auch durchsetzen kann. Die Person kann sich beispielsweise für oder gegen eine bestimmte Behandlung oder Pflegemaßnahme entscheiden" (Huber u.a. 2005: S. 42).

Aus der Sicht der Autoren ist dieser klassische Autonomiebegriff als Ideal für die Lebenssituation alter Menschen in der Langzeitpflege nur bedingt tauglich (Huber u.a. 2005: S. 42). Pflegende sollen aus der Sicht der Autoren zwar die Autonomie der pflegebedürftigen Menschen fördern; hierbei dürfe aber nicht übersehen werden, dass letztere in manchen Fällen vor dem Hintergrund ihrer individuellen Situation auch auf Selbstbestimmung keinen allzu großen Wert legen:

„Alte Menschen unterscheiden sich im Hinblick auf ihren Gesundheitszustand, ihre Biographie und ihre aktuelle Interessenslage. Es ist daher nicht ohne Ironie, im Sinne eines abstrakten Autonomiekonzepts allen Bewohnern dieses Bedürfnis zu unterstellen und zu ignorieren, dass einige alte Menschen nicht nur die Durchführung, sondern auch die Entscheidung bezüglich relevanter Fragen ihrer alltäglichen Lebensgestaltung an andere Personen delegieren und damit auf Autonomie verzichten" (Huber u.a. 2005: S. 42).

Die Auseinandersetzung mit den Wünschen und Entscheidungen pflegebedürftiger Menschen vor dem Hintergrund einer angestrebten autonomiefördernden Pflege stellt Pflegende vor das Dilemma, einerseits diese Entscheidungen ernst nehmen zu wollen, andererseits aufgrund pflegefachlicher Kenntnisse möglicherweise zu anderen Ergebnissen zu kommen und diese vermitteln zu müssen. Die Art und Weise dieser Vermittlung bestimme in nicht unerheblichem Maß das Erleben des Heimaufenthalts der alten Menschen. Hieraus wird von den Autoren die Forderung nach einer angemessenen Berücksichtigung solcher Aspekte in der Aus- und Fortbildung von Pflegekräften abgeleitet (Huber u.a. 2005: S. 145).

Aufgrund von individueller Biographie und verschiedenartiger Aushandlung des Eintritts in ein Pflegeheim der Heimbewohner ergeben sich für die BewohnerInnen individuell unterschiedliche Beurteilung von gleichen Situationen in Form von „persönlichen Interpretationsmustern" der pflegebedürftigen Menschen, die es zu verstehen und zu berücksichtigen gelte (Huber u.a. 2005: S. 146). Auch hierauf soll Aus- und Fortbildung vorbereiten:

„Das Bearbeiten von konkreten Fragestellungen aus der Praxis und deren Reflexion müssen sowohl in der Aus- als auch in der Weiterbildung fest installiert werden. Denn für die Altenpflegekraft stellt das individuelle Fallverstehen den Schlüssel zur Professionalität dar" (Huber u.a. 2005: S. 80).

Damit wird das Fallverstehen und die individuelle Aushandlung von Hilfen zu einem wichtigen Aspekt der Autonomieförderung im Pflegeheim, auf die die Professionellen vorbereitet werden müssen. Diese Vorbereitung kann, nach Auffassung der Autoren, in Aus- und Fortbildung erfolgen, muss aber von einer entsprechenden Reflexion der persönlichen Praxis begleitet werden. Dabei ist der Beziehungsaspekt zu beachten.

„Am Ende kann zusammenfassend festgehalten werden, dass ein Schritt aus dem Dilemma der konfliktbehafteten Diskussion um Autonomie im Alter die Entwicklung eines Autonomieverständnisses wäre, das sich aus einer Subjektbezogenheit löst und in der Betrachtung des interaktionalen Geschehens zwischen den Beteiligten eine autonomiefördernde Beziehung ermöglicht. Als sinnvoll kann deshalb erachtet werden, den Allgemeingültigkeitsanspruch der Autonomie von Pflegeheimbewohnern, gebunden an ein Individuum fallen zu lassen und den Aushandlungsprozess zwischen den Beteiligten als zentrales Element zu bestimmen" (Huber u.a. 2005: S. 147).

Aber auch das Ziel der Autonomieförderung selbst wird relativiert:

„Nicht die uneingeschränkte Autonomie für ältere Menschen kann das erklärte Ziel sein, sondern es müssen Aushandlungsprozesse zwischen Pflegenden und alten, pflegebedürftigen Menschen, die im Pflegeheim ihren wahrscheinlich letzten Lebensabschnitt verbringen, stattfinden, damit die Interessen aller Beteiligten zum Tragen kommen können" (Huber u.a. 2005: S. 148).

Eine der neueren Untersuchungen zur Lebenswirklichkeit im Altenheim wurde von der Projektgruppe Altenhilfe der Fachhochschule Magdeburg durchgeführt und von Peter-Georg Albrecht veröffentlicht (Albrecht 1997). Dabei wurden insgesamt 133 HeimbewohnerInnen aus zwei Altenpflegeheimen in Magdeburg zu ihrer Zufriedenheit mit ihrer aktuellen Lebenssituation befragt (Albrecht 1997: 57). Ziel der Studie war es, einen Beitrag für die Altenhilfeplanung und zur Gestaltung von Heimwelten zu leisten. Als ein Ergebnis gibt Albrecht an, dass drei Gruppen unter den HeimbewohnerInnen in besonderem Maß von Einsamkeit bedroht sind, nämlich die Bettlägerigen, die an Altersdemenz Erkrankten und die Neuankömmlinge (Albrecht 1997: 97). Zu dieser Untersuchung vermerken Hanisch-Berndt und Göritz:

„Die weitere Ergebnispräsentation der Studie bewerten wir für uns als wenig brauchbar, da sie zu allgemein gehalten ist und uns keinen Zugewinn an Informationen ermöglicht. Beispielsweise wurden folgende Ergebnisse vorgestellt: Ungefähr die Hälfte der Bewohner hat im Heim gute Freunde oder Bekannte gefunden, die anderen nicht. Die Interviewer konnten im Heim sowohl einen schwierigen und gestörten als auch unkomplizierten Umgang der Bewohner untereinander beobachten. (....) . Auch in Anbetracht der Tatsache, dass der Autor selbst seine Studie aufgrund von verschiedenen von ihm benannten Erhebungsproblemen für wenig repräsentativ hält und dass die Daten in zwei recht gegensätzlichen Heimen erhoben und dann in Bezug auf die Ergebnisse in einen Mittelwert zusammengefasst wurden (die jedoch nicht weiter interpretiert wurden), wollen wir darauf verzichten, die weiteren Ergebnisse dieser Studie zu benennen" (Hanisch-Berndt und Göritz 2005: 2.2.1).

Dem kann man im Ergebnis nur zustimmen, allerdings möchte ich noch auf schwere methodische Fehler von Albrecht bei der Anwendung statistischer Prozeduren hinweisen[27].

---

[27] Um nur ein Beispiel unter sehr vielen herauszugreifen: Bei den Auswertungen zu dem Aspekt der "Zufriedenheit mit Kontakten zu Personen außer Haus" (Albrecht 1997: S. 99) lautete die Frage "Frage 12: Wie häufig sehen sie diese Personen?" Die Antwortvorgaben waren "täglich / mehrm.

Die Untersuchung von Juliane Hanisch-Berndt und Manja Göritz mit dem Titel „Gemeinschaft und Vereinsamung in Einrichtungen der stationären Altenhilfe" (Hanisch-Berndt und Göritz 2005) geht der Frage nach, inwieweit die BewohnerInnen in Pflegeheimen Möglichkeiten zum „sozialen Austausch" finden und nutzen und welche Rolle dabei „strukturelle Bedingungen der Heimsituation " (Hanisch-Berndt und Göritz 2005: 3.1.) spielen. Die Daten wurden zwischen 2002 und 2004 in zwei Einrichtungen in Berlin erhoben, das eine Haus mit 312 BewohnerInnen in öffentlicher und das andere mit 108 BewohnerInnen in kirchlicher Trägerschaft. Zur Datenerhebung wurde die Methode des narrativen Interviews nach Fritz Schütze verwendet. Befragt wurden 12 BewohnerInnen im Alter zwischen 75 und 100 Jahren, darunter vier Männer. Die Studie kommt zu dem Ergebnis, dass aus dem Zusammenwirken von institutionellen Zwängen, dominierender Orientierung der Einrichtungen an medizinisch-pflegerischen Zielsetzungen und bewohnerspezifisch eingeschränkten Möglichkeiten zur Pflege sozialer Kontakte ein erhebliches Risiko zur Vereinsamung bei den Heimbewohnern besteht:

„Gemeinsam einsam! - Heimbewohner sind nicht in der Lage, auf Grund der verschiedenen personenbedingten, heimstrukturellen und umweltbedingten Faktoren, die vorhandenen Ressourcen zur eigenen Bedürfnisbefriedigung zu nutzen. Ein trauriges und zugleich alarmierendes Fazit, das zeigt, dass sich nicht allein auf Grund einer Ansammlung von Menschen, automatisch mitmenschliche Nähe entwickelt. Die Angst, im Alter und vor allem dann, wenn man ins Heim muss, zu vereinsamen, ist also nicht unbegründet" (Hanisch-Berndt und Göritz 2005: 6.1.).

Als Faktoren, die Einsamkeit bei den BewohnerInnen in stationären Einrichtungen der Altenhilfe befördern, nennen Hanisch-Berndt und Göritz einerseits personenbedingte Faktoren wie:

- Schlechter Gesundheitszustand mit der Folge einer „Schmälerung des Selbstbestimmungsgrades" durch zunehmende Hilfebedürftigkeit und damit zusammenhängender psychischer Belastung.
- „Fehlende bzw. unbefriedigende Kontakte zu Personen außerhalb der stationären Einrichtung" bei in der Regel höherer emotionaler Bedeutung der Außenkontakte gegenüber den Binnenkontakten und daraus folgender „Wartehaltung".

---

wöchentl. / 1xpro Woche / alle 2 – 3 Wochen / 1 x im Monat / seltener / nie": Daraus wurde dann durch Hinterlegung der Zahlenwerte von 1 bis 7 (immerhin unter Auslassung der Ausprägung "nie" entsprechend "7") das "Arithm. Mittel (ohne "nie")" mit exakt 4,505 bestimmt" (Albrecht 1997: a.a.o.)!

- „Fehlende bzw. unbefriedigende Kontakte der Heimbewohner untereinander" durch mangelhafte soziale Kompetenz und fehlender Erfahrungswerte.
- Antizipation des erfolglosen Ausgangs von Beziehungen auf Grund von Krankheit und Tod.
- Orientierung der Wahrnehmung an negativen Erfahrungen bei Kontakten zu Mitbewohnern.

Ein zweites Bündel hinsichtlich Vereinsamung relevanter Faktoren wird von den Autorinnen jedoch als institutionell vermittelt identifiziert (Hanisch-Berndt und Göritz 2005: 5.1.):

- Kritischer Ablauf des Heimübergangs: „Die Zwangssituation des Heimeinzugs setzt sich aus drei Komponenten zusammen: aus einer plötzlich entstehenden Notwendigkeit (unerwartetes Zusammenbrechen der häuslichen Versorgungssituation), aus einer mangelnden Vorbereitung und der Alternativlosigkeit." (Hanisch-Berndt und Göritz 2005: 5.1.).
- Mangel an Kontroll- und Entscheidungsmöglichkeiten im Heim.
- Mangel an Aufgaben und Verantwortung.
- Unpassende Freizeit- und Aktivitätsangebote.

Weil die personenbedingten Faktoren der Vereinsamung in Heimen aus Sicht der Autorinnen kaum beeinflussbar erscheinen, muss die Verbesserung der sozialen Beziehungen der BewohnerInnen an institutionellen Merkmalen der Einrichtung ansetzen. Dazu gehören eine veränderte Festlegung der Ziele in der Altenpflege und die Abkehr von rein medizinisch fassbaren Betrachtungsweisen:

„Will man die Kontakte der Bewohner untereinander ins Rollen bringen, um das Potential an vorhandenen Kommunikationsmöglichkeiten auszuschöpfen und um deren Lebensqualität zu erhöhen, durch Gefühle wie Geborgenheit und Gemeinschaftlichkeit, muss man Abstand von dem Denken nehmen, Einsamkeit und Kontaktaufnahme liege in jedem Einzelnen begründet und ist daher unbeeinflussbar. Gleichzeitig ist immer die Rede von Verbesserung der Lebensqualität in den Einrichtungen und von Konzepten, die zu einer Förderung der Selbständigkeit und Zufriedenheit beitragen sollen. Es geht jedoch immer im Einzelnen darum, in erster Linie auf die Person (resp. den Bewohner) einzuwirken, ihn zu verändern und dessen Kompetenzen zu fördern. Der Fokus richtet sich demnach i. d. R. auf Therapie und Rehabilitation, auf Prävention von Erkrankungen und Abbauprozessen, auf Optimierung der Ressourcen, auf Krankengymnastik, Ergotherapie, Rehabilitation (vgl. Schmitz-Scherzer 1994). Natürlich ist es wichtig, das Auftreten von Erkrankungen einzudämmen und Schmerzen zu lindern. Aber ein Heim ist kein Krankenhaus. Ein Heim ist ein Wohnort. Dementsprechend müssen in erster Linie andere Werte im Vordergrund stehen: Geborgenheit, Wärme, Ruhe, Gemütlichkeit, Familialität. Was nützt dem Bewohner das Gedächtnistraining, wenn ihn niemand nach seinen Erinnerungen fragt? Kurz: es kommt nicht darauf an, den Bewohner zu ändern, sondern die Rahmenbedingungen, die wesentlich die Motivation zur Interaktion mit anderen Menschen beeinflussen können." (Hanisch-Berndt und Göritz 2005: 5.2.).

Neben der aus Sicht von Hanisch-Berndt und Göritz problematischen Orientierung der Einrichtungen an einer scheinbar objektivierbaren pflegerisch-medizinischen Zieldefinition und die dem Bewohner dabei zugedachte „Patientenrolle" befördert der auf den Mitarbeitern der Häuser lastende Zeitdruck zusätzlich die Entmündigung der BewohnerInnen:

> „In den von uns untersuchten Heimen bzw. unter Anwendung dieses sich uns dargestellten Pflegekonzeptes, ist anscheinend ein gewisser Verlust an Kontroll- und Entscheidungsmöglichkeiten unumgänglich bzw. auch erwünscht (vgl. auch Schroeter 2002: 162), da nur so ein reibungsloser und unkomplizierter Ablauf der Versorgung sichergestellt werden kann." (Hanisch-Berndt und Göritz 2005: 5.1.).

In der Auseinandersetzung mit Goffmans Begriff der Totalen Institution[28] kommen Hanisch-Berndt und Göritz hinsichtlich der derzeitigen Situation der stationären Altenpflege zu einer eher pessimistischen Einschätzung und stellen sich die Frage nach der Existenzberechtigung von Heimen überhaupt:

> „Das Vereinsamungsrisiko in stationären Einrichtungen der Altenhilfe scheint erschreckend hoch und ihm scheint man durch das generell fremdbestimmte Leben in einer totalen Institution auch nur schwerlich entrinnen zu können. Der Mensch ist aber kein Einzelgänger. Er ist auf andere angewiesen. Am Lebensabend muss zum einen sicherlich die pflegerische Versorgung (z.B. Körperpflege, Ernährung etc.) gewährleistet werden. Aber leider kommen zum anderen im Heimalltag überwiegend die persönliche Betreuung (z.B. Gespräche, Fürsorge etc.) und die damit verbundene Möglichkeit zur Erfüllung individueller Bedürfnisse häufig zu kurz. Daher stellt sich die Frage, ob heutige stationäre Pflegeeinrichtungen immer noch zeitgemäß sind. (Hanisch-Berndt und Göritz 2005: 6.1.).

Neben solch kritischer Betrachtung wollen andere Studien über das Leben alter Menschen innerhalb und außerhalb von Institutionen dieses eher an einem positiven Maßstab vermessen: Nicht selten erscheint in wissenschaftlichen Abhandlungen der letzten Jahre über alte Menschen der Begriff der Lebensqualität (so z.B. bei Tesch-Römer, v. Kondratowitz und Motel-Klingbiel 2007; Hanisch-Berndt und Göritz 2005; Stamm und Lamprecht 2005, Schumacher, Klaiberg und Brähler 2003; Naegele und Weidekamp-Maicher 2002; Basler 2002; Tinne-

---

[28] Das Konzept der Totalen Institution wird weiter noch ausführlich diskutiert.

feldt 2002; Noll 2000; Dietrich 1997; Schmitz-Scherzer 1994). Im Alltag wird dieser Begriff ebenfalls häufig verwendet, scheint demnach also ein Ausdruck kulturell relevanter Bezeichnungen persönlicher und kollektiver Zieldefinitionen in dieser Gesellschaft zu sein.

Der Vierte Bericht zur Lage der älteren Generation setzt sich ausführlich mit der Lebensqualität älterer Menschen auseinander und unterscheidet eine objektive und eine subjektive Dimension dieses Begriffs (Bundesministerium für Familie, Senioren, Frauen und Jugend 2002: S. 71 ff.). Objektive Lebensqualität als Ausdruck objektiver Lebensbedingungen ist demnach vor allem durch die für den Einzelnen verfügbaren Ressourcen in Zusammenhang mit dessen individuellen Zielen gekennzeichnet:

„Der Ansatz objektiver Lebensbedingungen basiert auf dem Konzept der Ressourcen. Lebensqualität wird in diesem Kontext verstanden als das Ausmaß, in dem einer Person mobilisierbare Ressourcen zur Verfügung stehen, mit denen sie ihre Lebensbedingungen in bewusster Weise und zielgerichtet beeinflussen kann (Erikson 1974). Personen werden in dieser theoretischen Betrachtung als aktive und kreative Individuen konzeptualisiert, die nach Autonomie und Erfüllung bei der Erreichung selbst gesetzter Ziele streben. Ziele sind positiv bewertete Zustände, die eine Person anstrebt. Um diese positiv bewerteten Zustände zu erreichen (oder erreichte Zustände nicht aufzugeben), muss die Person Ressourcen oder Mittel verwenden. Ressourcen bestimmen die Handlungsfähigkeit der Person und damit ihre Fähigkeit, die tatsächliche Lebenssituation zu beeinflussen. Bedeutsam ist hierbei, dass es zusätzliche kontextuelle Determinanten gibt, die möglicherweise nicht von der Person direkt beeinflusst werden können (wie etwa Umwelteinflüsse oder die Infrastruktur des Wohngebiets), die aber dennoch die Lebensqualität der Person beeinflussen. Die Lebensqualität einer Person lässt sich also am Ausmaß der zur Verfügung stehenden Ressourcen ablesen, und zwar sowohl der personbezogenen Ressourcen als auch jener Ressourcen, die durch Umwelt und Infrastruktur bereitgestellt werden. Geht man davon aus, dass es trotz einer interindividuell großen Bandbreite von Lebenszielen einige basale, möglicherweise sogar universelle Bedürfnisse und Interessen gibt, so scheint es eine Reihe von Bereichen zu geben, die unstrittig zu den handlungsrelevanten Ressourcen gehören: Einkommen und Vermögen, Gesundheit und körperliche Leistungsfähigkeit, mentale Kapazitäten (wie Gedächtnis und Denkfähigkeit), soziale Netzwerke (insbesondere Familie und Freunde) sowie Ausstattung der Wohnung und Infrastruktur des Wohnumfelds. Unterschiedliche Abstufungen von Lebensqualität können, auch in der Fremdsicht und durch externe Beobachtung, ´von außen´ festgestellt werden als das Vorhandensein oder Fehlen handlungsrelevanter Ressourcen" (Bundesministerium für Familie, Senioren, Frauen und Jugend 2002: S. 71).

Dagegen sind subjektive Aspekte der Lebensqualität älterer Menschen zwar ebenfalls mehrdimensional, äußern sich aber im Ausmaß des subjektiven Wohlbefindens:

> „Bereichsspezifische Bestimmungen der subjektiven Lebensqualität beziehen eine Vielzahl unterschiedlicher Lebensbereiche ein und sind insofern multikriterial resp. mehrdimensional. Auch wenn sich nicht selten deutliche Zusammenhänge zwischen bereichsspezifischen und globalen Bewertungen ergeben, so ist doch die Berücksichtigung verschiedener Indikatoren des subjektiven Wohlbefindens notwendig, um ein angemessenes Bild der Lebensqualität zu erhalten. Darüber hinaus wird in der wissenschaftlichen Diskussion darauf hingewiesen, dass subjektives Wohlbefinden mehr ist als Lebenszufriedenheit: Selbstentfaltung, Lebenssinn, Selbstakzeptanz sowie tragfähige persönliche Beziehungen gehören ebenfalls zur Lebensqualität einer Person)" (Bundesministerium für Familie, Senioren, Frauen und Jugend 2002: S. 72).

Auch Naegele und Weidekamp-Maicher setzen subjektive Lebensqualität mit Wohlbefinden gleich:

> „Die Höhe der subjektiven Lebensqualität – des Wohlbefindens – hängt von der Zufriedenheit mit dem erreichten Lebensstandard sowie emotionalen Aspekten wie Glück, Sorgen, Einsamkeit, Sinnlosigkeit und Entfremdung zusammen. Auch Zukunftserwartungen in Form von Hoffnungen und Befürchtungen fließen in die aktuelle Befindlichkeit ein und beeinflussen das subjektive Wohlbefinden" (Naegele und Weidekamp-Maicher 2002: S. 22).

Im hohen Alter wird die subjektive Lebensqualität vor allem durch den Gesundheitszustand, die eigene geistige Leistungsfähigkeit und häufig durch Trennungs- und Verlusterfahrungen hinsichtlich nahe stehender Personen bestimmt; hinzu kommt die für diese Lebensphase typische Zunahme von Krankheiten, oft verbunden mit chronischen Schmerzzuständen sowie die Veränderung von Lebensumständen, z.B. auch durch Übersiedlung in ein Pflegeheim.

> „Insgesamt lässt sich sagen, dass aufgrund abnehmender personaler Ressourcen im hohen Alter die Bedeutung von stützenden Umweltbedingungen wächst" (Bundesministerium für Familie, Senioren, Frauen und Jugend 2002: S. 75).

Solche stützenden Umweltbedingungen sollen Pflegeheime für pflegebedürftige Menschen bieten. Naegele und Weidekamp-Maicher weisen darauf hin, dass der Umzug in ein Heim dabei oft nicht freiwillig erfolgt, sondern krankheitsbedingt und oft aufgrund von Demenzerkrankungen nötig wurde und neben physischen und funktionalen Einschränkungen auch meist mit psychischen Einschränkungen der BewohnerInnen einhergeht. Dies stellt besondere Anforderungen an die Einrichtungen, wollen sie ihre Funktion erfüllen: „Institutionen der Altenhilfe können diese Einschränkungen nicht kurieren, aber in begrenztem Maße kompensieren, so dass zumindest eine Verlangsamung des krankheitsbedingten Abbaus erreicht werden kann" (Naegele und Weidekamp-Maicher 2002: S. 26).

Besonders negative Folgen für die subjektive Lebensqualität haben für alte Menschen Einbußen bei der „funktionellen Gesundheit", weil sich diese direkt auf die Wahrnehmungs- und Handlungsmöglichkeiten des Einzelnen auswirken.

„Altern geht mit einer relativen Verschlechterung des Gesundheitsstatus einher. Vor allem hochbetagte Menschen leiden an mehreren gleichzeitig auftretenden Erkrankungen. Altern wird ebenfalls von funktionellen Einbußen wie der Einschränkung des Seh- und Hörvermögens sowie einer Abnahme körperlicher Beweglichkeit begleitet. Die funktionelle Gesundheit spielt eine große Rolle, da sie mit Kompetenzen für die Aufrechterhaltung einer selbstständigen Lebensführung einhergeht. Neben chronischen Schmerzen haben funktionelle Einbußen den negativsten Einfluss auf das Wohlbefinden, weil sie die autonome Lebensgestaltung einschränken" (Naegele und Weidekamp-Maicher 2002: S. 25).

Die objektive Lebensqualität in Einrichtungen der stationären Altenhilfe kann unter anderem daran gemessen werden, wie dazu beigetragen wird, solche Einschränkungen der funktionellen Gesundheit zu kompensieren. Dabei kommt zunächst einer qualitativ hochwertigen Pflege, aber auch der Erhaltung der Autonomie der BewohnerInnen große Bedeutung für deren Wohlbefinden zu:

„Lebensqualität bei Pflegebedürftigkeit bestimmt sich durch die Qualität der geleisteten Pflege und gleichzeitig dadurch, inwieweit Einrichtungen des 'institutionellen' Wohnens bemüht sind, zum subjektiven Wohlbefinden älterer Einwohner beizutragen. Ein besonderes Problem bei der Sicherung subjektiver Lebensqualität in Einrichtungen stellt vor allem die Adäquatheit individueller Hilfestellung sowie die Wahrung von möglichst großer Autonomie der Bewohner dar" (Naegele und Weidekamp-Maicher 2002: S. 26).

Hierher gehört auch die Form der Ausgestaltung der Beziehungen des alten Menschen zum Personal der Einrichtung.

„Zur Kritik aufgefordert, zeigen sich ältere Pflegebedürftige vor allem mit häufigem Personalwechsel unzufrieden. Der Wunsch nach einer festen Bezugsperson, zu der eine vertrauensvolle Beziehung aufgebaut werden kann, hat für ältere Menschen die höchste Priorität. Zu den subjektiven Qualitätskriterien gehören ebenso Verlässlichkeit, Transparenz, bessere Zeitorganisation, Freundlichkeit und Einfühlungsvermögen" (Naegele und Weidekamp-Maicher 2002: S. 26).

Freizeitaktivitäten können auch im Heim für die Zufriedenheit der BewohnerInnen mit ihrer Lebenssituation in hohem Umfang bedeutsam sein. Dabei treten vor allem der Aspekt der Bestätigung durch die Umgebung und der Integration und Selbsterfüllung in den Vordergrund.

> „Für Freizeitaktivitäten gilt, dass nicht Aktivität per se zur Lebenszufriedenheit beiträgt, sondern das subjektive Gefühl sozialer Bestätigung. Ein hohes Aktivitätsniveau ist deshalb nicht ursächlich mit Lebenszufriedenheit verbunden. Ein geringes Aktivitätsniveau kann ebenfalls mit Lebenszufriedenheit einhergehen, wenn dieses in ausreichendem Maße Gefühle sozialer Integration und Selbsterfüllung gewährleistet" (Naegele und Weidekamp-Maicher 2002: S. 24).

Solche Angebote im Freizeitbereich, aber vor allem auch die Formen sach- und bedarfsgerechter Unterstützung, sind für Menschen in Einrichtungen der stationären Altenhilfe in sehr hohem Maß institutionell geprägt, gleiches gilt für den individuellen Tagesablauf. Damit erscheint es sinnvoll, den Einfluss der Einrichtung auf die Beteiligten mit besonderer Aufmerksamkeit zu betrachten.

Es ist in diesem Zusammenhang deshalb noch der Autor zu nennen, der für die vorliegende Untersuchung und vor allem für die Interpretation ihrer Ergebnisse von besonderer theoretischer Bedeutung sein könnte und oben schon erwähnt wurde. Dies gilt auch dann, wenn der diesbezügliche Text vor über 35 Jahren verfasst wurde. Gemeint ist Erving Goffman mit seiner Studie „Asyle – Über die soziale Situation psychiatrischer Patienten und anderer Insassen" (Goffman 1973). Goffman analysiert weitgehend abgeschlossene Lebensgemeinschaften unterschiedlicher Art und findet als eine extreme institutionelle Form die „Totale Institution". Darin vollziehen sich nahezu alle Aspekte des sozialen Zusammenlebens in hohem Maß institutionell geprägt und durch die Institution reguliert.

> „Eine totale Institution läßt sich als Wohn- und Arbeitsstätte einer Vielzahl ähnlich gestellter Individuen definieren, die für längere Zeit von der übrigen Gesellschaft abgeschnitten sind und miteinander ein abgeschlossenes, formal reglementiertes Leben führen. Ein anschauliches Beispiel hierfür sind Gefängnisse, vorausgesetzt, daß wir zugeben, daß das, was an Gefängnissen gefängnisartig ist, sich auch in anderen Institutionen findet, deren Mitglieder keine Gesetze übertreten haben" (Goffman 1973: S. 11).

Das Besondere an der Totalen Institution gegenüber anderen Organisationsformen menschlichen Gemeinschaftslebens ist unter anderem die räumliche und soziale Beschränkung ihrer Mitglieder.

„Jede Institution nimmt einen Teil der Zeit und der Interessen ihrer Mitglieder in Anspruch und stellt für sie eine Art Welt für sich dar; kurz, alle Institutionen sind tendenziell allumfassend. Betrachten wir die verschiedenen Institute innerhalb der westlichen Zivilisation, so finden wir, daß einige ungleich allumfassender sind als andere. Ihr allumfassender oder totaler Charakter wird symbolisiert durch Beschränkungen des sozialen Verkehrs mit der Außenwelt sowie der Freizügigkeit, die häufig direkt in die dingliche Anlage eingebaut sind, wie verschlossene Tore, hohe Mauern, Stacheldraht, Felsen, Wasser, Wälder oder Moore. Solche Einrichtungen nenne ich totale Institutionen" (Goffman 1973: S. 15).

Die Totale Institution zeichnet sich weiterhin dadurch aus, dass die gesellschaftlich übliche Trennung der Lebensbereiche Arbeit, Freizeit und Schlaf nicht nur räumlich aufgehoben ist, sondern sich diese auch unter der selben Aufsicht und innerhalb eines einheitlichen Plans vollziehen.

„In der modernen Gesellschaft besteht eine grundlegende soziale Ordnung, nach der der Einzelne an verschiedenen Orten schläft, spielt, arbeitet – und dies mit wechselnden Partnern, unter verschiedenen Autoritäten und ohne einen umfassenden, rationalen Plan. Das zentrale Merkmal von Totalen Institutionen besteht darin, dass die Schranken, die normalerweise diese drei Lebensbereiche voneinander trennen, aufgehoben sind: 1. Alle Angelegenheiten des Lebens finden an ein und derselben Stelle, unter ein und derselben Autorität statt. 2. Die Mitglieder der Institution führen alle Phasen ihrer täglichen Arbeit in unmittelbarer Gesellschaft einer großen Gruppe von Schicksalsgenossen aus, wobei allen die gleiche Behandlung zuteil wird und alle die gleichen Tätigkeiten verrichten müssen. 3. Alle Phasen des Arbeitstages sind exakt geplant, eine geht zu einem vorher bestimmten Zeitpunkt in die nächste über, und die ganze Folge von Tätigkeiten wird von oben durch ein System expliziter formaler Regeln und durch einen Stab von Funktionären vorgeschrieben. 4. Die verschiedenen erzwungenen Tätigkeiten werden in einem einzigen rationalen Plan vereinigt, der angeblich dazu dient, die offiziellen Ziele der Institution zu erreichen." (Goffman 1973: S. 17).

Die Aufgabe des Personals der Totalen Institution ist dabei nicht etwa die Führung der Insassen oder deren periodische Inspektion wie in Arbeitgeber-Arbeitnehmerverhältnissen, sondern die möglichst lückenlose Überwachung der Insassen mit dem Ziel, Verstöße Einzelner gegen die vorgegebenen Regeln zu erkennen und zu bestrafen (vgl. Goffman 1973: S. 18). Um die Unterwerfung der Überwachten sicherzustellen oder zumindest zu befördern, werden Aufnahmerituale im Sinne eines Trimmens des Neuen vollzogen. Dazu werden ihm zunächst die sein Selbstbild stabilisierenden „heimischen Bedingungen" genommen (Goffman 1973: S. 25) und er wird festgelegten Aufnahmeprozeduren unterworfen:

„In aller Regel bringt der Stab gewisse Aufnahmeprozeduren zur Anwendung, wie die Aufnahme des Lebenslaufs, Fotografieren, Wiegen und Messen, Abnehmen von Fingerabdrücken, Leibesvisitation, Erfassung der persönlichen Habseligkeiten zur Einlagerung, Entkleiden, Baden, Desinfizieren, Haareschneiden, Ausgabe von Anstaltskleidung, Einweisung in die Hausordnung, Zuweisung von Schlafplätzen. Diese Aufnahmeprozeduren sind eher als ein 'Trimmen' oder eine 'Programmierung' zu bezeichnen, denn durch diese Form der Isolierung wird es möglich, den Neuankömmling zu einem Objekt zu formen, das in die Verwaltungsmaschinerie der Anstalt eingefüttert und reibungslos durch Routinemaßnahmen gehandhabt werden kann." (Goffman 1973: S. 27).

Zu den Aufnahmeritualen gehört auch die Wegnahme der persönlichen Habe des neuen Insassen, die dann regelmäßig durch die Anstalt zumindest teilweise ersetzt werden muss. Diese Gegenstände sind jedoch wie die Art der Verteilung uniform und standardisiert: „Diese Ersatzgegenstände sind deutlich als der Anstalt gehörend gekennzeichnet ..." (Goffman 1973: S. 29).

In seiner Aufzählung von Gruppen Totaler Institutionen nennt Goffman neben „Zuchthäusern", „Kasernen" und „Irrenhäusern" ausdrücklich Altenheime:

„Da sind einmal jene Anstalten, die zur Fürsorge für Menschen eingerichtet wurden, die als unselbständig und harmlos gelten; hierzu gehören die Blinden- und Altersheime, die Waisenhäuser und die Armenasyle" (Goffman 1973: S. 16).

Für Goffman sind solche „Anstalten" deshalb bedeutsame Studienobjekte, weil in ihnen viele gesellschaftliche Regelwerke keine oder nur verminderte Gültigkeit besitzen.

„Totale Institutionen sind soziale Zwitter, einerseits Wohn- und Lebensgemeinschaft, andererseits formale Organisation; in dieser Hinsicht sind sie für die Soziologie besonders interessant. Auch noch andere Gründe sprechen dafür, diese Anstalten zu studieren: Sie sind Treibhäuser, in denen unsere Gesellschaft versucht, den Charakter von Menschen zu verändern. Jede dieser Anstalten ist ein natürliches Experiment, welches beweist, was mit dem Ich des Menschen angestellt werden kann" (Goffman 1973: S. 23).

Auch Hirsch sieht Pflegeheime als Totale Institution im Sinne von Goffman:

„Pflegeheime haben die Merkmale einer 'totalen Institution' (Goffman 1961), die von Verordnungen, standardisierten Abläufen und Routinen bestimmt wird und nicht der Autonomie von Bewohnern und Patienten [Rechnung trägt]. Sie lassen der Wahrnehmung ihrer Menschenrechte wenig Raum. Es bleibt nicht aus, dass Pflegeheime von den Betroffenen häufig als Gefängnisse erlebt werden, aus denen es kein Entrinnen mehr gibt." (Hirsch 2002: S. 18).

Der Frage, ob es sich bei Einrichtungen der stationären Altenhilfe auch noch heute um Totale Institutionen im Sinne Goffmans's handelt, geht auch Martin Heinzelmann in seiner Untersuchung „Das Altenheim – immer noch eine 'totale Institution'?" nach (Heinzelmann 2004). Der Autor will hierbei zwei Altenheime hinsichtlich ihres Innenlebens untersuchen. Dazu wählt er je ein Heim in den alten und eins in den neuen Bundesländern aus und befragt dort jeweils 30 nicht pflegebedürftige Heimbewohner. Die Auswahl wird damit begründet, dass sich an solchen Heimbewohnern eher der institutionelle Einfluss auf den Grad der Abgeschlossenheit der BewohnerInnen erkennen lasse (Heinzelmann 2004: S. 69). Neben den Interviews verwendet der Autor Mittel der Feldbeobachtung als weiteren Zugang zur Innenperspektive beider Heime und ergänzt diese Herangehensweisen schließlich noch durch Experteninterviews mit den Heimleitungen beider Häuser.

Er kommt zu dem Ergebnis, dass mit dem Eintritt in ein Altenheim die BewohnerInnen viele ihrer alten sozialen Beziehungen verlieren, sofern ihre Lebenssituation nicht bereits vor dem Übergang durch Isolation gekennzeichnet war; allerdings zeigen sich bereits hier Gründe, die für den Autor das Vorliegen der Gegebenheiten einer Totalen Institution zweifelhaft erscheinen lassen:

> „Fakt ist, dass zumindest bei einigen der BewohnerInnen mangelnde soziale Einge-bundenheit mit ein Einzugsgrund gewesen ist. Entscheidender Unterschied zu den anderen 'Totalen Institutionen' ist, dass in aller Regel eine Hauptbezugsperson – zumeist ein Verwandter – außerhalb des Heimes lebt. Zu dieser Person bestehen dann relativ enge Kontakte durch Telefongespräche und Besuche, die oft über Jahre hinweg gepflegt werden. Diese Person ist auch dem Personal bekannt und wird in Entscheidungssituationen miteingebunden." (Heinzelmann 2004: S. 221).

In den Ergebnissen seiner Untersuchung nennt Heinzelmann weitere Unterschiede der beiden Einrichtungen zu den im reinen Sinne Goffman'schen Institutionen: Obwohl die meisten sozialen Beziehungen zwischen den BewohnerInnen in den untersuchten Heimen als eher oberflächlich beschrieben werden, existieren aber auch regelrechte Freundschaften im engeren Sinn unter den BewohnerInnen, einige von ihnen pflegen ihre intensivsten Beziehungen sogar zu den Mitarbeitern des jeweiligen Hauses (Heinzelmann 2004: S. 223).

Weiterhin wird von Heinzelmann festgestellt, dass im Gegensatz zu den Merkmalen der Totalen Institution keine wirkliche „Sozialisation" der BewohnerInnen in das Heimleben erfolgt:

> „Zusammenfassend kann nach den vorliegenden Ergebnissen keineswegs von einer 'Sozialisation' im engeren Sinne gesprochen werden. Zwar bedingt der Einzug in ein Altenheim einen gewissen Anpassungsprozess an die Regeln der Institution, aber

die BewohnerInnen verfügen über die Freiheit, ihre sozialen Beziehungen selber zu gestalten. Es bleibt allerdings festzuhalten, dass ein Teil der BewohnerInnen vermutlich nur wenig integriert ist. Zumindest beteiligen sich diese Menschen nicht an den Veranstaltungen im Heim und sie verfügen nur über relativ oberflächliche soziale Beziehungen. Warum das so ist, konnte im Rahmen dieser Untersuchung letztlich nicht geklärt werden. Hier gehört es mit zu den Aufgaben des Personals, Angebote zu machen. Grundsätzlich sei aber noch einmal darauf hingewiesen, dass es nicht ´die Alten´ gibt, also muss den BewohnerInnen auch ein entsprechender Spielraum bei der Gestaltung ihrer persönlichen Beziehungen gewährt bleiben." (Heinzelmann 2004: S. 221).

In den zentralen Kategorien, die auf das Vorliegen einer Totalen Institution hinweisen, kommt Heinzelmann letztlich zu dem Ergebnis, dass hier keine allzu große Abweichung von den Lebensweisen der Bevölkerung entsprechenden Alters außerhalb von Heimen festzustellen ist, den Vergleich führt er über entsprechende repräsentative Studien der Altersbevölkerung. Demnach finden sich sowohl unter den Aspekten der zeitlichen wie der räumlichen Tagesgestaltung, als auch hinsichtlich der Art und Bedeutung der sozialen Beziehungen keine erheblichen Unterschiede (Heinzelmann 2004: S. 227). Zwar vollziehen sich aus seiner Sicht große Anteile des Alltags der HeimbewohnerInnen unter den Augen des Personals; deren Aufgaben und Interessen beziehen sich aber nicht hauptsächlich auf Beaufsichtigung, sondern in erster Linie auf notwendige Hilfestellungen für den oder die Einzelne. Dies ist verbunden mit dem Ziel der Unterstützung einer individuellen Lebensführung, orientiert an den Bedürfnissen und der Biographie der BewohnerInnen statt an den übergeordneten Zielen der Institution (Heinzelmann 2004: S. 228)[29]:

„Auch in diesem zentralen Punkt unterscheiden sich die Altenheime von den meisten anderen „Totalen Institutionen". Die HeimbewohnerInnen verfügen über relativ viel Zeit zur individuellen Gestaltung, sie müssen eben weder arbeiten noch sollen sie ausgebildet oder therapiert werden. Das Ziel der Altenheime besteht gerade darin, eine möglichst weitgehende individuelle Lebensführung der BewohnerInnen zu ermöglichen und sie dabei gegebenenfalls zu unterstützten. Ist das nicht der Fall, handelt es sich um einen Missstand" (Heinzelmann 2004: S. 228).

Heinzelmann kommt zu dem Ergebnis, dass „die gegenwärtigen Heime in den meisten Punkten vom Konzept der ´Totalen Institution´ abweichen. Damit heben sie sich deutlich von den früheren Heimen ab. (…) Dass sie bei oberflächlicher

---

[29] Hier ergibt sich aus meiner Sicht eine ernsthafte Schwierigkeit bei der Beantwortung der Frage, ob es sich bei Einrichtungen der stationären Altenhilfe um totale Institutionen handelt: Was ist, wenn Institutionen das Ziel einer individuellen Lebensführung und deren Unterstützung wirklich ernsthaft verfolgen? Dies könnte m.E. für die Beteiligten durchaus zwanghafte Formen annehmen.

Betrachtung oft wie die traditionellen Einrichtungen wirken, darf nicht darüber hinwegtäuschen, dass die BewohnerInnen in der Regel über ausreichende Handlungsspielräume verfügen. Diese werden allerdings häufig nicht ausgeschöpft. Die Ursachen dafür sind aber nicht in erster Linie in formellen oder informellen Einengungen durch die Institution zu suchen, sondern sie liegen in der speziellen Lebenssituation der älteren Menschen" (Heinzelmann 2004: S. 232).

In der abschließenden Betrachtung ordnet der Autor seine Beobachtungen hinsichtlich der aktuellen Situation von Alten- und Pflegeheimen als zeitpunktbezogene Betrachtung historisch ein und kommt zu der Einschätzung, dass Altenheime „pseudo-totale Institutionen" sind:

> „Deshalb ist nach Maßgabe dieser Analyse eine Bewertung der gegenwärtigen Altenheime als den 'Totalen Institutionen' ähnliche Einrichtung zu oberflächlich. So wird das äußere Erscheinungsbild des Heimalltages a priori als im Wesentlichen erzwungen angesehen. Als Kontrastbild dazu dient dann die Vorstellung eines vielfältig engagierten, aktiven Senioren. Zwar ist es in Einzelfällen durchaus zutreffend, dass ältere Menschen eine derartige Lebensführung an den Tag legen – und sicherlich wäre es erfreulich, wenn ihre Zahl zunähme – der Regelfall ist es indes nicht. Zudem ist zu bemerken, dass derartige Menschen kaum zur Klientel der gegenwärtigen Durchschnittsheime gehören und auch früher eine Ausnahme gewesen sein dürften. Unter Berücksichtigung dieser beiden Aspekte gelangt diese Studie zu der Einschätzung, dass die gegenwärtigen Altenheime – zumindest was Einrichtungen des eigens untersuchten Typs angeht – als Pseudo-Totale Institutionen zu bezeichnen sind: Sie wirken ihrem Erscheinungsbild nach wie 'Totale Institutionen' des traditionellen Modells, ihren Auswirkungen auf den Lebensalltag nach sind sie es im Wesentlichen nicht. Die 'Lebenswelt' Altenheim wird maßgeblich durch andere Ursachen geprägt als durch die Zwänge einer 'Totalen Institution'. Diese Einschätzung gilt in noch stärkerem Maße für die Pflegeheime, die ebenfalls als Pseudo-Totale Institutionen anzusehen sind. Im Übrigen bliebe zu prüfen, inwieweit sich auch die anderen 'Totalen Institutionen' des Goffmanschen Modells im Verlauf der vergangenen Jahrzehnte verändert haben. Gegebenenfalls wäre dann eine andere Einschätzung notwendig" (Heinzelmann 2004: S. 248).

Auch die bereits zitierte Untersuchung von Koch-Straube setzt sich mit der Frage nach der totalen Institution Pflegeheim auseinander. Nach ihrer Auffassung handelt es sich bei dem von ihr untersuchten Heim um eine „gemäßigte totale Institution" (Koch-Straube 1997: S. 346). Zwar seien die Ziele der Einrichtung weder Strafe oder Vergeltung, noch Umerziehung oder Wiedereingliederung in die Welt außerhalb. Dafür rechtfertigen Pflegeheime die Reglementierung ihrer BewohnerInnen mit deren Schwäche:

„Und trotzdem bestimmen – auf der rechtfertigenden Basis der Schwäche der alten Menschen und deren realem oder ihnen zugewiesenen Unvermögen, ihr Leben selbst in die Hand zu nehmen – ein hoher Anpassungsdruck einerseits und eine hohe Anpassungsbereitschaft andererseits das Leben im Heim" (Koch-Straube 1997: S. 346).

Übereinstimmungen findet Koch-Straube in den von Goffman als wesentlich beschriebenen Kategorien a) „Beschränkung des sozialen Verkehrs", b) „Alle Angelegenheiten des Lebens finden an ein und derselben Stelle statt" und c) „Alle Phasen des Arbeitstages sind exakt geplant":

- Die BewohnerInnen verlassen nur selten das Heim und dies nur in Begleitung. BesucherInnen werden registriert, auch können Besuche durch das Personal eingeschränkt werden.
- Die Privatsphäre der BewohnerInnen ist erheblich eingeschränkt, deren Leben spielt sich fast vollständig unter der Aufsicht der MitarbeiterInnen und auch der Mitbewohner ab.
- Wach-, Schlaf- und Essenszeiten, Behandlungen und Freizeitaktivitäten sind durch das Personal geplant und zeitlich geregelt.

Der durch die Einrichtung ausgeübte Druck zur Anpassung führt bei den BewohnerInnen nach dieser Studie zu verschiedenen Formen der Reaktion auf die Anforderungen: Rückzug aus der Situation, Verweigerung der Kooperation mit dem Personal, Schaffung einer imaginären Ersatzwelt oder Konversion zur Rolle des perfekten Insassen.

Unterschiede zur Totalen Institution im Sinne Goffman's stellt Koch-Straube hinsichtlich der Art der Mitgliedschaft in der Institution Pflegeheim fest. Diese liegt im Einzelfall zwischen den Extrempunkten Freiwilligkeit und Zwang (vgl. Koch-Straube 1997: S. 345f.). Dafür seien aber durchaus Spielräume für die BewohnerInnen zu erkennen, die den Totalitätsanspruch der Institution einschränken. Dies ergebe sich einerseits aus der Heterogenität der BewohnerInnen und ihrer Biographien, andererseits aus den weniger klaren Zielen der Institution und aus der Art und Weise, wie diese von Seiten der MitarbeiterInnen vermittelt werden.

„Im Hinblick auf seine starken physischen und psychischen Einschränkungen, die es dem alten Menschen verwehren, in bisher gewohnter Weise selbständig zu entscheiden, zu handeln und zu leben, ist die Institution Pflegeheim und die Gemeinschaft der 'Schicksalsgenossen' als der angemessene Lebensort zu betrachten. Der alte Mensch entscheidet sich aus freiem Willen oder aus (widerwilliger) Einsicht in die Unabänderlichkeit zum Leben im Heim und erlebt dort Spielräume und Akzeptanz seiner Individualität, seiner biographischen Prägungen, seiner Verrücktheiten und Absonderlichkeiten." (Koch-Straube 1997: S. 347).

Voraussetzung dafür sei allerdings eine Gestaltung des Alltags von Seiten der Einrichtung, welcher die alten Menschen als Subjekte versteht, sich als Institution selbst an die Bedürfnisse dieser Menschen anzupassen bereit ist und zwischen BewohnerInnen und Mitarbeitern „Austauschverhältnisse in realistischen Grenzen" (Koch-Straube 1997: S. 346) zulässt.

Die Frage drängt sich danach förmlich auf: Ist das CQJ-Seniorenzentrum C-burg eine Totale Institution im Sinne von Goffman? Ist die „soziale Hölle" von der Wallraff spricht, ein Ausdruck oder gar die Steigerungsform dessen, was Goffman meint? Oder zeigt sich doch Lebensqualität und Selbstbestimmung auch im Alter und sogar im Pflegeheim, die vor allem von der persönlichen Gesundheit abhängt, wie die Studie von Gudrun Dietrich nahelegt? Hängen damit die Möglichkeiten zu einer zufriedenen und kommunikativen Lebensführung im Pflegeheim ausschließlich von der Konstitution der Betroffenen ab, wie auch Düx meint? Hat außerdem Hirsch Recht, wenn er tendenziell ausschließt, dass ein Mensch freiwillig in ein Pflegeheim geht? Lassen sich alte Menschen durch das vom Gesetzgeber „gutgemeinte" Betreuungsrecht tatsächlich so problemlos „entsorgen"? Müssen alte Menschen sich möglichst ohne Widerstand in den Heimalltag fügen und sind sie „Gemeinsam einsam", und damit „nicht in der Lage, auf Grund der verschiedenen personenbedingten, heimstrukturellen und umweltbedingten Faktoren, die vorhandenen Ressourcen zur eigenen Bedürfnisbefriedigung zu nutzen", wie Hanisch-Berndt und Göritz nahe legen?

Und schließlich: Ist der Weg der Ethnographie im Sinne von Ursula Koch-Straube eine Form der Annäherung an Institution und Menschen, die solche Fragen zu beantworten hilft? Wie kann dieser Zugang zur Ethnie Pflegeheim durch die Sammlung biographischer Daten sinnvoll ergänzt werden? Ist diese Methoden-Triangulation kompatibel mit einer quantitativen Erfassung der Institution und ihrer BewohnerInnen?

2.7 Präzisierung der Fragestellung

Die vorliegende Untersuchung will typische Ausformungen im Lebenslauf alter Menschen entdecken, die für diese zur Übersiedlung in ein Pflegeheim führten. Weiterhin soll untersucht werden, was diese Menschen nach dem Übergang in eine Einrichtung der stationären Altenhilfe erwartet, wie sie sich mit den Verhältnissen dort arrangieren und wie dies von Seiten der Einrichtung reguliert wird. Dies soll methodisch mit drei Formen der Annäherung an die Menschen im

Heim, ihrer Lebensgeschichten und ihres Alltags versucht werden: Einerseits mit biographisch orientierten Methoden des narrativen Interviews, andererseits mit ethnographischen Methoden der Feldbeobachtung und schließlich mit quantitativen Aussagen über alle BewohnerInnen der Einrichtung.

Bei der Darstellung der Ergebnisse soll dabei dem gefolgt werden, wie eine fremde BesucherIn sich dem Heim nähern könnte: Die Fremde würde sich möglicherweise zunächst einen ersten, stark verdichteten Eindruck in quantitativen Aspekten verschaffen, z.b. Anzahl der BewohnerInnen, deren Alter, die bisherige Dauer ihres Aufenthalts und dergleichen feststellen wollen. Dies entspräche dem quantitativen Fokus dieser Untersuchung. Danach würde unsere Fremde möglicherweise durch die öffentlichen und halböffentlichen Räume des Hauses spazieren, sich mit BewohnerInnen und MitarbeiterInnen unterhalten und sich einen Eindruck von den Abläufen, der Organisation und der „Atmosphäre" im Haus verschaffen. Dies wäre dann vor allem dem ethnographischen Teil dieser Untersuchung zuzuordnen. Und schließlich würde unsere BesucherIn vielleicht einzelne BewohnerInnen kennen lernen, sich nach deren Lebensgeschichte erkundigen und danach fragen, wie ihr Leben schließlich in das Pflegeheim geführt hat: Dies entspräche dem biographischen Fokus dieser Arbeit. In dieser Reihenfolge sollen auch die Teilaspekte der Fragestellung im Folgenden vor dem Hintergrund des aktuellen Forschungsstandes diskutiert werden.

In quantitativer Hinsicht ist nach den vorliegenden statistischen Aussagen für die Bundesrepublik Deutschland, etwa der Berichte des Statistischen Bundesamtes oder des Bundesministeriums für Familie, Senioren, Frauen und Jugend, die Frage nach der Verteilung der Geschlechter unter den Menschen im Heim von Belang („Feminisierung in der Gruppe der Pflegebedürftigen"). Das Ausmaß der Pflegebedürftigkeit dieser Menschen nach der Verteilung ihrer Pflegestufen festzustellen, ist ebenfalls naheliegend.

Für das Heimleben und für die Befindlichkeit der Betroffenen und ihrer MitbewohnerInnen dürfte die Frage nach Häufigkeit und Umfang von demenziellen Veränderungen bei den BewohnerInnen und nach dem Ausmaß ihrer Orientierung ebenfalls von großer Bedeutung sein (vgl. z.B. Bundesministerium für Familie, Senioren, Frauen und Jugend 2002; Naegele und Weidekamp-Maicher 2002). Desorientierte Menschen dürften den Heimalltag beeinflussen, indem sie die Übrigen irritieren und ihnen eine Form des Umgangs abverlangen, die einzuüben vor dem Heimübergang in der Regel nicht gefordert war.

Vor dem Hintergrund eines hohen Aufnahmealters[30] von HeimbewohnerInnen und dem Problem, ob Pflegeheime „Häuser zum Wohnen bei Pflegebedürf-

---

[30] "Die Pflegebedürftigen in der ambulanten Pflege sind im Schnitt deutlich jünger als in der stationären Pflege. So sind z.B. 68 % der stationär Versorgten hochaltrig (über 80 Jahre), in der ambulanten Pflege 46 %. Die zahlenmäßig zweitgrößte Altersgruppe sind jeweils die 70- bis 80-Jährigen, wobei

tigkeit" sind, oder vielmehr Orte, wo es „zum Sterben hinein" geht, stellt sich die Frage nach dem Alter und der bisherigen Verweildauer der Menschen in dieser Einrichtung.

Von besonderer Bedeutung für die Menschen im Heim sind Angehörige und Freunde außerhalb der Einrichtung und die Häufigkeit ihrer Besuche (vgl. z.B. Urlaub 1995; Hanisch-Berndt und Göritz 2005). In großen Teilen dürften diese auch für die Festlegung auf eben dieses Heim mitbestimmend gewesen sein. Damit gilt es festzuhalten, wo diese Angehörigen wohnen und welchen Wohnort der jetzige Bewohner vor seiner Aufnahme hatte: Wurde ihm ein Umzug, unter Umständen über größere Entfernungen hinweg abverlangt oder war es für die Wahl der Einrichtung bedeutsam, gerade im gewohnten Ort oder wenigstes in der Nähe zum bisherigen Wohnort zu verbleiben, um so bisherige soziale Kontakte zumindest teilweise aufrecht erhalten zu können?

In der ethnographischen Blickrichtung der Untersuchung wird zunächst zu analysieren sein, in welcher Weise die verschiedenen öffentlichen, halböffentlichen und privaten Räume des Hauses und seiner Umgebung von BewohnerInnen, Personal und Angehörigen genutzt werden. Dies kann zunächst über Beobachtungen der Aktivitäten in den verschiedenen Räumen versucht werden. Hierbei sind Effekte von Institutionalisierung zu beachten. Insbesondere sind hier solche Wirkungen von Interesse, die darauf hin deuten, wie und in welchem Maß die Einschränkungen der funktionellen Gesundheit der BewohnerInnen von den Mitarbeitern des Hauses kompensiert und in welcher Form diese Hilfen ausgehandelt werden (Huber u.a. 2005).

Hinsichtlich der „Totalität" der Institution erscheint bedeutsam, wie die tageszeitlichen Aktivitäten im Haus von der Einrichtung geregelt werden und mit welchem Umfang von Bevormundung die Hilfeleistungen verbunden sind. Hierher gehört auch, die Beziehungen der BewohnerInnen untereinander und zum Personal des Hauses zu beschreiben. In diesem Zusammenhang wird auch zu erörtern sein, in welchem Umfang Autonomie, Lebensqualität und Privatheit der BewohnerInnen möglich bleibt.

Es ist zu vermuten, dass eine Institution wie ein Pflegeheim Privatheit und Autonomie der in ihr lebenden Menschen erheblich einschränkt. Schon durch geregelte Abläufe, Standardisierung von Hilfen, Schicht- und Arbeitspläne stehen den Vorstellungen und Wünschen des Einzelnen die Vorgaben und Pläne der Einrichtung gegenüber. In der Tendenz gilt das für jede Institution, sei es ein Luxus-Hotel, ein Pfadfinder-Lager oder ein Landesgefängnis. Allerdings ist zu

---

ihr relativer Anteil in der häuslichen Pflege größer ist als in der stationären Pflege. Im Vier-Jahres-Zeitraum nimmt die Zahl der jüngeren Pflegebedürftigen (unter 60 Jahren) gleichermaßen in häuslicher und stationärer Pflege (absolut und relativ) ab" (Bundesministerium für Familie, Senioren, Frauen und Jugend 2006: S. 109)

vermuten, dass die persönlichen Gestaltungsmöglichkeiten der „Insassen" in dem Hotel in einem höheren Grad ausgebildet sind als im Gefängnis. Auf den Umfang dieser Gestaltungsmöglichkeiten wird bei der Auswertung der Texte zu achten sein.

Autonomie soll als das Ausmaß selbstbestimmten Handelns der BewohnerInnen verstanden werden, also als die Möglichkeiten und Chancen zur Auswahl von Orientierungs- und Verhaltensmustern aus einem entsprechenden Repertoire solcher Muster (vgl. Fuchs-Heinritz 1995: S. 76). Als bestimmender Faktor für kommunikative und autonome Lebensführung kann die physische und psychische Konstitution der BewohnerInnen angesehen werden (Düx 1997), deren Einschränkungen durch die Einrichtung kompensiert werden sollen. Für pflegebedürftige Menschen im Heim bedeutet damit Autonomie nicht einfach Selbständigkeit in dem Sinne, dass der Betreffende etwas selbst vollziehen kann, sondern dass er wegen einer eingeschränkten Fähigkeit zur Selbsthilfe die Möglichkeit erhält, über die Hilfen Dritter zu entscheiden (vgl. Huber u.a. 2005).

Lebensqualität hängt für Menschen im Heim mit einem Mindestmaß an Autonomie zusammen, geht aber in seiner Bedeutung über Selbstbestimmung hinaus. Im weiteren Text meint der Grad oder das Ausmaß an Lebensqualität die Möglichkeiten und Optionen, die ein Individuum zum jeweiligen Zeitpunkt und in seiner jeweils besonderen Situation besitzt: Entweder, weil das Individuum sie mitbringt, also tatsächlich seinerseits „besitzt" und bedarfsweise auch gegen den Widerstand Dritter realisieren kann. Oder weil sie ihm durch Dritte oder äußere Bedingungen im Sinne einer prothetischen Umwelt (Wahl und Reichert 1994) verfügbar gemacht werden. Zwar können Einschränkungen der funktionellen Gesundheit wie z.B. Demenz im Heim nicht kuriert werden, die Aufgabe der Einrichtung besteht aber darin, diese zumindest teilweise zu kompensieren (vgl. Naegele und Weidekamp-Maicher 2002: S. 6).

Höhere Lebensqualität bedeutet nach diesem Verständnis eine größere Bandbreite für Wahlalternativen hinsichtlich der Befriedigung verschiedener Bedürfnisse und Vorstellungen. Geht man davon aus, dass individuelles Leben sich unter Bedingungen vollzieht, die eine Befriedigung solcher Wünsche zumindest in Aussicht stellt und auch möglich erscheinen lässt, dann ist Lebensqualität in hohem Maß erreicht. Ebenfalls wesentlich für die Lebensqualität und Lebenszufriedenheit für Menschen in der stationären Altenhilfe dürften Art und Umfang der Kommunikation und der Beziehungen zu MitbewohnerInnen, zum Personal und zu Menschen außerhalb der Einrichtung sein (Closs und Kempe 1979; Dietrich 1997). Ein Pflegeheim kann dabei auch danach bewertet werden, inwieweit Vereinsamung der BewohnerInnen vermieden werden kann (vgl. Hanisch-Berndt und Göritz 2005).

Ein bedeutender Aspekt von Lebensqualität für ein Leben in einem Pflegeheim kann für den Einzelnen in dem Verhältnis zwischen Privatheit und Institution gesehen werden. Wesentlich erscheint dabei vor allem, in welchem Umfang
die jeweilige BewohnerIn dieses Verhältnis nach eigenen Bedürfnissen beeinflussen kann. Privatheit steht zunächst im Gegensatz zur Öffentlichkeit: Privatheit bezeichnet „jene Lebens- und Tätigkeitsbereiche, die ausdrücklich nicht
der öffentlichen Sphäre, der Öffentlichkeit angehören, sondern hiervon (relativ)
abgeschirmt, abgesondert und geschützt sind (also vor allem das Familienleben
und allgemein das 'Leben in den eigenen vier Wänden', auch Teile der Freizeitaktivitäten und der Geselligkeit)" (Fuchs-Heinritz 1995: S. 515). Privatheit als
ein hoher, in besonderem Maß geschützter Wert, lässt Raum für individuelle
emotionale Belange und individuelle Interessenentfaltung in Selbstbestimmung
und ist gekennzeichnet durch Sanktionsfreiheit gegenüber diesen Interessen und
Belangen. Privatheit bietet zudem Wahlmöglichkeiten hinsichtlich der Realisierung sozialer Kontakte und der Form der Befriedigung von Bedürfnissen. Hierzu
gehören entsprechende Angebote und Aktivitäten, deren Ausformung, Häufigkeit und Vielfalt ebenfalls mitbestimmend für die Zufriedenheit der BewohnerInnen mit ihrer Situation sein dürfte (vgl. Naegele und Weidekamp-Maicher
2002).

Auch im biographischen Fokus der Untersuchung werden, jetzt aus der Perspektive der erzählenden BewohnerInnen, die genannten Begriffe Autonomie,
Lebensqualität und Privatheit von zentraler Bedeutung sein. Ergänzend kommt
bei dieser Betrachtungsweise hinzu, wie die ErzählerInnen diese Aspekte in den
jeweiligen Folgen für sich selbst beschreiben und bewerten. Zu erwarten sind
ebenso Schilderungen von individuellen Einschränkungen der funktionellen
Gesundheit und darüber, wie diese letztlich zur Pflegebedürftigkeit und Heimaufnahme geführt haben. Hierbei kann in höherem Umfang als beim vorgenannten Fokus der Einfluss und die Bedeutung der sozialen Umgebung zur Kompensation von Einschränkungen und der jeweiligen Grenzen und Defizite dieser
Hilfen betrachtet werden. Der Diskussion dieser Möglichkeiten und Grenzen in
Form der Aushandlung der jeweiligen Heimaufnahme kommt bei der biographischen Betrachtung besondere Bedeutung zu.

Hierzu erscheint es notwendig, neben der Betrachtung von krisenhaften Er-
eignissen im Lebenslauf sowie von gesundheitlichen Krisen und Einschränkun-
gen auch Partnerschaft und Verlusterfahrungen hinsichtlich der Beziehungen zu
Angehörigen und Freunden und die Lebensweise vor Heimeinzug zu beachten.
Für die Bewältigung des Übergangs in ein Heim dürfte aber auch die Form der
Aushandlung dieser Entscheidung wesentlich sein.

Die Übersiedlung in ein Pflegeheim kann für die Betroffenen als Lebensaufgabe gesehen werden, die ihrer Bewältigung neben der Abhängigkeit von den

jeweiligen institutionellen Gegebenheiten auch von der individuellen Form dieser Bewältigung abhängt. Die eigene Wohnung, die verbunden war mit einem hohen Maß an Privatheit und Sicherheit wird aufgegeben, der Umzug selbst wird zu einem kritischen Lebensereignis. Der Entschluss zu einem solchen Umzug kann als komplexer und in mehreren Dimensionen ablaufender Prozess betrachtet werden, in dem sich eine Vielzahl objektiver und subjektiver Faktoren bündeln (vgl. Wahl und Reichert 1994).

Dabei sind zunächst im Groben drei Fälle zu unterscheiden: Im ersten Fall erfolgt der Übergang in ein Heim aus einem Allgemeinkrankenhaus oder einer Übergangseinrichtung aufgrund einer die selbständige Lebensführung bedrohenden (chronischen oder akuten) Krankheit. Die Rückkehr in die angestammte Wohnung erscheint aus Sicht der Verantwortlichen ebenso wenig vertretbar wie das Verbleiben im Krankenhaus. Dabei kann unterstellt werden, dass in diesem Fall den Betroffenen kaum die Wahl hinsichtlich einer Alternative bleibt.

Dem steht der (Ideal-) Fall einer selbstgesteuerten Entschlussbildung gegenüber, die aber in aller Regel trotzdem nicht allein, sondern im Austausch mit Familienangehörigen, Freunden und Vertretern von beratenden Berufsgruppen getroffen werden dürfte. Vorbereitet wird ein solcher Entschluss durch die Erfahrung oder Erwartung einer zunehmenden Einschränkung der körperlichen Leistungsfähigkeit und ist getragen von dem Bedürfnis nach Sicherheit und zuverlässiger (nicht nur pflegerischer) Versorgung. Die subjektive Wahrnehmung der eigenen Möglichkeiten und Grenzen dürfte hierbei neben objektiven Einschränkungen eine wesentliche Rolle spielen. Auch nennen Wahl und Reichert darüber hinaus gehende begünstigende Faktoren für einen Entschluss zum Heimeinzug, wie etwa die Hoffnung einsamer alter Menschen auf bessere Möglichkeiten zur Begegnung mit Anderen und zur Freizeitgestaltung. Auch der Wunsch, Angehörigen nicht zur Last fallen zu wollen, kann wesentlich für eine Entscheidung zugunsten des Pflegeheims sein (vgl. Wahl und Reichert 1994: S. 18).

Der dritte Fall ist gekennzeichnet durch eine sich allmählich verschlechternde Verfassung des Pflegebedürftigen und durch die zunehmenden Hilfe- und Unterstützungsbedarfe, die eine gesetzliche Betreuung im Sinne des Betreuungsgesetzes erfordern. Vor allem dann, wenn die geistigen Fähigkeiten des Betroffenen eingeschränkt sind, wird hier der Übergang in hohem Maß fremdbestimmt vor sich gehen. Je nach Ausgangssituation dürfte der Heimübergang in unterschiedlichem Ausmaß als „kritisches und stressauslösendes Lebensereignis" (Wahl und Reichert 1994: S. 17) betrachtet werden. Es kann vermutet werden, dass dies insbesondere beim ersten und dritten Fall als besonders dramatisch wahrgenommen wird.

Die Form und Besonderheit des individuellen Einlebens im Heim und die persönliche Auseinandersetzung mit dem Einfluss der Institution gehören ebenfalls zur biographischen Perspektive.

Durch die drei Wege des Zugangs zu Heim und BewohnerInnen wird eine mehrfache Methoden-Triangulation angestrebt, die helfen kann, die Aussagefähigkeit der Untersuchung zu verbessern. Ebenfalls von Bedeutung für diesen Aspekt könnte die Forscher-Triangulation durch die Vielzahl und Vielfalt der beteiligten Beobachter sein. Nicht nur die individuell verschiedenen Wahrnehmungen und Beobachtungsschwerpunkte der Beteiligten scheinen hierbei von Belang zu sein. Hinzu kommt, dass die MitarbeiterInnen der Studie aus zum Teil sehr verschiedenen Ländern kamen, so dass auch Unterschiede in deren kulturellen Prägungen zum Bild alter Menschen (Herkunftsländer der beteiligten Studierenden waren u.a. Ägypten, Bulgarien, Griechenland, Lettland, Litauen, Marokko, Polen, Rumänien, Spanien und die Türkei) die methodisch angestrebte „Fremdheit", den „fremden Blick" (vgl. Geertz 1987) unterstützen konnten.

Ein weiterer Aspekt bedarf im Zusammenhang des Eindringens der Forschenden schließlich noch in doppelter Hinsicht der Betrachtung: Bezüglich des Einflusses der Forschenden auf das Untersuchungsfeld dürfte die große Anzahl junger Menschen, die über viele Monate regelmäßig in einem Pflegeheim präsent sind, nachweisbare Auswirkungen hinterlassen. Hierzu gehören auch die Reaktionen der Institution und der sie verkörpernden Menschen auf ein solches Eindringen.

Umgekehrt dürfte das Forschungsfeld die beteiligten Forschenden beeinflussen: Einerseits könnte die „fremde Welt Pflegeheim" als eine für die meisten der Beteiligten unbekannte Ethnie mit hilfebedürftigen alten Menschen zu Irritationen führen. Andererseits könnten die Beziehungen, die sich im Verlauf des Untersuchungszeitraums entwickeln, Spuren hinterlassen und sich somit in den schriftlichen Zeugnissen dieser Begegnungen niederschlagen. Bei der Auswertung der Ergebnisse wird dies zu beachten sein.

3 Methodische Überlegungen

3.1 Zum Verhältnis quantitativer und qualitativer Sozialforschung

Die starke Verbreitung der qualitativen Sozialforschung in Deutschland seit Mitte der siebziger Jahre des letzten Jahrhunderts hat zunächst den Anschein von unvereinbaren Gegensätzen zwischen dieser und der quantitativ orientierten Forschungsrichtung erweckt:

> „Vor allem in Deutschland gibt es eine starke Tendenz, qualitative und quantitative Methoden zwei unterschiedlichen Methode'paradigmen' zuzuordnen und dabei auf deren jeweils unterschiedliche philosophischen Wurzel zu verweisen, wobei bereits die Verwendung des Begriffs des Paradigmas den Gedanken nahelegt, dass es sich um grundlegend inkompatible Denkweisen und Weltsichten handelt" (Kelle u. Erzberger 2003: S. 299).

Diese unterschiedlichen historischen Wurzeln sind einerseits die hermeneutische Position, die in der Pädagogik eine der vorherrschenden wissenschaftstheoretischen Haltungen ausmacht. Bei der Suche nach Wahrheit interpretieren die Vertreter dieser Position vornehmlich Texte anderer Pädagogen oder verschriftete Aussagen von Menschen im jeweiligen Feld der Pädagogen. Hermeneutik kann verstanden werden als Lehre von der Auslegung von Texten sowie von nichtsprachlichen Kulturäußerungen (Fuchs-Heinritz u.a. 1994: S. 272).

> „Hermeneutische Verfahren dienen also zunächst dazu, den Sinn, die Bedeutung eines menschlichen Dokumentes, insbesondere sprachlicher Aussagen, zu ermitteln. Man spricht auch davon, daß hermeneutische Verfahren dazu dienen, den Sinn von menschlichen Dokumenten zu verstehen, oder, im gleichen Sinn, zu interpretieren oder auszulegen" (Klafki 1972: S. 128).

Kromrey kontrastiert hermeneutische Interpretation von Texten mit quantitativen Verfahren ihrer Auswertung:

> „Auch die Hermeneutik hat die Auswertung sinnhaltiger Dokumente – insbesondere Texte – zum Ziel. Allerdings geht es ihr nicht um die systematische Identifizierung von Aussage-Elementen und deren Zuordnung zu vorher festgelegten Kategorien,

wie bei der empirischen Inhaltsanalyse. Die Erkenntnisabsicht bei hermeneutischen Verfahren ist vielmehr das 'Verstehen des Sinns', die 'Auslegung' oder 'deutende Interpretation' von Aussagen, von Dokumenten, historischen Quellen etc. Die Bedeutung einer Botschaft (eines Textes, eines Gedichts, eines Gemäldes) soll nachvollzogen und gedeutet werden, indem man versucht, sich das Dokument in seiner Ganzheit und in seinen inneren Zusammenhängen zu erschließen, ggf. sich dazu in den Autor (oder den Schöpfer eines Kunstwerks etc.) und in die Situation seiner Entstehung hineinzudenken" (Kromrey 1998: S. 300).

Dem steht in der Sozialforschung die analytisch-nomologische Position entgegen, die in erster Linie nicht Aussagen über Zusammenhänge im Sozialen interpretieren, sondern solche Gegebenheiten erklären will. Diese Position der Erfahrungswissenschaft „unterstellt ausdrücklich auch für den Bereich des Sozialen grundlegende Gesetzmäßigkeiten. Diese treten unter veränderten historischen und gesellschaftlichen Bedingungen lediglich in unterschiedlicher Ausprägung auf. Aussagen über soziale Regelhaftigkeiten sollen daher im Idealfall 'nomologischen' Charakter haben, d.h. sie sollten in ihrem Geltungsanspruch weder räumlich noch zeitlich relativiert sein" (Kromrey 1998: S. 27).

Aus der Sicht der qualitativen Sozialforschung wird der Weg der quantitativen Forschung in der Regel mit dem Test von Hypothesen gleichgesetzt (vgl. Terhart 2003: S. 28). Hypothesen sind im Sinne der quantitativen Forschung nichts anderes als Tatsachenbehauptungen über die reale Welt, die aus Theorien oder aus theoretischen Annahmen folgen und an der Realität überprüft werden sollen. Sie sind letztlich Ausdruck des systematisierten Vorverständnisses des Quantitativen, mit der sich jener seinem Untersuchungsgegenstand nähert. Für viele qualitativ orientierte Forscher behindern und verengen solche Formen des Herangehens den Blick auf die soziale Realität. Konsequenterweise hat sich die qualitative Forschung überwiegend in ihrer Haltung gegenüber den untersuchten Individuen und Prozessen als quasi „vorurteilsfrei" dargestellt. Es sollte nach ihrer Vorstellung im Forschungsprozess um eine größtmögliche Offenheit gegenüber den Untersuchten gehen. Das Vorverständnis des Forschers soll dabei eine möglichst geringe Rolle spielen, damit der sich ganz auf die „Subjekte" seiner Forschung einstellen kann; zwar soll das Vorverständnis des Forschers dokumentiert werden, aber eher zu dem Zweck der Hinterfragung des Forschers:

„Die Notwendigkeit zur Dokumentation des Vorverständnisses des Forschers, seiner expliziten und implizierten Erwartungen resultiert daraus, dass sie die Wahrnehmung (z.B. bei Beobachtungen), die Auswahl bzw. Entwicklung der verwendeten Methoden und damit die Daten und das Gegenstandsverständnis beeinflussen. Die Darstellung des Vorverständnisses ermöglicht zu entscheiden, ob in der Studie wirklich Neues erkannt wurde, d.h. nicht nur die Bestätigung von Ex-ante-Hypothesen gesucht wurde, bzw. ob auch versucht wurde, dieses Vorwissen zu irritieren" (Steinke 2003: S. 324).

Nach dieser Vorstellung haftet an dem Vorwissen des Forschers der Ruch des Vorurteils, der vorgegebenen Setzung, die der Realität übergestülpt wird. Dargestellt werden muss dieses Verständnis demnach hauptsächlich deshalb, damit der kritische Leser „eingeschleuste" Vorurteile des Forschers erkennen kann, der Forscher seinerseits muss sich im Dienste seiner Glaubwürdigkeit beim Leser als „irritiert" ausweisen.

Nun ist quantitative Forschung nicht in Gänze und auch nicht in überwiegenden Teilen hypothesentestend. Und in jedem Fall hat auch die quantitative Sozialforschung ihr Vorverständnis offen zu legen: Im Falle der theorietestenden Variante (solche Theorien sind die hypothesengenerierenden Teile einer mit Hypothesen arbeitenden quantitativen Untersuchung) erfolgt dies über die Darstellung der zu überprüfenden Theorie, die dann durch sprachlich-logische Umformung, die ebenfalls darzustellen ist, in eine Form gebracht wird, die „mit der Realität" konfrontiert werden kann. Zu Irritationen kommt es dabei gelegentlich auch, nämlich dann, wenn die zu prüfende Theorie diese Konfrontation mit der Realität nicht übersteht. Dann ist entweder die Theorie ganz oder in Teilen falsch, oder bei der Operationalisierung der Theorie sind schwerwiegende Fehler vorgekommen. Ist dies nicht der Fall, wird keineswegs die Theorie als richtig und fehlerfrei ausgegeben, sondern nur konstatiert, dass der Versuch, die Theorie zu widerlegen, für dieses mal gescheitert ist. Theorien, die häufiger die Konfrontation mit der Realität überlebt haben, werden nur als bewährt angesehen, scheitern können sie immer noch. Zumindest gilt solches im wissenschaftstheoretischen Selbstverständnis des kritischen Rationalismus (vgl. z.B. Popper 1993; Atteslander 1993; Kromrey 1998). Im Falle der nicht-hypothesentestenden quantitativen Forschung, etwa bei deskriptiven Ansätzen, ist die Diskussion des Vorverständnisses des Forschers in der Regel mit einer dimensionalen Analyse dieses Vorwissens verbunden, die nicht unähnlich der Darstellung bei der qualitativen Forschung ausfällt, wenn erstere auch zumeist in den einzelnen Schritten festgelegter erscheint (vgl. z.B. Kromrey 1998: S. 109 ff.) Dies wird weiter unten bei der Konzeptualisierung des quantitativen Teils auch vorgestellt werden. Das Verhältnis von Vorwissen und Untersuchungsansatz wird inzwischen auch in der qualitativen Forschung differenzierter diskutiert:

„Im Prozess der Selbstvergewisserung als eigenständiger Methodologie hat die Entscheidung gegen Ex-ante-Hypothesen zwar zu einer Konsolidierung der qualitativen Position in der Abgrenzung zur quantitativen Methodologie beigetragen, sie hat aber auch zu einer erkenntnistheoretisch nicht haltbaren Festlegung geführt, die zudem den Einsatz qualitativer Forschung begrenzte" (Meinefeld 2003: S. 274).

Nach dem Verständnis der Untersuchung „Weg ins Heim ..." ist die Verbindung qualitativer und quantitativer Methoden innerhalb einer Untersuchung ein durchaus sinnvoller Weg in Hinblick auf eine mögliche „Methodenintegration" (Kelle u. Erzberger 2003: S. 304), um mit sich ergänzenden Mitteln eine vollständigere Sichtweise auf soziale Realität zu erhalten. Ein Argument für mögliche Beiträge der quantitativen Forschung wurde bereits, bezogen auf die Auswahl der BewohnerInnen, deren erzählte Lebensgeschichte Daten für die Untersuchung am Beispiel des Maßes ihrer Orientierung lieferte, vorgestellt: Quantitative Variablen werden dabei zur Einordnung der Interviewten in einem Kontinuum verwendet, das auch die Nicht-Interviewten zum Zeitpunkt der Untersuchung einbezieht und quantitativ bestimmt. Der Beitrag qualitativer Forschung kann dagegen zusätzlich auch in folgende Richtung gehen:

> „Weil mit Hilfe qualitativer Untersuchungen subjektive Sinnsetzungen, 'Relevanzhorizonte' und Handlungsorientierungen der Akteure im empirischen Material entdeckt werden können, über die der Forscher zuvor keine theoretisch begründeten Annahmen besaß und die er deswegen auch nicht bei der Konstruktion von Erhebungsinstrumenten berücksichtigen konnte, liefern qualitative Untersuchungen oft solche Informationen, die mit Hilfe quantitativer Forschungsdesigns allein kaum hätten ermittelt werden können" (Kelle u. Erzberger 2003: S. 305).

Genau dies wurde hier angestrebt: Es existieren im deutschsprachigen Raum meines Wissens keine vergleichbaren Studien, mit Ausnahme der schon erwähnten Arbeiten. Die „fremde Welt des Pflegeheims" und die Sicht ihrer BewohnerInnen scheint weitgehend ausgespart aus der sozialwissenschaftlichen Diskussion. Damit ist eine Voraussetzung für eine fruchtbare Methodenintegration gegeben:

> „Der Einsatz qualitativer Verfahren ist vor allem dort unverzichtbar, wo die Untersucher a-priori keinen Zugang zu den typischen Deutungsmustern und Handlungsorientierungen im untersuchten Gegenstandsbereich haben. In dem Maß, wie diese Handlungsorientierungen und Deutungsmuster von sozialen Strukturen beeinflusst sind, kann eine Verknüpfung qualitativer und quantitativer Methoden dazu dienen, unterschiedliche Aspekte sozialer Sachverhalte zu beleuchten. Mit Hilfe quantitativer Verfahren kann die Bedeutung sozialstruktureller Kontextfaktoren erforscht und mit Hilfe qualitativer Methoden die Interpretation dieser Kontextfaktoren durch die Akteure untersucht werden" (Kelle u. Erzberger 2003: S. 307 f.).

Zur Ermittlung solcher sozialstruktureller Kontextfaktoren und zur Bestimmung der vergleichenden Darstellung einzelner BewohnerInnen im Vergleich mit der Gesamtheit aller BewohnerInnen des Hauses wurden die quantitativen Daten erhoben. Dabei wurden, wie nachfolgend dargestellt, verschiedene Instrumente wie z.B. Fragebögen eingesetzt. Ergänzt wurde die Erhebung durch aktenanalytische Verfahren.

3.2 Der erste Fokus: Quantitative Erhebungen

3.2.1 Zur Bedeutung quantitativer Erhebungen in einer qualitativen Untersuchung

Die angestrebte Kombination von qualitativer Forschung mit quantitativen Ansätzen im Forschungsprojekt erscheint zunächst vielleicht etwas ungewöhnlich.

Waren aus Sicht ihrer jeweiligen Vertreter noch in den achtziger Jahren des letzten Jahrhunderts qualitative und quantitative Ansätze der empirischen Sozialforschung weitgehend unvereinbar, so fand man später doch in gewisser Weise zueinander. Meist wurde von Seiten der quantitativ orientierten Sozialforschung der anderen Seite zugute gehalten, dass mit deren Mitteln ein relativ unbekannter Gegenstandsbereich strukturiert werden könne, um dann die eigentliche, nämlich die quantitative Untersuchung darauf aufbauend zu planen (vgl. z.B. Kromrey 1998). Umgekehrt wurden quantitative Verfahren wie die quantitative Inhaltsanalyse qualitativ erweitert und mit zusätzlichen oder gänzlich anderen Erkenntniszielen eingesetzt (vgl. z.B. Mayring 2002).

Im Forschungsprojekt „Weg ins Heim oder weg ins Heim?" sollte ein anderer, ein dritter Weg gegangen werden: Nicht die qualitative Forschung wird Hilfsdisziplin für die quantitative, eher ist es umgekehrt: Der quantitative Teil hilft dem qualitativen, dessen Aussagen hinsichtlich einer „Grundgesamtheit" (wie das quantitative Forscher ausdrücken würden), nämlich der Menschen in diesem Pflegeheim in der Beobachtungsperiode, einzuordnen. Damit, so war die Hoffnung, würde nicht so häufig auch irrtümlich von Aussagen der Befragten auf das Heim als Ganzes oder gar auf „die Heime" in Hessen, Deutschland oder Westeuropa geschlossen. Damit lassen sich auch, wie zu erwarten war, leichter unterschiedliche und widersprüchliche Aussagen in den biographischen und ethnographischen Ergebnissen interpretieren.

Fast noch wichtiger hinsichtlich möglicher Fehlinterpretationen erscheint jener Aspekt: Die im biographischen Fokus dargestellten Menschen sind eine nicht zufällige und (nicht nur deswegen) nicht repräsentative Auswahl aus den Menschen im Heim in ihrer Gesamtheit: Es sind solche, die sich erzählend äußern können und sich darüber hinaus auch mitteilen wollen. Es sind diejenigen, die sich auf neue Kontakte, auf Begegnungen mit jungen Menschen einlassen. Es sind vielleicht auch die, die sich noch präsentieren wollen und können. Sie im Verhältnis zu den übrigen BewohnerInnen darzustellen und in Teilaspekten auch abzugrenzen, erscheint für den Bericht lohnenswert, wiederum um mögliche Fehlinterpretationen zu vermindern. Die quantitative Beschreibung verschiedener Aspekte des Pflegeheims und seiner BewohnerInnen soll demnach vor allem als Korrektiv für die Bewertung der qualitativen Darstellungen dienen und damit den Rückschluss von letztlich einzelnen Beobachtungen und deren Interpretation auf die Gesamtheit der BewohnerInnen des Pflegeheims erleichtern helfen. Um hierfür relevante Daten zu erheben, wurde zunächst eine dimensionale Analyse des Gegenstandsbereichs durchgeführt, die im folgenden Abschnitt kurz dargestellt werden soll.

3.2.2 Dimensionale Analyse im quantitativen Fokus

Die dimensionale Analyse untersucht die empirische Struktur des Gegenstandsbereichs, um für die Fragestellung relevante Differenzierungen zu erkennen. Sie ist insbesondere für deskriptive Untersuchungen nach der Festlegung der Fragestellung und des Gegenstandsbereichs einer der ersten Schritte bei den Entscheidungen im Forschungsprozess (die vorliegende Untersuchung ist auch im quantitativen Fokus eindeutig solch eine deskriptive Form der empirischen Annäherung). Die grundlegende Frage hierbei ist: Welche Dimensionen der Wirklichkeit sind relevant im Sinne der Fragestellung und damit zu erfassen, ggf. zu differenzieren? Folgende Schritte sind hierbei zu beachten:

- Ideensammlung zum empirischen Gegenstandsbereich, Systematisierung, Erstellen eines begrifflichen Systems als Orientierungsrahmen. (Beispiel: Sozialer Status, Intelligenz: Begriffe für Subdimensionen bestimmen)
- Festlegung der Dimensionen d.h. der angestrebten Differenzierungen (wodurch unterscheiden sich meine Untersuchungseinheiten?) unter Verwendung (ggf. Ergänzung) des begrifflichen Systems nach Punkt 1. Sie sollen relevant sein für die Fragestellung und für die Theoriebildung bzw. sich an vorhandener, „gesicherter" Theorie orientieren. Die Relevanz der Dimensionen ist zu begründen.
- Darstellung der Beziehung zwischen den relevanten Dimensionen. Entwicklung eines „Modells" des Gegenstandsbereichs, forschungsleitende Vermutungen werden formuliert.
- Die relevanten empirischen Aspekte werden mit adäquaten Begriffen verbunden, die ggf. exakt zu definieren sind. Sind diese Begriffe nicht allgemein oder in der wissenschaftlichen Disziplin eingeführt, wird diese Begriffsdefinition einer semantischen Analyse unterzogen.

Ziel der dimensionalen Analyse ist es, die nach der Fragestellung zu erfassenden Aspekte („Dimensionen") der Wirklichkeit festzulegen und abzugrenzen. Dies führt zur Entwicklung eines begrifflichen Systems zur Beschreibung der Differenzierung des Untersuchungsgegenstands (vgl. Kromrey 1998: S. 110). Letztendlich liefert die dimensionale Analyse eine Liste von relevanten Eigenschaften in Form eines deskriptiven Schemas, welches das Untersuchungsinteresse lenken soll. Dieses Schema wird umso brauchbarer sein, je besser das Vorverständnis zum Untersuchungsgegenstand entwickelt ist. Gleichzeitig werden die hiermit gefundenen Ergebnisse umso brauchbarer, je besser dieses Schema entwickelt wurde. Kromrey spricht auch von der „beschreibenden Diagnose eines Sachverhalts" (Kromrey 1998:S. 110). In einer abstrakteren Betrachtung wird man von unabhängigen Größen oder Dimensionen sprechen. Man nennt das angesprochene Vorgehen gerade auch deshalb dimensionale Analyse des Gegenstandsbereichs. Dazu gehört, die entsprechenden Begriffe festzulegen, weil diese Dimension oder Differenzierungen ja schließlich mit sprachlichen Zeichen benannt werden müssen. Wir fragen hier im Gegensatz zur semantischen Analyse bei dem Test von Theorien nicht danach, welchen Sinngehalt oder welches real beobachtbare Phänomen ein theoretischer Begriff bei seiner Anwendung auf die Wirklichkeit aufweisen könnte, oder wie möglicherweise indirekt auf das Vorliegen des mit dem Begriff bezeichneten Aspekts der Realität geschlossen werden soll. Stattdessen fragen wir uns bei der dimensionalen Analyse des Gegenstandsbereichs, wie wir erkannte oder vermutete Differenzierung der Wirklichkeit am besten in Begriffen darstellen.

Zunächst geht es um allgemeine, zur differenzierten Beschreibung der BewohnerInnen geeignete Dimensionen: So unterscheiden sich die BewohnerInnen sicherlich hinsichtlich der Anzahl von Jahren des erlebten Lebens, was man umgangssprachlich als Alter (genauer: Alter zum Zeitpunkt der Erhebung, für den quantitativen Fokus der Untersuchung war dies der 21.4.2005) bezeichnet: Nach den Ergebnissen des Statistischen Bundesamtes ist zu erwarten, dass sich auch im Seniorenzentrum eher die hochbetagten weiblichen Pflegebedürftigen wiederfinden lassen. Eine weitere Unterscheidung ist daher hinsichtlich des Geschlechts wohl ebenfalls sinnvoll. Auch die im Heim verlebte Zeit erscheint sinnig festzuhalten: Einerseits deshalb, weil die im Heim verbrachte Zeit mit dem „Grad der Eingewöhnung" im Sinne der Bewältigung der Transition in die neue Umgebung zusammen hängen sollte. Andererseits würde eine vergleichsweise kurze Verweildauer die Vermutung nähren, dass sich in der Einrichtung vor allem solche alte Menschen finden lassen, die erst kurz vor ihrem Tod die stationäre Pflege aufsuchen. Folgende Variablen entsprechen diesem Zusammenhang:

- Geschlecht
- Alter zum Zeitpunkt der Erhebung
- Lebenszeit im Pflegeheim zum Zeitpunkt der Erhebung, zur besseren Differenzierung gemessen in Monaten

Wie aus Interviews und Tagesprotokollen herzuleiten war, dürfte die Frage nach dem Wohnort des Bewohners vor Heimaufnahme und auch nach dem der Angehörigen für eine Unterscheidung der Beteiligten wesentlich sein. Erwartet wurde, dass die Entscheidung für die Einrichtung vor allem dem Wohnort der nächsten Angehörigen folgt. Eine andere Gruppe von BewohnerInnen dürfte es vorgezogen haben, auch nach dem Übergang in die stationäre Pflege in der Nähe ihres bisherigen Wohnorts zu verbleiben. Um festzustellen, welches Maß an Mobilität dem alten Menschen beim Übergang abverlangt wird, sollten folgende Variablen erfasst werden:

- Wohnort der BewohnerIn vor Heimaufnahme
- Wohnort der nächsten Angehörigen zum Zeitpunkt der Heimaufnahme

Zum Bereich der Kontakte zwischen BewohnerInnen und Angehörigen vor dem Hintergrund der vermuteten Bedeutung der Angehörigen für die Vermeidung von Vereinsamung in einer Einrichtung gehören auch quantitative Bestimmungen von Kontakten und Kontaktpersonen (vgl. Hanisch-Berndt und Göritz 2005). Dem entsprechen die Variablen

- gesetzliche Stellung der nächsten Kontaktperson zur BewohnerIn: Verwandtschaftsverhältnis, gesetzliche Betreuung, sonstige Formen
- Anzahl der regelmäßigen Kontaktpersonen der BewohnerIn außerhalb der Einrichtung
- Anzahl der regelmäßigen Kontakte der BewohnerIn zu den Kontaktpersonen außerhalb der Einrichtung

Schwieriger wird es bei Unterschieden zwischen den BewohnerInnen, die sich auf die aktuellen Möglichkeiten zur Kommunikation und zur Orientierung beziehen. Jedenfalls sollten deren Möglichkeiten zur Orientierung ebenfalls abgebildet werden. Dazu wird üblicherweise zwischen verschiedenen Formen des „Sichzurechtfindens" wie dem persönlichen, dem räumlichen, dem zeitlichen und dem situativen Aspekt unterschieden. Da vermutet wurde, dass alle Aspekte der Orientierung untereinander hoch korrelieren, wurden zwei davon ausgewählt und in folgenden Werten festgehalten:

- Ausmaß der räumlichen Orientierung des Bewohners
- Ausmaß der situativen Orientierung des Bewohners

Abgeschlossen werden sollte die Erhebung quantitativer Daten durch Werte, die aufgrund der gesetzlichen Regelungen von besonderer Bedeutung sind, wie der attestierte Umfang des Pflegebedarfs, also der Pflegestufe. Dem entsprechend schien es notwendig festzuhalten, mit welchen personellen Ressourcen die Einrichtung auf den Hilfebedarf ihrer Bewohner reagieren kann: Hier stellen sich Fragen nach der Anzahl der MitarbeiterInnen, nach ihren Stellenanteilen und ihrer Qualifikation. Dem entsprechen die Variablen

- Pflegestufe zum Zeitpunkt der Erhebung
- Mindesthilfebedarf und mittlerer Hilfebedarf der BewohnerInnen in Stunden
- Anzahl, Stellenanteile und Qualifikation der MitarbeiterInnen zum Erhebungszeitpunkt

Die erhobenen Merkmale sollten zunächst mit den Mitteln der univariaten Statistik ausgewertet werden (z.b. hinsichtlich ihrer zentralen Tendenz und Streuung). Darüber hinaus erschien es sinnvoll, auch Zusammenhänge zwischen den Variablen mit Mitteln der bivariaten Statistik darzustellen (z.b. Korrelationen, Kreuztabellen), ggf. sollten auch multivariate Verfahren zur Anwendung kommen (z.B. Faktoren- oder Clusteranalyse).

3.3 Datenerhebung und Auswertung im zweiten Fokus: Ethnographische Feldbeobachtung

3.3.1 Zur Datenerhebung im ethnographischen Fokus

Die qualitative Datenerhebung im ethnographischen Fokus setzte in erster Linie auf Beobachtungen im zu untersuchenden Feld[31] und orientierte sich dementsprechend an den Methoden der ethnographischen Feldforschung: „Qualitative Feldforschung ist immer dann die Methode der Wahl, wenn sozialräumlich überschaubare Einheiten menschlichen Zusammenlebens ganzheitlich erfasst werden sollen." (Legewie 2003: S. 193). Dabei bildeten direkte Beobachtungen der For-

---

[31] Letztlich basiert jede empirische Sozialforschung auf direkter oder indirekter Beobachtung, z.B. basiert auch eine quantitative Untersuchung mit Hilfe eines entsprechenden Fragebogen-Instruments auf Beobachtung (vgl. Kromrey 1998: S. 33 ff). Hier ist jedoch eine Beobachtung im engeren Sinn gemeint, die ohne Instrumente auskommt.

schenden im Pflegeheim und in der Interaktion mit BewohnerInnen, Angehörigen und Pflegekräften die Basis der Datengewinnung, mit dem Ziel, deren Verhalten, Kommunikation und Alltagspraxis festzuhalten. Dabei wurden die BeobachterInnen zu Teilnehmern der Situationen, die sie beschreiben. Immer dann, wenn sich wissenschaftliches Beobachten in räumlich begrenzten Gebieten vollzieht, der Forscher sich in diesem Feld offen bewegt und gezwungen ist, mit den Beteiligten zu interagieren, spricht man von Feldforschung. Der Begriff der teilnehmenden Beobachtung steht vor allem im deutschsprachigen Raum methodisch für diese Forschungspraxis. In den letzten drei Jahrzehnten wurde im Rahmen von Erörterungen zur besseren methodologischen Fundierung einer solchen Forschungspraxis und beeinflusst durch die Diskussion in den USA und in Großbritannien hierfür zunehmend der Begriff der Ethnographie verwendet (vgl. Lüders 2003: S. 385 f.).

> „Ethnographische Feldforschung erforscht eine räumlich und sozial abgegrenzte Untersuchungseinheit (z.B. eine Person, eine Gruppe, eine Institution), indem ein Forschender, ein Paar oder ein Team für einen bestimmten Zeitraum am Alltagsleben teilnimmt, beobachtet, befragt, Material erhebt und die gefundenen Daten und die daraus gewonnenen Erkenntnisse dokumentiert" (Friebertshäuser 2003: S. 504).

Es geht um die Frage, „wie die jeweiligen Wirklichkeiten praktisch erzeugt werden" (Lüders 2003: S. 390). Es wird „nach der Art und Weise gefragt, wie Menschen in interaktiven Prozessen soziale Wirklichkeit herstellen. Untersucht werden dabei die Methoden, mit denen solche Herstellung im Alltag realisiert wird" (Flick 2002: S. 39). Die jeweilige Kultur der räumlich und sozial abgegrenzten Einheit ist für die Ethnographie von besonderer Bedeutung, ihren Elementen und deren Beschreibung gilt das eigentliche Interesse der Forschung: „Dabei interessiert sich Feldforschung insbesondere für den Kulturaspekt menschlichen Lebens. Das bedeutet, Individuen und Gruppen werden immer im Kontext der sozialen, ökologischen und historischen Umwelt betrachtet, in der sie leben. Die Verfahren zielen darauf, Haltungen, Strukturen, Verhaltensweisen und kulturelle Praxen zu analysieren." (Friebertshäuser 2003: 504).

Der Begriff der Kultur wird in den Sozialwissenschaften in vielfältigen Bedeutungen gebraucht und verweist allgemein darauf, dass „alle Menschengruppen nach nicht von der Natur vorgegebenen Regeln leben und diese Regeln in irgendeiner Weise an ihre Nachkommen weitergeben" (Fuchs-Heinritz u.a. 1994: S. 379). Nach einem Verständnis ist Kultur die „Gesamtheit der Verhaltenskonfigurationen einer jeden sozialen Gruppe, ganz gleich, wie groß und dauerhaft sie ist" (ebenda). Die zu untersuchende Ethnie wird bei der ethnographischen Feldforschung als „fremde" Kultur verstanden, deren Lebenswelt und Lebensstile der Ethnograph verstehen will:

„Die Stärke ethnographischer Feldforschung liegt darin, dass sie es vermag, ´fremde Kulturen´ zu erforschen und deren Lebenswelt und Lebensstil zu erschließen, um so das Verstehen zu fördern. Auch Pädagoginnen und Pädagogen sind in den diversen Arbeitsfeldern ständig mit ´fremden Kulturen´ konfrontiert. Der Begriff ´Kulturen´ verweist hier auf ein anthropologisches Kulturkonzept, das die gesamte Lebensweise einer Gruppe in den Blick nimmt. Kultur umfasst dabei die Summe aller materialisierten und ideellen Lebensäußerungen, sowie der internalisierten Werte, Haltungen und Sinndeutungen, die auch in ihrer historischen Dimension betrachtet werden. Der Hinweis ´fremde´ soll dazu provozieren, Lebenswelten und Lebensstile anderer als etwas Fremdes wahrzunehmen" (Friebertshäuser 2003: S. 509).

Geertz betont die Vorläufigkeit und Unsicherheit ethnologischer Forschungsergebnisse bei der Untersuchung von Kulturen und die Gefahren auf diesem Weg:

„Die Untersuchung von Kultur ist ihrem Wesen nach unvollständig. Und mehr noch, je tiefer sie geht, desto unvollständiger wird sie. Es ist eine eigenartige Wissenschaft: gerade ihre eindrucksvollsten Erklärungen stehen auf dem unsichersten Grund, und der Versuch, mit dem vorhandenen Material weiter zu gelangen, führt nur dazu, daß der - eigene und fremde - Verdacht, man habe es nicht recht im Griff, immer stärker wird. Das aber - und das Plagen schlauer Leute mit dummen Fragen - kennzeichnet einen Ethnographen. Es gibt eine Reihe von möglichen Auswegen aus dem Dilemma: Man kann Kultur in Folklore verwandeln, die man sammelt; man kann sie in Merkmale auflösen, die man zählt; man kann aus ihr Institutionen machen, die man klassifiziert, oder Strukturen, mit denen man spielt. Aber es gibt Auswege. Wer allerdings einen semiotischen Begriff von Kultur und einen deutenden Ansatz zu ihrer Untersuchung vertritt, macht sich damit eine Auffassung von ethnographischer Erklärung zu eigen, die - um W. B. Gallies inzwischen berühmten Ausspruch zu übernehmen - ´in hohem Maße anfechtbar´ ist. Ethnologie, zumindest die deutende Ethnologie, ist eine Wissenschaft, deren Fortschritt sich weniger in einem größeren Konsens als in immer ausgefeilteren Debatten zeigt. Was sich entwickelt, ist die Präzision, mit der wir einander ärgern" (Geertz 1987: S 42).

Der Untersuchungsansatz der Ethnographie (ähnlich auch: Ethnomethodologie) untersucht soziale Ordnung, wie sie sich durch das Handeln der Akteure im Feld in ihrem Alltag vollzieht und erhält:

„Ethnomethodologie (=EM) bezeichnet einen soziologischen Untersuchungsansatz, der soziale Ordnung bis in die Verästelungen alltäglicher Situationen hinein als methodisch generierte Hervorbringung der Mitglieder einer Gesellschaft versteht und dessen Ziel es ist, die Prinzipien und Mechanismen zu bestimmen, mittels deren die Handelnden in ihrem Handeln die sinnhafte Strukturierung und Ordnung dessen herstellen, was um sie vorgeht und was sie in der sozialen Interaktion mit anderen selbst äußern und tun" (Bergmann 2003:S. 119).

Die Formung des Alltags wird als kulturell und methodisch gesteuerte Umsetzung einer sozialen Ordnung durch die Akteure im betreffenden Feld verstanden, die sich über Strukturmerkmale beschreiben lässt:

> „Die EM lässt sich von der Vorstellung leiten, dass alltägliche Handlungen in ihrem Vollzug als 'Zeichen-und-Zeugnisse-einer-sozialen-Ordnung' (Garfinkel) erkennbar gemacht werden – zwei Personen, die zusammen zu Fuß gehen, machen deutlich, dass hier 'zwei Personen gemeinsam zu Fuß gehen' (Ryave & Schenkein 1974). Diesen Vorgang der sinnvermittelten Wirklichkeitserzeugung kann, da alle kompetenten Gesellschaftsmitglieder an ihm teilhaben, nicht in subjektiv beliebiger Manier ablaufen, er erfolgt viel mehr methodisch (Weingarten et al. 1976), was bedeutet: Er weist einzelne formale und als solche beschreibbare Strukturmerkmale auf. Für die im Alltag Handelnden ist dieser Prozess der methodischen Wirklichkeitsproduktion uninteressant, sie nehmen ihn für selbstverständlich. Für die EM ist dieser Generierungsprozess das zentrale Thema; das, was im Alltag selbstverständlich ist, wird ihr zum Problem" (Bergmann 2003:S. 123).

Bei diesem Vorgehen wird Fremdheit des Ethnographen nicht als nachteilig verstanden, vielmehr ist dessen Unkenntnis über die üblichen Umgangsformen und Routinen die eigentliche Chance zu deren Analyse durch den Forscher: „Er muss sozusagen lernen, dass er nicht voraussetzen darf, dass seine Auslegung der neuen Kultur- und Zivilisationsmuster mit derjenigen zusammenfällt, die unter den Mitgliedern der in-group gebräuchlich ist" (Honer 2003:196 f.). Hierfür hat der Feldforscher eine spezifische Haltung auszubilden:

> „Die Ethnographie erschließt nicht einfach ein spezifisches Forschungsgebiet, etwa 'kuriose' Subkulturen. Die in der Ethnographie liegende Affinität zum Kuriosen ist nicht eine Eigenschaft bevorzugter Gegenstände, sondern das Potential, alle möglichen Gegenstände 'kurios', also zum Objekt einer ebenso empirischen wie theoretischen Neugier zu machen. Dafür setzt die Ethnographie auf einen 'weichen' Methoden-, aber 'harten' Empiriebegriff. Dessen Prämisse ist die Unbekanntheit gerade auch jener Welten, die wir selbst bewohnen" (Amann und Hirschauer 1997: S. 9).

Der Forscher ist aber nach diesem Verständnis nicht nur ein Beobachter im Feld, er interagiert auch mit den Mitgliedern der Ethnie, ohne aber wirklich Mitglied dieser Gemeinschaft zu sein. „Der Feldforscher handelt praktisch in einer sozialen Umwelt. Deshalb muss er (...) seinen konkreten Standpunkt als Teilnehmer am sozialen Geschehen mit reflektieren und (sich) Rechenschaft darüber ablegen, wie und wo er selbst als 'Beobachter' im Geflecht sozialer Beziehungen zu verorten ist" (Honer 2003: 199). Reflexion in diesem Sinn bedeutet nicht nur, dass der Beobachter seine eigene Haltung zur Interpretation der Beobachtungen reflektiert. Es bedeutet vielmehr auch, dass der Einfluss durch die Anwesenheit und das Handeln des Beobachters im Feld bei der Interpretation der Aufzeichnungen beachtet werden muss.

3.3.2 Rolle des Beobachters und Funktion der ethnographischen Beobachtung im Feld

Die Person des Ethnographen wird in der Literatur gelegentlich mit ungewöhnlichen Ausdrücken bezeichnet, etwa als „Abenteurer", der sich im Forschungsprozess in der Begegnung mit Fremdem in ungewohnten Lebenswelten auch als soziale Person herausfordern lässt: „Vieles spricht dafür, dass Feldforscherinnen und Feldforscher Abenteurer sind, neue Forschungsfelder, methodische und intellektuelle Herausforderungen ziehen sie immer wieder magisch an" (Friebertshäuser 2003: S. 527). Andere sehen ihn als „Entdecker", die Entdeckung als wesentliche Haltung in der Ethnographie, gekennzeichnet durch einen Erkenntnisstil, „der in einer zunächst naiv anmutenden Weise auf disziplinäre Wissensinnovation zielt: Es ist der des Entdeckens. In der Geschichte der Ethnographie hatte dieser Erkenntnisstil seinen ersten Bezugspunkt in der ethnologischen Erfahrung kultureller Fremdheit. Die Entdeckung des Fremden wurde seit den Studien der Chicago-School aber auch zur Heuristik für die soziologische Analyse subkultureller Handlungsfelder in westlichen Gesellschaften" [32] (Amann und Hirschauer 1997: S. 8 f.).

Der Beobachter, sei er an ethnographischer Datensammlung interessiert oder nicht, ist zunächst ein Eindringling, ein Fremdkörper, eine Person, die von den Mitgliedern der Ethnie vorerst hinsichtlich seiner Absichten nicht eingeschätzt werden kann. Sofern nicht die Sonderform des verdeckten Beobachtens gewählt wurde, interagiert der Forscher aber mit den Angehörigen der Ethnie in irgendeiner Weise, selbst wenn er stumm in der Ecke sitzt und dabei Aufzeichnungen macht (dass allerdings solch eine Form der Datengewinnung kaum dazu beiträgt, die Störung und die Verunsicherung der Beteiligten durch den Beobachter zu mindern, liegt auf der Hand[33]). Statt dessen wird der Forscher in ein Dilemma von Nähe und Distanz verwickelt sein: Zu große Distanz schafft Misstrauen und verwehrt viele Einsichten in das Feld und seine Regeln; zu große Nähe lässt den für wissenschaftliches Arbeiten notwendigen, unbefangenen, objektivierenden Blick von Außen nicht mehr zu (zu den Bewältigungsstrategien verschiedener Forschungsrichtungen bei diesem Problem vgl. als Übersicht z.B.

---

[32] Satz grammatisch unvollständig im Original (vgl. Amann und Hirschauer 1997: S. 9).
[33] Eine Ausnahme bilden hier solche Orte, wo der Beobachter als Schauender und Schreibender eher toleriert werden dürfte, weil er in der Anonymität untertauchen kann, mag dies etwa die Wartehalle eines Flughafens oder eine größere Gaststätte sein.

Flick 2002: S. 88 f.). Jedes ethnographische Forschen muss sich also mit der Rolle des Beobachters im Feld auseinandersetzen. Von dieser Rolle und ihrer Ausgestaltung wird es entscheidend abhängen, welche Einblicke in die spezielle Lebenswelt der Ethnograph erhält. Idealerweise sind das „Einblicke in Routinen und Selbstverständlichkeiten" (Flick 2002: S. 88 f.), die mit der Haltung des „Prinzipiellen Zweifelns an sozialen Selbstverständlichkeiten" (Hitzler 1988 nach Flick 2002: S. 94) ihre Erkenntnispotenziale verwirklichen.

Der Forscher begibt sich dabei zwangsläufig in Prozesse der Aushandlung mit den übrigen Beteiligten. Diese Prozesse beziehen sich auf die erwähnte Frage von Nähe und Distanz, aber auch auf das Ausmaß der Offenlegung seiner Absichten, Ziele, Interessen und Motive ebenso wie auf Fragen der Verwendung von Forschungsergebnissen. Die Rolle des Beobachters im Feld sollte sich jedenfalls in der hier beschriebenen Untersuchung auszeichnen durch Unvoreingenommenheit und persönliche Beteiligung. Der Beobachter ist hier einerseits seinem wissenschaftlichen Anspruch verpflichtet, muss aber gleichwohl sozialverträglich handeln (vgl. Lüders 2003: S. 386).

Der Zugang zur Realität erfolgt somit eben gerade über Beobachtung. Beobachtung im Sinne der Ethnographie wird verstanden als „flexible, methodenplurale kontextbezogene Strategie, die ganz unterschiedliche Verfahren beinhalten konnte. Für dieses Verständnis hat sich inzwischen der Begriff Ethnographie eingebürgert." (Lüders 2003: S. 389). Von besonderer Bedeutung ist hier die Teilnahme des Forschenden an alltäglicher Praxis. Die Annahmen hierbei sind die folgenden:

- Nur durch längere Teilnahme („Kopräsenz") am Geschehen ist das lokale Wissen und die situative Praxis der Beobachteten der Analyse zugänglich.
- Kopräsenz erlaubt den Mitvollzug gegenwärtiger kultureller Ereignisse und ist damit in geringerem Umfang als andere Methoden auf Erzählungen oder andere Berichte „aus zweiter Hand" über diese Ereignisse angewiesen.
- Kopräsenz verlangt vom Beobachter die subtile und sensible Handhabung der persönlichen Kontakte (vgl. Lüders: a.a.o. S. 391).

Mit der ethnographischen Beobachtung ist die Herausbildung einer besonderen Haltung des Forschers bezüglich seiner Beobachtungen und den daraus gezogenen Folgerungen verbunden:

„Der Fokus richtet sich dabei jedoch nicht auf die subjektive Bedeutung der Interaktion für die Teilnehmer, sondern darauf, wie diese Interaktion realisiert wird. Gegenstand von Untersuchungen sind dabei eher die Routinen des Alltagshandelns als die herausragenden, bewusst wahrgenommenen und mit Bedeutung versehenen Ereignisse. Um diese Routinen freilegen zu können, strebt der Forscher danach, die ethnomethodologische Indifferenz als Haltung einzunehmen und sich einer Vorab-Interpretation der Ereignisse ebenso zu enthalten wie der Übernahme der Perspektive des oder eines Handelnden." (Flick 2002: S. 40).

Im ersten Schritt des Herangehens an ein Forschungsfeld steht immer die Ausgangsfrage nach Geertz: „What the hell is going on here?" (vgl. Amann und Hirschauer 1997: S. 20).). Präziser bedeutet das: „Die teilnehmende Beobachtung beginnt .... immer mit einer scheinbar trivialen und ´unmethodischen´ Ausgangsfrage" (Amann und Hirschauer 1997: S. 20). Sie setzt nach Geertz auf die Beobachtung des Verhaltens der Akteure, um kulturelle Besonderheiten des Feldes festzustellen.

> „Dem Verhalten muß Beachtung geschenkt werden, eine recht gründliche Beachtung sogar, weil es nämlich der Ablauf des Verhaltens ist - oder genauer gesagt, der Ablauf des sozialen Handelns -, in dessen Rahmen kulturelle Formen ihren Ausdruck finden. Sie finden ihn natürlich auch in verschiedenen Artefakten und Bewußtseinszuständen; aber diese beziehen ihre Bedeutung von der Rolle (Wittgenstein würde sagen, ihrem ´Gebrauch´), die sie in einer fortgesetzten Lebensform spielen, und nicht aus den inneren Beziehungen, in denen sie zueinander stehen" (Geertz 1987: S. 25).

Geertz wendet sich damit dagegen „ ... Kultur rein als symbolisches System zu behandeln (die gängige Formulierung lautet: ´im Rahmen ihrer eigenen Bedingungen´), indem man ihre Elemente isoliert, die innere Beziehung zwischen diesen Elementen näher bestimmt und dann das gesamte System auf allgemeine Weise charakterisiert - etwa nach den zentralen Symbolen, um die es organisiert ist, nach seinen inneren Strukturen, deren äußerer Ausdruck es ist, oder nach den ideologischen Prinzipien, auf denen es gründet" (Geertz 1987: S. 25). Im Verlauf der Feldforschung wird die Form der Beobachtung mehr oder weniger naturwüchsig mehrere Stadien mit sich veränderndem Fokus des Beobachters durchlaufen (vgl. Lüders a.a.o.: S. 387):

1. Die beschreibende Phase: Sie ist von den ersten Eindrücken bestimmt, die Beobachtung ist eher breit und unspezifisch angelegt.
2. Die Phase der fokussierten Beobachtung: Hier wird der Blick genauer auf den Forschungsgegenstand gelenkt, z.B. auf verschiedene Formen alltäglicher Praxis.
3. Die Phase der selektiven Beobachtung: Hier werden vor allem ausgewählte Aspekte betrachtet.

Mit der Dauer der Kopräsenz im Feld wird sich auch regelmäßig die Rolle des Forschers gegenüber den im Feld agierenden Menschen ändern. Während er zunächst als Fremder auftritt, der keine oder nur sehr wenig Kenntnisse über das Feld und seine Regeln, Routinen und Selbstverständlichkeiten mitbringt, wird er dann zum „Besucher", zum „Initianten" oder gar zum „Eingeweihten" (vgl. Flick 2002: S. 94). Trotz dieser sich verändernden Rollenzuschreibungen des Forschers durch die Mitglieder der Ethnie läuft der Forscher in den ersten Stufen seiner Rollenentwicklung Gefahr, nur die für Außenstehende gezeigte Form der Selbstpräsentation der Mitglieder zu erleben. Erst durch zunehmende Einnahme der „Innenperspektive" wird er letztlich zum Initianten oder sogar zum Eingeweihten, der hinter die gegenüber Außenseitern üblicherweise gezeigte Wirklichkeit zu blicken in der Lage ist (vgl. Flick 2002: S. 95).

Im hier beschriebenen Forschungsprojekt „Weg ins Heim oder weg ins Heim?" wurde im ethnographischen Fokus aufgrund der oben beschriebenen theoretischen Annahmen und Positionen folgende Rahmenbedingungen geschaffen: Zum einen wurde eine zeitlich umfangreiche Kopräsenz der Forschenden im Heimalltag vorgegeben, jeder Teilnehmer war an mindestens einem Tag pro Woche acht bis neun Stunden vor Ort. Weiterhin wurden regelmäßige Besprechungen der Feldforscher angesetzt, die dem Erfahrungsaustausch und ersten Interpretationen der im Heim erlebten Wirklichkeit dienten, wo aber auch methodische und theoretische Aspekte vorgestellt und diskutiert wurden. Schließlich wurden die Erlebnisse der Teilnehmer in vielfältigen Gesprächen mit unterschiedlicher Zusammensetzung der Teilnehmer reflektiert, bei denen auch die Mitglieder der Steuerungsgruppe eine wesentliche Rolle spielten. Schließlich war die Teilnahme an den Übergabe-Besprechungen des Pflegepersonals für die Mitglieder der Steuerungsgruppe verbindlich, die Ergebnisse dieser Besprechungen wurden danach mit den übrigen Studierenden wohnbereichsbezogen erörtert.

3.3.3 Ethnographisches Schreiben und Protokollieren

Um die Erfahrungen und Beobachtungen des Forschers im Feld einer Auswertung zugänglich zu machen, müssen diese in Schriftform gebracht werden. „Erst die Aufzeichnung hebt einen Vorgang aus seinem Ablauf und seiner alltäglichen Vergänglichkeit heraus und macht ihn zum Ereignis, dem Forscher, Interpreten und Leser ihre Aufmerksamkeit immer wieder zuwenden können" (Flick 2002: S. 249). Dabei sind Feldnotizen des Ethnographen in einem Forschungstagebuch das klassische Mittel der Aufzeichnung im Feld. Die Feldnotizen werden dabei möglichst zeitnah geführt und enthalten Eindrücke, Beobachtungen (auch Selbstbeobachtungen der eigenen affektiven und emotionalen Reaktionen), Notizen zu Gesprächen und dergleichen. Dies ist durch das Eingebundensein in die zu beobachtenden Routinen des Alltags im Feld meist nicht unmittelbar möglich, sondern wird in der Regel erst im Nachhinein geschehen können. Ethnographisches Schreiben setzt auf die nachträgliche Protokollierung des Erlebten, genauer: Der nachträglich erinnerten Erlebnisse, also einer „rekonstruierenden Konservierung" (Bergmann 1985 nach Lüders 2003: S. 396). Hierbei ist der Widerspruch zwischen dem Gebot zeitnaher Verschriftung in Feldnotizen (Feldtagebuch), der Störung durch das Verschriften für die jeweilige Situation und einer zeitabhängig verblassenden Erinnerung zu bedenken.

Als Form der endgültigen Verschriftung der Feldnotizen sollten diese in ein Tagesprotokoll überführt werden, das später die Basis der Auswertung darstellt. Besonders informative, erhellende oder beeindruckende Erlebnisse des Beobachters werden dabei als Protokollanlage in geeigneter Form angefügt (z.b. als Gedächtnisbericht über ein Gespräch oder eine besondere Situation).

Diese Form der zweistufigen Übersetzung der erlebten Realität in Texte erscheint in mehrfacher Hinsicht problematisch. Bedingt durch den zeitlichen Abstand zwischen Erlebtem und schriftlichem Festhalten einer Situation in Feldnotizen und Tagesprotokoll, verblasst die Erinnerung und manche Details können verloren gehen. Außerdem dürfte bereits die Wahrnehmung des Forschers im Feld und erst recht die Erinnerung, wie sie sich in den Texten niederschlägt, in hohem Maß selektiv sein. „Insgesamt betrachtet beginnt spätestens bei den Feldnotizen die Herstellung der Wirklichkeit im Text. Sie ist wesentlich von der selektiven Wahrnehmung und Darstellung durch den Forscher geprägt. Die Selektivität bezieht sich dabei nicht nur auf Aspekte, die weggelassen werden, sondern vor allem auch auf diejenigen, die Eingang in die Notizen finden" (Flick 2002: S. 248).

Aber nicht nur die Wahrnehmung, die Erinnerung und die Darstellung, sondern die Verschriftlichung selbst ist notwendigerweise selektiv: „Aufschreiben ist stets ein selektiver Akt des Zur-Sprache-Bringens von Erfahrung, der zugleich eine Verschriftlichung (oder: Codierung) von Phänomenen ist, die zuvor keine Texte waren. Aufschreiben macht aus Erfahrungen Daten, die selbst zum Gegenstand und Ausgangspunkt weiterer Erfahrungen gemacht werden können" (Amann und Hirschauer 1997: S. 30). Dies setzt eine angemessene Textgestaltung voraus. „Ethnographien müssen in dieser Hinsicht zum einen im Sinne ihrer Begründbarkeit für soziologische Wissensprozesse funktionieren – als valider Report – zum anderen als intelligible Geschichten, die den Leser an Erfahrungen teilhaben lassen" (Amann und Hirschauer 1997: S. 34). Dabei werden „ ... möglichst detaillierte Protokollierungen von Situationen vorgenommen, um darüber 'dichte Beschreibungen' (Geertz 1983b) zu gewinnen" (Flick 2002: S. 207 f.). Die Übersetzung des Erlebten in solche „dichte Beschreibungen" hat jedenfalls eine entsprechende Schreibkompetenz beim Forscher zur Voraussetzung. Doch zunächst Clifford Geertz zum Begriff „dichte Beschreibung":

„Gegenwärtig soll uns nur soviel interessieren: die Ethnographie ist dichte Beschreibung. Das, womit es der Ethnograph tatsächlich zu tun hat - wenn er nicht gerade mit der routinemäßigen Kleinarbeit der Datensammlung beschäftigt ist (die natürlich auch sein muß) -, ist eine Vielfalt komplexer, oft übereinander gelagerter oder ineinander verwobener Vorstellungsstrukturen, die fremdartig und zugleich ungeordnet und verborgen sind und die er zunächst einmal irgendwie fassen muß. Das gilt gerade für die elementarsten Ebenen seiner Tätigkeit im Dschungel der Feldarbeit: für die Interviews mit Informanten, die Beobachtung von Ritualen, das Zusammentragen von Verwandtschaftsbegriffen, das Aufspüren von Eigentumslinien, das Erstellen von Haushaltslisten ... das Schreiben seines Tagebuchs. Ethnographie betreiben gleicht dem Versuch, ein Manuskript zu lesen (im Sinne von 'eine Lesart entwickeln'), das fremdartig, verblaßt, unvollständig, voll von Widersprüchen, fragwürdigen Verbesserungen und tendenziösen Kommentaren ist, aber nicht in konventionellen Lautzeichen, sondern in vergänglichen Beispielen geformten Verhaltens geschrieben ist" (Geertz 1987: S. 15).

Die systematische Entwicklung dieser Fähigkeit zur Beschreibung von erlebten Alltagsroutinen im Pflegeheim in verwertbaren Texten konnte im Forschungsprojekt nur ansatzweise vermittelt, geübt und kritisch beleuchtet werden. Statt dessen wurde darauf gesetzt, dass durch die große Zahl der zu erwartenden Protokolle und die ebenfalls umfangreiche Zahl unterschiedlicher Beobachter in all ihrer Verschiedenheit und unterschiedlicher Wahrnehmung, aber auch durch ihre verschiedenen Schreibstile und Darstellungsformen, hinreichend viele brauchbare Texte entstehen würden.

3.3.4 Zur Auswertung ethnographischer Texte

Bei den zu erstellenden Protokollen stellte sich bereits im Vorhinein die Frage nach möglichen Formen der Auswertung. Dabei wurde erwartet, dass unterschiedliche Textsorten in den Protokollen auftauchen würden:

- Tätigkeitsbeschreibungen der Aktivitäten des Protokollanten
- Beschreibungen von Situationen und Verläufen im Heimalltag
- Beschreibungen von Einzelpersonen
- Niederschriften von Gesprächen mit BewohnerInnen und Angehörigen
- Niederschriften von Gesprächen mit MitarbeiterInnen des Hauses

- Darstellungen zur emotionalen und affektiven Reaktion des Protokollanten auf Situationen im Heimalltag

Bei der Auswertung im ethnographischen Fokus sollte im ersten Schritt eine formale Kategorisierung dieser unterschiedlichen Textteile hinsichtlich der jeweiligen Textsorten vorgenommen werden. Die Kennzeichnung der Textsorten sollte dabei vor allem zur Informationsverdichtung und zur schnelleren Orientierung im Material dienen. Aus diesen Auswertungen würde dann ein thematisches Kategoriensystem gebildet werden. Diese Kategorien sollten die wesentlichen Aspekte des Heimalltags, der Lebensgemeinschaft CQJ-Seniorenzentrum C-burg, abzubilden in der Lage sein. Dieses Vorgehen, soviel war klar, bedürfte eines stetigen Diskurses zur Weiterentwicklung des Systems. Wie mit diesen Kategorien oder Mustern gearbeitet wurde, wird an anderer Stelle gezeigt.

Zu der kontinuierlichen Auswertung der entstandenen Texte sollte eine feste Arbeitsgruppe im Fokus der Ethnographie gebildet werden, die arbeitsteilig die einzelnen Kategorien mit Quellen und Zitaten belegt, diese Textteile im Zusammenhang interpretiert und mit besonders treffenden Zitaten hinterlegt. Nicht die jeweiligen Autoren der Protokolle würden diese dann auswerten, sondern andere Studierende mit ähnlicher Felderfahrung wie die Schreiber der Texte. Die Auswertungen orientierten sich zunächst an der Methode der Qualitativen Inhaltsanalyse nach Mayring, die ebenfalls zur Auswertung der narrativen Interviews im dritten Fokus verwendet wurde und weiter unten ausführlich dargestellt wird. Das thematische Kategoriensystem wurde vorerst als eine Form des Ordnens von Textteilen unter jeweils einer Kategorie verstanden. Die betreffende Kategorie sollte hierbei quasi die „Überschrift" für einen Aspekt des Heimalltags bilden, dessen Ausprägungen anhand der zugeordneten Texte zusammen mit deren Interpretation die Bandbreite der Kategorie verorten sollte.

3.4 Datenerhebung und Auswertung im dritten Fokus: Narrativ-biographische Interviews

3.4.1 Zur Datenerhebung im biographischen Fokus

Im dritten, dem biographischen Fokus sollten Lebensläufe von Heimbewohnern aufgezeichnet und verschriftet werden. Die Erwartung, dass sich einige Bewohner zu solchen Darstellungen bereit fänden, entstand aus der Beobachtung, dass viele BewohnerInnen bei entsprechender Gelegenheit und bei bereitwilligen Gesprächspartnern gern (und viele von ihnen auch häufig) aus ihrem Leben erzählten und dies auch zu genießen schienen. Erzählung als Zugang zu den Biographien der BewohnerInnen erschien daher naheliegend. Verschiedene Formen des Interviews waren zuvor schon in unterschiedlichen Gruppenangeboten erprobt worden, etwa in zeitlich begrenzten Projekten mit Schülern der umliegenden Schulen, erwiesen sich allerdings inhaltlich als nicht besonders ergiebig. Stattdessen war es das Anliegen im biographischen Fokus, Strukturen in den Lebensläufen herauszuarbeiten, die für die spätere Heimaufnahme relevant gewesen sein könnten. Erwartet wurde dabei, dass diese Strukturen bei ihrer Auswertung ein Ordnungssystem hinsichtlich eines schlüssigen kategorialen Systems und einer hieraus abzuleitenden Typologie ergeben würden. Zur Sinnhaftigkeit eines solchen Vorgehens betont Fritz Schütze, der Begründer des narrativen Interviews im deutschsprachigen Raum (vgl. Flick 2002: S 147.), die Bedeutung solcher Prozessstrukturen:

> „Ich möchte die These vertreten, daß es sinnvoll ist, die Frage nach Prozeßstrukturen des individuellen Lebenslaufs zu stellen und davon auszugehen, daß es elementare Formen dieser Prozeßstrukturen gibt, die im Prinzip (wenn auch z. T. nur spurenweise) in allen Lebensläufen anzutreffen sind. Darüber hinaus nehme ich an, daß es systematische Kombinationen derartiger elementarer Prozeßstrukturen gibt, die als Typen von Lebensschicksalen gesellschaftliche Relevanz besitzen. Theoretische Kategorien, mit denen Prozeßstrukturen des Lebenslaufs strukturell beschrieben werden können, liegen in der sozialwissenschaftlichen Biographieforschung, die eben weitgehend eine makrostrukturell orientiert ist, nur z. T. vor. Konzepte wie 'Lebenszyklus' und 'Familienzyklus' sind gewöhnlich Konzepte, die keine andere Funktion haben, als Meßpunkte auf dem Zeitkontinuum des Älterwerdens soziologisch interessierender Kohorten zu definieren – Meßpunkte, von denen man soziologisch-theoretisch annehmen kann, daß sie für die Lebensführung relevant sind, über die man andererseits nicht verläßlich aussagen kann, wie sie faktisch ablaufen, wie sie ihre lebensgeschichtliche Relevanz erlangen und wie sie in den gesamten Lebenslauf der jeweiligen Biographieträger eingebettet sind" (Schütze 1983: S. 284).

Mit dem Mittel der Erzählung sollte dieser Teil der Fragestellung erschlossen werden: Es sollte festgehalten werden, wie die BewohnerInnen des CQJ-Seniorenzentrums C-burg ihren Lebenslauf in seinen Facetten rückblickend wahrnehmen und hinsichtlich der Entscheidung für das Heim interpretieren. Dabei sollte besonderen Wert auf den ersten Teil der vorhergehend gestellten Fragen gelegt werden: Die zentrale Frage war die nach den Entscheidungsträgern für dieses Heim und deren Gründen. Dies sollte durch die Untersuchung von krisenhaften Vorgängen im Lebenslauf geklärt werden, zu der insbesondere solche Krisen vor, aber auch nach der Heimaufnahme gezählt werden sollten. Abschließend sollte auf die Wahrnehmung des Lebens im Heim und die Bewertung der Lebensumstände dort eingegangen werden. Somit wurde eine weitgehend der Chronologie entsprechende zeitliche Kontinuität der Lebensläufe in der Erzählung angestrebt, die es den Erzählenden wie auch den Interviewern erleichtern sollte, sich in der Erzählung zurecht zu finden.

Erzählung ist wohl ein in verschiedener Weise sich selbst strukturierender Zugang zu individuellen Erfahrungswelten. Dabei werden von einer Ausgangssituation ausgehend Ereignisse ausgewählt und beschrieben, die für die sich entwickelnde Erzählung bedeutsam erscheinen, bis hin zu einem deutlichen Punkt der beschriebenen Ereignisse und Wahrnehmungen, der das Ende der Geschichte ausmacht (vgl. Flick 2002: S 146 f.). Durch die frühe Entscheidung für diese Art der Annäherung an die Lebensgeschichten der BewohnerInnen schieden verschiedene Formen der qualitativen Interviews von vornherein aus. Stattdessen erfolgte im biographischen Fokus die Festlegung auf die Erhebung durch narrative Interviews, bei denen Stegreiferzählungen angeregt und hervorgerufen werden sollen (vgl. Schütze 1983: S. 284; Flick 2002: S 147.).

„Die Frage nach den zeitlichen, den sequentiellen Verhältnissen des Lebensablaufs kann nun aber nur dann empirisch angegangen werden, wenn eine Methode zur Datenerhebung zur Verfügung steht, welche Primärdaten erfaßt, deren Analyse auf die zeitlichen Verhältnisse und die sachliche Abfolge der von ihnen repräsentierten lebensgeschichtlichen Prozesse zurückschließen läßt. Diese Bedingungen werden von autobiographischen Stegreiferzählungen erfüllt, wie sie mit Mitteln des narrativen Interviews hervorgelockt und aufrechterhalten werden können" (Schütze 1983: S. 285).

Bei der Methode des narrativen Interviews wird der Befragte gebeten, die Geschichte eines Gegenstandsbereichs in einer zusammenhängenden Erzählung zu formulieren. Die Rolle des Interviewers ist dabei gekennzeichnet durch nur minimale Einwirkung, um den Lauf der Geschichte möglichst wenig zu beeinflussen. Vielmehr hat er dazu beizutragen, dass der Verlauf der Geschichte und die Form des Erzählens vom Interviewten beibehalten wird. Die dabei entstehenden Texte sind vielschichtig und vom Forscher mit seiner theoretischen Orientierung und seinem Vorwissen weitgehend unabhängig.

„Das autobiographische narrative Interview erzeugt Datentexte, welche die Ereignisverstrickungen und die lebensgeschichtliche Erfahrungsaufschichtung des Biographieträgers so lückenlos reproduzieren, wie das im Rahmen systematischer sozialwissenschaftlicher Forschung überhaupt nur möglich ist. Nicht nur der äußere Ereignisablauf, sondern auch die 'inneren Reaktionen', die Erfahrungen des Biographieträgers mit den Ereignissen und ihre interpretative Verarbeitung in Deutungsmustern, gelangen zur eingehenden Darstellungen. Zudem werden durch den Raffungscharakter des Erzählvorgangs die großen Zusammenhänge des Lebensablaufs herausgearbeitet, markiert und mit besonderen Relevanzsetzungen versehen.

Schließlich kommen auch Stümpfe von Erfahrungen und Entwicklungen zum Ausdruck, die dem Biographieträger selbst nicht voll bewußt werden, von ihm theoretisch ausgeblendet oder gar verdrängt sind oder doch zumindest hinter einer Schutzwand sekundärer Legitimationen verborgen bleiben sollen. Das Ergebnis ist ein Erzähltext, der den sozialen Prozeß der Entwicklung und Wandlung einer biographischen Identität kontinuierlich, d.h. ohne exmanente, aus dem Methodenzugriff oder den theoretischen Voraussetzungen des Forschers motivierte Interventionen und Ausblendungen, darstellt und expliziert" (Schütze 1983: S. 286).

Die Form der Befragung versucht, individuelle und kollektive Wandlungsprozesse, Statuspassagen und Identitätstransformationen zu erkennen: „Als prozeßanalytisches Verfahren vermittelt das narrative Interview einen Einblick in die Genese sozialer Abläufe und geht damit über eine punktuelle Erfassung hinaus. Biographische und soziale Prozesse, in die die Individuen als Handelnde und/oder Erleidende verstrickt waren, werden damit einer Analyse zugänglich gemacht" (Jakob 2003: S. 446 f.). Dabei wird soziale Realität aus der Perspektive des Handelnden oder Betroffenen heraus festgehalten. Hiermit lassen sich auch kollektive, historische Sachverhalte aus subjektiver Sicht untersuchen, das Forschungsinteresse richtet sich jedoch immer auf die Sicht des Befragten. Genau diese persönliche Sicht in der Rückschau auf das bisher gelebte Leben im Allgemeinen und die Passage in ein Pflegeheim bildeten den dritten Teil der Fragestellung des Forschungsprojekts. Es wird hier auf die Möglichkeit zur Selbstpräsentation und zur Bedeutungszuschreibung des Interviewten als zentralem Mittel des Zugangs zu dessen erlebtem Leben gesetzt. „Das narrative Interview zeichnet sich dadurch aus, dass es dem jeweiligen Interviewpartner eine autobiographische Darstellung von der eigenen Relevanzsetzung ermöglicht" (Jakob 2003: S. 448 f.). Während mit den üblichen standardisierten oder halbstandardisierten Formen der Befragung das Instrument bereits die Struktur des Erzählten vorgibt, soll beim narrativen Interview der Erzähler selbst seine Darstellung ordnen. Unterstützt und getragen wird diese Ordnungsfunktion des Erzählers durch eine Reihe von Zwängen, in die sich der Erzähler verstrickt und die für Erzählungen typisch sind:

Zum ersten ist dies der Gestalterschließungszwang, der den Erzähler dazu bringt, eine begonnene Geschichte fortzusetzen. Weiterhin wirkt der Kondensierungszwang, der bewirkt, dass eine verdichtete Darstellung in der Erzählung gewählt wird, die trotzdem alle aus der Sicht des Interviewten notwendigen Informationen enthält, die den Zuhörer in die Lage versetzt, die Geschichte auch zu verstehen. Endlich hat der Detaillierungszwang zur Folge, dass notwendige Hintergrundinformationen und die Darstellung von Zusammenhängen geliefert werden. Durch die Eigendynamik des Erzählens in der spontanen Stegreiferzählung werden dabei auch heikle Themen angesprochen, die in anderen Interviewformen aus Gründen des Schuld- oder Schambewusstseins verdeckt bleiben würden (vgl. Flick 2002: S. 150).

Es sollte also die Bereitschaft und die Fähigkeit von BewohnerInnen zum zusammenhängenden, flüssigen Erzählen genutzt werden. Damit eine biographische Erzählung angeregt werden konnte, waren festgelegte Regeln bei dieser Interviewform zu beachten: Am Anfang des Gesprächs steht jeweils eine offen gehaltene Erzählaufforderung. Da die Fragestellung im biographischen Fokus auf die Lebensgeschichte der Befragten abstellt, wird in solchen Fällen üblicherweise nach der Lebensgeschichte oder auch nach einem bestimmten Lebensabschnitt gefragt. Ziel dabei ist die Generierung der Haupterzählung. Der Interviewer soll während des Verlaufs der Haupterzählung große Zurückhaltung zeigen, um den Verlauf der Erzählung nicht zu stören. Gleichwohl ist der Interviewer gehalten, sein Interesse und seine Aufmerksamkeit deutlich zu zeigen. Die Haupterzählung wird i.d.R. mit einer Erzählcoda beendet (z.B.: „so, das wars"), die anzeigt, dass der Erzählende die Geschichte hier für abgeschlossen hält und aus der Vergangenheit in die Gegenwart zurück kehrt (vgl. Jakob 2003: S. 450). Nach der Haupterzählung folgt der narrative Nachfrageteil, wo der Interviewer Gelegenheit erhält, unklare oder widersprüchliche Passagen in der Erzählung anzusprechen und durch erneute Erzählaufforderungen beleuchten zu lassen. Als letzter Teil des Interviews folgt dem narrativen Nachfrageteil die Bilanzierungsphase, wo zunehmend abstraktere und auf Beschreibung und Argumentation zielende Fragen gestellt werden können (Wie- und Warum-Fragen). Die Interviews waren regelmäßig jeweils elektronisch aufzuzeichnen und später in Schriftform zu bringen.

3.4.2 Zur Transkription der Interviews

Die aufgezeichneten Interviews müssen, wie ausgeführt, für die spätere Auswertung in Schriftform gebracht werden. Dieser methodische Schritt der Verschriftung soll dabei möglichst viel an ursprünglich aufgezeichneter Information im Material erhalten, damit eine umfassende, der angesprochenen Komplexität der übermittelten Erzählung entsprechende Auswertung möglich ist: Der Auswertung und Interpretation zugänglich sind dabei letztlich nur die aus dem Interview entstandenen Texte. Zu den verschrifteten Interviews werden meist noch Notizen zum Interviewverlauf gestellt, die von den Interviewern während oder unmittelbar nach der Begegnung mit dem Befragten aufgezeichnet wurden.

Zur Verschriftung oder Transkription von narrativen Aufzeichnungen wurden verschiedene Regelwerke vorgeschlagen, um neben der rein inhaltlichen Darstellung der verschrifteten Erzählung weitere, atmosphärische oder der Form des Vortrags entspringende Merkmale festzuhalten. Dabei gilt es, Zögern, Pausen und gedehnte oder betonte Begriffe ebenso zu kennzeichnen wie Unterbrechungen durch äußere Ereignisse, dialektspezifische Besonderheiten oder nichtsprachliche Bestandteile des Interviews, etwa Räuspern oder auch, soweit in Notizen verzeichnet, Mimik und Gestik des Erzählenden. Hierbei gelten allerdings auch Regeln der Arbeitsökonomie in Abgrenzung zu übertriebener Genauigkeit: „Sinnvoller erscheint, nur so viel und so genau zu transkribieren, wie die Fragestellung erfordert" (Flick 2002: S. 253). Flick macht hierzu deutlich, dass eine zu genaue Transkription Arbeitszeit unnötig bindet und dazu die Lesbarkeit der Texte und damit die Arbeit an ihrer Interpretation möglicherweise behindert (vgl. Flick 2002: S. 253). Die im Projekt eingesetzten Regeln zur Transkription werden hier weiter unten bei der Organisation des Forschungsprojekts diskutiert.

3.4.3 Zur Auswertung der Interviews

Der Verschriftung der Interviews folgt die Analyse dieser Erzählungen. Texte aus narrativen Interviews bedürfen der Interpretation, um Beiträge zur Entwicklung einer Theorie zu leisten. Diese Interpretation kann mit verschiedenen, gegenläufigen Zielen betrieben werden: Einmal zur Freilegung und Kontextualisierung der Fallstruktur, was zu einer Mehrung des Textmaterials führt: Der Umfang der Interpretation ist dabei größer als der des ursprünglichen Texts (vgl. Flick 2002: 257 f.). Das gegenteilige Ziel ist die Reduktion des ursprünglichen Materials durch Zusammenfassung und Kategorisierung. „Insgesamt lassen sich als grundsätzliche Strategien im Umgang mit dem Text die Kodierung von Material mit dem Ziel der Kategorisierung und/oder Theoriebildung von der ... mehr oder minder streng sequenziellen Analyse mit dem Ziel der Rekonstruktion der Fallstruktur unterscheiden" (Flick 2002: 258). Im Folgenden wurde das Ziel der Materialverdichtung durch Kategorisierung verfolgt. Methodisch orientiert sich die Auswertung im biographischen Fokus an der Qualitativen Inhaltsanalyse nach Philipp Mayring (Mayring 2003a; Mayring 2003b). Diese Festlegung hat auch zum Hintergrund, dass jene Form der Analyse weit verbreitet ist und sich relativ leicht für die Auswertungspraxis im Forschungsprojekt vermitteln lässt.

Zur systematischen Bearbeitung von Kommunikationsmaterial unterschiedlichster Art wurde die Qualitative Inhaltsanalyse breit diskutiert und häufig erfolgreich zur Anwendung gebracht. Die Methode in der Version von Phillip Mayring (Mayring 2002; Mayring 2003a, Mayring 2003b) war aus verschiedenen Gründen im Projekt die Methode der Wahl zur Auswertung und zur Vorbereitung der Interpretation der gewonnenen Daten im biographischen Fokus:

- Die Methode kann auf ganz unterschiedliche Gegenstandsbereiche und Darstellungsformen angewendet werden
- Die Methode ist vergleichsweise leicht zu lehren und zu erlernen und hat sich vielfach bewährt
- Die Methode führt zu Materialverdichtung
- Die Methode lässt sich mit quantitativen Methoden kombinieren (vgl. Mayring 2002; Mayring 2003; Flick 2002)

Erwartet wurde umfangreiches Textmaterial. Der Ansatz der Qualitativen Inhaltsanalyse eignet sich lt. Flick „vor allem für die reduktive und an der Klassifikation von Inhalten orientierte Auswertung von großen Textmengen" (Flick 2002: S. 282). Die Methode wird i.d.R. zur Analyse subjektiver Sichtweisen in der Auswertung von Interviews verwendet (ebenda) und führt zu einem einheitlichen Kategorienschema, dieses Schema kann auch vorab festgelegt und ggf. weiter differenziert werden. Die qualitative Inhaltsanalyse zielt dabei nicht nur auf die Inhalte des zu analysierenden Materials, sondern versucht bei entsprechender Fragestellung darüber hinaus formale Aspekte und „latente Sinngehalte" (Mayring 2003: S. 469) aufzudecken.

Das Material wird bei dieser Vorgehensweise als Bestandteil eines komplexen Kommunikationszusammenhangs verstanden, bei dessen Analyse die Frage nach Autor und dessen soziokulturellem Hintergrund, sprachlichen Aspekten, Empfänger und Zielgruppe eine Rolle spielen können. Die Texte werden dabei zunächst in einem vorab definierten Ablaufmodell, orientiert an vorläufigen Kategoriensystemen, theoriegeleitet zergliedert, um weiterhin ausgewertet zu werden. Dabei können unterschiedliche Ziele verfolgt werden: Die Zusammenfassende Inhaltsanalyse will Material verdichten und trotzdem die wesentlichen Inhalte erhalten. Die Induktive Kategorienbildung kann auf der zusammenfassenden Inhaltsanalyse aufbauen, um schrittweise Kategorien aus dem Material zu entwickeln. Die Explizierende Inhaltsanalyse will dagegen unklare Textbestandteile durch zusätzliches Material aufklären und bezieht dazu in der Kontextanalyse entweder nur das unmittelbare Textumfeld (enge Kontextanalyse) oder auch weiteres Material über den eigentlichen Text hinaus, wie etwa zusätzliches Material über den Kommunikator (weite Kontextanalyse) mit ein. Die Strukturierende Inhaltsanalyse schließlich will nach festgelegten Ordnungskriterien die Ordnung im Material auffinden und verwendet hierfür auf der Grundlage von theoriegeleitet entwickelter dimensionalen Analyse des Untersuchungsgegenstands formale oder inhaltliche, typisierende oder skalierende Verfahren, um einen „Codierleitfaden" zu erstellen (vgl. Mayring 2003: S. 473).

Die Qualitative Inhaltsanalyse folgt meist vorab festgelegten Ablaufmodellen. „Dadurch ist das Verfahren durchsichtig, nachvollziehbar, leicht erlernbar und gut auf neue Fragestellungen übertragbar. Es steht zwar in der Regel ein Kategoriensystem im Zentrum der Analyse (wie bei der quantitativen Inhaltsanalyse), dies wird aber während der Analyse in Rückkopplungsschleifen überarbeitet und an das Material flexibel angepasst" (Mayring 2003: S. 474). Der Ablauf gliedert sich in folgende Schritte:

4. Festlegung des Materials
5. Analyse der Erhebungssituation
6. Formale Charakterisierung des Materials (z.b. Form der Aufzeichnung und der Aufbereitung)
7. Festlegung der „Richtung der Interpretation" i.s. der Fragestellung
8. Theoriegeleitete fortschreitende Differenzierung der Fragestellung (vgl. Flick 2002: S. 279).

Für die Auswertung der im Rahmen des Forschungsprojektes entstandenen Texte bot sich an, aus den Texten der narrativen Interviews zunächst mit den Mitteln der Zusammenfassenden Inhaltsanalyse und mit Hilfe der Induktiven Kategorienbildung ein Kategoriensystem zu entwickeln und kontextanalytisch zu verfeinern. Innerhalb der entwickelten Kategorien sollte dann die Textinterpretation erfolgen. Obwohl dieses Verfahren nach Flick Kategorien oft eher an das Material heranträgt und im Zuge der Auswertung weiterentwickelt, anstatt diese im Sinne des theoretischen Kodierens aus den Texten zu entwickeln (vgl. Flick 2002: 279), erschien die Orientierung an der qualitativen Inhaltsanalyse vor allem aus didaktischen Gründen angemessen, um einen gut darstellbaren Zugang zu den Texten zu vermitteln.

Im folgenden Text wird auf diese Auswertungen weiter unten bei der Beschreibung des Projektverlaufs Bezug genommen. Bei der erneuten Auswertung der Interviews im Rahmen der hier vorgelegten Arbeit erschien es jedoch sinnvoll, zusätzliche methodische Anleihen bei anderen narrativen Analysemethoden zu nehmen. Narrative Analysen gehen sequentiell vor. Sie untersuchen zunächst, ob der zu analysierende Textteil Bestandteil einer Erzählung ist, nur solche Textteile werden im engeren Sinn interpretiert. Die Analyse narrativer Daten kann für zwei Ziele verwendet werden: Einmal zur Rekonstruktion von Ereignissen (Haupert nach Flick 2002: 296). Zum anderen als Lebenskonstruktion (Bude nach Flick 2002: 297 ff.). Im ersten Fall geht Haupert nach folgenden Schritten vor:

1. Erstellung einer Kurzbiographie aus dem einzelnen Interview
2. Sequenzierung des Interviews
3. Identifikation der Sequenzthematik und Zuordnung von Zitaten als Beleg

4. Ermittlung des „Biographiekerns" der Erzählung mit zentralen Elementen bzw. Aussagen

Daraus entsteht eine Typologie, also die Herleitung analytischer Typen von lebensgeschichtlichen Verläufen. Ausgehend von einer vermuteten „Differenz von Narration und Leben in der Einheit der aktualsprachlichen Selbstpräsentation" gehen Rosenthal und Fischer-Rosenthal in einer „Narrativistischen Methodologie biographischer Fallrekonstruktion" (Rosenthal und Fischer-Rosenthal 2003: 460) bei der Analyse biographischer Texte folgenden methodischen Weg:

1. Analyse der biographischen Daten (Ereignisdaten)
2. Text- und thematische Feldanalyse (sequenzielle Analyse der Textsegmente des Interviews – Selbstpräsentation)
3. Rekonstruktion der Fallgeschichte (erlebtes Leben)
4. Feinanalyse einzelner Textstellen
5. Kontrastierung der erzählten mit der erlebten Lebensgeschichte
6. Typenbildung (Rosenthal und Fischer-Rosenthal 2003: 461)

Wichtig ist ihnen die Unterscheidung zwischen erlebtem und erzähltem Leben zur Fallrekonstruktion. „Die einzelnen Arbeitsschritte benutzen beide Seiten der Unterscheidung und beziehen sie prozessorientiert aufeinander. Das schließt ausdrücklich die gewichtete Verwendung weiterer Quellen (Archivmaterialien, Arztberichte, Akten professioneller ´Klientenprozessierung´ usw.) ein. Die Ergebnisformulierungen haben immer einen vorläufigen Charakter, sie gelten nur ´bis auf weiteres´. Sie sind also hypothetisch sowohl im Blick auf das sequenzielle Fortschreiten des Materials und seiner verschiedenen handwerklich produzierten Vertextungen wie auch hinsichtlich der Strukturentwicklungen im realen künftigen Lebensverlauf" (Rosenthal und Fischer-Rosenthal 2003: S. 460).

Für die bewohnerbezogenen Auswertungen im Projekt „Weg ins Heim ..." wird das Hauptaugenmerk eher auf der biographischen Fallrekonstruktion liegen. Trotzdem erscheint die Systematik nach Haupert und Flick diejenige nach Rosenthal und Fischer-Rosenthal zu ergänzen und zu konkretisieren. Daher wird im Folgenden der Versuch unternommen, beide Vorgehensweisen für die Fallrekonstruktion im Projekt zu vereinigen.

1. Der erste Schritt ist die Analyse der biographischen Daten (Ereignisdaten) im Sinne einer Kurzbiographie in Form eines Lebenslaufs der einzelnen BewohnerIn. Bei der Auswertung der Interviews wird diese Biographie durch hierfür relevante Ergebnisse ergänzt werden. Dazu können auch wei-

tere und zusätzliche Quellen Verwendung finden (z.B. durch Aktenanalyse[34]).

2. Die Sequenzierung des Interviews ist der nächste Schritt der Auswertung. Dies ist nach unserem Dafürhalten ein eher formaler Vorgang. Entscheidend für die Isolierung einzelner Sequenzen sind sprachliche Zeichen im weiteren Sinn: „Kriterien für die Segmentbestimmung sind: Sprecherwechsel, Textsorte und Themenwechsel" (Rosenthal und Fischer-Rosenthal 2003: S. 464). Hinzu käme m.E. das Kriterium des Zeitenwechsels, also zeitlicher Sprünge im erzählten Leben des Interviewten.

3. Im dritten Schritt geht es um die Identifikation der Sequenzthematik und Zuordnung von Zitaten als Beleg.

4. Es folgt die Feinanalyse einzelner Textstellen.

5. Schließlich die Ermittlung des „Biographiekerns" der Erzählung mit zentralen Elementen bzw. Aussagen und Kontrastierung der erzählten mit der erlebten Lebensgeschichte.

6. Kategorisierung und Typenbildung.

Die verschiedenen Fallanalysen und „Typen" von biographischen Verläufen werden schließlich schrittweise miteinander verglichen, um hierüber zu verallgemeinernden Aussagen im Sinne einer Theoriebildung zu gelangen.

---

[34] Im vorliegenden Fall auch die Ergebnisse der quantitativen Datenerhebungen und ggf. die der ethnographischen Auswertungen

4 Die Vorbereitung und die Feldphase des Forschungsprojekts

4.1 Die Steuerungsgruppe

Zur Vorbereitung der Untersuchung fand ab Juni 2004 eine Gruppe interessierter StudentInnen zusammen, die seit längerer Zeit an meinen Veranstaltungen zu Methoden der empirischen Forschung am Fachbereich Erziehungswissenschaften der Goethe-Universität in Frankfurt am Main teilgenommen hatten. Diese Gruppe aus vorerst neun, später elf Studierenden wird im Folgenden als „Steuerungsgruppe" bezeichnet; die Mitglieder der Steuerungsgruppe sollten in der eigentlichen Feldphase als Berater und Ansprechpartner für die Studierenden im Feld fungieren. Die Mitglieder führten in den folgenden Monaten erste Interviews mit den BewohnerInnen und nahmen an Gruppenangeboten teil. Mit diesen Studierenden wurden auch erste methodische Festlegungen besprochen und sich zu organisatorischen Fragen vereinbart. Zum Beginn des Wintersemesters 2004/2005 waren die Gruppenmitglieder im Seniorenzentrum bei BewohnerInnen und Pflegepersonal bekannt, hatten erste Einblicke in den Heimalltag gewonnen und die zu verwendenden Methoden kennengelernt. Bei der folgenden Lehrveranstaltung mit dem Titel „Qualitative und quantitative Methoden in der Pädagogik" brachten die Mitglieder der Steuerungsgruppe ihre bisherigen Erfahrungen im Seminar ein und referierten dort auch bereits zu Methodenfragen.

So wurde mit dieser Gruppe im Sommer 2004 festgelegt, dass eine Orientierung an narrativen Interview-Methoden erfolgen sollte. Auch wurden hier Vereinbarungen zur Form der Aufzeichnung und Verschriftung der Interviews getroffen. Ebenso wurde dort vereinbart, die Interviews mit den BewohnerInnen auf drei Termine zu verteilen, von denen jedes Treffen etwa 30 Minuten nicht überschreiten sollte. Dabei sollten vorab festgelegte (und im Verlauf der Untersuchung fortgeschriebene) Themenkomplexe angesprochen werden, um ein vertretbares Maß an Vergleichbarkeit der Interviews bei der Auswertung zu ermöglichen. Vorab und ggf. auch danach sollten zwischen Interviewern und BewohnerInnen ein oder mehrere Treffen stattfinden mit dem Ziel des gegenseitigen Kennenlernens und der Vertrauensbildung, aber auch der Pflege der Beziehung unter den Beteiligten.

Als sich nach Semesterbeginn 2004/2005 abzeichnete, dass relativ viele der Studierenden im Seminar an der Feldphase teilnehmen würden, wurde vereinbart, den biographischen Ansatz durch einen ethnographischen und einen quantitativen Teil der Untersuchung zu ergänzen. Die Mitglieder der Steuerungsgruppe hatten inzwischen den Status von Praktikanten im Forschungspraktikum, im Sommersemester kamen noch weitere Praktikanten hinzu. Die Mitglieder der Steuerungsgruppe fungierten weiterhin im Wintersemester 2005/2006 als Tutoren im Seminar und leiteten dort die Teilnehmer bei der Auswertung des bis dahin gesammelten Materials an.

4.2 Das Seminar „Qualitative und quantitative Methoden in der Pädagogik" in der Vorbereitungsphase

Am Seminar „Qualitative und quantitative Methoden in der Pädagogik", im Wintersemester 2004/2005 nahmen regelmäßig etwa 100 Studierende teil. Nach einer Einführung und einer Übersicht zum geplanten Forschungsprojekt, bei der auch die Teilung der Veranstaltung in einen theoretischen Teil bis Ende Dezember 2004 und eine Feldphase ab 4. Januar 2005 deutlich gemacht wurde, entschied sich nur ein kleiner Teil der Teilnehmer für einen Leistungsnachweis auf der Grundlage von Referat und Übung (gedacht vor allem für die berufstätigen Studierenden). Der überwiegende Teil der Teilnehmer wollte dagegen auch die Feldphase miterleben, obwohl der zeitliche Aufwand hier ungleich höher war, nämlich. i.d.R. ein Tag pro Woche von 9:00 bis 16:30 Uhr im Seniorenzentrum. Von den 81 Interessenten nahmen dann 78 Studierende regelmäßig an der Feldphase teil.

In der vorbereitenden Phase in den Räumen der Universität sollte in Referaten und Übungen ein Überblick über die anzuwendenden Methoden gegeben, einzelne Methoden vertieft und in Übungen unter den Teilnehmern in ihrer Anwendung erprobt werden. Die folgende Auflistung gibt einen Überblick zu den inhaltlichen Schwerpunkten in der ersten Phase des Seminars:

1. Einführung; Vorstellung des Projekts „Weg ins Heim oder weg ins Heim?"
2. Was ist Empirische Sozialforschung?; Bedeutung der Beobachtung; Quantitative und qualitative Methoden
3. Qualitative Sozialforschung: theoretische Positionen; Konstruktion und Verstehen von Texten
4. Prozess und Theorien in qualitativer Forschung; Fragestellungen in qualitativer Forschung; Zugang zum Feld, Auswahlstrategien

5. Verbale Daten: Narrative Interviews; Übung: Narrative Interviews, Vorläufige Auswertung der Interviews; Hausaufgabe: Verschriftung des geführten Interviews
6. Dokumentation von Daten, Kodierung und Kategorisierung, sequentielle Analyse
7. Übung: Leitfaden-Interviews; Hausaufgabe: Verschriftung des geführten Interviews
8. Textinterpretation, Geltungsbegründung, Darstellung qualitativer Forschung
9. Übung: Auswertung der Interviews

Theoretische Grundlagen und Quellen wurden hierbei insbesondere aus Uwe Flick „Qualitative Sozialforschung – Eine Einführung" (Flick 2002) und „Qualitative Forschung – Ein Handbuch" (Flick, v. Kardorff, Steinke 2003), sowie aus dem „Handbuch qualitative Forschungsmethoden in der Erziehungswissenschaft" von Barbara Friebertshäuser und Annedore Prengel (Friebertshäuser und Prengel 2003) bezogen. Der theoretische Teil der Veranstaltung endete mit einer Besprechung zur kommenden Feldphase am 16.12.2004.

4.3 Die Feldphase im Wintersemester 2004/2005 und im Sommersemester 2005

4.3.1 Organisation der beiden Feldphasen

Zu Beginn der eigentlichen Feldphase waren Studierende im CQJ-Seniorenzentrum für BewohnerInnen und Pflegekräfte bereits eine vertraute Gruppe von BesucherInnen. Die Mitglieder der Steuerungsgruppe hatten schon an einigen Veranstaltungen im Haus teilgenommen und diese durch eigene Beiträge mit gestaltet. Insbesondere zu den bereits Interviewten hatten sich positive Beziehungen entwickelt. Durch Hinweise und Presseartikel in der Heimzeitung „Kleeblatt" und in der örtlichen Presse waren auch Angehörige, Pflegekräfte und die örtliche Öffentlichkeit auf das Projekt aufmerksam geworden, dem insgesamt sehr wohlwollend begegnet wurde. Daneben war gegenüber den Entscheidungsträgern im Haus und im Verband (CQJ-Kreisverband N-burg), aber auch gegenüber BewohnerInnen, Heimbeirat und Mitarbeitern des Hauses das Projekt ausführlich vorgestellt und vertreten worden: Auf allen Ebenen stieß das Vorhaben auf Unterstützung oder mindestens auf freundliches Interesse.

Diese Offenheit und bereitwillige Unterstützung für das Vorhaben waren für Projektleitung und Steuerungsgruppe der erste Grund zur Überraschung. In Zeiten knapper Personalschlüssel und zunehmendem Kostendruck, aber auch von negativ gefärbten Berichten über Pflegeeinrichtungen, war von Seiten der Planer mit mehr Widerstand gerechnet worden. Stattdessen stellten sich die Einrichtung und deren Vertreter als sehr offen, selbstbewusst und auch neugierig bezüglich der „Eindringlinge" und ihrer Vorhaben heraus. Allein deren Anzahl war ähnlich groß wie die der BewohnerInnen und größer als die Gruppe der MitarbeiterInnen, die sich zudem auf drei Schichten gemäß Schichtplan verteilten. Trotzdem wurde die Anwesenheit der Forscher bald allgemein als Bereicherung und hilfreiche Abwechselung im Heimalltag betrachtet.

Zu Beginn der Feldphase war die Gruppe der Studenten geteilt worden. Einerseits sollten 43 von ihnen Interviews führen, andererseits 31 die ethnographischen Daten erheben. Die verbleibenden drei Teilnehmer waren mit dem quantitativen Teil der Erhebung beschäftigt. Interviewer und Ethnographen zusammen mit den Auswertern im quantitativen Fokus wurden in zwei verschiedenen Einführungsveranstaltungen im Seniorenzentrum mit ihren Aufgaben und Anforderungen in der Einrichtung vertraut gemacht. Die Gruppen wurden systematisch erst wieder zum Semesterende zum Erfahrungsaustausch und schließlich zum Abschlussfest mit den BewohnerInnen zusammen geführt, begegneten sich aber zwangsläufig in ihrem Forschungsalltag: Die Interviewer waren dabei frei in der Verabredung von Terminen mit ihren Gesprächspartnern, kamen aber mit ihnen vor oder nach den eigentlichen Interviews (meist im Zimmer der Interviewten) noch ins Café des Hauses oder nahmen, von den betreffenden BewohnerInnen eingeladen, an Festen und Veranstaltungen im Haus teil. Die Feldbeobachter waren in der Regel vor allem jeweils am Donnerstag, eine Teilgruppe stattdessen oder zusätzlich am Dienstag im Seniorenzentrum anwesend. Diese zeitliche Aufteilung wurde für die Ethnographen auch im folgenden Semester beibehalten.

Im Sommersemester 2005 wurde das Projekt fortgesetzt, allerdings war hier eine deutlich geringere Zahl von Teilnehmern angestrebt. Daher wurden nur solche Studenten zur Veranstaltung zugelassen, die auch im vorhergehenden Semester mitgearbeitet hatten und sich schriftlich um die Teilnahme beworben hatten. Letztlich nahmen 38 Studierende regelmäßig an dieser zweiten Feldphase teil.

Im Sommersemester wurden weitere Erhebungen insbesondere im ethnographischen und im quantitativen Fokus durchgeführt, biographische Interviews entstanden in dieser Zeit nicht mehr. Dafür wurde an ersten Auswertungen in allen drei Foki gearbeitet, sodass die Teilnehmer in der Regel abwechselnd als Feldbeobachter und als Auswerter arbeiteten. Dazu wurden die Studierenden auf zwei Wochentage, nämlich wieder Dienstag und Donnerstag, aufgeteilt. Die jeweiligen Teilgruppen arbeiteten dann abwechselnd als Feldbeobachter und als Auswerter, letztere nochmals aufgeteilt in solche im biographischen und solche im ethnographischen Fokus. Die Auswertungsgruppen wurden jeweils von Mitgliedern der Steuerungsgruppe angeleitet. Die kleine Teilgruppe, die sich mit der quantitativen Seite der Untersuchung befasste, hatte nur wenige Kontakte zu BewohnerInnen, dafür aber zu Pflegekräften z.b. bei Befragungen der MitarbeiterInnen und wurde meist von mir betreut.

4.3.2 Die quantitative Auswertungsgruppe

Die Gruppe zur quantitativen Datenerhebung und Auswertung bestand aus nur drei Studentinnen. Aufgrund ihres Auftrags nahmen sie eher selten am Heimalltag teil und hatten jeweils ihre persönlichen Rechner mitgebracht. Für ihre Auswertung stand ihnen der kleinste der Gruppenräume, das so genannte Wohnzimmer, ganztägig zur Verfügung.

Zunächst erstellten die Mitglieder dieser Gruppe anhand der Akten des Sozialdienstes Biographie-Akten für alle BewohnerInnen auf entsprechenden, von der Projektleitung entwickelten Formblättern. Aus diesen Biographien wurden von der Gruppe Kurzbiographien erstellt und den Interview-Auswertern (und bedarfsweise auch den Auswertenden im ethnographischen Fokus) verfügbar gemacht. Auf Wunsch der Küchenleitung wurde außerdem ein Fragebogen für die BewohnerInnen entwickelt, der ihre Zufriedenheit mit den angebotenen Mahlzeiten wiedergeben sollte. Der Fragebogen wurde danach den Feldbeobachtern an die Hand gegeben, die Ergebnisse wurden von den „Quantitativen" ausgewertet und der Küchenleitung präsentiert[35].

Um komplexe Auswertungen mit den entsprechenden Standardprogrammen zu gewährleisten, wurde für die im quantitativen Fokus Tätigen ein Einführungskurs in SPSS von Mitgliedern der Steuerungsgruppe[36] und der Projektleitung durchgeführt. Die weiteren Daten wurden danach mit diesem Programmpaket verarbeitet. Grundlage der Dateneingabe ist hier eine Datenmatrix, bei der die Zeilen für die Fälle, die Spalten für die erhobenen Variablen stehen. Im jeweiligen Feld findet sich also der Wert als Ausprägung einer Variablen für den betref-

---

[35] Musikalisch untermalt wurde diese Präsentation übrigens von dem Musikstück "Wenn den Kantinenchef der Weltschmerz packt" (Ulrich Roski 1977), was als Ausdruck des persönlichen Klimas in dieser Zeit gewertet werden kann (ich gebe allerdings zu, das ich den Titel vorgeschlagen habe; fast keiner der übrigen Beteiligten war damals nämlich auch nur geboren); die Gesamtnote der Befragten für die Leistungen der Küche war jedenfalls im Mittel, gemessen in klassischen Schulnoten (sehr gut bis ungenügend), nämlich 2,7 (zum Problem der verdichtenden Darstellung ordinaler und eben nicht intervallskalierter Daten durch das arithmetische Mittel und anderer statistischer Verfahren im nachfolgenden Text). Gefordert wurden von den BewohnerInnen jedenfalls mehr frische Blattsalate und spezielle, teilweise regionale Gerichte.
[36] In den dem Projekt vorangegangenen Semestern hatte meine Lehrtätigkeit auch schließende Statistik und die datentechnische Umsetzung und Berechnung mit dem Standardprogramm für die Sozialwissenschaften SPSS zum Inhalt.

fenden Bewohner. Durch Aktenanalyse wurden dabei grundlegende Werte wie Geburtsdatum und Alter zum Erhebungszeitpunkt, Geschlecht, Stellung der nächsten Angehörigen usw. aufgenommen (vgl. Abschnitt zur dimensionalen Analyse).

Weitere Fragebögen wurden später zu den Themen „Orientierung", „Kontaktpersonen und Besuchshäufigkeiten" und „Mobilität der BewohnerInnen" entwickelt und in Umlauf gebracht. Dabei wurden die Pflegekräfte während der mittäglichen Übergabe gebeten, ihre Einschätzungen zu jedem Bewohner im betreffenden Wohnbereich aufzuzeichnen (meist etwa sechs bis acht MitarbeiterInnen in jedem Wohnbereich). Der Vorteil dieses Verfahrens liegt aus meiner Sicht darin, dass abweichende Einzelbeobachtungen von Mitarbeitern (möglicherweise Ausdruck der jeweiligen spezifischen Beziehung zum Pflegebedürftigen) durch die Aussagen der übrigen Pflegekräfte relativiert werden können. In den Fragebögen wurden deshalb intervallskalierte Maße verwendet. Bezogen auf die einzelne BewohnerIn wurde dann das arithmetische Mittel der Angaben aller Befragten für diesen Bewohner als Wert aufgenommen. Schließlich wurden erste Datenauswertungen mit SPSS über alle BewohnerInnen vorgenommen und den übrigen Gruppen präsentiert.

4.3.3 Die Feldbeobachter

Der Feldzugang vollzog sich für die Studierenden in der Rolle als Feldbeobachter im Gegensatz zu den Interviewern durch teilnehmende Beobachtung, ferner durch in diesem Rahmen organisierte Hilfen und Angeboten für die BewohnerInnen und schließlich und parallel dazu durch die Unterstützung des Pflegepersonals bei Hilfen für die BewohnerInnen. Hierbei sollten die Beobachtungen der Forschenden zum Alltag der BewohnerInnen und der MitarbeiterInnen des Hauses festgehalten werden. An zwei Tagen in der Woche konnten jeweils 15 bis 20 Studierende den Heimalltag beobachten und begleiten. Jeder Tag im Feld begann für die Teilnehmer um 9:00 Uhr mit einer kurzen Besprechung zum geplanten Tagesprogramm und zu methodischen und organisatorischen Überlegungen. Nach 13:00 Uhr waren die Teilnehmer jeweils zum Mittagessen im Bistro des Hauses eingeladen. Gegen 16:00 Uhr war regelmäßig noch eine Abschlussbesprechung zu Tagesereignissen und zur Planung des nächsten Treffens angesetzt.

Bei der eigentlichen Feldbeobachtung waren vier bis sechs Studierende je einem der drei Wohnbereiche zugeordnet, zwei Studierende waren damit für etwa 12 BewohnerInnen „zuständig", dies entspricht den BewohnerInnen je eines Flügels in den Wohnbereichen. Für jeden Wohnbereich wurde der Kontakt zwischen Pflegepersonal und Studierenden durch ein Mitglied der Steuerungsgruppe organisiert; zu den Aufgaben dieser Mitglieder der Steuerungsgruppe gehörte auch, Informationen zwischen den Beteiligten zu steuern und den Kontakt zur Projektleitung zu gestalten. Die Arbeitsgruppen arbeiteten auf den Wohnbereichen als überwiegend autonome Gruppen, die sich nach Absprache und unter Berücksichtigung der Wünsche der jeweiligen BewohnerInnen bedarfsweise mit den Gruppen anderer Wohnbereiche zu größeren gemeinsamen Aktivitäten zusammenfanden, wie etwa zu Grillpartys oder bei Ausflügen in die nähere Umgebung. Die Angebote der Studierenden für die BewohnerInnen waren dabei in Abstimmung mit der Steuerungsgruppe so zu entwickeln, dass diese gemäß den Zielen des Hauses sinnvoll gestaltet wurden. Dazu gehörten insbesondere folgende Formen der Begegnung:

- Besuche bei BewohnerInnen nach eigener Wahl
- Teilnahme und Beteiligung am Alltagsleben im Wohnbereich
- Unterstützung des Pflegepersonals in Hilfen für die BewohnerInnen (mit Ausnahme pflegerischer Aufgaben. Solche pflegerischen Hilfen waren den Teilnehmern ausdrücklich untersagt.)
- Persönliche Hilfen für die BewohnerInnen (Spaziergänge, Einkäufe usw.)
- Hilfen zur Teilnahme und Beteiligung an Gruppenangeboten für BewohnerInnen
- Gespräche mit den BewohnerInnen im situativen Kontext
- Anregungen, Mitwirkung und ggf. Entwicklung eigener Gruppenangeboten mit verschiedenen inhaltlichen Schwerpunkten in Abstimmung mit der Steuerungsgruppe und der Projektleitung

Die Teilnehmer waren gehalten, ein Forschungstagebuch zu führen und die Eintragungen darin zeitnah vorzunehmen. Dazu wurde den Teilnehmern empfohlen, ein kleines Heft (z.B. DINA 6) für die zeitnahe Verschriftung von Eindrücken, Gesprächen und Beobachtungen zu verwenden. Nach dem Tag im Feld, möglichst noch am gleichen Abend, sollten die Beobachtungen per Textverarbeitung in ein Tagesprotokoll übertragen werden (vgl. Bunz 2005). Die Protokolle waren jeweils beim nächsten Treffen vorzulegen und zusätzlich per Mail an die Mitglieder der Steuerungsgruppe und die Projektleitung zu versenden. Die Protokolle in Papierform wurden in Ordnern abgelegt, die für die Projektteilnehmer einsehbar waren, die Dateien wurden ihnen auf entsprechenden Datenträgern oder per e-Mail zugänglich gemacht. Zu Beginn der Feldphase wurden die Teilnehmer hinsichtlich des Umgangs mit den BewohnerInnen eingewiesen und geschult. Das Ziel war, eine möglichst ungezwungene und unbefangene Form der Begegnung zu fördern.

„Das bedeutet für uns die Ausbildung einer angemessenen Forschungshaltung:
Freundliches Zugehen auf BewohnerInnen und MitarbeiterInnen
   Die Abstimmung der Aktivitäten des Beobachters mit den Mitarbeitern der Pflege ist zu suchen, ggf. kann dies auch über die Mitglieder der Steuerungsgruppe erfolgen.
   Feldnotizen sollen erst nach Beendigung des jeweiligen Kontakts gefertigt werden, es sei denn, das Einverständnis der Beteiligten wird eingeholt („Darf ich das
eben kurz notieren?")
   Kommunikative und Hilfeangebote sollen als Ergebnis von Aushandlungsprozessen betrachtet und vollzogen werden, bei denen einerseits die Bedürfnisse und Grenzen der Beteiligten erkannt, aber auch die Grenzen des Beobachters deutlich gemacht werden ('Was darf ich Ihnen Gutes tun – aber auch: wo sind meine Grenzen')" (Burkart 2005a: S. 2)

Bei Problemen und Konflikten im Feld schalteten sich bedarfsweise Mitglieder
der Steuerungsgruppe oder die Projektleitung ein[37]. Zwischen diesen Beteiligten
wurde auch der Fortgang des Projekts regelmäßig besprochen und Anleitung
bzw. Unterstützung für die Feldbeobachter und nicht zuletzt für BewohnerInnen
und Pflegekräften organisiert.

Aufgrund der zahlreichen BesucherInnen mit Forschungsauftrag wurden
auch größere Gruppenangebote möglich, wie Filmnachmittage, Grillpartys und
Ausflüge mit vielen Rollstuhlfahrern (bis 20)[38] in die Stadt, den Park und die
umliegenden Wälder. Die Beteiligung von Angehörigen der BewohnerInnen bei
solchen Festen und Ausflügen machte das Projekt zusätzlich im Haus und darüber hinaus bekannt und erhöhte nochmals die Unterstützung der Forschung
durch Angehörige, MitarbeiterInnen und Entscheidungsträger.

---

[37] Dies war zu meiner Überraschung, ich habe das schon oben angedeutet, nur sehr selten nötig.
Rückblickend schätze ich solche konfliktbezogenen Interventionen meinerseits auf maximal zehn
Fälle, einschließlich derjenigen, die mir von der Steuerungsgruppe berichtet wurden und bei denen
ich mich einzugreifen verpflichtet sah. Im Nachhinein betrachtet halte ich es übrigens für einen
methodischen Fehler, jene Vorfälle nicht aufgezeichnet zu haben (ich entschuldige dies mit der
unvermeidlichen Hektik, die das Projekt für mich mit sich gebracht hat). Alle Konflikte, die mir
bekannt wurden, beruhten entweder auf Missverständnissen oder auf Differenzen bei der jeweiligen
Rollenerwartung zwischen Feldforschern und Personal. Manifeste Konflikte zwischen Studierenden
und Bewohnern sind mir nicht bekannt.
[38] Mit 20 BewohnerInnen, ebenso vielen Studierenten und einigen Angehörigen hätte das Ganze oft
wie eine kleine Demo gewirkt, wären auch Transparente mitgeführt worden. Vielleicht beim nächsten Mal.

4.3.4   Die ethnographische Auswertungsgruppe

Die ethnographische Auswertungsgruppe sollte im Sommersemester 2005 zunächst die im vergangenen Semester entstandenen 153 Feldprotokolle einer qualitativen Inhaltsanalyse unterziehen; alle Protokolle lagen in elektronischer Form
als Textdateien mit dem Namen des Autors und dem Datum des protokollierten
Tages im Feld als Dateinamen vor. Dieses Vorhaben erwies sich angesichts der
Materialfülle und auch angesichts der Qualität mancher Texte als unerwartet
problematisch: In einigen Fällen handelte es sich bei den Texten um bloße Beschreibungen des Tagesablaufs des Protokollanten. Die Auswerter im ethnographischen Fokus standen damit vor dem Problem, arbeitsteilig in der Vielzahl der
Protokolle die berühmte Nadel im Heuhaufen zu finden.

Daher wurde ein anderes Verfahren entwickelt, um wesentliche Inhalte der
Protokolle aufzuspüren und die Quellen wie die belegenden Zitate zu sichern.
Hierzu wurde zunächst ein vorläufiges Kategoriensystem vorgeschlagen und
anhand der Erfahrungen mit den bisher herangezogenen Protokollen diskutiert
und verfeinert. Folgende Kategorien waren schließlich festgehalten und sollten
zur schnellen und strukturierten Auswertung verwendet werden:

a.   Tod, Umgang mit dem Sterben, Vorbereitung auf den eigenen Tod
b.   Bedeutung der Angehörigen und Freunde, Beziehungen „nach draußen"
c.   Beziehungen und ihre Gestaltung (zu Mitbewohnern, Pflegekräften)
d.   Grenze zwischen drinnen und draußen, Umgang mit dieser Grenze
e.   Sorgen und Ängste der BewohnerInnen
f.   Mahlzeiten, Essen und Trinken
g.   Verwirrtheit, Realitätsverluste und Irritationen
h.   Gruppenangebote
i.   Das eigene Zimmer, Rückzug, Privatheit und Öffentlichkeit
j.   Kommunikation über Krankheit, die eigene und die der Anderen
k.   Selbstpräsentation
l.   Tristesse und Ereignislosigkeit
m.   Störungen im Alltag
n.   Schlaf und Ruhe
o.   Perspektiven und Ziele, „kleine Fluchten", individuelle Gestaltungsspiel-
     räume und deren Ausformung
p.   Biographische Rückblicke, „mein Leben"
q.   „Sprache" der Pflegenden, wie wird mit und über die BewohnerInnen ge-
     sprochen

Vereinbart wurde, dass im Verlauf der Auswertungen weitere Kategorien hinzugenommen oder vorgesehene zusammengefasst werden können. Dies sollte allerdings mit der restlichen Gruppe jeweils besprochen und von ihr kritisch beleuchtet werden. Nach den entsprechenden Textstellen sollte mit den Mitteln der Datenverarbeitung gesucht werden. Dazu wurde zunächst eine einheitliche Verzeichnisstruktur erstellt, die auch im laufenden Semester fortgeschrieben wurde:

„Wir werden im nächsten Abschnitt die Texte des vergangenen Semesters und die neuen Texte allen Teilnehmern in geeigneter Form zur Verfügung stellen, sodass jeder an der Auswertung Beteiligte alle Texte als Dateien zur Verfügung hat. Sinnvoll erscheint es mir, die Texte in Unterverzeichnissen wie „Ethno-Protokolle WiSem 04".unterhalb je eines Verzeichnisses WiSem 04 und SoSem 05 (oder ähnlich) zu speichern, die wiederum unterhalb eines Verzeichnisses Weg ins Heim (oder ähnlich) positioniert sind. Wir hätten also in etwa folgende Verzeichnisstruktur:

Ebene 1	Ebene 2	Ebene 3
Weg ins Heim	WiSem 04	Ethno-Protokolle WiSem 04
		Interviews WiSem 04
	SoSem 05	Ethno-ProtokolleSoSem 05
		Interviews SoSem 05

Der Vorteil dabei ist, dass sowohl über alle Texte, als auch über eine Textauswahl mit den folgenden Verfahren nach konkreten Elementen gesucht werden kann.

a) Für jede Kategorie werden Suchbegriffe festgelegt und dokumentiert. Beispielsweise zum Thema Tod und Sterben: „sterben" „gestorben", „verstorben", „stirbt" usw.. Diese Aufzählung wird ggf. erweitert, auch das wird dokumentiert.
b) Alle auszuwertenden Texte werden in ein Verzeichnis kopiert, z.B. in das Verzeichnis „Ethno-Protokolle WiSem 04".
c) Mit dem Windows-Explorer wird das entsprechende Verzeichnis ausgewählt. Dann wird mit der Option „Suchen" nach den entsprechenden Textstellen gesucht (Option: „Ein Wort oder ein Begriff innerhalb der Datei")
d) Die gefundenen Texte werden in MS-Word nach dem gleichen Begriff durchsucht (Bearbeiten / Suchen) und die gefundenen Textstellen hinsichtlich ihrer Relevanz bewertet. Relevante Texte werden in das Auswertungsdokument kopiert und mit dem Hinweis auf Autor, Datum der Beobachtung (i.d.R. Protokoll vom ...) und der jeweiligen Seitenzahl versehen. Die Suche im betreffenden Text wird wiederholt, bis das Textende angezeigt wird.
e) Dies wird für alle relevanten Suchbegriffe wiederholt.
f) Sind alle Begriffe zu einer Kategorie „durchgespielt", werden die zusammengetragenen Zitate interpretiert hinsichtlich Gemeinsamkeiten und Differenzierungen. Besonders markante Zitate sind als Beispiel und zur Illustration zu hinterlegen". (Burkart 2005c: S. 2 f.).

Das geplante Vorgehen wurde mit Beispielen im Rahmen der täglichen Besprechung am Textmaterial veranschaulicht. Nachfolgend wird zum besseren Verständnis die Vorgehensweise am Muster Mittagsschlaf dargestellt. Gesucht wurde nach den Begriffen „Mittagsschlaf" und „schlafen". Folgende Zitate wurden hierzu gefunden:

„Um 12 Uhr wird zu Mittag gegessen, danach hatten die Senioren Mittagsschlaf." (Skiba, Tatjana; Protokoll vom 04.01.05, S. 1).

„Bis zum Kaffeetrinken um 14.30 konnten die Bewohner Mittagsschlaf halten." (Skiba, Tatjana; Protokoll vom 18.01.05, S. 1).

„Eine peinliche Begegnung hatte ich mit Hr. Moos. Eine Pflegekraft forderte mich auf zu sehen, ob Hr. Moos nach dem Mittagsschlaf schon aufgestanden sei. Nach dem ich an der Tür geklopft hatte und die Tür geöffnet hatte, sah ich Hr. Moos am Bett stehend in eine Urinflasche urinieren. Mir war das so peinlich, dass ich die Türe gleich wieder schloss." (Bunz, Simone; Protokoll vom 14.04.05, S. 1).

„Als wir wiederkamen waren die meisten Bewohner beim Mittagsschlaf. Nur Frau Mörsch saß noch im Essbereich am Fenster. Wir unterhielten uns mit ihr und nahmen sie dann mit runter in den großen Saal" (Hafner, Sophie; Protokoll vom 04.01.05, S. 1)
.

„Als ich nach der Pause auf die Etage kam, waren keine Bewohner zusehen. Ich vermutete, dass ein Großteil Mittagsschlaf macht. Als ich mich um sah, stellte ich allerdings fest, dass es schon Kaffee gab und alle beim Kaffeetrinken waren" (Nußeck, Diana; Protokoll vom 06.01.05, S. 2).

„Nach dem Mittagessen haben die Senioren Ihren Mittagsschlaf gemacht. Wir sind nach unten gegangen, um selbst zu essen" (Tarca, Mihai; Protokoll vom 03.02.05, S. 1).
„Da es schon kurz nach 13 Uhr war gingen wir in die Cafeteria zum Mittagessen. Nach dem Mittagessen war es sehr ruhig auf den Gängen, viele Bewohner schliefen oder hatten zumindest ihre Zimmertür zu. Da ich Herrn Förster schon vom letzten Mal kannte, ging ich zusammen mit einer Kommilitonin in sein Zimmer. Herr Förster kann leider nicht mehr sprechen. Stellt man ihn aber Fragen die er mit Ja oder Nein beantworten kann, macht er sich mit Kopfnicken oder –schütteln verständlich. So verstanden wir dass ihn der laufende Fernseher störte. Als er daraufhin zufrieden lächelte, verließen wir das Zimmer, um ihn schlafen zu lassen" (Goll, Sandra; Protokoll vom 13.01.05, S. 1).

„Beim ersten Rundgang im Wohnbereich 2 fiel mir auf, dass im Zimmer von Frau Krebs und Herrn Voss des öfteren der Fernseher sehr laut läuft während beide schlafen" (Purkert, Ilka; Protokoll vom 10.02.05, S. 1).

Die gefundenen Sequenzen führten zu folgender vorläufigen Interpretation:

„Die Zeit zwischen Mittagessen und Kaffee-Tafel wird von der Mehrheit der Bewohner für einen Mittagsschlaf genutzt. In dieser Zeit findet auch die sogenannte Übergabe, d.h. die Besprechung zwischen Vor- und Nachmittagsschicht der Pflegekräfte statt. Es ist daher auch im Interesse der MitarbeiterInnen des Hauses, dass in dieser Zeit relative Ruhe herrscht. Es steht zu vermuten, dass daher das Ritual „Mittagsschlaf" auch von dieser Seite aktiv gefördert wird, sichert es doch weitgehend den ungestörten Ablauf dieser Besprechung. Eine Anpassung an individuelle Bedürfnisse der Bewohner ist dann aber nur begrenzt möglich (vgl. Goll, Sandra; Protokoll vom 13.01.05, S. 1; Purkert, Ilka; Protokoll vom 10.02.05, S. 1; auch: Bunz, Simone; Protokoll vom 14.04.05, S. 1)". (Burkart 2005c: S. 4 f.).

Dieses Vorgehen erwies sich in der Folgezeit als praktikabel und effektiv. Um die Texte auszuwerten, brachten einige der Teilnehmer ihre tragbaren Rechner mit. Aufgrund der Anzahl der verfügbaren Computer, aber auch aus Gründen der gegenseitigen Anregung beim Finden von Suchbegriffen und bei der Interpretation der gefundenen Textstellen wurden Kleingruppen gebildet, denen jeweils zunächst eine der vorläufigen Kategorien zugeordnet wurde. War diese „abgearbeitet", konnte die betreffende Gruppe die nächste Kategorie anfordern und bearbeiten. Erschien es einer Gruppe sinnvoll, eine oder mehrere neue Kategorien einzuführen, dann wurde das zur Diskussion gestellt und beschlossen, ggf. auch verworfen. Allerdings zeigte sich, dass nicht alle Kategorien sinnvoll mit Suchbegriffen zu hinterlegen waren, oder dass einige der gewählten Begriffe in zu vielen Texten verwendet wurden. In diesem Fall wurden entweder die Suchbegriffe verworfen und durch andere ersetzt, oder es musste trotzdem noch zusätzlich im Textzusammenhang gesucht werden. Mit den im Sommersemester 2005 entstandenen Texten wurde gleichsinnig verfahren. Das hieraus entwickelte Kategoriensystem wird später im Rahmen der Ergebnisdarstellung besprochen.

4.3.5   Die Interviewer

Die von den Interviewern eingesetzten Methoden waren wie gesagt an den narrativen Verfahren orientiert. Es sollte also die Bereitschaft zum zusammenhängenden, flüssigen Erzählen genutzt werden. Trotzdem und ggf. darüber hinaus wurde vereinbart, vorab festgelegte Themenkomplexe im Nachfrageteil der Interviews anzusprechen, um ein vertretbares Maß an Vergleichbarkeit der Texte bei der Auswertung zu ermöglichen.

Die Interviews sollten sich in drei bis vier Treffen pro BewohnerInnen im Zeitraum von zwei bis vier Wochen gliedern und dabei jeweils 30 Minuten für das einzelne Treffen nicht übersteigen[39]; den jeweils zwei (gelegentlich auch drei) Interviewern wurde nach den bisherigen Erfahrungen empfohlen, ein bis zwei Vortreffen in lockerem, nicht thematisch festgelegtem Rahmen zu vereinbaren. Hierzu waren Aufzeichnungen erst nach den Treffen aus der Erinnerung zu verschriften. Die eigentlichen Interviews sollten auf Tonträger oder anderweitig aufgezeichnet und anschließend verschriftet werden.

Bei einem ersten Treffen von Interviewern und interessierten BewohnerInnen zum gegenseitigen Kennenlernen und zur Zuordnung von BewohnerInnen und Interviewern am 4.1.2005 wurden die Termine zu den Interviews zwischen den Beteiligten frei vereinbart. Bei diesem Treffen waren die BewohnerInnen zu Kaffee und Kuchen eingeladen, die im Vorfeld gegenüber den Mitarbeitern des Sozialdienstes ihre Bereitschaft zur Befragung erklärt hatten. Die Zuordnung von je zwei Studierenden zu einem Bewohner wurde per Los entschieden. Anschließend setzte man sich zu dritt am Kaffeetisch zusammen und besprach das Weitere. Nach den ersten Treffen waren die Rückmeldungen der BewohnerInnen an Sozialdienst, Steuerungsgruppe und MitarbeiterInnen der Pflege durchweg sehr positiv. Die Aufmerksamkeit durch die Interviews, die in Aussicht gestellte Lebensgeschichte in Form einer Broschüre und die Aussicht auf eine Reihe von Begegnungen mit inzwischen bekannten „jungen Leuten" wurde von den BewohnerInnen als Aufmerksamkeit und Wertschätzung gegenüber ihrer Person wahrgenommen, so die überwiegende Rückmeldung auch von Angehörigen. Den Interviewern wurden für die Durchführung ihrer Datenerhebung folgende Hinweise an die Hand gegeben:

- Der erste Teil sollte mit einer Aufforderung zum flüssigen Erzählen anhand des Themenschwerpunkts anfangen. Die Zusammenkunft beginnt also mit der Eingangsfrage, der Erzählaufforderung.
- Dem folgen sollte die eigentliche Erzählung durch den Bewohner. Die Rolle des Interviewers ist hierbei nach Vorgabe ausgesprochen passiv. Dessen Beiträge sind eher aufforderndes und zustimmendes Murmeln (hm, hm...) oder andere Verstärkungen („so also war das damals..."). Es ist dies die Phase der Haupterzählung (vgl. Flick 2002: S. 147 f.).
- Der zweite Teil sollte in gezieltem Nachfragen bestehen, falls Zusammenhänge für den Befrager unklar geblieben wären. Flick nennt diese Phase den narrativen Nachfrageteil (a.a.o.).
- Der dritte Teil sollte darin bestehen, unerwähnte Zusammenhänge durch den Interviewer aktiv nachzufragen. Hierbei erst waren die genannten Stich-

---

[39] Hierbei ging es auch um die Frage nach einer möglichen Überforderung der Bewohner durch ein noch längeres Interview.

worte für den Nachfrageteil anzusprechen und möglichst als Erzählaufforderung einzubringen.

Für die einzelnen Treffen zu den Interviews waren folgende thematische Schwerpunkte gewählt vorgegeben:

Für das erste Interview sollte das Thema „Kindheit und Jugend" als Schwerpunkt gewählt werden. Die Erzählaufforderung war hier: „Beschreiben Sie bitte Ihre Kindheit und Jugend, ihre Eltern und Geschwister, die Schulzeit und die berufliche Ausbildung." Mit gezieltem Nachfragen sollten die nachfolgenden Zusammenhänge erfragt werden, sofern dies nicht zuvor angesprochen wurde:

- Eltern, Beruf des Vaters und der Mutter, Geschwister
- Wohnort, Umgebung
- Schule, Freunde
- Berufsausbildung
- Hobby, Sport, Freizeit

Das zweite Interview stand laut Planung unter dem Motto: Leben als Erwachsener. Hier sollte als Erzählaufforderung eingesetzt werden: „Beschreiben Sie bitte Ihre Zeit als erwachsener Mensch. Was haben Sie beruflich gemacht, wann und wie haben Sie ihren Partner kennen gelernt. Haben Sie Kinder, wie erging es Ihnen mit ihnen?" Die folgenden Zusammenhänge waren dabei bedarfsweise anzusprechen:

- Partner
- Kinder
- Beruf
- Ortswechsel
- Freizeit, Freunde

Bei dem dritten Interview stand die unmittelbare Fragestellung „Weg ins Heim oder weg ins Heim?" im Mittelpunkt, zentrales Thema sollte der Übergang in die Einrichtung und das Leben im Heim sein. Die Erzählaufforderung war: „Beschreiben Sie bitte Ihre Zeit vor Ihrer Heimaufnahme und Ihre erste Zeit im Seniorenzentrum." Folgende weitere Zusammenhänge sollten hier nachgefragt werden:

- Partnerverlust?
- Kontakt zu Kindern, Enkelkindern?

- Ortswechsel?
- Freizeit, Freunde?
- Gründe und Umstände für Heim-Entscheidung?
- Wie wurde die Anfangszeit im Seniorenzentrum erlebt?
- Wie hat sich der Kontakt zu Angehörigen gestaltet oder verändert?
- Würde die gleiche Entscheidung nochmals getroffen werden?

Die Interviewer und „ihre" BewohnerInnen waren dabei im Heimalltag durchaus präsent: Während die Interviews meist im Zimmer der BewohnerIn stattfanden, wurde von vielen Interviewern die Begegnung mit den BewohnerInnen über die eigentlichen Interviews hinaus ausgedehnt. So waren solche Gruppen oft im Bistro, im Garten oder am Brunnenplatz vor dem Haus zu sehen. Durch die Begegnung mit anderen Teilnehmern kam es zu zusätzlichen Kontakten und zum Informationsaustausch zwischen den beteiligten BewohnerInnen, ihren Angehörigen und den Studierenden[40].

4.3.6 Die biographische Auswertungsgruppe

Die biographische Auswertungsgruppe arbeitete ab dem Sommersemester 2005 im ersten Schritt mit der Methode der qualitativen Inhaltsanalyse nach Mayring mit dem Ziel der Materialverdichtung. Dabei sollte eine Kategorisierung von zentralen Aussagen in den Erzählungen der interviewten BewohnerInnen entstehen. Dazu beschäftigten sich zunächst je zwei Auswerter mit einem Interview, die ihre Ergebnisse in der Gruppe regelmäßig zur Diskussion stellten.

Die Festlegung des Materials war dabei vorgegeben, alle Interviews sollten der Auswertung in dieser Phase unterzogen werden. Ebenso war die Analyse der Erhebungssituation für alle Texte im Ergebnis ähnlich: Meist waren zwei, in einem Fall drei Interviewer mit der Durchführung und der Verschriftung der Interviews beschäftigt. In allen Fällen wurden die Erzählungen der BewohnerInnen elektronisch aufgezeichnet und anhand einheitlicher Regeln zur Transkription (vgl. Heitzenröder 2005) gleichsinnig verschriftet worden (vgl. Flick 2002: S. 279).

Bei der „Richtung der Interpretation" im Sinne der Fragestellung sollte zunächst vor allem auf die Elemente der Erzählungen abgestellt werden, die in direktem oder indirektem Zusammenhang mit der Phase vor Heimaufnahme und dem Übergang in das Seniorenzentrum C-burg und der Folgephase nach dem

---

[40] Ich hatte den Eindruck, dass viele Bewohner die Öffentlichkeit suchten, um ihre Interviewer voller Stolz zu präsentieren.

„Ankommen" im Seniorenzentrum standen. Theoriegeleitet sollte dann die weitere Differenzierung der Fragestellung (vgl. Flick 2002: S. 279) erfolgen und ein sich entwickelndes System der Kategorisierung zentraler Elemente in den Lebensläufen und Erfahrungen vorangetrieben werden. Das hier erarbeitete und im folgenden Wintersemester 2005/2006 fortentwickelte Kategoriensystem wird weiter unten im Rahmen der Ergebnisdarstellung diskutiert. Kurzbiographien aller BewohnerInnen wurden parallel dazu von der quantitativen Arbeitsgruppe erarbeitet und den beiden anderen Auswertungsgruppen Verfügung gestellt.

4.3.7 Öffentlichkeitsarbeit und Rückmeldungen

Im Projekt erschien es notwendig, neben den Mitarbeitern des Hauses, den Angehörigen und den Entscheidungsträgern auch die Öffentlichkeit positiv einzustimmen. Ziel war dabei, die günstige Grundhaltung für die Untersuchung zu erhalten und wenn möglich zu befördern. Daher wurden verschiedene Pressemitteilungen verfasst und größtenteils auch, zumindest lokal auf der Stadtseite der örtlichen Zeitung (der „N-burg-Post"), veröffentlicht. Einige Redakteure dieser Zeitung entwickelten sich zu regelmäßigen Berichterstattern, was der Einrichtung insgesamt zugute kam. Selbst die renommierte Frankfurter Allgemeine Zeitung (FAZ) veröffentlichte einen Artikel zum Forschungsprojekt.

Daneben erschienen regelmäßig Artikel in der Heimzeitung „Kleeblatt" zu verschiedenen Phasen und Aspekten des Projekts. Das Ziel hierbei war, BewohnerInnen und Angehörige auf die Forschung und die Studierenden im Haus vorzubereiten und aufmerksam zu machen. Auch diese Form der Öffentlichkeit hat, im Nachhinein betrachtet, nicht unwesentlich zur breiten Akzeptanz gegenüber dem Forschungsprojekt beigetragen.

5 Ergebnisse

5.1 Formale Charakteristika der Ergebnisse

In der ersten und zweiten Feldphase des Forschungsprojekts „Weg ins Heim oder weg ins Heim?" entstanden umfangreiche Textsammlungen verschiedener Art, welche die Grundlage für die Auswertungen bildeten. Die Daten- und Textsorten und deren Umfang waren folgende:

a. Datenmatrix für alle BewohnerInnen im SPSS-Format
b. Tagesprotokolle, insgesamt 246 Protokolle mit 1 bis 5 Seiten und einigen Anhängen zu Einzelgesprächen mit BewohnerInnen
c. Bewohnerbiographien (auf Biographiebögen) bezogen auf alle 94 BewohnerInnen
d. Kurzbiographien zu allen BewohnerInnen
e. Einzelinterviews von 22 BewohnerInnen

Die Daten nach a) werden im Folgenden hauptsächlich im quantitativen Fokus vorgestellt, teilweise werden diese aber auch im biographischen Fokus verwendet. Die Tagesprotokolle werden hauptsächlich im ethnographischen, die Interviews und Biographien im biographischen Fokus verwendet, teilweise werden jedoch auch „Anleihen" zwischen den letztgenannten Foki vorgenommen. Zunächst jedoch zu den ersten Ergebnissen der quantitativen Betrachtung.

5.2 Ergebnisse im quantitativen Fokus

Um der Funktion des quantitativen Teils der Untersuchung zu entsprechen, hiermit einen Rahmen zur Einordnung der Ergebnisse und ihrer Interpretation in den qualitativen Foki zu geben, wird nachfolgend die zahlenmäßige Erhebung vorangestellt. Die nachfolgende Differenzierung folgt den in der dimensionalen Analyse (3.2.2) festgelegten Merkmalen.

Im Gegensatz zu dem bei quantitativen Untersuchungsansätzen üblichen Vorgehen, die Ergebnisse von deren Interpretation zu trennen, werden beide in diesem Abschnitt variablenbezogen zusammen dargestellt. Dies soll der Lesbarkeit des Abschnitts dienen. Die nachfolgende Tabelle zeigt die Verteilung der BewohnerInnen nach Geschlecht zum Erhebungszeitpunkt (21.4.2005):

Tabelle 2:   Verteilung der BewohnerInnen nach Geschlecht

		Häufigkeit	Prozent	Gültige Prozente	Kumulierte Prozente
Gültig	männlich	18	19,1	19,1	19,1
	weiblich	76	80,9	80,9	100,0
	Gesamt	94	100,0	100,0	

Das zahlenmäßige Verhältnis von Frauen zu Männern war etwa 4 zu 1. Als Grundlage für diese extremen Werte sind nicht nur die längere Lebenserwartung von Frauen und deren größere Bereitschaft zur Pflege des Partners im Haushalt zu vermuten. Vielmehr verstärkt sich bei einmal gegebenem hohen Frauenanteil dieser nochmals über längere Zeiträume durch die Aufnahmepraxis im Doppelzimmer im Seniorenzentrum: „Frauenbetten" werden viel häufiger zu belegen sein als Männerbetten im Doppelzimmer, und um ein ganzes Doppelzimmer mit Männern zu belegen, müssen mindestens zwei Betten im Haus frei und gleichzeitig zwei Männer als künftige Bewohner angemeldet sein. Das aber ist eher selten der Fall. Das nachfolgend dargestellte Alter der BewohnerInnen liegt im Mittel bei 83,5 Jahren und variiert zwischen 58 Jahren und 99 Jahren, die im Heim verbrachten Zeit im Mittel bei 30,3 Monaten und zwischen 0 und 77 ganzen Monaten, wie die nachfolgende Tabelle zeigt:

Tabelle 3:   Alter und Monate im Heim der BewohnerInnen

	N	Mini-mum	Maxi-mum	Mittel-wert	Standard-abwei-chung
ALTER_ER Alter zum Zeitpunkt der Erhebung (21.04.05)	94	58	99	83,49	8,759
MOIHE_ER Monate im Heim zum Zeitpunkt der Erhebung (21.04.05)	94	0	77	30,29	22,663
Gültige Werte (Listenweise)	94				

Einige BewohnerInnen leben hier also schon seit der Heimeröffnung Ende 1998. Bei beiden Variablen sind aber Maße der zentralen Tendenz zusammen mit dem angeführten Streuungsmaß wenig anschaulich, daher nachfolgend die gruppierte Darstellung beider Variablen.

Tabelle 4:   Altersgruppen

		Häufigkeit	Prozent	Gültige Prozente
Gültig	bis 60	2	2,1	2,1
	bis 70	3	3,2	3,2
	bis 80	28	29,8	29,8
	bis 90	41	43,6	43,6
	91 und älter	20	21,3	21,3
	Gesamt	94	100,0	100,0

Die deutlich dominierende Altersgruppe ist demnach die der 81- bis 90-Jährigen. Auch die bisherige Dauer des Heimaufenthalts der BewohnerInnen wird nachfolgend nochmals verdichtet in „angefangenen" Jahren wiedergegeben. Es zeigt sich, dass mehr als die Hälfte von ihnen schon länger als zwei, annähernd ein Viertel sogar länger als vier Jahre in der Einrichtung leben:

Tabelle 5:   Jahre im Heim

	Jahre	Häufigkeit	Prozent	Gültige Prozente	Kumulierte Prozente
Gültig	bis 1	23	24,5	24,5	24,5
	bis 2	23	24,5	24,5	48,9
	bis 3	17	18,1	18,1	67,0
	bis 4	11	11,7	11,7	78,7
	bis 5	5	5,3	5,3	84,0
	5 und mehr	15	16,0	16,0	100,0
	Gesamt	94	100,0	100,0	

Dieses Ergebnis gibt einen ersten Hinweis darauf, dass das Leben in einer Einrichtung der stationären Altenhilfe in der Mehrzahl der Fälle nicht nur eine relativ kurze Episode vor dem Tod zu sein scheint.

Die folgende Grafik unten zeigt den jeweils letzten Wohnort der BewohnerInnen vor der Heimaufnahme:

Abbildung 1: Letzter Wohnort vor Heimaufnahme

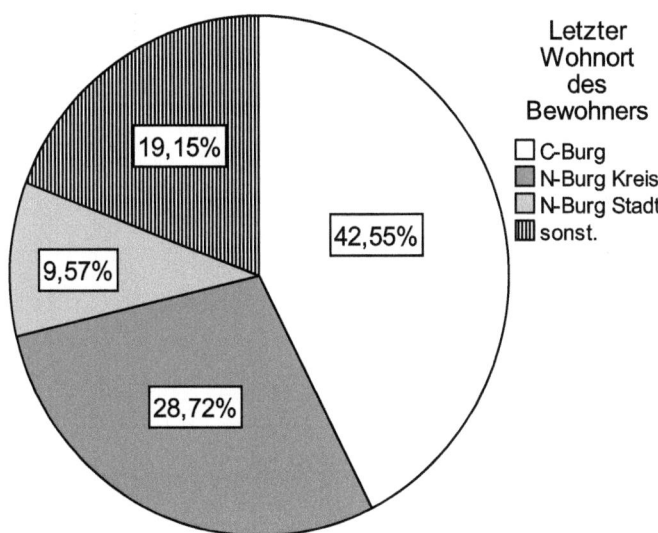

Die mit annähernd 43% überwiegende Teilgruppe von BewohnerInnen hat also vor der Heimaufnahme in C-burg gelebt, zusammen mit den umgebenden

Tabelle 6: Wohnort der Angehörigen aufgeteilt nach Kreisen

		Häufigkeit	Prozent	Gültige Prozente	Kumulierte Prozente
Gültig	C-burg	44	46,8	46,8	46,8
	N-burg Kreis	30	31,9	31,9	78,7
	N-burg Stadt	10	10,6	10,6	89,4
	sonstige	10	10,6	10,6	100,0
	Gesamt	94	100,0	100,0	

Gemeinden in Stadt und Kreis N-burg kommen damit mehr als 81% der BewohnerInnen aus der näheren Umgebung. Ähnliches gilt für die Angehörigen bzw. die nächsten Ansprechpartner[41]: Hier wohnen sogar weniger als 11% der Angehörigen außerhalb der Region, fast die Hälfte lebt in C-burg. Betrachtet man die Zusammenhänge zwischen den Wohnorten der BewohnerInnen vor der Heimaufnahme und dem der nächsten Angehörigen, ergibt sich diese Kreuztabelle:

Tabelle 7:   Wohnort der Angehörigen * Letzter Wohnort der Bewohners

| | | | Letzter Wohnort des Bewohners | | |
		C-burg	N-burg Kreis	N-burg Stadt	sonst.
Wohnort der Angehörigen aufgeteilt nach Kreisen	C-burg	27	5	3	9
	N-burg Kreis	7	16	3	4
	N-burg Stadt	3	2	2	3
	sonstige	3	4	1	2
Gesamt		40	27	9	18

Bei der größten Teilgruppe haben also BewohnerInnen und Angehörige vor der Heimaufnahme in C-burg gelebt, die Angehörigen der BewohnerInnen von „außerhalb" leben bis auf zwei Ausnahmen entweder in C-burg (neun BewohnerInnen) oder zumindest in der näheren Umgebung.

Die Beziehung zwischen den BewohnerInnen und ihren Angehörigen oder gesetzlichen Vertretern wurde zuerst nach dem Verwandtschaftsverhältnis des hauptsächlichen Ansprechpartners, wenn nicht vorhanden nach der Form der gesetzlichen oder vertraglichen Übertragung (Vollmacht) von Handlungsbefugnissen im Sinne des Bewohners festgehalten. Dies bedeutet nicht, dass Angehörige nicht auch als gesetzliche Betreuer ausgewiesen sind. Dies ist sogar häufig der Fall, allerdings wurde danach nicht gesondert ausgewertet. Vielmehr wurden die Angehörigen auch dann in ihrem Verwandtschaftsverhältnis ausgewiesen, wenn sie auch die gesetzliche Betreuung des Bewohners innehatten. Die Häufigkeitsverteilung nach der Stellung des hauptsächlichen Ansprechpartners findet sich nachstehend:

---

[41] Damit sind z.B. auch gesetzliche Betreuer nach dem Betreuungsrecht gemeint.

Tabelle 8:   Erste Ansprechpartner sortiert

		Häufigkeit	Prozent	Kumulierte Prozente
Gültig	Tochter	38	40,4	40,4
	Sohn	30	31,9	72,3
	ges. BetreuerIn	13	13,8	86,2
	Bevollmächtigte/r	3	3,2	89,4
	Ehefrau	3	3,2	92,6
	Neffe	2	2,1	94,7
	Ehemann	1	1,1	95,7
	Schwägerin	1	1,1	96,8
	Schwester	1	1,1	97,9
	Bruder	1	1,1	98,9
	k.A.	1	1,1	100,0
	Gesamt	94	100,0	

Demnach sind bei über 17% der BewohnerInnen keine näheren Verwandten vorhanden, bekannt oder verfügbar. Neben dem hauptsächlichen

Tabelle 9:   Anzahl regelmäßiger Besucher

		Häufigkeit	Prozent	Gültige Prozente	Kumulierte Prozente
Gültig	1	31	33,0	33,7	33,7
	2	49	52,1	53,3	87,0
	3	10	10,6	10,9	97,9
	4	2	2,1	2,2	100,0
	Gesamt	92	97,9	100,0	100,0
Fehlend	System	2	2,1		
Gesamt		94	100,0		

Ansprechpartner sind in 53,3% der Fälle weitere Personen unter den regelmäßigen BesucherInnen. Allerdings bekommen nur 13% der Bewohner regelmäßigen Besuch von mehr als zwei Personen.

Dieses Ergebnis zeigt deutlich, dass die BewohnerInnen im Heim nicht gerade vielfältige Beziehungen nach „außen" unterhalten. Auch die Häufigkeit der Besuche, die die BewohnerInnen im Heim empfangen, gestaltet sich sehr unterschiedlich: Etwa zwei Drittel der Bewohner erhalten nur ein- bis zweimal pro Woche Besuch, ein kleiner Teil von ihnen dafür aber (fast) täglich. Näheres zeigt die folgende Tabelle:

Tabelle 10:   monatliche Besuche

		Häufigkeit	Prozent	Gültige Prozente
Gültig	keine	2	2,1	2,1
	bis 4 Besuche	35	37,2	37,2
	bis 8 Besuche	25	26,6	26,6
	bis 12 Besuche	10	10,6	10,6
	bis 16 Besuche	8	8,5	8,5
	bis 20 Besuche	2	2,1	2,1
	über 20 Besuche	12	12,8	12,8
	Gesamt	94	100,0	100,0

Nach der Häufigkeit der Besuche ergibt sich das folgende Bild:

Abbildung 2:   monatliche Besuche

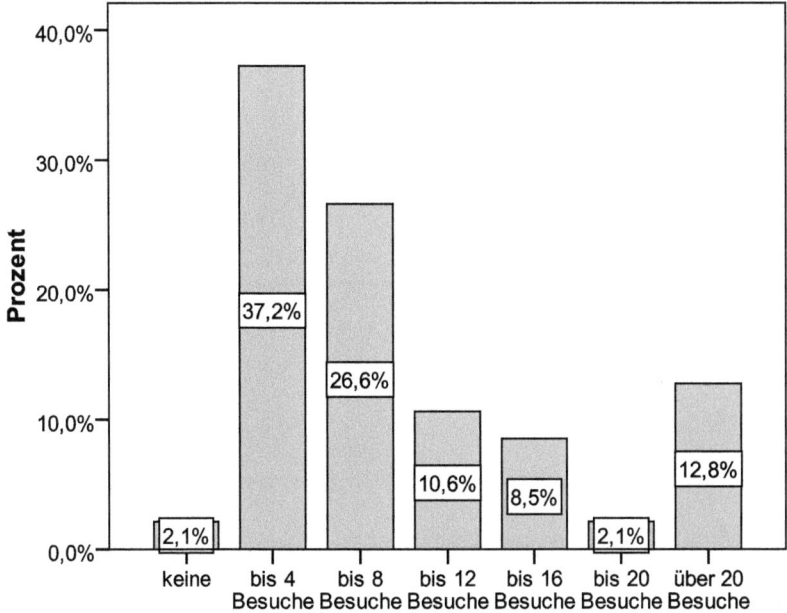

Das Ausmaß der Orientierung der BewohnerInnen erscheint als ein wesentlicher Aspekt ihrer Differenzierung. Zur Erhebung entsprechender Daten wurde ein Fragebogen entwickelt und den MitarbeiterInnen des Hauses vorgelegt. Dabei wurden Fragen zur Situationsangemessenheit des Verhaltens der BewohnerInnen und zu deren räumlichen Orientierung im Haus gestellt. Jede MitarbeiterIn im Dienst beantwortete die Fragen zur Orientierung aller BewohnerInnen im jeweiligen Wohnbereich auf einer neunstufigen Skala, jede BewohnerIn wurde also von mehreren Pflegekräften hinsichtlich ihrer Orientierung eingeschätzt. Anschließend wurden die Ergebnisse gemittelt und gruppiert, um extreme Einschätzungen einzelner Befragter auszugleichen.

Die gruppierten Mittelwerte (1-3: gut, 4-6: mittel, 7-9: schlecht) der Einschätzungen zur situativen Orientierung der BewohnerInnen wird nachfolgend wiedergegeben:

Tabelle 11:   Gruppierte Darstellung der Variable Situative Orientierung

		Häufigkeit	Prozent	Gültige Prozente	Kumulierte Prozente
Gültig	gut	39	41,5	41,9	41,9
	mittel	36	38,3	38,7	80,6
	schlecht	18	19,1	19,4	100,0
	Gesamt	93	98,9	100,0	
Fehlend	System	1	1,1		
Gesamt		94	100,0		

Bezogen auf die räumliche Orientierung der BewohnerInnen nach Einschätzungen des Pflegepersonals ergibt sich folgende Verteilung:

Tabelle 12:   Gruppierte Darstellung der Variable Räumliche Orientierung

		Häufigkeit	Prozent	Gültige Prozente	Kumulierte Prozente
Gültig	gut	45	47,9	48,4	48,4
	mittel	28	29,8	30,1	78,5
	schlecht	20	21,3	21,5	100,0
	Gesamt	93	98,9	100,0	
Fehlend	System	1	1,1		
Gesamt		94	100,0		

Etwa vier Fünftel der BewohnerInnen sind demnach aus der Sicht des Pflegepersonals gut bis mittel orientiert, knapp die Hälfte von ihnen zeigen in beiden Aspekten sogar die Ausprägung „gut".

Betrachtet man die Zusammenhänge zwischen den beiden Größen zur Orientierung, so zeigt sich erwartungsgemäß ein nahezu perfekter Zusammenhang nahe eins (r=0,936) zwischen räumlicher und situativer Orientierung der BewohnerInnen. Alle übrigen vorstehend aufgeführten Zusammenhänge sind weder signifikant noch erheblich, mit Ausnahme der umgekehrt proportionalen Beziehung[42] zwischen der räumlichen Orientierung und Lebensalter des Bewohners.

---

[42] i.S. von: Je höher, desto weniger

Diese Beziehung ist aber recht schwach ausgeprägt (r=0,218) und damit signifi-kant nur auf dem Niveau der fünfprozentigen Irrtumswahrscheinlichkeit.

Tabelle 13: Korrelationen

		Alter zum Zeitpunkt der Erhe-bung (21.04.05)	Situatives Verhalten angemessen (1= Trifft voll zu)	Gute räuml. Orientierung (1= Trifft voll zu)
Alter zum Zeit-punkt der Erhe-bung (21.04.05)	Korrelation nach Pearson	1	,127	,218[*]
	Signifikanz (2-seitig)		,225	,036
	N	94	93	93
Situatives Ver-halten angemes-sen (1= Trifft voll zu)	Korrelation nach Pearson	,127	1	,936[**]
	Signifikanz (2-seitig)	,225		,000
	N	93	93	93
Gute räuml. Ori-entierung (1= Trifft voll zu)	Korrelation nach Pearson	,218[*]	,936[**]	1
	Signifikanz (2-seitig)	,036	,000	
	N	93	93	93

*. Die Korrelation ist auf dem Niveau von 0,05 (2-seitig) signifikant.
**. Die Korrelation ist auf dem Niveau von 0,01 (2-seitig) signifikant.

Für die Interpretation der Ergebnisse insbesondere der qualitativen Teiluntersu-chungen und hier vor allem derjenigen im biographischen Fokus erscheint es hier noch notwendig, die Interviewten gegenüber den übrigen BewohnerInnen zu kontrastieren. Die folgende Tabelle gibt diese Differenzierung wieder:

Tabelle 14:   Deskriptive Statistik: Interviewte und Nicht- Interviewte

Interview geführt(ja/nein)		N	Minimum	Maximum	Mittelwert
ja	Situatives Verhalten angemessen (1= Trifft voll zu)	22	1,000	5,167	2,59242
	Gute räuml. Orientierung (1= Trifft voll zu)	22	1,000	4,800	2,20000
	Alter zum Zeitpunkt der Erhebung (21.04.05)	22	58	96	82,45
	Monate im Heim zum Zeitpunkt der Erhebung (21.04.05)	22	2	75	33,77
	Besuche im Monat geteilt durch die besuchenden Personen	22	,87	30,56	4,8540
	Gültige Werte (Listenweise)	22			
nein	Situatives Verhalten angemessen (1= Trifft voll zu)	71	1,000	9,000	4,86193
	Gute räuml. Orientierung (1= Trifft voll zu)	71	1,000	9,000	4,89479
	Alter zum Zeitpunkt der Erhebung (21.04.05)	72	60	99	83,81
	Monate im Heim zum Zeitpunkt der Erhebung (21.04.05)	72	0	77	29,22
	Besuche im Monat geteilt durch die besuchenden Personen	72	,00	41,33	5,6042
	Gültige Werte (Listenweise)	71			

Dabei fallen die erheblichen Unterschiede zwischen beiden Gruppen hinsichtlich der mittleren situativen (Interviewte: 2,59 – Übrige: 4,86) und der räumlichen Orientierung der BewohnerInnen (Interviewte: 2,20 – Übrige: 4,89) deutlich auf. Das Alter der beiden Gruppen ist dagegen wenig unterschiedlich (Interviewte: 82,45 – Übrige:83,81). Bei der Dauer des Heimaufenthalts sind die Interviewten sogar im Mittel geringfügig länger im Hause (Interviewte: 3,23 Jahre – Übrige:2,89 Jahre). Die Interviewten erhalten zwar etwas weniger Besuche im Monat (7,50 zu 9,38), aber den wesentlichen Unterschied macht das Ausmaß an Orientierung zwischen den Teilgruppen aus. Die nachfolgende Grafik verdeutlicht die Differenzierung zwischen den Interviewten und den übrigen BewohnerInnen:

Abbildung 3:   Orientierung der interviewten und der übrigen BewohnerInnen

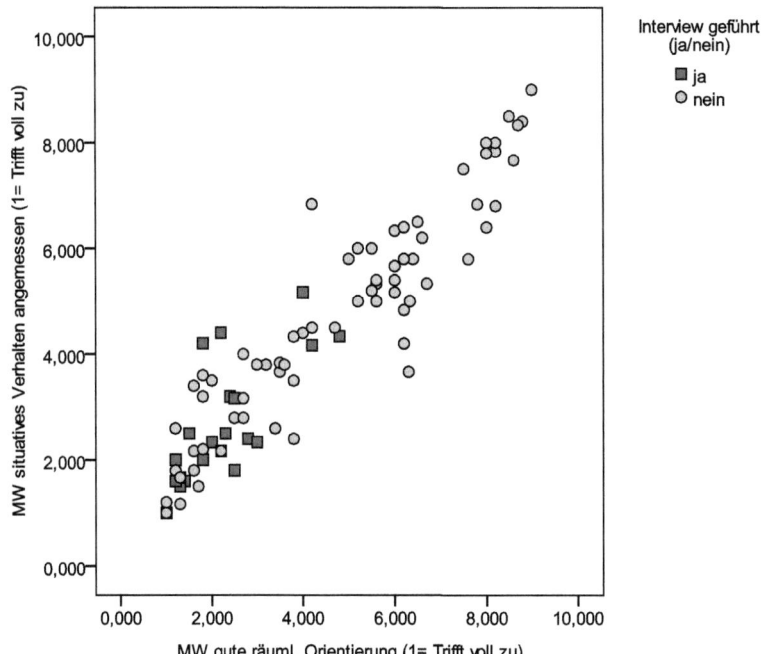

Die Interviewten (mit * bezeichnet) finden sich trotz ihrer Unterschiede hinsichtlich der beiden Größen zur Orientierung als Gruppe im unteren, „orientierten"
Teil des Diagramms.

Anders sieht es bezogen auf außerhäusige Kontakthäufigkeiten im Zusammenhang mit der Dauer des Heimaufenthalts aus: Die Interviewten scheinen im
Vergleich, von drei Ausnahmen abgesehen, nicht allzu häufig Besuch zu erhalten, sind in dieser Hinsicht also nicht privilegiert:

Abbildung 4:   Besuche und Dauer des Aufenthalts der interviewten und der
                 übrigen BewohnerInnen

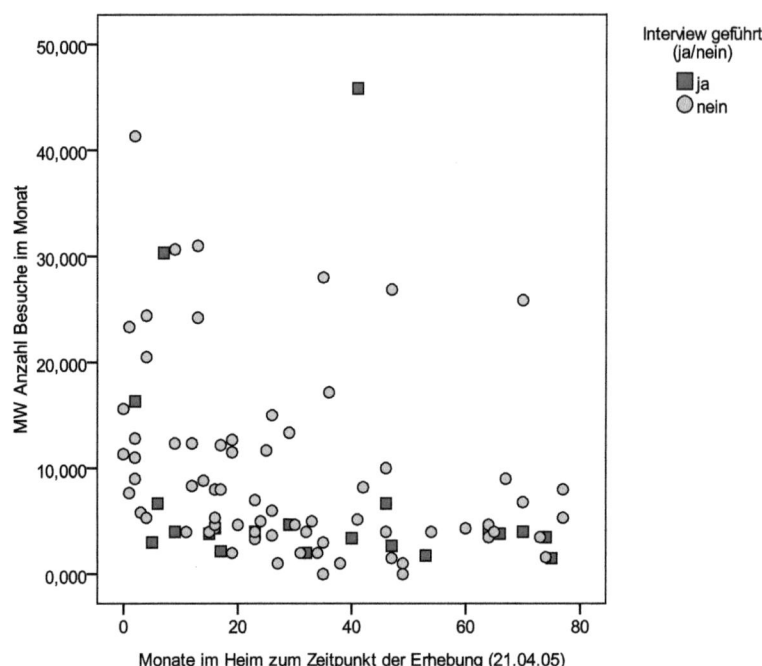

Die Mobilität der BewohnerInnen wurde als ordinalskaliertes Merkmal[43] nach
den Angaben jeweils mehrerer Pflegekräfte wie vorher (3.2.2) beschrieben erhoben. Da bei dieser Skala kein arithmetisches Mittel berechnet werden kann, wurde jeweils der am häufigsten genannte Wert codiert. Die folgende Tabelle gibt
die Ergebnisse wieder:

---

[43] Die Ausprägungen der Mobilitätsskala waren: a) überwiegend bettlägerig, b) Mobilität nicht oder
kaum selbständig möglich, c) selbständig im Wohnbereich mobil, d) selbständig im ganzen Haus
mobil, e) selbständig in näherer Umgebung mobil, f) selbständig auch in weiterer Umgebung mobil.

Tabelle 15: Mobilität der BewohnerInnen

		Häufigkeit	Prozent	Gültige Prozente	Kumulierte Prozente
Gültig	überw. bettl.	13	13,8	13,8	13,8
	nicht od. kaum selbst. möglich	19	20,2	20,2	34,0
	selbst. im Wohnbereich	18	19,1	19,1	53,2
	selbst. im ganzen Haus	16	17,0	17,0	70,2
	selbst. in näherer Umgebung	21	22,3	22,3	92,6
	selbst. auch in weiterer Umgebung	7	7,4	7,4	100,0
	Gesamt	94	100,0	100,0	

Die für die Bewohner attestierten Pflegestufen zeigt schließlich die letzte Darstellung in diesem Abschnitt:

Tabelle 16: Verteilung der Pflegestufen der BewohnerInnen

		Häufigkeit	Prozent	Gültige Prozente	Kumulierte Prozente
Gültig	Pflegestufe 1	36	38,3	38,3	38,3
	Pflegestufe 2	44	46,8	46,8	85,1
	Pflegestufe 3	14	14,9	14,9	100,0
	Gesamt	94	100,0	100,0	

Damit wird die quantitative Form der Ergebnisdarstellung zunächst abgeschlossen. Allerdings werden später im Text noch einmal statistische Methoden bemüht werden, dann aber solche von ganz anderer Art: Dort wird es um multivariate Auswertungen mit dem Modell der Faktorenanalyse gehen. Doch zunächst die Ergebnisse im Fokus der Ethnographie.

5.3 Ergebnisse im ethnographischen Fokus

Im Rahmen der Auswertung der Tagesprotokolle im Sommersemester 2005 und im Wintersemester 2005/2006 entstanden unterschiedliche Kategoriensysteme, die mit Verweisen auf die entsprechenden Textstellen belegt wurden. Als Zwischenstufe zur endgültigen Auswertung existierte eine Reihe von Tabellen zu den einzelnen Protokollen, die jeweils für ein Protokoll die den Auswertern wesentlich erscheinenden Textteile zusammenfassten und mit Hinweisen auf die zugehörigen Fundstellen versehen wurden. Diese Zwischenergebnisse waren in hohem Maß von der Qualität der einbezogenen Texte, aber auch vom jeweiligen Auswerter geprägt. Ihr Nachteil bestand aber vor allem darin, dass Zitate aus dem Text nur ziemlich umständlich mit den Generalisierungen in den Tabellen verbunden werden konnten: Dazu mussten in den Auswertungstabellen die aus aktueller Sicht wesentlichen Zusammenfassungen identifiziert werden, um danach im jeweiligen Protokoll den entsprechenden Textauszug vorzunehmen. Hinzu kam, dass in fast allen Fällen das Abstraktionsniveau der Generalisierungen in den Tabellen zu hoch war, um eine angemessene Beschreibung der Lebenswelt des Seniorenzentrums C-burg zu ermöglichen.

Daher erschien eine nochmalige Auswertung der Texte im ethnographischen Fokus geboten, welche die früheren Auswertungen nur am Rande zur Kenntnis nahm. Ausgangspunkt hierfür waren zunächst die im Sommersemester 2005 entstandenen Protokolle, im zweiten Schritt auch sämtliche Protokolle aus dem vorhergehenden Semester. Diese Texte wurden sequenziert, relevante Textteile als Zitat in eine Tabelle (Excel) kopiert, um damit Belege für die spätere Interpretation des Materials zu liefern. Protokollant und Datum der Beobachtung wurden nochmals in den beiden Nachbarzellen ausgewiesen. Anschließend wurde die Sequenzthematik bestimmt und in der den Informationen rechts benachbarte Tabellenzelle festgehalten. Schließlich wurde ein vorläufiges Kategoriensystem entwickelt, das im Vergleich mit dem oben angegebenen erheblich vereinfacht worden war. Die Bezeichnung für die entsprechende Kategorie wurde neben Zitat und Sequenzthematik usw. in der wiederum benachbarten Tabellenzelle abgelegt. Dieser Tabellenaufbau sollte dazu dienen, sowohl nach Kategorie, wie auch nach Datum der Beobachtung, nach Autor usw. sortieren zu können. Anhand solch unterschiedlicher Sortierungen der Text-Sequenzen wurde mehrerlei überprüft: Zum Einen die möglicherweise einseitige Wahrnehmung des jeweiligen Protokollanten, indem datumsbezogen Beobachtungen, soweit vergleichbar, aufeinander bezogen wurden. Weiterhin sollten individuelle Beobachtungen zu Heimbewohnern verglichen, aber auch Abläufe dargestellt werden. Letztlich wurden damit natürlich auch die Kategorien überarbeitet und mit Zitaten „bedient". Neben den aus dem Material abgeleiteten Kategorien wurden zur besseren Strukturierung der Textteile Meta-Kategorien gebildet, die weniger aus dem Material als eher theoriegeleitet formuliert wurden.

Bei einer theoriegeleiteten Konstruktion solcher Meta-Kategorien würde es nahe liegen, sich auf in der Pflegewissenschaft bewährte Konzepte zu beziehen, wie etwa die „Aktivitäten und existenziellen Erfahrungen des täglichen Lebens" nach Krohwinkel. Darauf wurde jedoch bewusst verzichtet, wenn auch an einigen Stellen Überschneidungen und Entsprechungen vorkommen. Der Grund dafür ist einfach: Es ist hier nicht beabsichtigt, sich der Logik und der Theorie der Pflegeberufe und erst recht nicht der medizinischen Sichtweise zu verpflichten. Beides sind Formen der Betrachtung von Individuen, die für soziale Systemen zu unterkomplex und zu festgelegt erscheinen. Die Auswertungen im ethnographischen Fokus sehen sich dagegen in einer Tradition, die Fragen stellt.

Zur Auswertung wird der Heimalltag, wie er sich fremden BeobachterInnen darstellt, anhand von deren Textzeugnissen wiedergegeben und interpretiert. Dazu wird zunächst auf „Sozialräume" abgestellt. Sozialräume werden in der sozialökologischen Tradition verstanden als funktional und strukturell differenzierte Teilgebiete eines Gemeinwesens. Die Beobachtungen im Gemeinwesen Seniorenzentrum werden daher zunächst in Meta-Kategorien entlang der baulichen und der damit verbundenen sozialen Differenzierung des Hauses formuliert. Unterhalb der jeweiligen Meta-Kategorie finden sich dann Kategorien, die auf thematisch gebündelte Aspekte des Lebens im entsprechenden „Lebensraum" des Hauses abstellen.

Im Folgenden werden die entsprechenden Zitate kategorienweise vorgestellt und dabei im ersten Ansatz interpretiert. Eine Interpretation schon an dieser Stelle, zusammen mit den jeweiligen Fundstellen, erscheint sinnvoll, weil bereits der Auswahl der Textteile interpretative Setzungen notwendig vorangegangen waren und hier transparent gemacht werden sollen. Die eigentliche und „globale" Interpretation der Ergebnisse für die gesamte Untersuchung wird demgegenüber eher zusammenfassend vorgehen und die interpretativen Bemühungen in diesem und anderen Abschnitten auf höherem Abstraktionsniveau bündeln. Folgende Meta-Kategorien bilden die Grundlage für die nachfolgenden Schritte:

a. Essbereiche und Flure
b. Veranstaltungsräume und Veranstaltungen
c. das Café, öffentliche Räume und Flächen
d. die Zimmer der BewohnerInnen
e. die Welt „draußen"
f. Forschungsfolgen

Die letzte Meta-Kategorie ist also nicht sozialräumlich orientiert, sondern beschäftigt sich mit dem, was Forschung im Feld, also unter BewohnerInnen, Mitarbeitern und bei den Forschenden selbst auslöst. Hierzu gehören Beobachtungen, die weitgehend unabhängig von der Räumlichkeit unter den hier zentralen Fragestellungen subsumierbar sind. Hierher gehören aber auch solche Beobachtungen, die mit den Beziehungsaspekten zu den Forschenden verbunden sind.

Unterhalb der fünf Meta-Kategorien ergeben sich insgesamt zwölf Kategorien, die zur Beschreibung der Lebenswelt CQJ-Seniorenzentrum C-burg ausreichend erschienen. Im Gegensatz zu der Entwicklung des kategorialen Systems im biographischen Fokus weiter unten wird an dieser Stelle auf dessen Entwicklung aus den jeweiligen Protokollen verzichtet, insbesondere auch deshalb, weil der Prozess innerhalb der verschiedenen Diskurse im angemessenen Umfang kaum darzustellen wäre. Stattdessen werden nachfolgend die einzelnen Kategorien anhand ihrer Ausprägungen vorgestellt und diskutiert.

Bei dieser Form der Ergebnispräsentation werden auch einige der später im biographischen Fokus vorgestellten Interviewten als Akteure im Feld beschrieben. Hinsichtlich einer Ergänzung dieses Abschnitts der Forschungsergebnisse mit den nachfolgenden Darstellungen werden hier bei umfangreicher Materiallage vor allem solche Protokollsequenzen verwendet, bei denen auch die Interviewten eine Rolle spielen. Vor dem Ziel dichter Beschreibungen soll dies dazu beitragen, die Selbstdarstellungen der Befragten im Interview mit ihrem Alltagshandeln vergleichen zu können. Vielleicht hilft die Konzentration auf nicht allzu viele Beteiligte dem Leser auch dabei, den Überblick in einem komplexen sozialen System zu behalten.

Doch zunächst soll der Begriff der Kategorie selbst geklärt und gegenüber ähnlichen Bezeichnungen abgegrenzt werden[44]: Kategorie bedeutet in der Philosophie die Bezeichnung für eine allgemeine Bestimmung des Wirklichen mit Hilfe eines Begriffs. Die erste Kategorienlehre wurde von Aristoteles aufgestellt, der zehn Kategorien unterschied, um einen Gegenstand nach allen Hinsichten des Seins zu bestimmen: Substanz, Quantität, Qualität, Relation, Ort, Zeit, Tun, Leiden, Haltung (Sich-Verhalten) und Lage (Sich-Befinden) (vgl. Brockhaus 1998: Bd. 7, S. 268 f.).

Strauss und Corbin unterscheiden zwischen Kategorien und Konzepten. Konzepte sind dabei „Konzeptuelle Bezeichnungen oder Etiketten, die einzelnen Ereignissen, Vorkommnissen oder anderen Beispiele für Phänomene zugeordnete werden" (Strauss und Corbin 1996: S.43). Konzepte sind demnach der Niederschlag eines „Phänomens". Kategorien dagegen sind in diesem Verständnis Klassen oder Klassifikationen von Konzepten: „Diese Klassifikation wird er-

---

[44] Bei den Beteiligten im Seminar zeigte sich nämlich, dass die Begriffe "Kategorie", "Dimension", "Konzept" und "Ausprägung" große Unschärfen zueinander aufwiesen.

stellt, wenn Konzepte miteinander verglichen werden und sich offenbar auf ein ähnliches Phänomen beziehen. So werden die Konzepte unter einem Konzept höherer Ordnung zusammengruppiert – ein abstrakteres Konzept, genannt Kategorie" (Strauss und Corbin 1996: S.43). Kategorien unterscheiden sich durch ihre Eigenschaften im Sinne von diesen zugehörigen Attributen und Charakteristika. Dimension dagegen bedeutet dann die Anordnung solcher Eigenschaften auf einem Kontinuum (vgl. Strauss und Corbin 1996: S.43).

Vom Begriff der Dimension wird der Begriff der Kategorie zudem üblicherweise dadurch unterschieden, als dass Dimensionen (zumindest im quantitativen Bereich) als orthogonal zueinander verstanden werden (im Sinne einer Korrelation gleich Null oder einer grafischen Darstellung der Achsen im Winkel von 90[0]), Kategorien dagegen nicht unabhängig voneinander sein müssen.

Wenn jedenfalls im Folgenden von Kategorien gesprochen wird, dann sind Bezeichnungen für zusammengehörige Sachverhalte gemeint, die allenthalben unterschiedliche „Werte", also Ausprägungen (im Hinblick auf eine quantitative Form der Betrachtung könnte man sagen: der entsprechenden Variable) oder, im Sinne von Strauss, Konzepte unter einem Oberbegriff repräsentieren. Wenn hier dagegen von Dimensionen gesprochen wird, dann sind tatsächlich voneinander unabhängige Größen gemeint.

5.3.1 Ergebnisse in der sozialräumlichen Meta-Kategorie a): Essbereiche und Flure

Die Essbereiche und Flure waren die Räume im Heim, in denen die Feldbeobachter zu allererst mit den BewohnerInnen und dem Personal des Hauses konfrontiert waren. Hier wurden von den Studierenden Formen von Angeboten erprobt, hier stellten sich für sie erste Begegnungen mit den BewohnerInnen ein und erfolgten die ersten Aushandlungen von Hilfen mit BewohnerInnen und den Mitarbeitern des Hauses. Unter dieser Meta-Kategorie finden sich die Kategorien

- Gegenseitige Unterstützung
- Konflikte und Streit der BewohnerInnen, abwertende Äußerungen
- Umgang der MitarbeiterInnen der Pflege und Hauswirtschaft mit BewohnerInnen, Aushandlung von Hilfen
- Mahlzeiten
- Desorientierung
- Die Angehörigen

Die erste der sozialräumlichen Meta-Kategorien repräsentiert den halb-öffentlichen Teil des Hauses. Hier begegnen sich im Wesentlichen immer die gleichen Akteure, sowohl auf Seiten der BewohnerInnen und Angehörigen (von gelegentlichen Umzügen, i.d.R. in Folge von frei gewordenen Einzelzimmern, einmal abgesehen), aber auch beim Personal, das ebenfalls weitgehend nicht nur wohnbereichs- sondern sogar flurgebunden zum Einsatz kommt. Die Mahlzeiten der Bewohner bilden bei der „Flurbindung" der Mitarbeiter eine gewisse Aus-nahme, weil sich hierbei der Hilfebedarf der BewohnerInnen sehr unterschiedlich gestaltet und personelle Ressourcen bedarfsgerecht zum Einsatz kommen müs-sen.

5.3.1.1 Gegenseitige Unterstützung

Die Feldbeobachter berichten immer wieder von Beobachtungen, aus denen sie auf Verständnis und Unterstützung der BewohnerInnen untereinander schließen. Oft sind solche Beschreibungen räumlich in den Essbereichen und den Sitzecken der Flure zu verorten. Dabei zeigen sich Äußerungen von Zuneigung, aber auch tröstende und verständnisvolle Haltungen von BewohnerInnen, die auch das soziale Klima in diesen Räumen mitgestalten. Hier begegnet uns zunächst Frau Reim und Frau Mörsch, beide Teilnehmerinnen an den Interviews, und wir ler-nen die missgestaltete und verwirrte Frau Ballweg (5,2 bei der räumlichen, 6,0 bei der situativen Orientierung) und die ebenso verwirrte Frau Nickel (6,4 bei der räumlichen, 5,8 bei der situativen Orientierung) kennen, die im gleichen Flur wie Frau Reim wohnen.

> „Weil im Essbereich gerade gewischt wurde, wichen wir zu einer anderen Sitzgrup-pe aus. Auf dem dazugehörigen Sofa saß Frau Nickel, die gerade eine Zeitschrift las. Wir setzten uns zu ihr, Frau Scherer nahm sie in den Arm und Frau Reim begann zu singen, Frau Nickel stimmte mit ein. Insgesamt herrsche eine lockere Atmosphäre." (Dettmers, Susanne; TP vom 04.01.05: S. 1).

> „Dann kam Frau Reim aus ihrem gemeinsamen Zimmer und sagte, dass sie nun nach unten gehen würde. Sie frage Frau Mörsch ob sie mitkäme. Da Frau Mörsch aber nicht so mobil wie Frau Reim mit ihrem Rollstuhl ist, antwortete sie sie könne das nicht. Als wir ihr anboten sie nach unten zu bringen, freute sie sich sehr" (Dettmers, Susanne TP vom 04.01.05: S. 2).

Um Frau Ballweg kümmert sich ganz besonders Frau Scherer, der es gelegent-lich gelingt, Frau Ballweg aus ihren monotonen Leidensbekundungen herauszu-reißen.

„Beim Mittagessen beobachtete ich Frau Ballweg und Frau Scherer. Frau Ballweg, in sich zusammengesunken, erzählte, wie schlimm alles sei. Sie wolle tot sein. Sie sagte noch andere negative und deprimierende Dinge. Sie sprach niemanden direkt an. Frau Scherer redete freundlich auf sie ein, wollte ihr helfen und sagte entgegenkommend, sie solle doch nicht über solche schlimmen Dinge reden. Frau Scherer habe ich als eine sehr freundliche und höfliche Frau kennen gelernt. Es hat mich beeindruckt, dass sie einfach so auf Frau Ballweg zugegangen ist, um ihr zu helfen. Viele der Bewohner reagieren auf die dementen oder deprimierten Bewohner eher abweisend, zum Teil auch ein bisschen abfällig." (Hamann, Laura TP vom 03.02.05: S. 1).

„An diesem Morgen konnte ich beim Frühstück beobachten, wie Frau Scherer Frau Ballweg dazu brachte ihr Frühstück zu essen. Ich denke, dass Frau Scherer diese Aufgabe übernommen hat, hat für beide Beteiligten einen positiven Effekt." (Roth, Linda TP vom 03.02.05: S. 1).

Der Umgang mit Frau Ballweg zeigt Beispiele positiver Unterstützung auch für demenziell veränderte BewohnerInnen durch ihre Mitbewohner. Solches zeigt sich auch bei Frau Hub gegenüber Frau Obst oder bei Frau Bader, ebenfalls eine der Interviewten, in Bezug auf den hundertjährigen Herrn Sahner, ebenso bei Frau Wert:

„Nebenher fiel mir auf, dass sich Frau Hub rührend um Frau Obst kümmerte, die ihr Frühstück noch nicht gegessen hatte. Sie sprach ihr gut zu, damit sie noch was aß. Was schön zu beobachten war, dass viele der Bewohner angeregt in Unterhaltung traten." (Riemann, Alina TP vom 28.04.05: S. 1).
„Ich unterhalte mich mit Frau Bader und Herrn Sahner. Frau Bader ist begeistert darüber, wie fit Herr Sahner noch ist. Herr Sahner singt gerne Lieder. Er geht aber nicht zum Singen, da es ihm zu früh am Morgen ist. Er liest noch jeden Tag seine Zeitung und Bücher und lässt ab und zu einen flotten Spruch los. Frau Bader nennt ihn einen Filou." (Auerbach, Stefan TP vom 08.04.05: S. 1).

Auch in ihrer Orientierung erheblich eingeschränkte BewohnerInnen wie Frau Wert (RO 5,0; SO 5,8) scheinen sich in der Gesellschaft ihres Essbereichs wohl zu fühlen:

„Frau Wert lud uns ein, uns zu setzen, da die Plätze ihnen gegenüber frei waren. Frau Wert verstand zwar wieder fast nichts, wenn man etwas sagte, aber sie erzählte von sich aus. Unter anderem erwähnte sie, dass Frau Aschmann ihr allergrößter Schatz sei und ihre beste Freundin" (Hamann, Laura TP vom 17.02.05: S. 1).

Manchmal ist das Eingehen auf geistig eingeschränkte BewohnerInnen allerdings auch mit ein wenig Ironie verbunden, wie im Beispiel von Herrn Geiger, der Frau Hummel (5,6 bei der räumlichen, 5,3 bei der situativen Orientierung) mit ihrem Spielzeughund auf den Arm zu nehmen scheint, was dieser aber überhaupt nicht auffällt:

> „Herr Geiger war wie immer gut drauf. Diesmal sogar noch etwas besser gelaunt als sonst. Die drei anderen Bewohnerinnen, die auch im Essraum saßen, waren dagegen sehr still und sagten nichts. Frau Salm saß auf ihrem Rollstuhl Richtung Fenster und schlief. Es war sehr ruhig und es gab kein Wortwechsel, außer zwischen uns Studenten und Herrn Geiger. Dann kam die Bewohnerin mit ihrem Stoffhund und setzte sich an denselben Tisch an dem auch Geiger saß. Sie machte einen gutgelaunten Eindruck. Sie hatte bisher eigentlich immer einen zufriedenen freundlichen Gesichtsausdruck. Sie hat etwas Kindliches und redet auch so. Herr Geiger fragte sie wie es ihrem Hündchen denn gehe und ob sie schon mit ihm gassi war. Dies bejahte sie und sagte dass ihr Hund eine Sie sei." (Dvorak, Peter TP vom 03.02.05: S. 1).

Auch die selbstbewusste Frau Scherer braucht gelegentlich Zuspruch und findet ihn bei ihrer Tischnachbarin:

> „Während des Mittagessens hörte ich bei einem Gespräch am Nebentisch zu. Frau Scherer klagte darüber, dass alle immer denken würden ihr gehe es gut, obwohl sie auch ihre Beschwerden habe. Sie schien ziemlich mitgenommen und traurig darüber. Frau Reim bestärkte sie und sagte, dass sie noch nie jemanden gehört habe, der so geredet hätte und man sie doch verstehen würde. Ich finde es gut, dass sich manche Bewohner auch unterstützen und bestärken. Ich denke, dass das sehr wichtig ist." (Hamann, Laura TP vom 10.02.05: S. 1).

Auch unter den Männern werden freundschaftliche Kontakte gepflegt, mehrfach wird die Beziehung zwischen Herrn Linz und Herrn Schenkel erwähnt:

> „Heute Nachmittag haben wir uns nett mit Herrn Linz und Herrn Schenkel unterhalten. Herr Schenkel, wieder mal etwas verwirrt und witzig, erzählte so dies und das. Auch Herr Linz erzählte mehr als die Male davor. Herr Linz erzählte von seinem Schlaganfall und wie ungemütlich seine Prothese sei. Sie behindere ihn sehr beim Essen. Er ging auch immer wieder auf das ein, was Herr Schenkel sagte. Bei einem Witz von Herrn Schenkel musste Herr Linz richtig lachen. Es war ein schönes Beisammensein und es war toll zu sehen, wie sich die beiden verstehen und dass sie anscheinend die Gesellschaft genießen." (Hamann, Laura TP vom 17.02.05: S. 1).

Auch Herr Schenkel ist verwirrt, nach der Einschätzung seiner Pfleger ist er sogar an der Grenze zwischen mittlerer und schwerer Desorientierung angesiedelt (6,0 bei der räumlichen, 5,4 bei der situativen Orientierung). Dies hindert ihn jedoch offensichtlich nicht daran, Freundschaften im Wohnbereich zu pflegen.

„Ich finde es sehr schön zu beobachten, wie viele Freundschaften sich unter den Bewohnern geschlossen haben. Gerade Herr Schenkel und Herr Linz sind, so finde ich, das absolute Spitzenpaar. Herr Schenkel erzählt gerne und Herr Linz hört ihm so gerne dabei zu und freut sich darüber, dass Herr Schenkel sehr viel Wert auf seine Meinung legt." (Roth, Linda TP vom 17.02.05: S. 1).

Auch zur positiven Selbstdarstellung als „Dichter und Denker" ist Herr Schenkel durchaus noch in der Lage:

„Vor dem Mittagessen erlebte ich mit Linda eine schöne Situation. Wir saßen in einer der Esstischgruppen. Herr Schenkel kam und brachte ein Buch mit, in dem Gedichte, die er selbst geschrieben hatte, standen. Herr Linz saß an seinem Platz und Frau Ballweg, die wieder vor sich hinmurmelte, wie schrecklich alles sei, war auch da. Herr Schenkel blätterte in seinem Buch, las die Überschriften und sagte mehrere Gedichte auswendig auf. Es war eine sehr angenehme, friedliche Situation. Irgendwann war sogar Frau Ballweg ruhig und hörte zu. Herr Linz schenkte Herrn Schenkel ein Glas Wasser ein und hörte auch zu. Alle lauschten den Worten und niemand sagte etwas. Herr Schenkel schien stolz und zufrieden zu sein." (Hamann, Laura TP vom 10.02.05: S. 1).

Auch Frau Trend, Frau Menzel und Frau Hauk werden uns später bei den Biographien wieder begegnen. Vor allem bei Frau Trend zeigt sich soziales Engagement gegenüber der Mitbewohnerin:

„Frau Schön und Frau Hauk kommen gut miteinander aus, besprechen z.B. auch ob der Hefeteig des Kuchens gut gelungen ist und wie der Kuchen im Vergleich zum letzten schmeckt." (Perleth, Selmar TP vom 22.04.05: S. 1).
„Frau Trend möchte sich um Frau Menzel kümmern, ′die Arme hat so geweint.′ Sie ist der Auffassung, man müsse einwenig aufeinander aufpassen, man habe ja sonst keinen und das ist eine nette Frau" (Steinberg, Dana TP vom 09.05.05: S.2).

Nicht immer ist das Miteinander allerdings gegenüber Dritten ungebrochen freundlich, manchmal wird auch gelästert, sogar zusammen mit Praktikanten:

„Da es schon Zeit zum Mittagessen war, wollte ich Frau Hagel zu den Tischen bringen, aber im Gegensatz zu sonst wollte sie nicht und gesellte sich zu Frau Hub und Max, die auf der Couch im Flur saßen. Alle zusammen fingen an über andere Bewohner zu lästern." (Riemann, Alina TP vom 28.04.05: S. 2).

In dieser Kategorie wurden Beispiele zitiert, die eher positive Formen des Umgangs der BewohnerInnen untereinander belegen. Dass es auch anders zugehen kann, zeigt die nächste Kategorie.

5.3.1.2   Konflikte und Streit der BewohnerInnen, abwertende Äußerungen

In den Essbereichen werden von den Beobachtern Konflikte beschrieben, die zu
erheblichen Teilen auf die mangelnde Orientierung einzelner BewohnerInnen
zurückzuführen sind, wie im Umgang der übrigen BewohnerInnen mit Frau
Ballweg oder Frau Klotz:

> „Ich sitze vormittags mit Frau Reim und Frau Bangert im Essbereich und unterhalte
> mich mit ihnen. Plötzlich sagt Frau Reim: 'Da kommt die Sirene wieder! Die hört
> man schon vom Weiten!' und meinte damit Frau Ballweg. Und Frau Bangert sagte
> zu mir: 'Die kann einen schon ganz schön doll machen'" (Dettmers, Susanne TP
> vom 08.02.05: S. 1).

Auch Frau Bangert wird übrigens später noch ihre Lebensgeschichte präsentieren. Unsere Frau Scherer ist aber ebenfalls nicht immer verständnisvoll im Umgang mit Frau Ballweg, manchmal reicht es ihr. Vor allem wenn Frau Ballweg
wieder mal alle Regeln des zivilisierten Miteinanders ignoriert:

> „Ich beobachtete zunächst eine Auseinandersetzung von Frau Scherer und Frau
> Ballweg. Frau Scherer beschimpfte Frau Ballweg, weil sie mal wieder mit dem Ta-
> schentuch tief in ihrer Nase bohrte und ihr Gebiss auf dem Tisch säuberte. Frau
> Scherer sagte 'Früher habe ich sie immer in Schutz genommen, jetzt ist's endgültig
> vorbei!' „ (Purkert, Ilka TP vom 10.02.05: S. 1).

Gegenüber anderen, in der Einschätzung schon schwer desorientierten BewohnerInnen wie Frau Klotz (8,0 bei der räumlichen, 6,4 bei der situativen Orientierung) scheinen sich bei den Mitbewohnern Strategien herausgebildet zu haben,
mit der mangelnden Orientierung umzugehen; allerdings funktionieren die nicht
immer zuverlässig:

> „Die Sitzgruppe von Frau Wasser, Frau Hauk und Frau Schön fühlt sich häufig von
> den teilweise monotonen Erzählungen von Frau Klotz gestört (wiederholt ständig
> Sätze, die sie in letzter Zeit aufgeschnappt hat). Sie versuchen Sie zwar häufig zu ei-
> nem Gespräch anzuregen, um Abwechslung zu bekommen, jedoch gelingt das nicht
> immer." (Perleth, Selmar TP vom 20.04.05: S. 1).

Andere dokumentierte Feindseligkeiten mögen ihre Ursache in der „erzwungenen" Nähe der BewohnerInnen zueinander haben; sehr wohl kommen sicherlich
aber auch aktuelle Missstimmungen und „Giftigkeiten" einzelner hinzu, wie bei
der häufig verwirrten Frau Samt (6,5 bei der räumlichen, 6,5 bei der situativen
Orientierung) belegt ist. Mit Frau Vogel teilt sie sich zudem seit kurzem ein
Zimmer, für Frau Samt ist das aber „ihr" Zimmer, weil die andere Dame erst viel

später als sie selbst hier eingezogen ist. Zunächst reagiert aber die weitgehend orientierte Frau Vogel anscheinend „giftig":

> „Ich unterstütze Frau Samt beim Essen. Frau Vogel reagiert daraufhin mit bissigen Bemerkungen. Sie scheint neidisch zu sein. Beide Frauen zicken sich an." (Auerbach, Stefan TP vom 05.04.05: S. 1).

Aber Frau Samt kann auch trotz Demenz immer noch ganz gut „austeilen":

> „Frau Samt begrüßt mich mit den Worten: 'Wenn man an den Teufel denkt, dann steht er schon in der Tür'. Sie lässt auch noch bissige Kommentare gegenüber Frau Weber und Frau Kress los." (Auerbach, Stefan TP vom 08.04.05: S. 1).
> „Ich unterhalte mich mit Frau Weber, da wirft Frau Samt immer wieder die Kommentare ein: 'mich interessiert ihr Gespräch nicht. Gehen sie doch mal wo anders hin' „ (Auerbach, Stefan TP vom 08.04.05: S. 1).

Der nachfolgende Konflikt ist deshalb besonders interessant, weil beide Damen im Rollstuhl sitzen, die Beine auf den Fußstützen und wenig in der Lage sind, sich gegenseitig zu beeinträchtigen. Offensichtlich sind es eher alte, in die aktuelle Situation übertragene Muster bei Frau Samt, die sie zu ihrer Zurechtweisung gegenüber Frau Vogel veranlassen.

> „Frau Samt sagt zu Frau Vogel, sie möchte doch gefälligst ihre Füße unterm Tisch etwas zurücknehmen. Es würde sie stören (Frau Vogel und Frau Samt teilen sich ein Zimmer)." (Auerbach, Stefan TP vom 08.04.05: S. 1).

Oft sind auch unterschiedliche Vorstellungen zur Gestaltung der Umgebung der Grund für Spannungen wie bei Frau Otto und Herrn Moos (auch seine Lebensgeschichte findet sich bei den Biographien), etwa hinsichtlich offener oder geschlossener Fenster. In anderen Fällen ist der Anlass dagegen die Einschränkung einzelner BewohnerInnen, wie die Schwerhörigkeit von Frau Fond.

> „Herr Moos und Frau Otto saßen am Tisch und in ihrer Anwesenheit erzählte er, dass Frau Otto immer will, dass die Fenster zugemacht werden, aber heute waren den ganzen Tag drei Fenster auf und sie sagte nichts. Frau Otto hat ihn dafür, dass er das erzählte mit einem sehr 'bösen' Blick gestraft." (Otto, Christine TP vom 12.04.05: S. 2).

> „Beim Mittag hat sich Frau Hagel über Frau Fond aufgeregt, da sie in ihren Augen schreit (Frau Fond ist blind und sehr schwerhörig, beim essen muss man sie laut anreden und bei jedem Bissen gibt sie recht laut Feedback)" (Otto, Christine TP vom 12.04.05: S. 1).

Auch die Hilfsbereitschaft von Herrn Hanke, wieder einer der Interviewten und Vorsitzender des Heimbeirats, gerät nicht immer uneingeschränkt freundlich:

> „Nach dem Mittagessen habe ich noch beim Abräumen der Tische geholfen. Als ich in Flur zwei ankommen bin ist Herr Hanke schon dabei, die Teller abzuräumen und abzuspülen. Er verbreitet eine Unruhe. Ich spreche ihn darauf an, dass noch Bewohner essen würden. Es meint nur, dass sie lange genug Zeit zum essen gehabt hätten und sie würden ihm zu langsam essen." (Auerbach, Stefan TP vom 04.04.05: S. 1).

Die Konflikte in den Essbereichen erscheinen als Ausdruck der dortigen Zwangsgemeinschaft, die sich für jeweils vier der zwölf BewohnerInnen hier nochmals verschärft darstellt, weil so viele jeweils noch in den beiden Doppelzimmern des betreffenden Flurs leben. Gleichzeitig sind diese BewohnerInnen auch diejenigen, die relativ neu im Heim untergebracht sind und sich oft ihren Platz in der Tischgemeinschaft noch beweisen oder gar erkämpfen müssen. Einschränkungen in der Wahrnehmung bzw. auch in der Orientierung erschweren die Integration zusätzlich, wie bei Frau Ballweg und Frau Fond belegt ist.

5.3.1.3 Pflege-MitarbeiterInnen und BewohnerInnen, Aushandlungen von Hilfe

In den Essbereichen werden auch die meisten Beobachtungen zum Umgang zwischen Pflegepersonal und BewohnerInnen beschrieben. Meist sind sie indirekter Ausdruck von Hilfeformen und deren Ausgestaltung, zu denen die Feldbeobachter keinen direkten Zugang hatten, wie beispielsweise Waschen und Ankleiden der BewohnerInnen oder Hilfen bei Toilettengängen. Zunächst einige Protokollauszüge, die sich positiv zum Personal und seinem Verhalten gegenüber den BewohnerInnen äußern:

> „In meinen Beobachtungen ist mir aufgefallen, dass viele der Bewohner sehr dankbar für jede Art der Kommunikation, körperlich oder psychisch, sind. Ich finde dass im Seniorenzentrum genau das ein großer Schwerpunkt ist. Das Pflegepersonal ist in dieser Hinsicht sehr kompetent und bietet ihnen somit Halt und Geborgenheit." (Riemann, Alina TP vom 03.01.05: S. 2).

> „Das Pflegepersonal ist mir gegenüber sehr aufgeschlossen und freundlich, trotz Stress." (Otto, Christine TP vom 04.04.05: S. 1).

> „Das Pflegepersonal habe ich als sehr freundlich und hilfsbereit erlebt." (Komar, Agnieszka TP vom 03.05.05: S. 2).

Manche Äußerungen der BewohnerInnen erscheinen durchaus ungewöhnlich und unerwartet im Zusammenhang mit der Bereitstellung von persönlichen Hilfen, wie bei Frau Reim:

> „Frau Reim und Frau Scherer erzählten uns vom Seniorenzentrum, wobei Frau Reim wörtlich sagte: 'Ich fühle mich wie in Kur. Ich brauche nichts zu machen' (Anmerkung: Ihr schien das zu gefallen)" (Dettmers, Susanne TP vom 04.01.05: S. 1).

Bei manchen Beobachtern stellt sich bereits nach wenigen Tagen die Frage, ob die positiv wahrgenommene Hilfekultur möglicherweise von bevorstehenden Einsparungen bedroht sein könnte:

> „Hier habe ich bisher ausschließlich sehr nette und engagierte MitarbeiterInnen erlebt, die einen liebevollen Umgang mit den alten Damen und Herren pflegen. Mir kam jedoch zu Ohren, dass ab Februar fünf Leute gehen (müssen?), was in mir die Frage weckt, ob es nicht auch hier einen Mangel an Personal gibt." (Purkert, Ilka TP vom 13.01.05: S. 3).

Andere Studierende denken in ihren Schriftzeugnissen über die praktizierte Form und die Kultur des Helfens nach, aber auch über die Schattenseiten des Lebens in einer Einrichtung der stationären Altenpflege:

> „Man muss den Bewohnern klar machen, dass die auch im Alter noch etwas wert sind. Da reicht auch eine respektvolle Begrüßung. Vieles erhalten sie im C-burger Altersheim und es wird versucht alles zu machen, um ihnen das Leben noch lebenswert zu machen." (Riemann, Alina TP vom 03.02.05: S. 2).

> „Interpretation: Wahrscheinlich haben die Bewohner/innen im Seniorenzentrum C-burg immer noch das große Los gezogen im Gegensatz zu anderen Menschen in anderen Altenpflegeheimen. Dennoch ist es teilweise erschütternd, wie traurig und resigniert die Menschen dort sind." (Hafner, Sophie TP vom 01.02.05: S. 3).

Häufig wird jedoch in den Protokollen beschrieben, wie wenig Zeit die MitarbeiterInnen des Hauses für die einzelnen BewohnerInnen aufbringen können und wie sehr Stress und Hektik ihren Alltag bestimmen.

> „Die Schwestern flitzen von einem zum anderen, wenn sie eine freie Minute haben kommen sie mit lieben oder aufmunternden Worten zum Tisch und, die Situation schnell eingeschätzt, füttern oder geben den Damen etwas zum trinken." (Kornejeva, Oksana TP vom 21.04.05: S. 1).

Offensichtlich bemühen sich die Beobachter auch darum, Motive des Pflegepersonals im Umgang mit BewohnerInnen zu verstehen und alternative Betrachtungsweisen gegeneinander abzuwägen, selbst wenn es um so hohe Werte wie
Selbstbestimmung geht wie bei Frau Hagel, die scheinbar zum Singen mitgehen
„musste":

> „Ich finde es sehr schade, dass das Pflegepersonal sehr wenig Zeit hat sich richtig
> und in Ruhe auf die Bewohner einzulassen. Am Beispiel von Frau Hagel sieht man,
> dass die Wünsche der Bewohner nicht immer akzeptiert werden, sondern oft über ih-
> ren Kopf hinweg entschieden wird. Gründe des Personals warum Frau Hagel zum
> Singen musste, könnte sein, dass Laufen ihren Kreislauf anregen und sich das Sin-
> gen positiv auf ihre Gemütsverfassung schlagen könnte." (Bunz, Simone TP vom
> 14.04.05: S. 2).

Die hohe Arbeitsbelastung gilt nicht nur für das Pflegepersonal, sondern gleichwohl für die MitarbeiterInnen der Hauswirtschaft:

> „Ich fragte gleich, ob ich etwas helfen kann, und so half ich zuerst das Frühstück
> auszuteilen, abräumen und sauber machen. Erst heute als ich dem Pflegepersonal ein
> wenig unter die Arme griff, merkte ich, wie viel Zeit und Kraft es kostet, drei Flure
> zu bedienen." (Kern, Moritz TP vom 18.04.05: S.1).

Moritz Kern merkt kurze Zeit später schon, worauf er sich wirklich eingelassen
hatte:

> „Ich war die ganze Zeit nur am rennen, und musste das schmutziges Geschirr nach
> unten bringen, sauberes wieder mit hoch nehmen, Tische abwischen usw. Bis wir
> mit allem fertig waren, war es ca. 10:30h und spätestens gegen 11:30h müssen die
> Tische wieder gedeckt sein für das Mittagessen. Mir ist vorher nie aufgefallen wie
> viel Arbeit das ist und das ist nur ein kleiner Teil der Arbeit, der über den ganzen
> Tag erledigt werden muss" (Kern, Moritz TP vom 18.04.05: S.1).

Der allgegenwärtige Stress des Personals scheint auch dazu zu führen, dass die
meiste Zeit der Pflegenden mit der Betreuung der Schwerpflegebedürftigen gebunden ist und ihnen für die Unterstützung der übrigen BewohnerInnen entsprechend wenig Zeit übrig bleibt. Zuwendung und Verständnis können so auf der
Strecke bleiben:

> „Ich habe heute verstärkt versucht, auf meine Eindrücke bezüglich der Beziehungen
> und des Verhaltens zwischen Pflegern und Bewohnern, sowie den Bewohnern un-
> tereinander zu achten. Ich muss jedoch sagen, dass ich das als sehr schwierig emp-
> finde. Die Pfleger sind manchmal sehr schwer anzusprechen, da sie sich hauptsäch-

lich im Zimmer der stark pflegebedürftigen Bewohner aufhalten und sonst sehr gestresst wirken, so dass man sich kaum traut, sie anzusprechen. Sie verbringen so gut wie keine Zeit mit den Bewohnern, die nicht ans Bett gebunden sind." (Komar, Agnieszka TP vom 31.05.05: S. 1).

Besonders in ihrer situativen Orientierung stark eingeschränkte BewohnerInnen wie Frau Keil (4,2 bei der räumlichen, 6,8 bei der situativen Orientierung) werden zwar pflegerisch versorgt, dann aber zwangsläufig allein gelassen. Am liebsten würde Frau Keil sich wieder in ihr Bett verkriechen, das widerspricht aber der aktivierenden Pflege und hätte auch andere Nachteile, z.b. Liegegeschwüre, aber auch noch weiter zunehmende Demenz:

„Auf dem anderen Flur saß Frau Keil. Sie stand mitten im Raum und schien mit ihrem Rollstuhl irgendwohin fahren zu wollen. Ich fragte sie, ob ich etwas für sie tun könne, worauf sie antwortete, sie wolle auf ihr Zimmer. Zu meiner Überraschung stellte ich dann fest, dass dieses abgeschlossen war. Nach einigem Suchen fand ich einen Pfleger und mir wurde mitgeteilt, dass Frau Keil noch nicht auf ihr Zimmer dürfe. Man gab mir keine weitere Erklärung und so blieb mir nichts anderes übrig als Frau Keil mitzuteilen, sie müsse noch auf dem Flur bleiben. Frau Keil schien sehr traurig darüber zu sein und wirkte sehr hilflos. Sie ist immer sehr allein in ihrem Rollstuhl und weiß wohl nicht so recht, was sie anfangen soll. Es wirkt auf mich wie 'hingesetzt und nicht mehr abgeholt'. Ich setzte mich eine Weile zu ihr, um ihr Gesellschaft zu leisten. Ich habe sie ans Fenster geschoben und so konnten wir einige Leute im Stadtpark und am Eingangsbereich des Altersheimes beobachten." (Neumann, Silke TP vom 20.01.05: S. 1).

Überlastung beim Personal kann tendenziell zur Vernachlässigung führen, wie bei Frau Kress, die ebenfalls interviewt wurde und deren Lebensgeschichte später vorgestellt wird:

„Mein erster Eindruck, dass es die Bewohner eigentlich ganz schön haben in diesem Altersheim ist nun doch sehr getrübt worden davon, dass sie sehr wenig Zuwendung bekommen. Der Vorfall mit Frau Keil, die nicht auf ihr Zimmer darf und dann stundenlang einfach nur rumsitzen muss, hat mich traurig gemacht. Auch der Vorfall beim Mittagessen mit Frau Kress hat mich nachdenklich gestimmt. Die Bewohner bekommen das Essen vorgesetzt und dann wird sich einfach nicht mehr gekümmert. Wie kann man Frau Keil eine Banane hinlegen, die sie ja auch gerne essen möchte, wenn man genau weiß, dass sie gar keine Möglichkeit hat sie zu essen, außer man bereitet sie ihr vor. Das ist wirklich nicht sehr weitsichtig vom Personal. Ich möchte anmerken, dass das Personal sehr nett ist, es ist nur traurig, dass sie nicht die Zeit haben sich ausreichend zu kümmern." (Neumann, Silke TP vom 20.01.05: S. 2).

Auch die Konsequenzen aus dem Konzept der Aktivierenden Pflege sind den BewohnerInnen nicht immer einsichtig:

> „Frau Trend: Außerdem beschwerte sie sich, dass die Pflegerinnen nie Zeit haben und oft sagen: 'Kannst du ja selbst machen!' „ (Chilas, Irini TP vom 11.01.05: S. 3).

Auch Herr Moos, Mitglied des Heimbeirats, ist nicht immer zufrieden und denkt gelegentlich nach Konflikten mit dem Personal über Alternativen zur aktuellen Lebensform nach:

> „Später am Morgen führte ich mit Hr. Moos noch ein längeres Gespräch. Er wirkte gut gelaunt und blieb die meiste Zeit in der Gegenwart. Hr. Moos erzählte, dass die Pflegekräfte viel Selbständigkeit von ihm fordern würden. So müsste er sich nach dem Duschen seine Socken und Unterwäsche selbst holen, was er nicht gut findet. Er betonte, dass wenn man es ihm hier nicht passend machen würde, er ja immer noch zu seiner Schwester ziehen könne. Aber eigentlich sei er zufrieden" (Bunz, Simone TP vom 20.01.05: S. 1).

> „Herr Moos: Er hatte sich beschwert, weil letzte Nacht keine Schwester auf sein klingeln reagierte. Die 'Pinkeltülle' war voll und er musste viermal nachts auf die Toilette gehen. Er hat nicht vor, es zu melden oder beim Beiratstreffen vorzubringen." (Dvorak, Peter TP vom 14.04.05: S. 1).

In den Äußerungen von Herrn Moos zeigt sich aber auch, dass zumindest einige BewohnerInnen durchaus die Möglichkeit sehen, sich gegen tatsächliche oder vermeintliche Missstände mit Aussicht auf Erfolg zur Wehr zu setzen.

Die Arbeitsüberlastung der MitarbeiterInnen des Hauses scheint dazu zu führen, dass diese sich hauptsächlich auf die eigentliche Pflege, also die Grund- und Behandlungspflege konzentrieren müssen. Für annehmende Begleitung der BewohnerInnen im Alltag, für zusätzliche Hilfestellungen und Gespräche, gar für Vorlese- oder Gesprächsrunden bleibt im Alltag keine Zeit. Dabei kann auch die Freundlichkeit abhanden kommen:

> „Der Eindruck an diesen Tag vom Seniorenzentrum war wie immer zwei geteilt. Auf der einen Seite kann man verstehen, dass Pfleger sehr viel gleichzeitig zu tun haben und sich nicht um Einzelne kümmern können, andererseits drängt sich mir die Frage auf, ob man nicht allgemein mehr Freude an den Tag legen kann gegenüber den Bewohnern." (Komar, Agnieszka TP vom 31.05.05: S. 1).

Bewohner wie Herr Moos, die sich zu ihren Wünschen noch äußern und sich im Zweifel auch mit ihrer Kritik an höhere Instanzen wenden können, sind eindeutig im Vorteil gegenüber den dementen BewohnerInnen.

„Herr Moos sitzt an seinem Platz. Er beschwert sich über das Personal, weil sie sich so wenig kümmern würden. Musste eine und eine dreiviertel Stunde warten, bis er seine Gummistrümpfe endlich von einem Praktikanten angezogen bekam, den er 'angelernt' hatte. Er beschwert sich auch beim Personal darüber und setzt sich für Frau Peil ein, die nach einer Schwester verlangt, aber keine kommt. Herr Moos beschwert sich für sie." (Vierling, Christian TP vom 12.05.05: S. 1).

Viel schwerer als Herr Moos haben es bei der Aushandlung von Hilfen die weitgehend desorientierten Frau Heller und Frau Regen. Frau Heller gerät zudem in Konflikt mit der Mitarbeiterin vom externen Putzdienst, für die ihre Zeiteinteilung wichtiger ist als das Bedürfnis der Frau Heller, ihre Toilette aufzusuchen. Für die ein wenig verwirrte Frau Heller (3,4 bei der räumlichen, 2,8 bei der situativen Orientierung)[45] sind die Konsequenzen eine Katastrophe:

„Später traf ich Frau Heller auf dem Flur an die Wand gelehnt und sie sagte mir sehr leise, dass sie auf die Toilette wollte, aber die Putzfrau sie nicht gelassen hätte und sie sich dadurch eingenässt hätte. Ich hab die Putzfrau darauf angesprochen und diese meinte, dass sie es nicht ändern könne und weitermachen müsse. Sie hätte wenigstens eine Ausweichmöglichkeit geben können, wie die Besuchertoilette. Frau Heller hat sich sehr geschämt. Das Pflegepersonal war darüber auch sehr erbost." (Otto, Christine TP vom 14.04.05: S. 1).

Andere BewohnerInnen kommen mit der Technik des Hilfeersuchens, dem Klingelknopf, nicht zurecht. Wieder geht es bezeichnenderweise um einen Toilettengang:

„Frau Regen war erzürnt darüber, dass sie so lange allein gelassen wurde. Sie wollte offensichtlich nicht so lange schlafen bzw. in ihrem Bett liegen. Sie musste dringend auf die Toilette und wusste offensichtlich nicht, wo sie die Klingel drücken muss, damit jemand vom Pflegepersonal kommt." (Purkert, Ilka TP vom 21.04.05: S. 2).

Auch bei der verwirrten Frau Volz ist der Toilettengang offensichtlich ein Dauerthema:

„Ich gehe mit ihr in WB1 und frage dort, ob ich mich mit ihr ein bisschen raussetzen kann. Ja, aber ich soll lieber den Rollstuhl nehmen. MA[46] kommt, zieht ihr die Jacke an und drückt sie in den Rollstuhl. MA scheint ziemlich unter Stress zu stehen, da er

---

[45] Im folgenden Text wird dies abgekürzt dargestellt: (RO für die räumliche, SO für die situative Orientierung)
[46] Im folgenden Text, vor allem in den Protokollen im ethnographischen Teil, werden die Begriffe MitarbeiterIn und MitarbeiterInnen gelegentlich wie hier mit MA abgekürzt.

sehr entnervt reagiert, wenn Frau Volz zum Beispiel sagt, sie müsse erst mal auf
Toilette." (Nußeck, Diana TP vom 30.05.05: S. 1).

Auch die Festlegung der Zuständigkeit für einzelne Hilfeleistungen bereitet im
Alltag gelegentlich Probleme, führt sogar im Extremfall zur Vernachlässigung,
wie bei Frau Krämer:

> „Frau Krämer nach dem Frühstück sagte zu mir, dass sie auf die Toilette muss. Ich
> bin ins Pflegerzimmer gegangen und sagte Bescheid. Danach bin ich mit Frau Krebs
> spazieren gegangen. Als wir nach einen Stunde zurückkamen und Frau Krämer sagte
> zu mir wieder, dass sie auf die Toilette muss, habe ich dann schnell jemand gesucht.
> Wenn ich schon eine Pflegerin fand und um Hilfe bat, sie sagte zu mir, dass sie das-
> vorher gehört hat aber dachte, dass jemand anderer schon mit Frau Krämer auf die
> Toilette war. Das war für mich sehr peinlich, Frau Krämer musste eine Stunde war-
> ten. Zusammen mit der Pflegerin haben wir Frau Krämer geholfen." (Komar, Ag-
> nieszka TP vom 31.05.05: S. 1).

Andere BewohnerInnen mit leichter Demenz werden mit ihren Anliegen offensichtlich auf Seiten des Pflegepersonals nicht ganz ernst genommen, wie Frau
Kolb.

> „Während des Mittagessens habe ich auch Frau Kolb gesehen. Ich möchte hier etwas
> näher auf die Situation eingehen, da mich das Verhalten der Pfleger doch etwas ver-
> ärgert hat. Frau Kolb sah äußerst schlecht aus. Ihre Haut war stark gerötet und tro-
> cken. Ihre Augen waren rot unterlaufen und sie klagte über Schmerzen. Sie forderte
> mich nach ihrem Mittagessen auf, einen Pfleger zu holen, der ihr Augentropfen ge-
> ben könne. Man teilte mir im Pflegerzimmer jedoch nur mit, Frau Kolb hätte ihre
> Tropfen am Morgen schon bekommen und habe es nur wieder mal vergessen. Als
> ich Frau Kolb sagte, dass sie jetzt noch keine Tropfen bekäme, nur morgens und a-
> bends, war sie sehr verärgert. Sie hätte starke Schmerzen und wolle nur, dass das
> Brennen gelindert wird." (Neumann, Silke TP vom 03.02.05: S. 1).

> „Frau Kolb: Später habe ich dann gesehen, wie sie selbst in das Zimmer der Pfleger
> ging, doch man schickte sie wohl wieder fort. Sie tat mir sehr leid, da es ihr offen-
> sichtlich nicht gut ging, doch sich keiner wirklich kümmerte. Etwa eine halbe Stun-
> de später sah ich, wie sie erneut ins Pfleger-Zimmer ging. 3 Pfleger kamen dann
> heraus mit ihr und einer sagte, er wisse auch nicht was man tun könne. Man sollte
> vielleicht die Schwiegertochter anrufen, dass sie sie zum Augenarzt bringt. Eine
> Pflegerin war erschrocken über ihre Hautrötung und meinte, sie hätte möglicherwei-
> se eine Allergie. Sie stellte dann fest, dass die Rötung selbst auf den Oberkörper
> ausgedehnt war. Mich hat das alles sehr geärgert, da man Frau Kolb zunächst über-
> haupt nicht ernst nahm und sie erst selbst mehrfach hingehen musste, bis man sie
> überhaupt mal anhört und sie näher betrachtet" (Neumann, Silke TP vom 03.02.05:
> S. 1).

Außerhalb der Mahlzeiten sind die Pflegekräfte verstärkt in den Zimmern der an ihr Bett gebundenen, meist schwerpflegebedürftigen BewohnerInnen zu finden, die mobilen BewohnerInnen sind im Haus oder in der Umgebung unterwegs. Auf den Gängen und im Essbereich dominiert oft genug die Langeweile: Hier finden sich meist diejenigen, die zwar nicht bettlägerig, aber auch nicht wirklich mobil sind.

„Es war ein sehr verregneter Vormittag. Die Bewohner saßen zum Teil an den Tischen oder an den Fenstern der Essensbereiche und haben nach draußen geschaut oder sind zum Teil in ihren Rollstühlen eingeschlafen." (Nußeck, Diana TP vom 04.05.05: S. 1).

„Der Nachmittag gestaltete sich aufgrund der großen Hitze sehr ruhig. Es war zu heiß um mit einem Bewohner nach draußen zu gehen, aber auch im Gebäude machte sich eine schläfrige Stimmung breit. Nach dem Mittagessen war eigentlich kein Bewohner mehr auf dem Gang, alle schliefen im Bett oder dösten in ihren Stühlen vor sich hin." (Perleth, Selmar TP vom 27.04.05: S. 1).

„Frau Kolb kommt. Sie fragt welches Datum ist, der 13.? Nein, der 14. April. Sie und die neue Bewohnerin kommen überein, dass das hier (im Seniorenzentrum) auch egal ist, es ist ja eh ein Tag wie der andere." (Nußeck, Diana TP vom 14.04.05: S. 2)

Einige Feldbeobachter versuchen, BewohnerInnen zu ermutigen, ihre Wünsche, Vorstellungen und Bedürfnisse mitzuteilen, statt traurig „in der Ecke zu sitzen", wie gegenüber Frau Hauk belegt ist:

„Frau Hauk verbrachte während meiner Anwesenheit die Zeit zwischen Frühstück und Mittagessen sonst traurig und alleine, da sie von sich aus nie eine Unterhaltung anfing. Ich versuchte sie zu ermutigen, jemanden anzusprechen, wenn sie gerne einen Spaziergang machen möchte und versprach ihr, dass wir das nächsten Donnerstag wiederholen werden." (Purkert, Ilka TP vom 03.02.05: S. 1).

Auch das abendliche Zubettgehen gehorcht der knappen personellen Ausstattung der Einrichtung: Bis der Nachtdienst kommt, der regelmäßig nur mit zwei, höchstens mit drei Pflegekräften besetzt ist, müssen die BewohnerInnen mit entsprechendem Hilfebedarf im Bett sein:

„Frau Hauk beschreibt den Abendablauf, d.h. wie es genau abläuft, wenn wir alle schon weg sind. „ Um sechs haben wir Abendessen, dann dauert es nicht mehr lang denn so um sieben werden wir schon ins Zimmer geschoben. Es dauert dann meistens noch ein bisschen, bis sie alle hingelegt haben. Wenn man Glück hat ist man der Letzte, der ins Bett gehoben wird, dass ist aber auch meist spätestens halb acht,

acht. Da kann ja noch kein Mensch schlafen. Ich guck dann immer bis zwölf Uhr
Fernseher danach gibt es ja nichts Anständiges mehr. Dann versuch ich zu schlafen,
aber das geht immer erst ab zwei. Dann wird man meistens schon um sieben morgens wieder geweckt, ist nichts mit schlafen und so." (Steinberg, Dana TP vom
18.04.05: S.1)

Zusammenfassend bleibt festzuhalten, dass die Beziehungen zwischen BewohnerInnen und Personal in hohem Maß dem Diktat der knappen Zeit bei den Pflegenden unterliegen. Dadurch geht oftmals die gebotene Individualität der Hilfen
verloren, weil der Zeitplan im Pflegebetrieb eingehalten werden muss. „Sonder-
wünsche" von BewohnerInnen werden dabei leicht als Zumutung empfunden,
die eingehende Beobachtung von BewohnerInnen in ihrer wechselnden jeweiligen Befindlichkeit wird nicht immer hinreichend vorgenommen. Gerade im
Kontrast zur Geschäftigkeit der Pflegenden wirkt die gelegentliche Langeweile
und Tristesse in den Essbereichen besonders bedrückend.

5.3.1.4 Mahlzeiten

Die Mahlzeiten sind die Taktgeber im Heim, dem Rhythmus der Speisen und
Getränke folgt der gesamte Heimbetrieb. Naturgemäß ist die Auseinandersetzung
mit der Qualität der dargebotenen Gerichte eins der zentralen Themen bei Tisch.
Spargel und manche Süßspeisen bilden Höhepunkte im Speiseplan.

„Beim Mittagessen habe ich Frau Hauk geholfen. Alle waren begeistert, dass es
Spargel mit Kartoffeln gab. Frau Kiebitz habe ich auch beim Aufessen geholfen.
Frau Klotz hat heute freiwillig sehr viel Saft getrunken." (Purkert, Ilka TP vom
02.06.05: S. 2).

„Alle Damen haben sich über den Quarkkuchen gefreut (er sah auch ganz lecker
aus)." (Kornejeva, Oksana TP vom 21.04.05: S. 4).

Frau Klotz scheint aber ohnehin eine etwas heikle Esserin mit besonderen Vorlieben zu sein, dafür schmeckt es ihrer Tischnachbarin umso besser, ein Um-
stand, der dem Betrachter nicht immer ganz appetitlich erscheint:

„Während des Mittagessens reichte ich Frau Klotz das Essen an, aber sie war auf
Grund der Hitze nicht gut gelaunt und so auch nicht hungrig. Frau Kiebitz dagegen
war richtig gut gelaunt und da ihr das Essen schmeckte aß sie auch den ganzen Teller auf." (Schütz, Kaori TP vom 25.05.05: S. 1).

„Frau Klotz hat heute nichts gegessen, außer zwei Nachtischen. Mit etwas Süßem kann man Frau Klotz locken. Frau Kiebitz hat die ganze Zeit geredet und zwar mit vollem Mund. Sie hat dadurch ihr ganzes Essen ausgespuckt. Der Platz war sehr verwüstet am Ende des Essens." (Steinberg, Dana TP vom 18.04.05: S.2).

„Ich half Frau Simon an ihren Essplatz und reichte dann Frau Klotz ihr Essen an, sie aß mit erstaunlichem Appetit ihren ganzen Teller auf und wollte von dem Nachtisch kaum etwas haben. Normalerweise isst sie nur wenige Löffel und will dann nur noch Nachtisch, da ihr Süßspeisen besser schmecken" (Schütz, Kaori TP vom 01.06.05: S. 1).

Beschwerden über das Essen, besonders das Mittagessen, werden relativ häufig berichtet. Von einigen BewohnerInnen und in manchen Essbereichen scheint jedoch eine besondere Kultur dieser Kritik entwickelt worden zu sein:

„Ich fütterte Frau Hauk und hörte, wie Frau Wasser zusammen mit Frau Schön sich über das Essen beklagte. Die beiden Frauen sind immer unzufrieden mit dem Essen." (Komar, Agnieszka TP vom 23.06.05: S. 1).

Vor allem die vollorientierte Frau Schön (RO 1,8, SO 1,6) spricht diese Kritik auch offen aus:

„Frau Wasser unterhielt sich angeregt mit ihren Tischnachbarn und mir. Leider wurde allen in der Essnische etwas der Appetit verdorben, da Frau Schön ständig über das schlechte Essen lästerte. Einzig Frau Hauk erhob Einspruch – das Essen sei schließlich gar nicht so schlecht." (Perleth, Selmar TP vom 29.04.05: S. 1).

„Frau Schön beim Essen: „Die sollen es lieber ganz lassen, Kaiserschmarren schmeckt so gut, aber das, dass hier schmeckt gar nicht." (Steinberg, Dana TP vom 23.05.05: S.2).

Frau Schön scheut auch nicht die direkte Konfrontation mit dem Koch, wenn sich der im Essbereich zeigt:

„Mal wieder beschwert sich Frau Schön über das Essen: 'Jeden tag das Gleiche, das Essen kann er sich sonst wohin stecken, das ist doch echt zum kotzen.' Der Koch kommt vorbei, weil er die Kartoffeln vergessen hatte. Frau Schön direkt: 'Was hast du uns denn da wieder zusammengebraut? Ach, geh fort'" (Steinberg, Dana TP vom 09.05.05: S.2).

„Die Bewohner, die schon am Tisch gesessen haben, habe sich sehr freundlich dafür bedankt, dass ich den Tisch gedeckt habe, obwohl es selbstverständlich ist, dass einer den Tisch deckt. Doch kaum ist das Essen auf dem Tisch gehen die Beschwerden los. Frau Schön sagt: 'Es ist eine Zumutung uns solch ein Essen vorzusetzen.

Alles ist hart, man kann doch so schöne Sachen mit den Zutaten kochen, aber der
Koch schafft es immer wieder, alles zu verkochen.'" (Steinberg, Dana TP vom
04.04.05: S.1).

Aber auch weniger kritische BewohnerInnen sind mit den Mahlzeiten unzufrieden, oft fügen sie sich jedoch in das scheinbar Unvermeidliche oder lassen sich
wie Frau Göll von Angehörigen etwas nach ihrem Geschmack mitbringen:

„Frau Kirsch war nicht ganz so zufrieden mit dem Essen, sie meinte, dass Selbstge-
kochtes doch besser schmecke und man sich hier im Seniorenzentrum jedoch an
mehrere Sachen anpassen müsse." (Dettmers, Susanne TP vom 11.01.05: S. 1).

„Keine der von mir befragten Damen war mit dem Essen ganz zufrieden. Lediglich
Frau Trend erklärte, Sie habe sich mit dem Essen abgefunden, denn sie ist es gewöhnt zu essen, was auf den Tisch kommt." (Skiba, Tatjana TP vom 11.01.05: S. 1).

„Dann war es fast zwölf und Frau Göll kam auf das Essen zusprechen: 'Essen
schmeckt hier nicht – ba... – nicht so gut wie in Griechenland...' Das wiederholte
sie auch mehrmals. Bevor wir losgingen, ging sie zu ihrem kleinen Kühlschrank und
holte sich Weißbrot, Margarine und Feta–Käse, was sie mit vor zum Essen nahm."
(Nußeck, Diana TP vom 13.01.05: S. 3).

Frau Hauk macht dabei die Qualität der Mahlzeiten vor allem an der Person des
Kochs fest:

„Frau Hauk, immer offen für ein Gespräch und glücklich, wenn sich jemand um sie
kümmert. Wir gingen erneut auf das Essen des Seniorenzentrums ein. Beschwerden
über Beschwerden werden laut. Unglücklich darüber, dass man die Hälfte des Essens nicht beißen könne und das es nicht altersgerecht sei." (Steinberg, Dana TP
vom 06.04.05: S.1).

„Frau Hauk: Sie erzählte mir über den Koch... 'alles war noch so perfekt, als der alte Koch noch gelebt hat, da war das Essen lecker, kann man gar nicht vergleichen
mit den Sachen, die es jetzt gibt, gar nicht. Der hat immer leckere Sachen gezaubert,
der wusste was wir wollten und was uns schmeckt'." (Steinberg, Dana TP vom
06.04.05: S.2).

Die Zufriedenheit mit dem Essen scheint nach den entsprechenden Zeugnissen in
den Protokollen nicht allzu hoch zu sein. Allerdings hat eine Befragung der BewohnerInnen die Küchenerzeugnisse mit der Gesamtnote 2,7 in „alten" Schulnoten, also zwischen „gut" und „befriedigend" ergeben und stand für den Beginn
eines neuen Dialogs zwischen Küchenchef und BewohnerInnen, bei dem sich
auch der Heimbeirat als Moderator inzwischen stark engagiert zeigt.

5.3.1.5 Desorientierung

Das Verhalten verwirrter BewohnerInnen gehört zu den in Protokollen häufig beschriebenen Phänomenen im Seniorenzentrum, einige Beispiele und Reaktionen der übrigen BewohnerInnen wurden im Vorfeld bereits angedeutet. Desorientierung und der Umgang damit zeigt sich selbstverständlich nicht nur in Essbereichen und Fluren. Hier wird solches jedoch besonders augenfällig, weil sich in großen Teilen der Alltag der BewohnerInnen abspielt: Bei Gruppenangeboten und Veranstaltungen sind die Verwirrten zwar (je nach Angebotsform) wo immer sinnvoll möglich ebenfalls einbezogen, in aller Regel aber weniger auffällig. Sind sie es doch, werden sie entweder intensiver betreut oder vom Personal vor Veranstaltungsende wieder in ihren Wohnbereich gebracht. Im Folgenden wird versucht, an wenigen Fällen die Präsenz der Desorientierten im Wohnbereich darzustellen. Im Alltag stoßen desorientierte BewohnerInnen leicht auf Ablehnung wie Herr Dachser (RO 8,5, SO 8,5):

> „Herr Dachser redet nicht viel. Er ist sehr unruhig und fährt gegen den Tisch und verschiebt ihn dabei. Das verärgert die anderen Personen am Tisch." (Auerbach, Stefan TP vom 01.04.05: S. 1).

> „Herr Dachser ruft immer wieder 'Mama'. Die anderen Bewohner sagen ihm, dass er damit aufhören soll, da er ja schließlich kein Baby sei." (Nußeck, Diana TP vom 04.05.05: S. 1).

Eine Studentin aus der Steuerungsgruppe findet offenbar einen Weg zu Herrn Dachser, den auch Frau Mast, ebenfalls eine der Interviewten, durchaus zu verstehen scheint:

> „Im Gang 3 treffen wir auf Frau Mast und einen Mann, beide im Rollstuhl, die am Tisch sitzen. Frau Mast sagt uns, dass der Mann immerzu laut 'Hallo!' ruft. Bilge streicht ihm etwas über die Hand und sagt, dass er etwas Zärtlichkeit braucht. Frau Mast rollt mit den Augen und murmelt 'Ja, ja, die Männer'. „ (Breier, Ulrike TP vom 03.05.05: S. 1).

Besonders häufig wird in den Aufzeichnungen Frau Volz erwähnt, die meist hochgradig verwirrt erscheint (RO 8,7 SO 8,3). Sie läuft oft den ganzen Tag in den Fluren auf und ab, wobei sie mitunter auch stürzt. Um solche Unfälle zu vermeiden, wird sie gelegentlich im Essbereich an ihrem Stuhl „fixiert", was die Beobachter oft irritiert.

> „Nach einer kurzen Begrüßung begaben wir uns auf unsere Stockwerke. Als erstes musste ich zu meinem Erschrecken feststellen, dass Frau Volz an einem Stuhl mit

einem Bademantelgurt festgebunden war. Etwas irritiert entfernte ich mich, da ich mich der Situation nicht gewachsen fühlte." (Chilas, Irini TP vom 01.02.05: S. 1).
„Nach relativ kurzer Zeit kamen wir an einem Zimmer vorbei, vor dessen Tür eine ältere Dame mit Namen Frau Volz angebunden an einen Stuhl saß." (Jäger, Katarina TP vom 14.04.05: S. 1).

Für Frau Volz ist Bewegung Ausdruck ihrer Desorientierung, aber in gewisser Weise auch Halt, sie ist ruhelos. Wird sie fixiert, wird sie noch unsicherer und trauriger, als sie es ohnehin schon ist. Wer sie allerdings wie ich nach ihren Stürzen erleben musste (sie fällt ohne Schutz- oder Abwehrbewegung), versteht das Dilemma der Pflegenden. Frau Volz für ihren Bewegungsdrang einen sicheren Halt und dabei freundliche Zuwendung geben zu können wie das die Studierenden hier so nebenbei praktizieren, wäre nach meiner festen Überzeugung auch der überwiegende Wunsch der Pflegenden im Umgang mit ihr.

„Nachdem noch Katharina zu uns gestoßen ist, führt uns Dana ein wenig herum. In einem Essbereich treffen wir auf eine Frau, die an einem Stuhl angebunden ist. Diana stellt sie uns als Frau Volz vor und bindet sie los um Sie mit auf den Rundgang zu nehmen. Frau Volz wirkt gedanklich sehr abwesend, sagt kaum etwas läuft jedoch sehr sicher und ziemlich schnell." (Breier, Ulrike TP vom 14.04.05: S. 1).

„Auf den ersten Eindruck wirkt Frau Volz noch relativ fit, jedoch bei genauerem Hinsehen wird relativ schnell deutlich, dass sie auf Hilfe angewiesen ist, sei es zum Beispiel beim Aufstehen von einem Stuhl, oder auch bei der Orientierung im Altersheim. Beim Spaziergang durch den Wohnbereich fiel mir auf, dass man sie zwar noch gewisse Dinge fragen kann, es ihr jedoch unheimlich schwer fällt den Sinn von komplexeren Dingen zu verstehen. In dem einen Moment weiß sie genau in welche Richtung des Wohnbereiches sie gehen möchte, im nächsten Moment wirkt sie geistig abwesend und orientierungslos." (Jäger, Katarina TP vom 14.04.05: S. 1).

Was bei Frau Volz auffällt, ist ihre tiefe Traurigkeit und ihre Angst, etwas falsch zu machen. Auch Verzweiflung über ihre Orientierungslosigkeit wird deutlich:

„Frau Volz beim Mittagessen geholfen. Sie hat immer ein schlechtes Gewissen. Sie wollte mir ihr Essen abgeben, da sie befürchtete ich hätte nichts zu essen. Sie ist sehr traurig und möchte endlich sterben. Sie hat sich Gedanken über Sterbehilfe gemacht. Sie hält mich für eine geheimnisvolle Persönlichkeit." (Auerbach, Stefan TP vom 30.03.05: S. 1).

„Am Vormittag gehe ich mit Frau Volz spazieren. Sie ist wieder sehr traurig. Ich nehme sie in den Arm, da fängt sie an zu weinen. Sie fragt mich, ob sie wieder etwas falsch gemacht habe. Dann möchte sie wissen, ob sie genug Geld dabei hätte, damit sie mir Trinkgeld geben könne. Wir sehen uns die Blumen aus dem Fenster an und sie findet das wunderschön." (Auerbach, Stefan TP vom 05.04.05: S. 1).

Die Verzweiflung von Frau Volz scheint gelegentlich die Studierenden zu überfordern; die Bewohnerin weiß einfach nicht, was mit ihr passiert und fühlt sich sicherlich auch durch Symbole ihrer Einschränkung stärker bedroht als durch konkrete Personen in ihrer Umgebung:

> „Ich setze mich an einen Tisch um mir einige Notizen zu machen und sehe, wie Frau Volz in das Schwesternzimmer läuft. Als ich sie rausführen will, packt sie mich an der Schulter und sagt 'Schlagen sie mich tot! Schlagen sie mich einfach tot!'. Ich bin geschockt und weiß nicht was ich sagen soll. Dann gibt sie mir einen Gurt, der ihr um den Hals hing, und sagt 'Nehmen sie das. Ich hab das heute Morgen in meinem Bett gefunden. Ich weiß nicht was das soll!'. Bevor ich etwas erwidern kann, ist sie schon wieder davon gelaufen." (Breier, Ulrike TP vom 14.04.05: S. 2).

Auch bei der Aushandlung von Hilfen ist Frau Volz gegenüber dem Personal und ihren Mitbewohnern massiv eingeschränkt, manchmal stößt sie aber dort auf Verständnis oder wenigstens Mitleid:

> „Am Ende gelang es uns jedoch mit Frau Trends Hilfe, Frau Volz zu ihrem Zimmer zu begleiten. Schon auf dem Weg zu ihrem Zimmer sagte Frau Volz laufend zu mir, dass sie dringend aufs Klo müsste. Ulrike und ich haben händeringend nach jemandem vom Pflegepersonal gesucht, jedoch erst mal niemanden gefunden. Wie sich jedoch zu einem späteren Zeitpunkt herausstellte, musste Frau Volz nicht wirklich aufs Klo, sondern dieser Ausspruch war einer der beiden, die sie laufend zu einem sagt." (Jäger, Katarina TP vom 14.04.05: S. 2).

Die eingeschränkte Fähigkeit zur Mitteilung ihrer Bedürfnisse auf Seiten von Frau Volz bewirkt offenbar bei den Mitarbeitern, die tatsächlich geäußerten Wünsche nicht sehr ernst zu nehmen. Ihre Bedürfnisse werden als Stereotype verstanden, um die man sich nicht wirklich zu kümmern braucht, vor allem dann nicht, wenn eigentlich viel zu wenig Zeit für alle Übrigen vorhanden ist:

> „Frau Volz ist es kalt. Frage Mitarbeiter, ob ich ihr etwas über ziehen soll. Antwortet: „Ach, entweder dass oder sie muss auf Toilette" und winkt ab. Mitarbeiter bittet mich, sich um Frau Volz zu kümmern, da er sie nicht den ganzen Tag am Stuhl festmachen will. Fahren zusammen in den WB3 in den Wintergarten. Wir schauen die Pflanzen an, Frau Volz setzt sich: „Aha, schön..." Wir fahren wieder in den WB1" (Nußeck, Diana TP vom 20.04.05: S. 1).

Neben der oben schon erwähnten Frau Ballweg wird vor allem die weitgehend desorientierte Frau Linde (RO 7,6, SO 5,8) immer wieder in Protokollen erwähnt. Sie ist schlank wie Frau Volz und läuft wie diese oft ziellos durch die Flure ihres Wohnbereichs. Im Gegensatz zu ihr sucht sie Kontakt und Aufmerksamkeit. Bewegung ist ein Zugang auch zu ihr. Überraschend ist hier, dass trotz der Arbeitsbelastung auch ein Pfleger sich gelegentlich Zeit nimmt, sich damit zu befassen.

> „Nach dem Spaziergang mit Frau Hauk trafen wir auf Frau Linde. Der Pfleger Benjamin hatte einen Luftballon und warf ihn Frau Linde zu. Daraus entwickelte sich eine Art Volleyballspiel, bei dem Frau Linde eine sehr gute Figur machte. Sie war sehr agil und traf den Luftballon immer, da sie offenbar noch ein gutes Reaktionsvermögen besitzt. Sie hatte sehr viel Spaß und teilte ihre Freude mit uns. Auffällig bei Frau Linde ist, dass sie immer wieder "Hallo!" schreit, wenn sie gerade alleine ist oder sich keiner um sie kümmert. Sobald man ihr etwas Aufmerksamkeit schenkt, sei es bei diesem Luftballonspiel oder beim Singen, taut sie auf und wird viel ruhiger und zufriedener." (Purkert, Ilka TP vom 03.02.05: S. 1).

Der Zusammenhang zwischen Bewegung und Zufriedenheit wird von einigen Studierenden spontan erkannt, von ihnen wird dies nachfolgend mit Einsatz von Zuwendung auch umgesetzt:

> „Frau Linde muss ständig in Bewegung sein, kann kaum ruhig sitzen, was an ihrer Krankheit liegt. Demenzkranke wollen immer in Bewegung sein und sind sehr schnell von einer Sache gelangweilt. Frau Linde, so scheint es mir, kann man glücklich machen, indem man mit ihr etwas durch das Seniorenzentrum spaziert." (Steinberg, Dana TP vom 05.04.05: S.2).

> „Frau Linde habe ich an die Hand genommen und sie ein wenig durch die Gänge bewegt, wie als würden wir tanzen und habe Grimassen geschnitten, worauf sie lacht." (Steinberg, Dana TP vom 05.04.05: S.2).

Der Zugang und auch unmittelbare Hilfen für sie müssen mühsam erarbeitet werden.

> „Frau Linde trinkt von sich aus viel zu wenig, vor allem angesichts der Tatsache, dass sie sehr viel läuft. Ein Pfleger ermunterte sie, doch mal einen Becher Saft am Stück auszutrinken. Zunächst wehrte sie sich, aber dann schmeckte ihr der Saft sehr gut." (Purkert, Ilka TP vom 02.06.05: S. 1).

> „Frau Linde ist auch nicht gesprächig, nur einzelne Wörter. Sie saß heute einige Zeit auf der Couch, ich glaube aber nicht, dass sie sich die Zeitschriften, die vor ihr lagen, angeschaut hat. Wenn man auf sie zukommt wird sie automatisch fröhlicher,

sucht Augenkontakt und wirkt zugleich sehr schüchtern." (Kornejeva, Oksana TP vom 21.04.05: S. 2).

Frau Linde kann aber auch gegenüber anderen (ebenso dementen) BewohnerInnen gelegentlich „giftig" werden:

> „Etwas später gingen Linda und ich mit Frau Linde in den Gängen spazieren. Wir trafen Frau Nickel, die immer noch oder wieder vor sich hin murmelte, dass wir wieder gehen könnten, worauf Frau Linde sie böse anschaute und so etwas wie 'Leck mich!' murmelte." (Hamann, Laura TP vom 03.02.05: S. 1).

Studierende, die sowohl im Wintersemester wie auch im Sommer am Forschungsprojekt teilgenommen haben, sehen bei Frau Linde sogar positive Entwicklungen:

> „Mit ist heute einmal mehr aufgefallen, dass Frau Linde große Fortschritte gemacht hat, seit ich sie im Januar zum ersten Mal gesehen habe. Sie ist nicht mehr so passiv. Sie machte mich z.b. darauf aufmerksam, dass ihre Tischnachbarin Frau Klotz ganz kalte Hände hat und nahm Frau Klotzs Hände in ihre Hände, um sie aufzuwärmen. Außerdem antwortet sie auf Fragen nicht mehr nur mit einem Achsel zucken oder ja bzw. nein. Auf die Frage, wie es ihr denn heute geht, antwortete sie "gleichbleibend". „ (Purkert, Ilka TP vom 02.06.05: S. 1).

Und: Frau Linde fängt an, ihre Interessen zu artikulieren:

> „Auf dem Flur hörte ich plötzlich ein lautes Gelächter von mehreren Personen. Natürlich war ich neugierig und habe geschaut worum es geht. Frau Schön, die vom Lachanfall mit dem ganzen Körper zitterte, erklärte mir: Frau Regen wollte etwas von der Frau Linde und die hat mit dem Finger am Kopf gedreht und gesagt: ' Du kannst mich mal...' Da hatten wir den Beweis, dass Frau Linde ganz viele Sachen versteht und richtig reagieren kann. Allen Damen die Frau Regen nicht mögen, hat der Witz sehr gefallen und die konnten sich noch lange nicht beruhigen. Danach nahm Frau Linde meine Hand und wir spazierten einwenig durch die Fluren. Sie war nachdenklich. Ich fragte: 'was denken sie?' Sie sagte: 'das alles in Ordnung ist'." (Kornejeva, Oksana TP vom 14.05.05: S. 3).

> „Das war für mich ein echter Entdeckungstag. Dass Frau Linde so tiefgründig sein kann, hat mich umgehauen. Danach wollte ich zu Frau Knecht gehen, aber Frau Linde wollte nicht loslassen. Ich erklärte, dass die anderen auch meine Hilfe brauchen, nicht nur sie. Worauf sie verärgert antwortete: 'die anderen sind unwichtig, du bleibst bei mir'" (Kornejeva, Oksana TP vom 14.05.05: S. 4).

Die Dementen sind im Seniorenzentrum ein wesentlicher Faktor im Alltag. Sie werden manchmal freundlich oder mitleidvoll unterstützt, manchmal abgelehnt wie Frau Ballweg. Eigentlich ist das Haus aber nicht vorbereitet auf Desorientierte, vor allem nicht auf „demente Läufer" wie Frau Volz oder Frau Linde. Trotzdem erscheinen diese weitgehend in den Alltag integriert, wenn auch spezifische Angebote für diesen Personenkreis größtenteils fehlen. Im Nachgang zum beschriebenen Forschungsprojekt und auch auf Drängen der Heimaufsicht werden allerdings solche Hilfestellungen für die Desorientierten gerade erprobt.

Das kann aber nur ein Anfang sein. Zwar ist konzeptionell das CQJ- Seniorenzentrum als offenes Haus nicht für an Demenz erkrankte Pflegebedürftige ausgelegt: Dem widerspricht schon die Fürsorgepflicht des Hauses gegenüber seinen BewohnerInnen. Trotzdem sind auch bei der sorgfältigen Prüfung der ärztlichen Unterlagen durch die Pflegedienstleitung Irrtümer der Beteiligten, auch und gerade des attestierenden Arztes, nicht auszuschließen. Hinzu kommt, dass neben anderen Einschränkungen BewohnerInnen auch demenziellen Veränderungen nach der Heimaufnahme unterliegen. Gerade auch für diese beiden Gruppen, nämlich die „versehentlich aufgenommenen" wie auch für die im Laufe ihres Aufenthalts demenziell veränderten BewohnerInnen wäre die Schaffung einer entsprechenden beschützenden Wohngruppe bedenkenswert.

5.3.1.6   Die Angehörigen

Die Angehörigen der BewohnerInnen bilden neben den BewohnerInnen und den Mitarbeitern des Hauses die dritte bedeutsame Personengruppe im Heimalltag. Das Haus ist für sie jederzeit offen, es gibt keine Besuchszeiten. Wo immer möglich werden sie in das Heimgeschehen einbezogen, die Aushandlung von Hilfen für die BewohnerInnen erfolgt gleichermaßen auch mit deren Verwandten, Freunden oder gesetzlichen Betreuern.

> „Eine Besonderheit war heute, dass eine neue Bewohnerin im Wohnbereich 2 eingezogen ist. Deren Tochter zeigte sich einem Pfleger gegenüber sehr dankbar und lobte das Engagement in diesem Seniorenzentrum, welches ihr mehrfach empfohlen wurde." (Purkert, Ilka TP vom 13.01.05: S. 3).

Trotz dieser Bedeutung finden sich nur vergleichsweise wenige Protokollnotizen zu diesem Personenkreis. Das mag einerseits daran liegen, dass sie bei Besuchen sich mit dem Bewohner in dessen Zimmer zurückziehen oder im Gegenteil mit ihm außerhalb des Hauses etwas unternehmen wollen. Oft dient der Besuch auch der Versorgung der betreffenden BewohnerIn mit besonderen Nahrungsmitteln und Leckereien oder der Organisation weitergehender Hilfen, Fahrten zu Ärzten und dergleichen.

Für die im Seniorenzentrum lebenden Menschen hat der Besuch ihrer Angehörigen fast immer große Bedeutung. Manchmal lässt er den Bewohner auch traurig werden, weil er die Normalität des Heimalltags verändert und an das frühere Leben mit keinen oder zumindest geringeren pflegebedingten Einschränkungen erinnert.

> „Beim Eintreffen ihres Sohnes hat Frau Salm deutlich und fröhlich 'Ach Gott, ach Gott!' gesagt. Ihr Sohn war sichtlich erfreut darüber, er unterhielt sich auch kurz mit einigen anderen Bewohnern und wollte dann mit seiner Mutter spazieren gehen." (Otto, Christine TP vom 28.04.05: S. 1).

Frau Salm ist sehr verwirrt (RO 8,0 und SO 8,0), sie wird täglich von einem ihrer Söhne besucht, manchmal erhält sie zweimal am Tag Besuch. Trotzdem und wegen ihrer Desorientierung gerät der Abschied für sie oft dramatisch:

> „Frau Salm hatte Besuch von einem ihrer Söhne und hatte eine sehr schlechte Stimmung. Ihr Sohn meinte, dass sie geweint hatte, als er kam und sehr niedergeschlagen erscheint. Seiner Meinung nach hat sie in sehr kurzer Zeit rapide abgebaut. Als er ging hat sie ihm noch lange nachgewunken und wieder angefangen zu weinen." (Otto, Christine TP vom 14.04.05: S. 1).

Frau Knecht dagegen ist orientiert und stolz auf ihre Familie. Zu ihrer Entscheidung für das Seniorenzentrum hatte sie nach ihrer Erzählung durchaus Alternativen, die sie aber bewusst verworfen hat:

> „Frau Knecht hat Kinder, Enkel und Urenkel, die sie uns auf Fotos an der Wand zeigte. Ihre Tochter komme sie oft besuchen und bringe ihr alles was sie brauche (zum 'Kaffee' war ihre Tochter übrigens da)." (Hamann, Laura TP vom 06.01.05: S. 1).

> „Frau Knecht: Dann erzählte sie, dass sie die Möglichkeit gehabt hätte zu ihrem Sohn zu ziehen, anstatt ins Heim. Doch das habe sie nicht gewollt, weil sie der Ansicht sei, dass ihre Kinder ihr eigenes Leben leben sollten und sie wolle ihnen nicht zur Last fallen. Außerdem habe ihr Mann ja genug verdient und sie könne sich einen ordentlichen Heimplatz leisten." (Hamann, Laura TP vom 13.01.05: S. 1).

Bei dem bereits erwähnten Herrn Dachser sind die nächsten Angehörigen nicht, wie sonst oft, die Kinder und Enkel, sondern die Ehefrau, die im Nachbarhaus wohnt.

„Am Mittagstisch im Bistro habe ich Frau Dachser getroffen. Ihr Mann ist im Seniorenheim und liegt im WB 1. Sie selbst wohnt um die Ecke in einem Appartement mit betreutem Wohnen. Sie erzählte mir, dass sie mit ihrem Mann noch viele Urlaube geplant hatte, aber es ist alles anders gekommen. Die Krankheit ihres Mannes kam dazwischen. Jetzt geht das gesparte Geld für die Pflege drauf." (Auerbach, Stefan TP vom 29.03.05: S. 1).

Es war auch Frau Dachser, die letztlich die Entscheidung hinsichtlich der Heimaufnahme für ihren Mann getroffen hatte:

„Frau Dachser ist jeden Tag im Seniorenheim. Sie besucht ihren Mann zweimal am Tag. Sie erzählt, dass ihr Mann im Rollstuhl sitzt und den ganzen Tag durch das Haus fährt. Sie ist froh, dass sie ihn ständig besuchen kann. Sie hat den Schritt getan und ihren Mann hier ins Heim gebracht, da sie nicht mehr in der Lage war ihn zu pflegen. Ihre Gesundheit ist ihr wichtig, damit sie noch so für ihren Mann da sein kann. Sie ist froh, dass ihr Mann noch lebt." (Auerbach, Stefan TP vom 29.03.05: S. 1).

Besuche der Angehörigen sind für die überwiegende Mehrheit der BewohnerInnen zentrale Elemente von Geborgenheit und Zufriedenheit im Seniorenzentrum. Wenn die Verwandten längere Zeit ausbleiben, oder zumindest nicht in der erwarteten Häufigkeit zu Besuch kommen, löst dies Zweifel und Trauer aus, wie bei Frau Samstag und Frau Lecker:

„Ich habe Frau Samstag auf ihrem Zimmer besucht. Sie war sehr traurig. Sie hat mir mitgeteilt, dass ihre Tochter sie nur selten besucht. Sie hat nie Zeit für sie. Für ihre eigene Tochter hat sie Zeit, aber nicht für ihre Mutter. Das ist ihr alles zuviel. Frau Samstag hat geweint und gesagt, dass sie nicht mehr leben möchte. Sie möchte doch nicht leben wie ein Hund. Sie wünscht ihrer Tochter, dass sie später einmal so von ihren Kindern behandelt wird." (Auerbach, Stefan TP vom 11.04.05: S. 1).

„Frau Lecker: Außerdem erzählte sie mir von ihren Verwandten, die sie schon 2 Wochen nicht besucht haben. Als Erklärung legte sie sich zurecht, dass sie damit beschäftigt seien ihre Wohnung in N-burg aufzulösen. Mir kam es so vor, dass diese Tatsache sie sehr traurig macht und sich deshalb solche Alibis schafft um das Ausmaß für sie selbst herunter zu spielen. Frau Lecker wirkte danach auch sehr traurig und niedergeschlagen." (Riemann, Alina TP vom 02.06.05: S. 1).

In anderen Fällen scheinen die Angehörigen solche Besuche eher als lästige Pflicht zu absolvieren:

„An der Ecke des Tisches saß eine Dame, die von ihrem Sohn und dessen Frau Besuch bekam. Da die ältere Frau beim Frisör gewesen war machten diese ihr prompt ein Kompliment wegen ihrer hübschen Frisur. Auf mich wirkte die ganze Szene etwas befremdlich, denn sie schienen nicht wirklich daran interessiert sich mal einen Moment mit ihr hinzusetzen und ihr ein wenig Gesellschaft leisten zu wollen. Ganz im Gegenteil so schnell wie sie gekommen waren, sind sie wieder gegangen. Das ganze wirkte eher wie ein Pflichtbesuch auf mich als ein netter Familien-Tag" (Jäger, Katarina TP vom 28.04.05: S. 2).

In einigen Fällen, wie etwa bei der ebenfalls interviewten Frau Mörsch, sind die Beziehungen zur Familie konfliktbehaftet und eher distanziert:

„Am Nachbartisch saß Frau Mörsch mit ihren Besuchern (Tochter und Enkelsohn) die sahen ziemlich asozial aus. Obwohl sie ein nettes Gespräch zuführen schienen, sah es für mich ziemlich künstlich aus. Ich hatte das Gefühl, dass sie es ehe mir zeigen wollen, wie nett die mit Frau Mörsch umgehen." (Kornejeva, Oksana TP vom 14.05.05: S. 3).

„Frau Mörsch: Sie kann nicht selbständig aufstehen, hat sich an den Tagesablauf in Seniorenzentrum gewöhnt. Ihre Kinder besuchten sie ab und zu. Kinder kommen nur, wenn sie was wollen. Geschwister sind alle gestorben. Frau Mörsch ist wunschlos glücklich und hat sich im Altenheim eingelebt." (Komar, Agnieszka TP vom 16.06.05: S. 1).

Wenn die Tochter tatsächlich zu Besuch kommt und dies auch angekündigt hatte, trägt die Mutter nicht die für sie sonst typische „Kittelschürze", sondern lässt sich für ihre Verhältnisse fein anziehen. Natürlich bezahlt sie von ihren monatlich knapp 80 Euro Taschengeld Kaffee und Kuchen für Tochter und Enkel und freut sich, wenn es nicht gar so teuer war:

„Frau Mörsch: 'Meine Tochter hat mich gefragt, wie man denn von E-heim nach C-burg ziehen kann. Ich weiß es auch nicht. Dann waren wir gestern mit meiner Tochter und meinem Enkel Kaffee trinken und Kuchen essen, war gar nicht so teuer. Zwei Kannen Kaffee, Stück Kuchen und ein Eis hat mich nur vierzehn Euro gekostet.'" (Steinberg, Dana TP vom 09.05.05: S.1).

Bei Frau Sitter dagegen, die ebenfalls zu den Interviewten gehört, sind die Beziehungen zur Familie auf ein Minimum reduziert, Besuche extrem selten und darüber hinaus konfliktbeladen:

„Frau Sitter: Im Nachgespräch mit dem Sozialdienst erfahren Sabine und ich, dass ihr Sohn sie nie im Heim besucht, ihre Tochter sie dagegen ab und zu und auch die Mutter von Fr. Sitter besucht sie ungefähr einmal im Jahr. Die Besuche der Mutter werden von Fr. Sitter nicht erwähnt, was daran zu liegen scheint, dass ihre Mutter sie dann immer 'runterputzt'." (Schütz, Kaori TP vom 13.01.05: S. 1).

Im Umgang mit den BesucherInnen werden von den Protokollanten in Einzelfällen auch unangenehme und negative Erlebnisse berichtet, wie über die Angehörige von Herrn Sahner:

> „Eine Ältere Dame kam und verlangt einen Kuchenteller und eine Kuchengabel für Herrn Sahner. Auf mein Nachfragen, was sie genau möchte (Teller mit oder ohne Kuchen), reagierte sie sehr unverschämt: - Was soll denn die blöde Frage, sie sehen doch, dass ich zu Besuch bin, dann habe ich wohl Kuchen mitgebracht." (Chilas, Irini TP vom 10.02.05: S. 1).

> „Die Besucherin von Herrn Sahner kam wieder und verlangte, dass jemand von uns mit ihr die Wäsche von Herrn Sahner durchsehen sollte. Sie wurde sehr unfreundlich als wir ihr mitteilten, dass dies nicht unsere Aufgabe sei: ʹSie sind doch wohl offiziell hier!ʹ usw. (Ich finde es schade, dass Herr Sahner, welcher so nett ist, so unfreundlichen Besuch erhält. Tochter?)" (Chilas, Irini TP vom 10.02.05: S. 2).

Auch andere Protokollanten machen ähnliche Erfahrungen mit besagter Dame:

> „Gegen Ende des Tages hatten wir auch noch ein negatives Erlebnis, nämlich als eine Angehörige von Herrn Sahner uns wie ihr eigenes Personal behandelte. Sie war sehr unfreundlich zu uns und verlangte, dass wir ihr sofort einen Teller und Besteck brachten. Als wir sie dann fragten, ob sie denn eine Angehörige sei meinte sie, dass sie auf solch eine blöde Frage ja wohl keine Antwort geben müsse." (Kern, Moritz TP vom 10.02.05: S.1).

Problematisch werden Angehörige vor allem auch dann, wenn sie pflegerische Notwendigkeiten nicht verstehen wollen und damit den Bewohner gefährden. Solches wird von Herrn Linz und seiner Tochter berichtet:

> „Nach dem Frühstück habe ich erfahren, dass Herr Linz letzte Nacht halb aus seinem Bett fiel und sich dabei verletzte. Seine Tochter hatte ihn gestern besucht, brachte an alle Schränke Zettel mit Informationen an und demontierte zu allem Überfluss das Bettgitter, auf das Herr Linz nachts angewiesen ist, um eben nicht aus dem Bett zu fallen. Die PflegerInnen beschwerten sich über die Tochter von Herrn Linz und sagten ʹDie spinnt, sowas macht sie ständig!ʹ „ (Purkert, Ilka TP vom 17.02.05: S. 1)

Der Kontakt zwischen BewohnerInnen, Mitarbeitern des Hauses und Angehörigen gestaltet sich sehr vielfältig und ist in jedem Einzelfall von Aushandlungsprozessen bestimmt. Angehörige können die BewohnerInnen, aber auch das Personal unterstützen, sie werden nach Wunsch in die Betreuung und Pflege ihrer BewohnerInnen einbezogen und können viel zu deren Wohlbefinden beitragen. Trotzdem bleiben Konflikte nicht aus und müssen in Auseinandersetzungen der Beteiligten bearbeitet werden. Für die BewohnerInnen bilden ihre Angehörigen jedenfalls ein wesentliches Bindeglied nach „draußen" und zu ihrem früheren Leben.

5.3.1.7 Vorläufige Interpretation zur Meta-Kategorie Essbereiche und Flure

Das in den Tagesprotokollen gezeichnete Bild hinsichtlich Sozialität, Aktivitäten und Befindlichkeiten der BewohnerInnen erscheint in der ersten Meta-Kategorie breitbandig und widersprüchlich. Einerseits wirken einige der Menschen im Heim als Mitglieder einer Zwangsgemeinschaft traurig und resigniert (Hafner, Sophie TP vom 01.02.05: S. 3), andererseits sind freundschaftliche Kontakte wie zwischen Herrn Linz und Herrn Schenkel oder die Selbstpräsentation des Herrn Schenkel als Dichter und Denker belegt (Hamann, Laura TP vom 17.02.05: S. 1; Roth, Linda TP vom 17.02.05: S. 1). Es gibt sowohl Hinweise auf Geselligkeit und eine „bunte Vielfalt" sozialer Kontakte, wie auch Äußerungen von Zuneigung und tröstende bzw. verständnisvolle Haltungen von BewohnerInnen, wie von Frau Reim und Frau Mörsch, Frau Ballweg und Frau Nickel oder Belege für soziales Engagement bei Frau Trend.

Auf den Gängen und im Essbereich dominiert andererseits häufig die Langeweile: Hier finden sich meist diejenigen, die zwar nicht bettlägerig, jedoch eine eingeschränkte Mobilität aufweisen (vgl. Nußeck, Diana TP vom 14.04.05: S. 2; Perleth, Selmar TP vom 27.04.05: S. 1; Nußeck, Diana TP vom 04.05.05: S. 1). Ebenso zeigen sich offensichtliche Irritationen bei BeobachterInnen und BewohnerInnen aufgrund unpassenden Verhaltens von MitbewohnerInnen, wie bei Frau Kiebitz, die mit vollem Mund redet und dabei den ganzen Tisch vollspuckt (Steinberg, Dana TP vom 18.04.05: S.2), ähnlich Frau Ballweg, die bei Tisch in der Nase bohrt und ihr Gebiss im Trinkglas reinigt.

Die Angehörigen kommen dagegen in den Protokollen selten vor und scheinen sich mit ihren im Heim lebenden Verwandten eher in deren Zimmer zurückzuziehen[47] oder sie zu Ausflügen und Spaziergängen abzuholen. Auffälliges und unangemessenes Verhalten ist nur für die Angehörige von Herrn Sahner belegt, hier allerdings gleich mehrfach am Tag (Chilas, Irini TP vom 10.02.05: S. 1; Chilas, Irini TP vom 10.02.05: S. 2; Kern, Moritz TP vom 10.02.05: S.1).

Privatheit und Autonomie erscheinen in den Essbereichen spürbar eingeschränkt, wegen ständiger und unabweisbarer Präsens von MitbewohnerInnen und Personal in den halböffentlichen Räumen. Die schon erwähnte Zwangsgemeinschaft verschärft sich für neue BewohnerInnen in der ersten Phase im Heim

---

[47] Abgesehen vom Cafe, s.u.

durch die Unterbringung im Doppelzimmer, was sich wie bei Frau Vogel und Frau Samt auch beim Essen konfliktträchtig auswirken kann (vgl. Auerbach, Stefan TP vom 08.04.05: S. 1). Auch zeigt sich neben gegenseitiger Hilfsbereitschaft und Unterstützung ebenso Bevormundung durch MitbewohnerInnen wie etwa durch Herrn Hanke (Auerbach, Stefan TP vom 04.04.05: S. 1). Zudem erschweren bei einigen der im Heim lebenden Menschen Einschränkungen in der Wahrnehmung bzw. in der Orientierung auch die Integration.

Im ersten Abschnitt sind überwiegend positive Beschreibungen des Personals und dessen Verhalten gegenüber den BewohnerInnen dokumentiert, dazu gehören Darstellungen von Freundlichkeit und Hilfsbereitschaft. Entsprechend positive Äußerungen finden sich auch bei den Aussagen der BewohnerInnen, im Extrem bei Frau Reim, die sich fühlt wie im Kurhotel (Dettmers, Susanne TP vom 04.01.05: S. 1).

Gleichwohl wird beschrieben, wie wenig Zeit die MitarbeiterInnen für die einzelnen BewohnerInnen haben, und dass Stress und Hektik den Alltag des Personals bestimmen (Kornejeva, Oksana TP vom 21.04.05: S. 1; Kern, Moritz TP vom 18.04.05: S.1). Der überwiegende Teil der Zeit der Pflegenden scheint zudem mit der Betreuung der Schwerpflegebedürftigen gebunden zu sein (Komar, Agnieszka TP vom 31.05.05: S. 1).

Fehlende Freundlichkeit und missverstandene Aktivierende Pflege nach dem Motto: „Kannst du ja selbst machen!" (Chilas, Irini TP vom 11.01.05: S. 3) sind ebenfalls belegt und geben erste Hinweise auf mögliche Missstände bei den MitarbeiterInnen und damit auch der Einrichtung, zumindest in Einzelfällen.

Die Kompensation von Einschränkungen gelingt zudem nicht immer ausreichend, wie bei Frau Heller, die vom Putzdienst am Toilettenbesuch gehindert wird und deshalb einnässt oder Frau Krämer, die stundenlang warten muss, bis man sie endlich nach mehrfacher Aufforderung zur Toilette bringt, ähnlich bei Frau Volz (Otto, Christine TP vom 14.04.05: S. 1; Nußeck, Diana TP vom 30.05.05: S. 1; Komar, Agnieszka TP vom 31.05.05: S. 1).

Das Beispiel der schwer dementen Frau Linde zeigt, woran die Kompensation von Einschränkungen der BewohnerInnen durch die Einrichtung in vielen Fällen zu scheitern scheint: Es fehlt den MitarbeiterInnen schlichtweg an Zeit für die Menschen im Heim, positive Gegenbeispiele wie das Luftballonspiel von Pfleger Benjamin mit Frau Linde sind in den Protokollen kaum zu finden (Purkert, Ilka TP vom 03.02.05: S. 1). Zeit für Frau Linde haben dagegen die Forschenden, und sie erzielen Fortschritte bei ihr (Steinberg, Dana TP vom 05.04.05: S.2; Kornejeva, Oksana TP vom 21.04.05: S. 2; Purkert, Ilka TP vom 02.06.05: S. 1; Kornejeva, Oksana TP vom 14.05.05: S. 3 f.).

Für das Vorliegen der Bedingungen einer Totalen Institution finden sich in dieser Meta-Kategorie noch wenige Hinweise. Allerdings gibt es bei Frau Hauk erste Anzeichen, dass das Ritual des vom Personal vorgegebenen Zubettbringens, das der Organisation der Institution (u.a. dem Schichten-Rhythmus des Hauses), nicht aber den Wünschen der BewohnerInnen folgt (Steinberg, Dana TP vom 18.04.05: S.1). Dies lässt sich als Anzeichen auf Tendenzen hin zur Totalen Institution interpretieren. Aber auch Möglichkeiten zur Kritik an der Institution und ihren Hilfeformen und Möglichkeiten zur Durchsetzung eigener Interessen und Vorstellungen finden sich, wie bei Herrn Moos belegt ist (Dvorak, Peter TP vom 14.04.05: S. 1; Vierling, Christian TP vom 12.05.05: S. 1), ähnlich Frau Schön mit ihrer Kritik an Küche und Koch (Steinberg, Dana TP vom 09.05.05: S.2). Total stellt sich die Einrichtung am ehesten gegenüber den desorientierten BewohnerInnen dar: Etwa bei der Bevormundung von Frau Keil, die nicht in ihr Zimmer darf, aber auch keine Ansprache erhält (Neumann, Silke TP vom 20.01.05: S. 1), Frau Hagel, die vom Personal aufgefordert, zum Singen gehen „muss" (Bunz, Simone TP vom 14.04.05: S. 2) oder gar bei Frau Volz, die desorientiert und an einem Stuhl angebunden im Essbereich sitzt (dies wurde mehrfach beschrieben, z.B. Jäger, Katarina TP vom 14.04.05: S. 1; Nußeck, Diana TP vom 20.04.05: S. 1). Begründet wird die Fixierung mit angeblicher Sturzgefahr bei Frau Volz, in einigen Protokollen wird die Bewohnerin dagegen als schnelle und sichere Fußgängerin dargestellt (z.B. bei Breier, Ulrike TP vom 14.04.05: S. 1). Offensichtlich stößt die Einrichtung bei Menschen mit fortgeschrittener Demenz an ihre konzeptionellen, baulichen und personellen Grenzen und zeigt ihnen gegenüber totale Züge.

5.3.2   Ergebnisse in der sozialräumlichen Meta-Kategorie b) Veranstaltungsräume und Veranstaltungen

In den Veranstaltungsräumen im Erdgeschoss (großer und kleiner Saal, die verbunden werden können) und im dritten Obergeschoss (Wintergarten) finden die Gruppenangebote und die Veranstaltungen für die BewohnerInnen statt. Dabei sind regelmäßig an vier Wochentagen Gruppenangebote geplant. Für die Beobachter waren die Gruppen eine Gelegenheit, ihnen bekannte BewohnerInnen zu begleiten und dabei einen anderen Teil ihrer Lebenswelt zu erkunden. Bei den Großveranstaltungen wie der unten beschriebenen Faschingsfeier besteht zudem ein erhöhter Personalbedarf. Die Studierenden waren daher willkommene Helfer bei der Organisation und bei der Betreuung hilfebedürftiger BewohnerInnen. Zu solchen Angeboten und Veranstaltungen existiert in den Protokollen daher eine Fülle von Material, die hier auch nicht annähernd wiedergegeben werden kann. Daher werden nachfolgend nur einige Angebote und Veranstaltungen im Senio-

renzentrum beispielhaft aufgeführt. Unter der Meta-Kategorie Veranstaltungsräume und Veranstaltungen finden sich folgende Kategorien:

- Das Singen
- Die Faschingsfeier
- Weitere Gruppenangebote

Wegen der umfangreichen Materiallage und zur besseren Lesbarkeit wird bei der
Darstellung auch hier den bereits bekannten Akteuren gegenüber unbekannten
BewohnerInnen bei ähnlicher Botschaft der Protokollauszüge der Vorrang gege-
ben.

5.3.2.1 Das Singen

Im Folgenden wird als Schwerpunkt das Singen beschrieben. Hintergrund ist
hierbei auch die Materiallage in den Protokollen: Singen findet immer am Montag und am Donnerstag statt, und der Donnerstag ist neben dem Dienstag einer
der beiden Tage der hauptsächlichen Präsenz der Studierenden im Feld (lediglich
die Forschungspraktikanten besuchten das Seniorenzentrum noch an zusätzlichen
Wochentagen).
    Das Singen ist meist im Wintergarten angesiedelt, im Sommer auch auf der
Terrasse hinter den Gruppenräumen im Erdgeschoß. Die Musik spielt Herr Rez-
vani, ein junger Mann aus dem Iran, der auf der Basis eines „Ein-Euro-Job" im
Haus mitarbeitete. Nachdem diese Stelle ausgelaufen war, musste das Singen
vorläufig eingestellt werden[48], was in den Protokollen als Reaktion der BewohnerInnen ebenfalls belegt ist. Dieses Angebot ist immer gut besucht, zwischen 25
und 30 TeilnehmerInnen sind keine Seltenheit. Das liegt auch daran, dass die
Darbietungen im Wintergarten stattfinden und im ganzen Haus zumindest in den
Fluren zu hören sind.

> „Auf der Treppe vernehmen wir Gesang und ich beschließe, Katharina den Winter-
> garten im 3. Stock zu zeigen, wo donnerstags immer das Singen stattfindet. Der
> Wintergarten ist rappelvoll und sogar vor der Tür stehen noch Leute herum." (Brei-
> er, Ulrike TP vom 14.04.05: S. 1).

Für Frau Hauk ist das Singen wohl einer der besonderen Höhepunkte im Wo-
chenverlauf. Mehrfach wird erwähnt, wie sehr sie sich darauf freut:

---

[48] Inzwischen singt er wieder und wird derzeit als Aushilfe beschäftigt.

„Frau Hauk will diesmal lieber zum Singen, singt schon am Tisch über die Liebe und das schöner Wetter." (Steinberg, Dana TP vom 09.05.05: S.2).

„Frau Hauk ist auch aufgeregt und fragt des Öfteren nach der Uhrzeit, um endlich hoch zum Singen gefahren zu werden. Sie sagt: ´So etwas könnte man immer anbieten, es ist richtig abwechslungsreich´" (Steinberg, Dana TP vom 18.04.05: S.1).

Offensichtlich genießen auch desorientierte BewohnerInnen wie Frau Nickel das Angebot:

„Viele sangen so laut sie konnten, was kein Wunder war angesichts des mitreißenden Pianisten und Leadsingers. Er konnte die Anwesenden toll motivieren und sang sehr laut und deutlich. Er begrüßte und verabschiedete viele BewohnerInnen persönlich. Zum Schluss wollte Frau Nickel gar nicht mehr aufhören zu singen." (Purkert, Ilka TP vom 13.01.05: S. 2).

„Frau Wiese vom 1. Stock wollte gar keine Pause beim Singen machen, auch als der Klavierspieler aufhörte zu spielen, sang sie weiter. Sie ist immer am lautesten dabei." (Steinberg, Dana TP vom 18.04.05: S.1).

Das wöchentliche Singen ist ein eher „breitbandiges" Angebot, bei dem auch in ihrer Orientierung stark eingeschränkte BewohnerInnen wie Frau Linde teilnehmen können.

„Im dritten Stock angekommen, wurden Moritz und ich gebeten, uns neben Frau Linde zu setzen, damit sie nicht - wie so oft - aufsteht. Sie suchte den Körperkontakt und wir hielten ihr während des ganzen Singens die Hand. Wir bemerkten, dass sie sich Mühe gab, mitzusingen und konnten einige Wörter heraushören - obwohl man uns vorher sagte, sie singe nicht mit." (Goll, Sandra TP vom 20.01.05: S. 1).

Die Beobachter bemerken bei Frau Linde während des Singens deutlich positive Veränderungen ihrer Stimmungslage und ihres Ausdrucksverhaltens. Schließlich küsst sie sogar einen der Studenten:

„Man konnte förmlich spüren, dass je länger die Musik lief, desto entspannter und vertrauter wurde die Stimmung der Bewohner. Ich konnte beobachten, wie Frau Linde nach einiger Zeit einen unserer Studenten auf die Backe küsste. Frau Linde wirkte durch die Musik so befreit. Sie bewegte bei manchen Liedern ihren Körper leicht zum Rhythmus." (Roth, Linda TP vom 20.01.05: S. 1).

„Auch Frau Regen ist direkt beim Singen dabei, sie braucht unbedingt Abwechslung: ´Der Alltag ist hier so trist und kalt, da macht das Singen schon was aus´ „ (Steinberg, Dana TP vom 09.05.05: S.2).

Die Bedeutung des Singens für die BewohnerInnen liegt auch in der besonderen Vertrautheit und im lockeren Dialog zwischen dem Sänger und den BewohnerInnen, wie sich beispielhaft in den Kommentaren von Frau Reim, Frau Wiese und Frau Trend zeigt:

> „Beim Singen: Frau Reim: 'Wenn er singt, schreit er wie ein Marktverkäufer' (bezogen auf den Pianisten).. Frau Wiese: 'Du schreist hier rum und ich versuche romantisch zu singen.' Summt die ganze Zeit mit. Frau Trend: 'Du musst auch mal einen Chiantiwein mitbringen, wir sitzen hier doch auf dem Trockenen. Heut kann ich nicht tanzen, dann kipp ich um.'. Frau Wiese: 'Wir kommen bestimmt noch ins Fernseher.' Der Pianist: 'ich komm und hol dich... ich zerknutsch dich.' Frau Wiese: ' Ich freu mich auf die Nacht, wo du mich zerknutscht.' Frau Wiese: 'Los mach jetzt weiter, die Zeit geht vorbei'" (Steinberg, Dana TP vom 25.04.05: S.1)

Entsprechend groß ist das Bedauern, als das Singen vorübergehend ausfallen muss. Die folgenden Protokollauszüge stellen nur eine Auswahl von vielen dar.

> „Bewohner fragen nach Singangebot und sind sehr enttäuscht, dass es vorläufig ausfällt und es keinen Ersatz gibt. Frau E. Menzel: 'Alles was hier gut ist fällt weg und das was nicht so gut ist bleibt.' „ (Nußeck, Diana TP vom 23.05.05: S. 1).

> „Das Donnerstag-Singen fällt bis weiteres aus, da der Musiker, der bis dato das Singen betreute, jetzt eine Arbeit gefunden und deshalb nicht mehr kommen kann. Da dieses Angebot bisher immer das Highlight des Tages darstellte, waren die Bewohner sehr traurig. Wir Studenten spielten im Wintergarten einige CDs ab. Einige Bewohner hörten zu. Die meisten gingen jedoch auf ihr Stockwerk zurück." (Bunz, Simone TP vom 19.05.05: S. 1).

Das Singen und die Reaktionen der BewohnerInnen auf die Einstellung des Angebots zeigen, dass nicht nur Inhalt und äußere Form von Unterhaltungsangeboten die Bedeutung für die BewohnerInnen bestimmen. Immer ist die Beziehung zum Vortragenden ein wesentlicher Bestandteil für die Akzeptanz, ebenso wie Kultur und Stimmung in der jeweiligen Gruppe, die im besten Fall auch auf die desorientierten BewohnerInnen übergreift.

5.3.2.2 Die Faschingsfeier

Zu Großveranstaltungen wie der Faschingsfeier, dem Sommerfest, dem Wein-Fest usw. werden alle BewohnerInnen eingeladen, denen eine Teilnahme möglich ist. Bei solchen Festen werden auch die meisten der überwiegend bettlägerigen BewohnerInnen in die Veranstaltungsräume gebracht, Pflegepersonal wird zu deren Betreuung von den Wohnbereichen abgezogen, Angehörige sind ebenfalls eingeladen. Gegen Ende des Wintersemesters 2004/2005 nahmen zusätzlich etwa 30 Studierende an dieser Feier teil oder halfen in deren Umfeld beim Transport von BewohnerInnen. Zu solchen Veranstaltungen ist es üblich, dass die Küche etwas Besonderes anbietet, sowohl zur obligatorischen Kaffee-Tafel, als auch zum Abendessen, das auch im Saal gemeinsam eingenommen wird. Bei der Faschingsfeier kamen die „Kreppel" und die Brezeln offensichtlich gut an, auch bei manchen Angehörigen:

> „Beim Austeilen der Getränke und der Kreppel wurde ich überrascht, denn es entstand bei vielen eine schöne Atmosphäre. Sie lachten und unterhielten sich untereinander. Dies machte mich ebenfalls fröhlich, doch im gleichen Moment bemerkte ich auch viele traurige und teilnahmslos sitzende Bewohner. Entweder verstanden sie die Situation nicht oder sie können sich einfach nicht mehr freuen. Ich sah einige Bewohner als sie meinen Mitstudenten von ihrer schlimmen Situation erzählten und sogar anfingen zu weinen." (Badowski, David TP vom 03.02.05: S. 1).

> „Begeistert waren ausnahmslos alle von den Leckereien wie Kreppel und Kaffee bzw. später frische Salzbrezeln und Wein. Frau Krebs, deren Tochter etwas später hinzustößt, weinte vor Freude über die Kreppel. Viele nahmen sich mehrfach nach, was sonst beim alltäglichen Essen nicht vorkommt." (Purkert, Ilka TP vom 03.02.05: S. 3).

Für manche BewohnerInnen gerät die Begeisterung ihrer Angehörigen aber manchmal auch etwas peinlich, wie bei Herrn Linz mit seiner Tochter:

> „Herr Linz wollte ursprünglich nicht mitfeiern, hatte aber keine andere Wahl, da seine faschingsbegeisterte, verkleidete Tochter vorbeikam. Diese hinterließ insgesamt einen etwas schrägen Eindruck. Zum einen aß sie die meisten Kreppel und packte sich noch einen für zu Hause ein, zum anderen trank sie den meisten Wein. Sie trug zudem mit ihrer Tanzeinlage zur Erheiterung aller außer ihrem Vater bei." (Purkert, Ilka TP vom 03.02.05: S. 3).

Integrative Angebote für orientierte und desorientierte BewohnerInnen sind in der Altenpflege umstritten. Die Protokolle zeigen bezüglich der Faschingsfeier jedoch, dass auch die weniger Orientierten wie Frau Linde oder Frau Simon offensichtlich überwiegend Spaß bei der Veranstaltung hatten. Auch gibt es Hinweise auf freundliche Unterstützung gegenüber den Desorientierten:

> „Faschingsfeier: Linda war die ganze Zeit bei Frau Linde. Frau Linde schien in der Situation gar nicht das Bedürfnis gehabt zu haben aufzustehen und herumzulaufen, wie wir es bis jetzt immer miterlebt hatten. Sie war ruhig und schien zufrieden zu

sein. Auch ihr Ausruf „Hallo, hallo!" blieb aus." (Hamann, Laura TP vom 03.02.05:
S. 1).

„Mich freute vor allem, dass den heutigen Tag gerade BewohnerInnen genießen
konnten, die sonst eher depressiv, wortkarg bis stumm und traurig sind. So ist z.b.
Frau Simon richtig aufgetaut, lächelte oft und sagte mehrfach etwas, was sonst in
meiner Anwesenheit nie passierte. Der ältere Pfleger kümmerte sich sehr lieb um
sie. Wein trinken durfte sie aber nur mit viel Wasser verdünnt, so wie Frau Krebs."
(Purkert, Ilka TP vom 03.02.05: S. 3).

Auch bei den Großveranstaltungen sind wie schon in den Essbereichen Hinweise
auf gegenseitige Unterstützung der BewohnerInnen untereinander dokumentiert:

„Dennoch im Gegensatz dazu ist mir aufgefallen, dass die fitteren Bewohner sich
um andere ein bisschen kümmern, um ihnen den Nachmittag angenehm zu gestalten.
Als Beispiel fällt mir Frau Bader ein, die den ganzen Nachmittag versuchte Frau
Hagel zu animieren. Sie versuchte es mit schunkeln und dann versuchte sie, sie mit
einem Luftballon zu animieren. Frau Hagel war, trotz ihrer Bemühungen nicht in
Stimmung." (Riemann, Alina TP vom 03.02.05: S. 1).

Die Einschätzungen der Beobachter zu der Veranstaltung sind insgesamt positiv:

„Das Fest dauerte bis um 6 Uhr abends. Die Senioren haben sich gut amüsiert. Auch
viele Angehörige der Senioren haben am Fest teilgenommen." (Tarca, Mihai TP
vom 03.02.05: S. 2).

Großveranstaltungen wie die Faschingsfeier sind wesentliche Ereignisse im
Haus, die vor allem den gewohnten Alltag unterbrechen und den Jahresverlauf
markieren. Für die BewohnerInnen besitzen diese Veranstaltungen große Bedeutung und werden mit Spannung erwartet. Auch der Kontakt zu den Angehörigen
gehorcht hier anderen Regeln und bereichert damit ebenfalls die Erfahrungswelt
der BewohnerInnen des Seniorenzentrums.

5.3.2.3   Weitere Gruppenangebote

Regelmäßig am Montag wird der Spielenachmittag angeboten, an dem meist 20
bis 25 BewohnerInnen teilnehmen. Er beginnt wie die meisten derartigen Angebote mit einer Kaffee-Tafel.

„Am Nachmittag konnten sich die Bewohner, wie jeden Montag, zu einem Spielenachmittag zusammenfinden und es ist auch eine rege Teilnahme festzustellen. Zu

Beginn wurde gemeinsam Kaffee getrunken und Kuchen gegessen, die Bewohner haben sich angeregt unterhalten. Frau Winter (Sozialdienst) und ihr freiwilliger Helfer teilten alle in verschiedene Gruppen. Es haben sich im Laufe dieser Nachmittage hauptsächlich zwei Spiele behauptet: 'Mensch ärgere dich nicht' und Rommé. Die meisten spielen das Brettspiel." (Otto, Christine TP vom 04.04.05: S. 1).

Offensichtlich fühlen sich die meisten Teilnehmer wohl, aber auch gefordert:

„Habe kurz beim Spielnachmittag hineingeschaut und festgestellt, dass die Bewohner voller Freude 'Mensch-Ärgere-Dich-Nicht' und Romme spielen. Man konnte in den Gesichtsausdrücken der Bewohner ein konzentriertes, aber auch ein lächelndes Gesicht erkennen." (Steinberg, Dana TP vom 04.04.05: S.2).

„Dieser Nachmittag wurde sehr gut angenommen und es war eine schöne, entspannte, allgemeine Heiterkeit zu beobachten." (Otto, Christine TP vom 04.04.05: S. 2),

Einige Spieler nehmen ihr Spiel erstaunlich ernst, wie etwa Frau Hauk:

„Beim Spielenachmittag: Frau Hauk ist total verzweifelt bei Mensch- Ärgere dich nicht. Sie ist etwas sauer, versucht sich das aber nicht anmerken zu lassen." (Steinberg, Dana TP vom 02.05.05: S.2).

Gruppenangebote dieser Art dienen auch dazu, neue BewohnerInnen zu integrieren und ihnen Möglichkeiten zum Kennenlernen der „Eingesessenen" zu geben, wie etwa bei Frau Lecker (das Angebot findet an diesem Tag ausnahmsweise vormittags statt):

„Zum Spielevormittag habe ich Frau Lecker, eine neue Bewohnerin unseres Stockwerks mitgenommen. Die Hauswirtschaftkraft hatte mich auf sie aufmerksam gemacht. Sie erzählte, dass sie große Eingewöhnungsschwierigkeiten hätte und deshalb am Sonntag (Vortag) viel geweint hätte. Frau Lecker besuchte vorher ein anderes Heim, indem sie sich sehr wohl fühlte. Als Grund für den Wechsel gibt sie an, dass sie nun näher bei der Tochter wohne. Frau Lecker war gleich begeistert als ich sie fragte, ob sie mit zum Spielevormittag wolle." (Bunz, Simone TP vom 16.05.05: S. 1).

Das Spiele-Angebot wendet sich an weitgehend orientierte BewohnerInnen. Die oben erwähnte Problematik zur Einbeziehung Desorientierter hinsichtlich Überforderung zeigt sich am Beispiel von Frau Hub:

„Mit mir am Tisch sitzen zwei Damen, eine von ihnen war einmal Lehrerin. Frau Winter erklärte mir, dass sie auf den ersten Blick sehr klar wirkt, aber wenn man sich mit ihr beschäftigt recht schnell eine leichte Verwirrtheit feststellt. Sie ist sich

ihrer Defizite bewusst. Es war sehr interessant sich mit ihr zu unterhalten und ganz
normale Gespräche zu führen und doch zu bemerken, dass sie Probleme hat den
Spielablauf durchzuführen." (Otto, Christine TP vom 04.04.05: S. 1).

Jeden Dienstagnachmittag wird Malen angeboten, traditionell wird diese Gruppe
auch „Kreativ-Gruppe" genannt, an der ebenfalls 20 bis 25 BewohnerInnen teilnehmen. Die Treffen beginnen mit Kaffee und Kuchen an einer großen Tafel.
Zum Malen geht es danach an eine andere, gleichgroße Sitzgruppe, wo die entsprechenden Utensilien und die unfertigen Bilder der BewohnerInnen schon
vorbereitet liegen. Dabei wird zwar auch von manchen Teilnehmern frei gemalt,
wie von Frau Reim oder Frau Freund. Meistens werden jedoch sogenannte Man-
dalas ausgemalt, großflächige geometrische Muster, meist in Kreisform, die es
auch weniger begabten oder motorisch eingeschränkten BewohnerInnen wie
Frau Mast erlauben, zu vorzeigbaren Ergebnissen zu kommen. Meist muss man
sie dennoch überreden und ihr Mut machen:

> „Mir fiel Frau Mast auf, die sich an den Maltisch setzte, jedoch keinen Anschein
> machte, auch malen zu wollen. Auf Anfrage antwortete sie mir sie könne das nicht.
> Als ich jedoch ein ganz weißes Blatt entdeckte, frage ich sie noch mal. Diesmal
> schlug ich vor, gemeinsam ein Bild zu malen, sie stimmte zu. Wir überlegten uns,
> welches Objekt zu welcher Farbe passt und malten eine gelbe Sonne, eine rote Rose,
> grünes Gras, einen grünen Baum, einen blauen Fluss, blaue Wolken und ein paar
> schwarze Vögel. Schon nach kurzen gemeinsamen Zügen übernahm Frau Mast die
> Führung und malte schon bald ganz alleine, wobei ich jedoch neben ihr blieb."
> (Dettmers, Susanne TP vom 11.01.05: S. 2).

> „Frau Mast möchte nicht malen. Durch zureden gelingt es mir, sie zum Malen zu
> bewegen. Gemeinsam malen wir Mandalas aus mit großen Flächen. Ihr bereitet es
> meiner Ansicht nach große Freude. Sie sucht sich die Farben selbst aus. Sie freut
> sich sehr, wenn sie es geschafft hat, einen Kreis auszumalen Mein Eindruck von
> dem Angebot ist, dass es allen sehr gut gefallen hat" (Auerbach, Stefan TP vom
> 29.03.05: S. 1).

Für viele BewohnerInnen ist das Malen jedoch weniger wichtig, was hier gesucht wird ist Abwechslung und Geselligkeit:

> „Frau Wiese war sogar für ihre Verhältnisse super gelaunt und sang die ganze Zeit
> anzügliche Lieder, worüber sich Dana, Bilge, Frau Schank und ich köstlich amüsier-
> ten. Sämtliche Vorgänge am Nachmittag wurden von ihr kommentiert, pausenlos
> Witze gerissen bzw. Sprüche geklopft und auch Bewohner parodiert." (Breier, Ulri-
> ke TP vom 17.05.05: S. 1).

Auch Frau Sitter begegnet uns hier wieder:

„An einem Tisch las eine Studentin Redewendungen vor und kam im Anschluss mit den Bewohnern ins Gespräch. Frau Sitter vereinnahmte einen der Studenten und ließ ihn sehr viel von ihrem Wasserfarbenbild malen. Mit der Ausrede sie habe Kopfschmerzen. Nachdem er weg ging hatte sie plötzlich keine Lust mehr und hörte auf." (Bunz, Simone TP vom 03.05.05: S. 1).

Am Mittwochvormittag wird der Musische Gesprächskreis angeboten. Hier wird vorgelesen, aber auch gebastelt oder Obst und Salate zubereitet. Das Angebot hat immer einen Bezug zur Jahreszeit. Auch hier nehmen etwa 25 BewohnerInnen teil. Allerdings finden sich hierzu nur wenige Protokollauszüge, weil am Mittwoch meist keine Beobachter anwesend waren.

„Beim Gesprächskreis wurden Blumensträuße gemacht. Frau Wiese und Frau Siebig, die anfangs nicht teilnehmen wollten, hatten sich von dem MA überzeugen lassen und waren auch gekommen. Nun wurden die Blumen ausgeteilt und jeder gefragt, ob er einen Blumenstrauß machen möchte. Man konnte beobachten, dass einige erst ablehnten und nach einer Weile des Zuschauens dann doch auch selbst begannen. So auch Frau Wiese. Allen schien das Freude bereitet zu haben, zumal sie die Blumensträuße mit auf die Zimmer nehmen konnten, bzw. sie ihnen nach gebracht wurden." (Nußeck, Diana TP vom 18.05.05: S. 2).

Oft ist es die Aktivität der Gruppe, die auf manche Teilnehmer „ansteckend" wirkt, wie oben bei Frau Wiese und Frau Siebig. Auch die eher zurückhaltende Frau Hub scheint sich hier gut aufgehoben zu fühlen:

„Mir viel auf, dass sogar Frau Hub zu diesem Ereignis erschienen war und sehr gut gelaunt mit anderen plauschte. Sie fingen alle wie wild an Blumensträuße zu stecken und es war eine sehr fröhliche Stimmung. Die Tatsache, dass sie etwas selber nach ihren eigenen Interessen Gestalten konnten, löste bei vielen eine positive Resonanz aus. Sie wirkten teilweise zufriedener und vielleicht auch in vergangene, unbeschwertere Tage zurückversetzt." (Riemann, Alina TP vom 18.05.05: S. 2).

Oft ist es aber einfach die Abwechslung, die gesucht wird:

„Dann wurden ein paar Bewohner zum musikalischen Lesezirkel gebracht. Für sie 'immer eine Abwechslung', sagte eine Dame aus dem 2. Stock. 'Es ist besser als den ganzen Tag auf den Wohnbereichen zu hocken.'" (Steinberg, Dana TP vom 06.04.05: S.1).

Bei Gruppenangeboten kommt es auch gelegentlich zu Konflikten, wie mit Frau Wert, (RO 5,0, SO 5,8) die ihren Gehwagen immer direkt neben sich platziert haben will.

„Beim musischen Gesprächskreis: Waren diesmal wohl sehr viele Bewohner und der Platz wurde knapp. Als ein MA den Rollator von Frau Wert (WB2) zur Seite schob, da sonst keiner mehr Platz gehabt hätte wurde Frau Wert laut und begann zu schimpfen. Es sah auch fast so aus, als würde sie nach dem MA schlagen wollen. Dieser sagte ihr, dass sie dann bitte gehen sollte und sie empörte sich darüber, dass sie rausgeschmissen würde." (Nußeck, Diana TP vom 18.05.05: S. 1).

Die Gruppenangebote und die Feste bilden offensichtlich für viele BewohnerInnen eine wesentliche Abwechslung im Heimalltag. Der Bedarf im Haus erscheint dabei größer als das derzeitige oder das damalige Angebot. Meist sind es die orientierten oder die nur mäßig desorientierten BewohnerInnen, die von den bestehenden Gruppen profitieren können. Besondere Gruppen für demenziell schwer veränderte Menschen im Seniorenzentrum werden zwar zurzeit (Juli 2006) erprobt. Allerdings müssten solche Gruppen für die Betroffenen eigentlich täglich als feste Kleingruppen stattfinden, um überhaupt Wirkung zu zeigen. Dies erscheint jedoch angesichts der personellen Situation und der finanziellen Rahmenbedingungen des Hauses kaum darstellbar.

5.3.2.4 Vorläufige Interpretation zur Meta-Kategorie Veranstaltungsräume und Veranstaltungen

Gruppenangebote sind in Altenpflegeheimen verbreitet und sollen Tristesse und Einsamkeit entgegenwirken. Üblicherweise wird dabei unterschieden zwischen so genannten offenen Angeboten, zu dem BewohnerInnen i.d.R. sich auf eigenen Wunsch hin einfinden und tendenziell „geschlossenen" Angeboten, die nur bestimmten Gruppen vorbehalten sind[49]. Wenn aber ein offenes Angebot regelmäßig fast ein Drittel der BewohnerInnen erreicht, ist aus meiner Sicht besondere Aufmerksamkeit angezeigt. Dies gilt erst recht dann, wenn gerade für eine im hohen Maß in sich gekehrte Bewohnerin wie Frau Hauk solche Vorfreude und Begeisterung belegt ist (vgl. Steinberg, Dana TP vom 18.04.05: S.1; Steinberg, Dana TP vom 09.05.05: S.2). Diese „breitbandigen" Angebote scheinen auch desorientierte BewohnerInnen wie Frau Nickel oder Frau Linde zu begeistern (vgl. z.B. bei Purkert, Ilka TP vom 13.01.05: S. 2; Goll, Sandra TP vom 20.01.05: S. 1; Roth, Linda TP vom 20.01.05: S. 1). Es zeigt sich deutlich in den Aufzeichnungen der Forschenden, dass die Wirkung solcher Gruppenangebote im hohen Maß von der Person des Vortragenden und seiner Beziehung zu den

---

[49] Entweder Neigungs- und Interessengruppen oder Personen mit besonderer Problemlage, wie Menschen mit Demenz.

Teilnehmern abhängt (vgl. z.B. Purkert, Ilka TP vom 13.01.05: S. 2; Steinberg, Dana TP vom 25.04.05: S.1; Nußeck, Diana TP vom 23.05.05: S. 1).

Bei Festen und Veranstaltungen sind auch solche BewohnerInnen zugegen, die gemeinhin z.b. wegen überwiegender Bettlägerigkeit der Heimöffentlichkeit entzogen sind, ein entsprechendes Bedürfnis nach sozialem Austausch erscheint mehr als verständlich, wie von Badowski beschrieben (Badowski, David TP vom 03.02.05: S. 1). Auch Angehörige sind willkommen und aktiv dabei (vgl. Tarca, Mihai TP vom 03.02.05: S. 2), manchmal auch zu sehr, wie die Tochter von Herrn Linz nach Einschätzung der Beobachterin (vgl. Purkert, Ilka TP vom 03.02.05: S. 3).

Zu den Themen Privatheit und Autonomie, Kompensation von Einschränkungen und Lebensqualität und zur Totalität der Institution finden sich in dieser Meta-Kategorie kaum Anhaltspunkte, sieht man von den Hinweisen auf Angebote und kulturelles Leben in der Einrichtung ab. Diese können durchaus als Beiträge zur Überwindung von Isolation und zur Vermeidung von Langeweile und Tristesse unter den im Heim lebenden Menschen interpretiert werden.

5.3.3 Ergebnisse in der sozialräumlichen Meta-Kategorie c) Öffentliche Flächen und Räume

Die öffentlichen Flächen im Haus sind die Orte, wo sich mobile BewohnerInnen, MitarbeiterInnen des Hauses, Angehörige und Gäste begegnen. Dazu gehört das große Foyer des Hauses, das angrenzende Café oder Bistro und, je nach Jahreszeit, der Platz um den Brunnen an der Vorderseite und Garten mit Terrasse an der Rückseite des Gebäudes. Im Bistro treffen sich auch die Raucher unter den BewohnerInnen, weil sonst im Haus nur in den Aufenthaltsräumen der Pflegenden geraucht werden darf. Unter der Meta-Kategorie öffentliche Flächen und Räume finden sich folgende Kategorien:

- Das Bistro
- Der Wintergarten
- Der Platz am Brunnen

Unter der letzten Kategorie werden auch Veranstaltungen wie mittägliche Grillfeste beschrieben.

5.3.3.1 Das Bistro

Das Bistro ist ein Ort, wo sich BewohnerInnen und Angehörige in der Öffentlichkeit zeigen und die Angehörigen sich untereinander kennen lernen:

> „Frau Reh hat Besuch von ihrem Sohn und Herr Dachser von seiner Frau; sie sitzen gemeinsam am Tisch und unterhalten sich. Frau Kolb kommt herein, um zu sehen wer so da ist, wie sie bemerkt. Sie gesellt sich dazu und unterhält sich mit Rehs und Dachsers." (Breier, Ulrike TP vom 17.05.05: S. 1).

Die BewohnerInnen nutzen die Räume des Bistros auch, um anderen BewohnerInnen als denen in ihrem Bereich zu begegnen und neue Gesprächspartner zu finden:

> „Am späten Nachmittag saßen Herr Moos und Herr Kerze zusammen im Café und haben sich angeregt unterhalten, im Wohnbereich sieht man sie nie zusammen." (Otto, Christine TP vom 12.04.05: S. 2).

Das Bistro steht fremden BesucherInnen offen, um damit einen Beitrag zu Begegnungsmöglichkeiten und zur Einbindung des Hauses in das Gemeinwesen zu leisten.

> „Das Seniorenzentrum an sich hat mir auch sehr gut gefallen. Dass jeder im Bistro essen kann, finde ich sehr gut, da es den Bewohnern nicht den Eindruck vermittelt, getrennt von der Gesellschaft zu leben." (Roth, Linda TP vom 06.01.05: S. 2).

Im Bistro lesen einige Bewohner die Zeitung und diskutieren Tagesereignisse. Dabei geht es sowohl um Ereignisse in der Welt draußen wie auch um Vorfälle und Höhepunkte im Heimleben. Ebenso wird registriert, wer in das Haus kommt und wer es verlässt. Auch Klatsch und Tratsch sind zu beobachten.

> „Als ich in die Cafeteria hereingekommen war, saß da schon eine Bewohnerin, trank Mineralwasser und rauchte eine Zigarette. Während sich unsere Gruppe fast vollständig versammelt hat und Dr. Burkart das Organisatorische mit uns besprochen hat, sind noch ein paar Bewohner hereingekommen. Jeder von ihnen hat sich woanders hingesetzt und allein seinen Kaffee getrunken. Es ist mir sehr aufgefallen, dass jeder von den Menschen sich mit dem Gesicht zum Fenster hingesetzt hat und nach draußen geschaut hat." (Schottek, Edyta TP vom 04.01.05: S. 1).

> „Versammlung im Kaffee mit Bekannten. Bei einem Stück Kuchen und einem Kaffee werden die neuesten Pressemitteilungen ausgetauscht. Heutiges Hauptthema ist der Papst." (Steinberg, Dana TP vom 07.04.05: S.2).

Bei zufälligen Begegnungen mit Bekannten, BewohnerInnen oder auch mit schon bekannten studentischen BesucherInnen ist das Bistro der Ort, wo man sich bevorzugt zusammensetzt:

> „Im Eingangsbereich treffe ich auf Frau Trend. Sie freut sich mich zu sehen. Wir setzen uns an einen Tisch im Café. Hier zieht sie über Herrn Hanke her. Er sei ein unmöglicher Mensch und ein Schnorrer. Sie ist sehr sauer auf ihn." (Auerbach, Stefan TP vom 05.04.05: S. 1).

Bevorstehende Ereignisse wie das Fest am Ende der ersten Feldphase werden meistens im Bistro kommuniziert; manchmal kann Neugier auch gleich dort befriedigt werden:

> „Auch die Damen am Nebentisch unterhielten sich lebhaft. Frau Reim, Frau Mörsch, Frau Bangert etc. sprachen über den Alltag und was sie so erleben. Außerdem rätselten sie über die Abschlussfeier der Studenten. Ob sie nun auch eingeladen wären, weil ja unten nichts Offizielles anstehen würde. Man merkte, dass sie alle große Lust hätten, dabei zu sein. Günter klärte sie dann auf und teilte mit, dass die erste ¾ Stunde für die Studenten sei und danach dann die Bewohner gerne dazu kommen könnten." (Hamann, Laura TP vom 17.02.05: S. 1).

5.3.3.2 Der Wintergarten

Auch der Wintergarten wird außerhalb der Gruppenangebote als Ort des Rückzugs, aber auch zur Begegnung genutzt:

> „Einige Zeit später ging ich in den Wintergarten und traf dort auf Frau (Hub?), die in einem Buch vertieft war. Als noch eine Mitstudentin hinzukam unterbrach Frau Hub das Lesen und sprach mich auf meine Größe an. Sie schien sich über unsere Gesellschaft zu freuen und wir unterhielten uns über alles Mögliche. Dies war das klarste und verständlichste Gespräch welches ich im Seniorenheim geführt habe. Eine zweite Bewohnerin kam mit einer Gieskanne in den Wintergarten und wollte die Blumen gießen. Die beiden Damen haben sich sehr gut verstanden. Sie scheinen sich öfters zu treffen und sich zu unterhalten." (Badowski, David TP vom 03.02.05: S. 1).

> „Danach schaffte ich es Frau Hagel zu überreden, mit mir in den Wintergarten zu gehen. Schön war auch, dass sie nicht wie sonst im Rollstuhl saß, sondern zu Fuß unterwegs war. Im Wintergarten spielte ich dann klassische Musik. Mir fiel auf, dass Frau Hagel an diesem Tag gut drauf war. Ihr war nicht kalt, sie wollte spazieren gehen und nicht ins Bett wie sonst, sie erzählte viel und sie riss ein paar sarkastische Witze. In der Zwischenzeit war der Wintergarten richtig voll, da sich noch Frau

Hummel, Frau Schell, Frau Peil, Frau Otto, Herr Geiger und Herr Kerze zu uns gesellten." (Riemann, Alina TP vom 28.04.05: S. 2).

Einige BewohnerInnen nutzen den Raum für alte Vorlieben und übernehmen
Aufgaben, etwa die Pflege der Pflanzen durch Frau Scherer:

> „Frau Scherer ist schwerhörig, so dass ich ihr direkt gegenüber sitzen und sehr laut
> reden musste. Was sie mir zu ihrem Leben erzählte, ist auf dem Fragebogen fest-
> gehalten. Außerdem erzählte sie noch sehr stolz, dass sie hier im Haus für die Pflan-
> zen im Wintergarten zuständig sei. Doch jetzt, da sie sich eine Weile nicht um diese
> kümmern konnte, weil sie krank gewesen sei, seien sie ein bisschen eingegangen"
> (Hamann Laura TP vom 20.0105 S. 1).

Die Athmosphäre des Raums scheint darüber hinaus für seelsorgerische Zuwen-
dungen geeignet, auch wenn diese gelegentlich nicht störungsfrei ablaufen:

> „Um 11 Uhr begann ein Pfarrer Frau Pfeil im Wintergarten aus dem ersten Brief
> Paulus an die Korinther vorzulesen. Von einem MA ist bekannt, dass Frau Pfeil psy-
> chisch sehr labil ist und viel positiven Zuspruch braucht. Sie nickt einige Male weg,
> aber es ist deutlich, dass ihr zu Zuwendung des Pfarrers gut tut. Während des Lesens
> ist auch Frau Sattel anwesend, allerdings ist sie nicht in der Lage auf die Kontakt-
> versuche einzugehen, sie gibt nur langgezogene Töne von sich. Die Bewohnerin
> Frau Otter ist die Erste, die auf uns zugeht da ihre Hose verdreht ist und gerichtet
> haben möchte" (Otto Christine TP vom 11.01.05).

Als einer der Treffpunkte im Haus schauen BewohnerInnen oftmals auch im
Wintergarten auf der Suche nach Unterhaltung und Gesprächspartnern vorbei,
wie Herr Kerze:

> „Dann gingen wir in den Wintergarten, wo sich einige Bewohner fanden, in Stille
> saßen oder wie gewohnt schliefen. Herr Kerze erschien später auch, beobachtete die
> versammelte Runde" (Vierling Christian TP vom 18.01.05 S. 1).

Auch von den Studierenden wird der Raum für spontane Angebote an die BewohnerInnen entdeckt:

> „Mit Verspätung kam dann auch Frau Hagel zum Frühstück, um die ich mich etwas
> intensiver kümmern wollte. Schon während des Frühstücks fiel mir auf, dass sie sehr
> bedrückt und fast depressiv wirkte. Sie erwähnte sehr oft, dass sie das Leben satt hat
> und sich erhängen möchte. Nur wo? Sie erwähnte immer wieder, dass ihr kalt sei
> und das es ihr nicht gut gehe. Außerdem sagte sie immer wieder, dass sie sterben
> wolle. Ich habe versucht sie mit in den Wintergarten zu nehmen, aber Anfangs ver-

weigerte sie und verkroch sich hinter ihrer depressiven Stimmung. Auch wenn man versucht sie vom Alltag etwas abzulenken, wirkt sie oft lustlos und versucht ihre Schmerzsymptome in den Vordergrund zu stellen. Nach einiger Zeit stimmte sie mir dann doch zu mit in den Wintergarten zu gehen. Obwohl ihr kalt war (wie fast immer) konnte ich sie nach erster Verweigerung dazu überreden mit mir Ball zu spielen. Wir haben den Luftballon hin und her geschmissen und nach kurzer Zeit war ihre Kälte vergessen, sie lächelte sogar für einen kurzen Augenblick. Nach ca. einer 3/4 Stunde ging dann mir die Puste aus und Frau Hagel verging die Lust. Aber trotz ihrer anfänglichen Lustlosigkeit hatte ich das Gefühl, dass es ihr doch ein wenig Spaß machte, auch wenn es nicht sehr lange anhielt. Auch Frau Hummel begegnete uns im Wintergarten und schloss sich dem Spiel mit dem Luftballon an, auch ihr schien es Spaß zu machen" (Riemann Alina TP vom 27.04.05 S. 2).

Verglichen mit dem Bistro ist der Wintergarten der ruhigere der öffentlichen Räume und bietet gerade auch an weniger schönen Tagen die Möglichkeit, Licht und Weite zu genießen.

5.3.3.3 Der Platz am Brunnen

Bei schönem Wetter, vor allem im Frühling, hat der Platz um den Brunnen mit seinen Bänken sowie die Tische und Stühle vor dem Bistro für viele BewohnerInnen eine große Anziehungskraft, z.B. für Frau Hauk:

„Frau Hauk saß heute von 9-11 Uhr draußen. Sie genießt das sehr. Sie unterhält sich dann auch gerne mit anderen Bewohnern, die auch draußen sitzen." (Perleth, Selmar TP vom 28.04.05: S. 1).

Frau Hauk ist zugunsten von Sonne und Gesellschaft am Brunnen sogar gelegentlich bereit, auf ihr geliebtes Singen zu verzichten:

„Frau Hauk wollte heute nur in die Sonne. Sie wollte weder zum Singen, was normalerweise ihre Erfüllung ist, noch wollte sie zum Kaffee und Kuchen." (Steinberg, Dana TP vom 28.04.05: S.2).

Der Platz um den Brunnen ist regelmäßig der Veranstaltungsort für das Sommerfest des Hauses. Während der Feldphase des Forschungsprojekts konnten dort aber auch spontane „Events" wie das mittägliche Grillen stattfinden, die von den BewohnerInnen als außergewöhnliche Ereignisse gefeiert wurden:

„Um 13 Uhr beginnt der Aufbau für den Kreativ-Nachmittag. Frau Reim fragte, ob am Donnerstag etwas Besonderes sei und Frau Reh sagte ´Da wird doch gegrillt!´

Frau Reim: 'Da weiß ich ja gar nix von.'. Ich weise sie darauf hin, dass das Grillen wohnbereichsbezogen stattfindet und am Donnerstag im WB1 angefangen wird, dass die anderen WBe folgen werden. Frau Reim: 'Dass sie da auch ja daran denken, gell. Sie vergessen uns bestimmt!'. Ich versprach ihr, dass das nicht passieren wird, wenn es gut funktioniert und Gefallen findet." (Breier, Ulrike TP vom 17.05.05: S. 1).

Einige BewohnerInnen stehen dem Grillfest auch skeptisch gegenüber, die Studierenden müssen bei ihnen regelrecht dafür werben, offensichtlich mit Erfolg:

„Anschließend versuchen wir so viele Bewohner des ersten Stocks über das Grillfest zu informieren bzw. zu überzeugen daran teilzunehmen. Wenige sagen zu, die Mehrheit ist skeptisch. Wir versichern, dass es nur bei gutem Wetter stattfinden wird und informieren über die geplanten Speisen; was schon mehr überzeugt." (Breier, Ulrike TP vom 17.05.05: S. 1).

„Wir verlegten das Grillen von der Terrasse ins Rondell, da sie Temperatur dort wesentlich angenehmer war. Die Tische wurden kreisförmig um den Brunnen verteilt. Ich stand mit Moritz am Grill. Es kamen fast alle Bewohner aus dem ersten Stock herunter, denen es möglich war; sogar die, die dienstags noch keine Lust hatten und sonst an wenigen Ereignissen teilnehmen (Frau Weber, Frau Volz, Frau Göll). Einige Bewohner aus anderen WBs gesellten sich dazu (Frau Muschel, Frau Freund, Frau Sitter). Frau Reich war sehr begeistert vom Essen und erzählte mir ganz stolz was sie alles gegessen hat (ist sonst nie ihren Teller leer). Viele Bewohner blieben noch auf ein Eis sitzen und ließen sich von der Sonne bescheinen." (Breier, Ulrike TP vom 19.05.05: S. 1).

Die geplante Aufteilung nach Wohnbereichen funktionierte allerdings nicht so ganz:

„Um halb zwölf begann das Grillen auf dem Vorplatz. Die Aktion wurde von den meisten Bewohnern mit Begeisterung aufgenommen. Die Leute aus dem dritten Stock waren neidisch. Einige (Frau Muschel und Frau Hub) setzten sich einfach dazu und aßen mit. Wir ließen das zu. Das Grillen wirkte sehr gesellig. Das Wetter war sehr sonnig und so trugen einige Bewohner Strohhütte. Einige sahen dadurch richtig elegant aus." (Bunz, Simone TP vom 19.05.05: S. 1).

Die rückblickende Einschätzung der Grillfeste[50] war durchweg positiv, wie bei Frau Reim und Frau Scherer und sogar bei der örtlichen Presse:

---

[50] Insgesamt drei Veranstaltungen, die zwar jeweils wohnbereichsbezogen geplant waren, aber trotzdem auch von BewohnerInnen der anderen Wohnbereiche besucht wurden. Weggeschickt wurde jedenfalls keiner, einige BewohnerInnen nahmen daher an allen Veranstaltungen teil.

„Frau Reim und Frau Scherer unterhalten sich über das Grillen vom vergangenen Donnerstag. Frau Reim: 'Die Leute waren begeistert, die kennen das ja nicht, unter freiem Himmel zu essen. Das war ja ein richtiges BBQ, das gab es vor 50 Jahren ja noch gar nicht. Sie haben sich alle gefreut und in der N-burger Post war sogar ein Artikel darüber drin. Haben sie schön beschreiben, dass sah alles toll aus.' „ (Steinberg, Dana TP vom 23.05.05: S.1).

Auch aus Sicht der Beobachter wurde eine positive Bilanz zu den Aktionen formuliert:

„Grillen – mein Eindruck: Ich hatte das Gefühl, dass das alle sehr genossen haben und zum Teil auch viel mehr gegessen haben, als gewöhnlich. Einige blieben danach noch in der Sonne sitzen. Ich fand es gut, dass auch Bewohner dabei waren, die zu den wöchentlichen Angeboten wie Singen etc. nicht gebracht werden und/oder meistens auf ihren Zimmern sind." (Nußeck, Diana TP vom 18.05.05: S. 2).

Die Grillfeste, die später nochmals wiederholt wurden, fanden zwar in den öffentlichen Räumen rund um das Haus statt, wären aber in ihrer Größenordnung und Häufigkeit ohne die beteiligten Studierenden nicht durchführbar gewesen. Damit zeigt sich eine Überschneidung zu einer Kategorie, die später noch vorgestellt wird und sich mit den Folgen von qualitativer Sozialforschung im untersuchten Feld beschäftigt.

5.3.3.4 Vorläufige Interpretation zur Meta-Kategorie Öffentliche Flächen und Räume

Das Café und der Platz am Brunnen vor dem Haus wirken in den Beschreibungen der Feldbeobachter erstaunlich „normal" und unerwartet für ein Pflegeheim. Was sich dort abspielt, könnte gleichermaßen in einem französischen Dorfcafé oder in einer Gaststätte in Oberfranken beobachtet worden sein: Menschen lesen ihre Zeitung, trinken Kaffee oder Wein, beobachten, wer kommt und wer geht, lernen einander kennen und unterhalten sich, ähnliches gilt für den Platz am Brunnen. Dass Angehörige ebenfalls in den Szenen auftauchen und sich das Café auch den Anwohnern der Umgebung öffnet, passt ebenfalls ins Bild.

Auch der beschriebene Sachverhalt, dass eigentlich wohnbereichsbezogen geplante Grillfeste am Platz vor dem Haus, weitere „ungebetene" BewohnerInnen anziehen, passt in ein Bild von Normalität. Es spricht für die Einrichtung, dass diese Gäste nicht etwa abgewiesen werden. Allenfalls könnte aus der Bedeutung und der Aufmerksamkeit, die solche Angebote bei den BewohnerInnen auslösen darauf geschlossen werden, dass solche Aktionen selten sind und den Forschungsfolgen zugerechnet werden können.

Andere Bereiche wie der Wintergarten dienen außerhalb von Veranstaltungen eher dem Rückzug oder dem privaten Gespräch, gleiches gilt für den Garten hinter dem Seniorenzentrum. Hinsichtlich möglicher Einschränkungen der Autonomie der BewohnerInnen gibt es bei dieser Meta-Kategorie keine Hinweise. Auf Kompensation von Einschränkungen durch die Einrichtung kann allenfalls bei Frau Hauk geschlossen werden, die aus eigener Kraft den Platz am Brunnen kaum erreichen kann (Perleth, Selmar TP vom 28.04.05: S. 1), die aber wahrscheinlich eher von einer Studentin dorthin gebracht wurde (vgl. Steinberg, Dana TP vom 28.04.05: S.2). Aus dem Fehlen von Hinweisen auf Hilfen für die BewohnerInnen in den öffentlichen Bereichen des Hauses kann daher darauf geschlossen werden, dass sich hier nur diejenigen treffen, die relativ mobil und geistig wenig eingeschränkt sind. Die übrigen Menschen im Heim scheinen ihren Wohnbereich nur eher organisiert bei Veranstaltungen oder mit Hilfe von Angehörigen zu verlassen.

5.3.4 Ergebnisse in der sozialräumlichen Meta-Kategorie d) Die Zimmer der BewohnerInnen

Wie schon angedeutet, erfolgt die Aufnahme neuer BewohnerInnen in einem der 16 Doppelzimmer des Hauses. Auch Ehepaare werden auf Wunsch gemeinsam im Doppelzimmer untergebracht, z.B. Ehepaar Reich oder Herr Moos mit seiner Lebensgefährtin vor deren Tod. In aller Regel begegnen sich dort jedoch fremde Menschen, was nicht immer unproblematisch ist und oft zu Konflikten führt.

Nach einigen Monaten im Haus werden den BewohnerInnen nach einer Warteliste frei gewordene Einzelzimmer angeboten. Nicht immer werden diese vom jeweiligen Ersten auf der Liste auch angenommen, vielfach wollen diese Menschen auf dem Wohnbereich bleiben, in dem sie sich eingelebt haben, dann wird die Wartelistennächste gefragt. Wird dann ein Einzelzimmer bezogen, erhöhen sich Privatheit und Rückzugsmöglichkeiten für die BewohnerIn erheblich, ebenso ergeben sich vielfältigere Möglichkeiten zur Zimmergestaltung. Das Einzelzimmer kann aber auch zur selbst gewählten oder erzwungenen Isolation führen, wie bei den Bettlägerigen. Die Kategorien unterhalb dieser Meta-Kategorie sind daher:

- Die BewohnerInnen im Doppelzimmer
- Das Einzelzimmer: Privatsphäre und Rückzug
- Die Bettlägerigen

5.3.4.1 Die BewohnerInnen im Doppelzimmer

Der Zugang neuer BewohnerInnen im Doppelzimmer und die Folgen davon werden auch von einigen Feldbeobachtern durchaus kritisch vermerkt:

> „Mich störte jedoch, dass es Doppelzimmer gibt. Dieser Aspekt passt nun gar nicht zum Normalisierungsprinzip und verhindert eine eigene Privatsphäre. Ich denke auch, dass der Einzug ins Seniorenzentrum und das Einleben hierdurch erschwert werden." (Dettmers, Susanne TP vom 04.01.05: S. 3).

> „Frau Mörsch wohnte früher zusammen mit Frau Reim, seit zwei Wochen bekam sie ein Einzelzimmer. Sie ist nicht gern allein. Mit Frau Reim gab es ab und zu Streit. Frau Mörsch wollte abends fernsehen aber Frau Reim ging schon um 19 Uhr schlafen." (Komar, Agnieszka TP vom 16.06.05: S. 1).

Allerdings scheinen manche „Wohngemeinschaften" für die Beteiligten auch so positiv zu sein, dass diese fortzuführen dem längst mehrfach angebotenen Einzelzimmer vorgezogen wird, wie bei Frau Kirsch und Frau Kress:

> „Dann bin ich mit einer anderen Studentin zu Frau Kirsch vom Wohnbereich eins gegangen, weil sie sich gewünscht hatte, auch interviewt zu werden. Wir konnten recht leicht Kontakt zueinander aufnehmen und sie begann schon bald vom Leben im Heim zu erzählen. Auffällig war dabei, dass sie gerne in einem Doppelzimmer lebt, sie sagte: 'Ich möchte meine Mitbewohnerin nicht missen.'" (Dettmers, Susanne TP vom 11.01.05: S. 1).

Konflikte im Doppelzimmer werden gelegentlich auch erst rückblickend formuliert. So berichtet Frau Mörsch erst nach ihrem Umzug über die angebliche Tyrannei von Frau Reim:

> „Frau Mörsch war sehr böse auf Frau Reim ('mit der will ich Nichts mehr zu tun haben', 'die hat mich immer tyrannisiert', 'jetzt kann ich meine Ruhe haben, wenn ich will' etc.). Frau Reim ist eine sehr dominante Persönlichkeit, aber ich denke Frau Mörsch war auch ein wenig in ihrer 'Eitelkeit verletzt', dass Frau Reim bereits eine neue Mitbewohnerin, Frau Feuerstein hat, die aus dem Nebenzimmer zu ihr gezogen ist (an diesem Nachmittag, deswegen konnte sie nicht mit nach unten kommen). Frau Feuerstein hatte vorher mit Frau Schwarz ein Zimmer geteilt, aber sie kam mit ihr überhaupt nicht aus und so durfte sie in das Nebenzimmer (zu Frau Reim) ziehen." (Schütz, Kaori TP vom 01.06.05: S. 2).

Zusammenfassend ist zur Unterbringung neuer BewohnerInnen im Doppelzimmer festzustellen, dass hier zunächst die negativen Aspekte auffallen: Das Doppelzimmer bietet wenig Möglichkeit zum Rückzug vor der allgegenwärtigen gemeinschaftlichen Organisation des Alltags im Heim. Daneben sind individuelle Gestaltungsmöglichkeiten des Raums stark eingeschränkt, eigene Möbel können aus Platzgründen kaum gestellt werden, allenfalls einige Bilder oder ein eigener Sessel können mitgebracht werden. Für den Zeitpunkt der Vergabe eines Einzelzimmers müssen die gewohnten Möbel zudem in geeigneter Weise zwischengelagert werden. Ist dies nicht möglich, etwa wegen den damit verbundenen Kosten, wird dem Bewohner auch später die Möglichkeit zur Ausgestaltung seines Lebensraums weitgehend genommen. Auch der Mitbewohner, mit dem das Zimmer geteilt wird, ist nicht immer jemand, mit dem spontan Freundschaft geschlossen wird.

Allerdings bietet die Zeit im Doppelzimmer auch die Chance zu Bekanntschaften und zum Austausch mit dem Mitbewohner. Gerade wenn, wie häufig festgestellt werden kann, die neuen BewohnerInnen zuvor relativ zurückgezogen gelebt hatten, ist die Möglichkeit zur gegenseitigen Ansprache nicht zu unterschätzen. Besonders problematisch ist die erste Zeit im Doppelzimmer jedenfalls dann, wenn die MitbewohnerIn desorientiert ist. Hier müssen gelegentlich besondere Veranlassungen getroffen werden, bis hin zu kurzfristigen Umzügen von BewohnerInnen im Hause. Dass dies auch wiederum oft problematisch ist, weil neue BewohnerInnen sich gerade ein wenig eingewöhnt haben, liegt auf der Hand.

5.3.4.2 Das Einzelzimmer: Privatsphäre und Rückzug

Der Umzug in das meist sehnsüchtig erwartete Einzelzimmer gibt der BewohnerIn neue Gestaltungsmöglichkeiten für ihre unmittelbare Umgebung: Eigene Möbel können gestellt werden, Hobbys werden wieder aufgenommen, wie das Orgelspiel von Herrn Schenkel, sofern die Orgel nicht gerade defekt ist:

„Frau Schön: Sie hat ganz viele Fotos von ihrer Familie im Zimmer und einen schönen antiken Schrank aus dunklem Holz. Es ist gemütlich." (Kornejeva, Oksana TP vom 21.04.05: S. 2).

„Herr Schenkel: Er erzählte, er sei Englischlehrer. Dann fragte er uns, ob wir schon mal auf den Kanaren waren, was wir verneinen mussten. Er sagte, dass er schon fünfmal auf Lanzarote gewesen sei und sagte ein Gedicht auf, das er selbst gedichtet habe, als er einmal dort gewesen sei. Nun zeigte er uns in seinem Zimmer ein Fotoalbum mit Fotos von seinem Urlaub. Beim Abschied sagte er, er hätte uns gerne noch etwas auf seiner Orgel vorgespielt, die aber leider kaputt sei (es stand eine Orgel in seinem Zimmer)." (Hamann, Laura TP vom 06.01.05: S. 2).

„Frau Knecht habe ich in ihrem Zimmer abgeholt. Ihr Zimmer ist gemütlich und super ordentlich, sie macht sich auch stets Sorgen, ob alles in Ordnung ist." (Kornejeva, Oksana TP vom 03.05.05: S. 4).

„Frau Göll: Sie sagt, ich wäre wie ihre Enkelin Babara und geht zu ihren Regalen. Die sind vollgestellt mit Photos und Bildern von Heiligen. Sie nimmt ein Photo und zeigt mir ihre Enkelin." (Nußeck, Diana TP vom 01.06.05: S. 1).

Für viele BewohnerInnen ist das eigene Zimmer auch Mittel zur Selbstpräsentation, auch wenn die Form dieser Darstellung beim Besucher nicht immer uneingeschränkt gut ankommt, wie im Fall der Frau Sitter:

„Wir blieben noch kurze Zeit dort, in der mich Frau Sitter an der Hand nahm und mir stolz ihr Zimmer zeigte. In ihrem Zimmer zeigte sie mir ein Bild, das sie selbst mit Hilfe gemalt habe, so erzählte sie. Dann wollte sie schnell zurück zum Kaffeetisch." (Hamann, Laura TP vom 06.01.05: S. 1).

„Ich habe mir schon überlegt was ich machen werde als mich Frau Sitter im Flur begrüßte. Sie schlägt vor, wir sollten etwas lesen, im Wintergarten war aber keiner (alle Bewohner versteckten sich irgendwo in ihren Zimmern), also hat sie mich in ihr Zimmer eingeladen. Das erste was ins Auge stößt - ein großes Foto von ihr an der Tür (sonst hat es keiner der Bewohner). Sie möchte sich also von der Menge unterscheiden, bemerkt werden. Im Zimmer stehen und hängen viele verschiedene Sachen rum, es scheint 'überlastet' zu sein. Ziemlich chaotisch und unordentlich, da kann ich mich nicht wohlfühlen." (Kornejeva, Oksana TP vom 03.05.05: S. 1).

Wie Frau Sitter zeigen auch andere BewohnerInnen die Ergebnisse ihrer künstlerischen Neigungen an den Wänden ihres Zimmers, etwa Herr Hahn:

„Herr Hahn: Als ich ihn auf die Bilder ansprach die in seinem Zimmer hängen und meinte, dass diese sehr hübsch sind, erklärte er, dass er sie gezeichnet hat." (Nußeck, Diana TP vom 13.01.05: S. 1).

Im Zimmer werden auch Freundschaften gepflegt, man besucht sich gegenseitig:

„Da ich wieder auf dem Stockwerk unterwegs war besuchte ich Frau Heller, die eigentlich immer alleine in ihrem Zimmer sitzt. Aber heute war das anders, sie hatte Besuch von Frau Lecker. Sie unterhielten sich angeregt und lachten. Frau Lecker erzählte mir, sie reden über die Vergangenheit und freuten sich gemeinsam über schöne Erinnerungen. Beide waren sehr glücklich über die Gegenwart der Anderen und sie unterhielten sich vergnügt weiter als ich den Raum verließ." (Riemann, Alina TP vom 25.05.05: S. 1).

> „Frau Mörsch und Frau Baier traf ich in Frau Mörschs neuem Zimmer an, Frau Mörsch ist am Nachmittag des Vortages umgezogen. Die beiden Frauen wollten nicht mit nach unten zu dem Kindersingen, sie wollten sich lieber noch ein wenig zu zweit unterhalten." (Schütz, Kaori TP vom 01.06.05: S. 1).

Oft ist allerdings das Zimmer auch der Ort des Rückzugs in die Einsamkeit:

> „Erster Kontakt mit Fr. Baier, sie hat gerade Besuch von ihrer Tochter, diese verlässt den Raum als wir eintreten. Wir werden vorgestellt, es folgt kurzes Gespräch mit Fr. Baier, sie will an diesem Tag kein Gespräch mit uns. Auf dem Weg in Gang 2 kurzes Gespräch mit Tochter von Fr. Baier, sie bedauert die 'Fremdelei' ihrer Mutter uns Gegenüber, wir versprechen weitere Kontaktversuche. Nach Angaben der Tochter ist ihre Mutter einsam, da sie kaum Kontakte zu anderen Bewohnern pflegt, bzw. pflegen will." (Schütz, Kaori TP vom 06.01.05: S. 1).

Die Zimmer und insbesondere die Einzelzimmer sind für die mobileren BewohnerInnen ein wichtiges Stück Privatheit und Rückzugsmöglichkeit in einem sonst hauptsächlich durch gemeinschaftlichen Vollzug vieler Aktivitäten gekennzeichneten Alltag. Sie bieten aber auch das Risiko des vollständigen Rückzugs in die Einsamkeit und Depression.

5.3.4.3 Die Bettlägerigen

Eine ganz andere Funktion hat das Zimmer für diejenigen, die ganz oder überwiegend bettlägerig sind und die ihr Zimmer kaum je verlassen können. Meist sind sie in besonders hohem Maß auf pflegerische Hilfen angewiesen, oft in ihrer Orientierung zudem stark eingeschränkt: Von den zwölf überwiegend bettlägerigen BewohnerInnen sind sieben im mittleren Umfang, fünf in hohem Umfang in ihrer situativen Orientierung eingeschränkt. Frau Engel etwa ist in extremer Weise desorientiert (RO 9,0, SO 9,0).

> „Frau Engel, eine Frau mit sehr fortgeschrittener Demenz, wurde gewaschen und ich habe dabei zugesehen. Die Pflegerin erklärt mir dabei, dass man für Frau Engel alles tun muss, was sie selber nicht mehr kann und das umfasst so gut wie Alles. Mich hat das an den Umgang mit einem Säugling erinnert." (Otto, Christine TP vom 07.04.05: S. 1).

In den meisten Fällen sind die Bettlägerigen auch auf Hilfen bei der Nahrungsaufnahme angewiesen, wie Frau Gerling. Allerdings ist die Praxis solcher Hilfen nicht immer ganz einfach, vor allem, wenn noch demenzielle Veränderungen des Bewohners die Aushandlung der Hilfen erschweren (RO 5,0, SO 5,2):

„Gemeinsam mit der Pflegerin besuchten wir Frau Gerling. Sie wurde als Hexe und gleichzeitig Goldschatz tituliert und war stark schwerhörig. Sie redete mit ihrem Kuscheltier." (Chilas, Irini TP vom 04.01.05: S. 2).

„Frau Gerling liegt den ganzen Tag im Bett (wie gewöhnlich). Ich sehe ca. dreimal nach ihr, aber sie reagiert nicht auf mich, auch nicht auf Berührungen am Arm." (Nußeck, Diana TP vom 27.04.05: S. 2).

Wenn Frau Gerling etwas nicht will, will sie das konsequent nicht. Die BesucherInnen sind dann regelmäßig überfordert:

„Frau Gerling liegt im Bett und hält die Augen geschlossen. Ich soll ihr Frühstück geben, aber sie lässt den Mund geschlossen, ab und zu öffnet sie mal das linke Auge. Ich mache ihr Entspannungsmusik an. Zweimal trinkt sie richtig etwas von dem Kaffee, den ich ihr geben will, ansonsten verschließt sie den Mund und der Kaffee läuft vorbei. Nach etwa 30 Minuten sage ich einem MA Bescheid und gebe es auf." (Nußeck, Diana TP vom 04.05.05: S. 1).

Manchmal geht es ihr aber auch anders, wenigstens eine Zeit lang:

„Mittagessen bei Frau Gerling: Lächelt mich an und fragt, wer ich bin. Meine Antwort scheint sie aber nicht zu verstehen, da sie die Frage häufig wiederholt. Sie isst ungefähr die Hälfte des Mittagessens, dann sagt sie: 'Da krieg ich Magenschmerzen.' Das Pflegepersonal kommt und begrüßt sie mit den Worten: 'Na Prinzessin...'." (Nußeck, Diana TP vom 20.04.05: S. 2).

Ähnlich wie Frau Gerling liegt auch Frau Persch fast ständig im Bett. Zudem äußert sie sich sprachlich kaum, wirkt aber trotzdem auf die Beobachter nicht unzufrieden:

„Dann rief mich aber auch schon Schwester Sibel, die mich fragte ob ich Frau Persch das Essen reichen könnte, das ich daraufhin auch tat. Frau Persch kenne ich schon länger, und ich habe ihr auch schon öfters das Essen gereicht, somit konnte ich diese Aufgabe gut bewältigen. Trotz ihrer Bettlägerigkeit macht Frau Persch auf mich nie den Eindruck als würde es ihr schlecht gehen, trotz ihres Zustandes." (Kern, Moritz TP vom 09.05.05: S.1).

„Frau Persch ist eine der Bewohnerinnen, die fast die ganze Zeit im Bett liegen. Sie hat bis her noch kein Wort mit mir geredet. Ich begrüße Frau Persch zum Frühstück und frage sie, wie es ihr geht. Sie antwortet mit fester Stimme 'Gut'. Mehr sagt sie aber nicht." (Auerbach, Stefan TP vom 30.03.05: S. 1).

Wenn sich Frau Persch außerhalb ihres Bettes aufhält, wird dies von den Beobachtern als außergewöhnlich vermerkt. Wenn gar die Möglichkeit besteht, sie zu gemeinschaftlichen Aktivitäten zu begleiten, ist das für die Beteiligten etwas ganz Besonderes:

> „Das Essen kommt und ich gehe zu Frau Persch um ihr das Essen zu geben. Sie sitzt in ihrem Sessel mit einer karierten Wolldecke zugedeckt. Anmerkung: Letztes Semester habe ich, mit einer Ausnahme, Frau Persch immer nur im Bett liegen sehen." (Nußeck, Diana TP vom 14.04.05: S. 2).

> „Wir gingen mit Frau Persch hoch in den Wintergarten um dem Gesang zu lauschen. Für sie war es etwas besonderes, normalerweise liegt sie ausschließlich und sie schien die Situation sehr zu genießen." (Chilas, Irini TP vom 17.02.05: S. 1).

Herr Hahn dagegen liegt zwar ebenfalls meist im Bett, ist jedoch in hohem Maß orientiert. Er freut sich über Besuch und ist bei den Studierenden recht beliebt. Zu Projektbeginn war er noch sehr mobil:

> „Danach flirteten eine Mitstudentin und ich ein wenig mit Herrn Hahn. Dieser ist ein wahrer Gentleman: Er hilft nicht nur den Damen, wo immer er kann, er räumt sogar nach jedem Essen die Spülmaschine ein." (Chilas, Irini TP vom 11.01.05: S. 2).

Seine Bettlägerigkeit rührte von einem Beinbruch her:

> „Wir gingen zu Herrn Hahn um mit ihm eine Zigarette zu rauchen. (Er darf im Zimmer rauchen, da er starker Raucher ist, das Bett aber nicht verlassen kann, da er einen Beinbruch erlitten hatte. Seine Zigaretten liegen im Schwesternzimmer, da er ansonsten eine nach der anderen rauchen würde.)" (Chilas, Irini TP vom 01.02.05: S. 2).

Wenn Herr Hahn einmal nicht im Bett liegt, freut das auch seine BesucherInnen:

> „Herr Hahn war heute zum ersten Mal aus dem Bett, was mich sehr freute. Als ich heute zu ihm ins Zimmer kam saß er in seinem Sessel vor dem Fernseher und war sichtlich gut gelaunt." (Kern, Moritz TP vom 10.02.05: S.2).

Im Gegensatz zu den meisten bettlägerigen BewohnerInnen hat Herr Hahn auch die Hoffnung auf eine Verbesserung seiner Situation nicht aufgegeben:

> „Da Herr Hahn mittags einen Arzttermin hat und daher in den Rollstuhl gesetzt werden muss, beschließen Bilge und ich dass wir ihn vor dem Essen noch etwas mit nach draußen nehmen wollen um eine Zigarette zu rauchen. Wir bitten also die Pfleger ihn in den Rollstuhl zu setzen; unser Wunsch wird prompt erfüllt. Er wirkt gut gelaunt und redet mehr als sonst. Er sagt, dass er hofft bald wieder öfter aus dem

Bett rauszukommen und auch mehr draußen zu sein." (Breier, Ulrike TP vom 17.05.05: S. 1).

Die Bettlägerigen sind neben den schwer demenziell veränderten BewohnerInnen die am meisten benachteiligte Gruppe im Haus. Zwar wird von den Pflegekräften versucht, eine völlig reizarme Situation zu verhindern, allerdings ist das aufgrund von Zeitmangel des Personals auch manchmal problematisch:

> „Beim ersten Rundgang im Wohnbereich 2 fiel mir auf, dass im Zimmer von Frau Krebs und Herrn Voss des Öfteren der Fernseher sehr laut läuft während beide schlafen." (Purkert, Ilka TP vom 10.02.05: S. 1).

Andere BewohnerInnen erhalten sich trotz ihrer Bettlägerigkeit ihre Interessen:

> „Frau Gerhard liegt in ihrem Bett und schaut Fernsehen, als die Studenten eintreten. Eine Ski-Übertragung. Sie ist total Ski begeistert, seit dem sie 14 ist. Beim Gespräch mit ihr ist jedes Thema mit Schnee verbunden. Sie ist 'ein bisschen krank', erkältet. Man ist sich nicht sicher, ob sie die Realität aus dem Fernsehen nimmt. Erzählt vom Skifahren im Taunus, Oberhof (nachdem der Ort im Gespräch mal gefallen war) und Wernigerode." (Vierling, Christian TP vom 11.01.05: S. 1).

5.3.4.4   Vorläufige Interpretation zur Meta-Kategorie Die Zimmer der BewohnerInnen

Der Zuzug im Doppelzimmer erscheint den Feldbeobachtern in einigen Fällen als Zumutung und gegenläufig zu den Vorstellungen der Studierenden hinsichtlich Normalisierung der Heimunterbringung (insbesondere bei Dettmers, Susanne[51], z.B. TP vom 04.01.05: S. 3). Trotzdem sind nur wenige Konflikte für die Beobachter erkennbar und festgehalten, wie bei Frau Mörsch, die sich im Nachhinein über Frau Reim beschwert (Schütz, Kaori TP vom 01.06.05: S. 2) oder die bereits vorher aufgeführte Auseinandersetzung zwischen Frau Vogel und Frau Samt (vgl. Auerbach, Stefan TP vom 08.04.05: S. 1). Dagegen sind auch Aufzeichnungen zu finden, in denen (von Ehepaaren einmal abgesehen wie bei Herrn und Frau Reich) das Leben im Doppelzimmer als erhaltenswerte Wohnform im Heim bewertet wird, wie bei Frau Kirsch und Frau Kress (Dettmers, Susanne TP vom 11.01.05: S. 1).

---

[51] Zu Frau Susanne Dettmers ist übrigens anzumerken, dass das Prinzip der "Normalisierung" und dessen Übertragbarkeit von der Arbeit mit Menschen mit Behinderung in die Arbeit mit alten Menschen auch Thema ihrer bemerkenswerten Hausarbeit zum Vordiplom war.

Wie schon angedeutet erscheint es denkbar, dass vor allem solche HeimbewohnerInnen, die vor der Heimaufnahme sehr isoliert waren und darunter gelit-
ten hatten, die Zwangsgemeinschaft im Doppelzimmer nicht überwiegend unan-
genehm empfinden. Diese Vermutung wäre aber sicherlich noch näher zu prüfen.
Jedenfalls erscheinen Privatheit und Autonomie durch die anfängliche Unterbringung im Doppelzimmer erheblich eingeschränkt. Diejenigen HeimbewohnerInnen, die ihre Zeit (im Mittel ein halbes Jahr) im Doppelzimmer hinter sich
gebracht haben, finden im Einzelzimmer ihren eigenen Bereich zur wohnlichen
Gestaltung. Bestenfalls hatten sie zuvor die Möglichkeit, lieb gewonnene Möbel
und dergleichen zwischen zu lagern, um sie dann im Einzelzimmer aufbauen zu
lassen (auch Schrankwände in Eiche-rustikal sind belegt).

Damit wird das eigene Zimmer auch zum Mittel der Selbstdarstellung, in
das Gäste eingeladen werden können. Dem Besucher können dort Zeugnisse der
Lebensgeschichte des Gastgebers präsentiert werden, wie Fotos oder Sammlun-
gen (vgl. Kornejeva, Oksana TP vom 21.04.05: S. 2). Ebenso belegt sind Formen
der Selbstpräsentation über frühere oder aktuelle künstlerische Ausdrucksfor-
men, wie sie sich besonders deutlich bei den Herren Schenkel und Hahn, aber
auch bei Frau Sitter zeigen (Hamann, Laura TP vom 06.01.05: S. 2; Nußeck,
Diana TP vom 13.01.05: S. 1; Hamann, Laura TP vom 06.01.05: S. 1). Das eigene Zimmer kann ebenfalls der Ort des Rückzugs und der Einsamkeit sein, wie
bei Frau Baier vermutet werden kann (vgl. Schütz, Kaori TP vom 06.01.05: S.
1).

Die Bettlägerigen sind dagegen die Gruppe von BewohnerInnen, für die das
eigene Zimmer auch zur unfreiwilligen Isolation führen kann, wie bei Frau Engel
oder Frau Gerling. Meist zeigt sich für diese Gruppe auch der höchste Bedarf an
pflegerischen Hilfen. Nach Auffassung vieler Beobachter verbringt dort das
Pflegepersonal die meiste Zeit des Tages, die PflegerIn wird zur wichtigsten
Bezugsperson. Ob durch diese Nähe auch verniedlichende Bezeichnungen wie
„Goldschatz" oder „Prinzessin" (Chilas, Irini TP vom 04.01.05: S. 2; Nußeck,
Diana TP vom 20.04.05: S. 2) vertretbar sind, mag dahin gestellt bleiben[52].

Ebenso wenig kann hier entschieden werden, ob in allen Fällen die Tatsache, dass BewohnerInnen im Bett bleiben, nach Abwägung aller Aspekte im

---

[52] Es ist im Hause keineswegs üblich, BewohnerInnen mit Kosenamen oder mit "Du" anzureden.
Allerdings beobachte ich, dass Nähe und Distanz unter den Beteiligten ausgehandelt werden und zu
unterschiedlichen Ergebnissen im Einzelfall führen. Üblich ist allerdings, dass sich Pflegekräfte mit
ihrem Vornamen vorstellen, ohne aber damit auch das Du einzuführen. Persönlich verwende ich
gegenüber BewohnerInnen konsequent das "Sie" als Anrede, mit einer Ausnahme: Bei einem meiner
zeitbedingt sehr seltenen Besuchen von BewohnerInnen im Krankenhaus kam ich zu der gelegentlich
etwas verwirrten Frau Weber (RO 4,7; SO 4,5). Sie erklärte mir mit fester Überzeugung, dass sie
mich schon seit den Tagen meiner Kindheit kenne und wurde ernsthaft böse, wenn ich sie nicht mit
„Du" ansprach. Seitdem wählte ich ihr gegenüber die Anrede so, wie sie es von mir erwartet.

Einzelfall vertretbar ist. Hierbei sind schließlich nicht nur medizinisch-pflegerische Gegebenheiten, sondern auch psychisch-soziale Entwicklungen zu berücksichtigen. Denkbar wäre nämlich auch, dass bei knapper personeller Ausstattung im Wohnbereich alte Menschen im Bett bleiben, weil sie dort leichter versorgt werden können (so entfällt das Umziehen, der Transfer aus dem Bett ins Badezimmer und in den Sessel bzw. Rollstuhl, die Inkontinenz-Versorgung vereinfacht sich usw.). In diesem Fall könnte Bettlägerigkeit auch Ausdruck der Totalität der Institution gegenüber Schwer-Pflegebedürftigen sein.

5.3.5 Ergebnisse in der sozialräumlichen Meta-Kategorie e) Die Welt „draußen"

Für die Mehrzahl der BewohnerInnen findet der Alltag fast ausschließlich im Seniorenzentrum oder auf den Freiflächen rund um das Haus statt. Für die Gehbehinderten und vor allem die Rollstuhlfahrer sind schon Spaziergänge eine Besonderheit, für die das Pflegepersonal jedenfalls keine Zeit findet. Solche Aktivitäten bleiben den Angehörigen, dem Sozialdienst oder ehrenamtlichen Kräften überlassen. Die Bedeutung von Spaziergängen und Ausflügen für die BewohnerInnen zeigen die Reaktionen von Frau Hauk und Frau Bachmann:

„Da an diesem Tag schönes Wetter war, nahm ich Frau Hauk und ging spazieren. Sie war mehr als nur zufrieden und wiederholte andauernd: 'das sie Zeit haben, dass zeichnet sie aus', 'sie machen mich sehr glücklich, wenn sie mit mir rausgehen, dass ist das Schönste'" (Steinberg, Dana TP vom 06.04.05: S.2).

„Frau Hauk: Als ich sie dann zum Spazierengehen abholen wollte, musste sie nach oben auf ihren Wohnbereich. Der Grund war, dass ihre Hose zu weit oben gesessen hat und sie es nicht mehr ertragen konnte, diese so weit oben zu tragen. Als alles korrigiert war, konnten wir spazieren gehen. Frau Hauk lächelt mich an und sagt mir während des Laufens: 'Jetzt hab ich den schönen Tag richtig ausgenutzt.' „ (Steinberg, Dana TP vom 28.04.05: S.2).

Nicht immer stoßen Angebote zum Verlassen der Anlage gleich auf Gegenliebe, wie das Beispiel von Frau Bachmann (RO 3,5; SO 3,7) zeigt, die von einer Pflegekraft regelrecht bevormundet zu werden scheint.

„Spaziergang mit Frau Bachmann: Als ich frage ob sie Lust hat, spazieren zu gehen, sagt sie 'Nein'. MA zieht ihr die Jacke an und sagt ihr, dass sie jetzt spazieren geht. Ich frage sie, ob wir einen Blumenstrauß pflücken sollen. 'Ja...das können wir machen.' Immer wenn ich ihr ein paar Blumen oder Gräser gebracht habe hat sie die voller Begeisterung genommen. Ich hatte den Eindruck, dass ihr das sehr gut gefallen hat." (Nußeck, Diana TP vom 23.05.05: S. 1).

Andere BewohnerInnen sind bei Spaziergängen und Ausflügen weniger den Blumen als den leiblichen Genüssen zugetan, wie Frau Vogel oder Frau Reim:

„Frau Vogel ist gut gelaunt und plaudert auf dem Weg mit Katharina. Von dem Gespräch bekomme ich wenig mit, da Gegenwind bläst und ich damit beschäftigt bin, den Rollstuhl um Schlaglöcher herum zu steuern. Vor dem Toom riecht es nach gebratenen Hähnchen, was Frau Vogel sehr gut findet, denn sie liebt Hähnchen und geht nach eigenen Angaben wenn sie Essen geht stets in den Wienerwald. Im Toom fallen Frau Vogel noch mehr Dinge ein, die sie unbedingt braucht. Wir kaufen also drei Dosen Fisch mit Senf-, Meerrettich- und Tomatensoße, Vollkornbrot, einen St. Albray würzig, Mailänder Salami, Zungenblutwurst, Gemüsesülze, grobe Leberwurst, eine Hörzu und eine Bunte (?). An der Kasse fällt ihr ein, dass sie noch Kekse braucht und wir holen noch eine Tüte Schweinsöhrchen." (Breier, Ulrike TP vom 28.04.05: S. 1).

Nicht nur Frau Vogel, auch Frau Reim freut sich über kleine kulinarische Besonderheiten:

„Nachmittags unternahm ich dann einen Spaziergang mit Frau Reim. Sie freute sich mal aus dem Haus zu kommen. Hat im Kiosk eine Currywurst gegessen und mag die Abwechslung zum Heimalltag und -essen. Sie traf dort auch Herrn Hanke. Die beiden haben beschlossen, den Weg vom Seniorenheim zu Kiosk in nächster Zeit mal in Teamwork zu erledigen." (Perleth, Selmar TP vom 28.04.05: S. 1).

Besondere Privilegien sind für BewohnerInnen der Besuch von kulturellen Veranstaltungen zusammen mit ihren Angehörigen. Entsprechend werden solche Höhepunkte thematisiert wie bei Frau Samstag, die von ihrer Tochter in die Oper eingeladen wird:

„Auf dem Rückweg zu Frau Volzs Zimmer haben wir den Herrn Burkart in Begleitung von Frau Samstag angetroffen. Sie erzählte uns allen freudestrahlend, dass sie ihre Tochter gleich kommen würde um sie abzuholen und sie zuerst mit ihr gemeinsam zum Augenarzt gehen würde und abends in die Oper. Anhand von Frau Samstags Funkeln in den Augen konnte man sehen, wie viel ihr der am Abend geplante Opernbesuch bedeutet. Auch auf die Frage nach ihrem Wohlbefinden antwortete sie sofort mit gut." (Jäger, Katarina TP vom 14.04.05: S. 1).

„Frau Samstag: Vor allem ist mir aufgefallen, dass es für sie auch noch ein Leben außerhalb des Altersheims gibt, wie zum Beispiel dieser abendliche Opernbesuch mit ihrer Tochter." (Jäger, Katarina TP vom 14.04.05: S. 1).

„Frau Samstag hat sich sehr gefreut, dass sie eine Einladung in die Oper „La Travia-ta" bekommen hat. Da sie noch ihr Zimmer aufräumen möchte und sich noch über-legen muss, was sie abends anzieht, kann sie nicht am musischen Gesprächskreis von Frau Winter teilnehmen." (Auerbach, Stefan TP vom 13.04.05: S. 1).

Einige BewohnerInnen unternehmen auch selbständig Ausflüge, wie Frau Klein und Frau Bader am Maifeiertag:

„Im Anschluss kam noch ein sehr nettes Gespräch zustande, indem Frau Klein von ihrem 1. Mai Ausflug mit Frau Bader erzählte. Beide waren in C-burg spazieren und machten auf einer Bank eine Pause. Als Frau Klein weitergehen wollte reagierte sie nicht mehr. Nachdem Frau Klein Hilfe organisiert hatte, ein Mann war bereit sie ins Heim zurück zu fahren, wurde Frau Bader plötzlich wieder agil und bemerkte, so kämen sie wenigstens mal wieder zum Auto fahren. Diese Geschichte löste bei allen reges Gelächter aus." (Bunz, Simone TP vom 19.05.05: S. 1).

Wenn gar Herr Hanke für zwei Wochen im Rahmen einer Seniorenerholung des CQJ in Urlaub fährt, ist das Gesprächsthema für viele BewohnerInnen:

„Bei Gruppenangebot: Es wird mehrmals bemerkt, dass Herr Hanke am nächsten Tag in Urlaub fährt." (Breier, Ulrike TP vom 17.05.05: S. 1).

Beispiele wie die von Frau Klein, Frau Bader, Herrn Hanke und Frau Samstag bilden allerdings die große Ausnahme bei den BewohnerInnen der Einrichtung.

5.3.5.1 Vorläufige Interpretation zur Meta-Kategorie Die Welt draußen

Der Zugang zur Welt „draußen" erscheint für die überwiegende Mehrzahl der BewohnerInnen stark eingeschränkt. Meist wird dieser Zugang wie bei Frau Samstag von Angehörigen organisiert (Auerbach, Stefan TP vom 13.04.05: S. 1; Jäger, Katarina TP vom 14.04.05: S. 1). Selbst für „rüstige" BewohnerInnen ist ein Spaziergang im nahe gelegenen Park oder zum Einkaufzentrum aus eigener Kraft nicht möglich. Wird dies wie von Frau Klein und Frau Bader bei ihrem Ausflug trotzdem versucht, sind Risiken belegt (Bunz, Simone TP vom 19.05.05: S. 1). Eine Ausnahme stellt lediglich der sehr mobile Herr Hanke dar, der sogar in einen vom CQJ organisierten Urlaub fährt.

Dass die Überwindung der Grenzen der Einrichtung einen bedeutsamen Beitrag zur Lebensqualität darstellen kann, zeigen die Beispiele von Frau Vogel oder Frau Reim: Der Supermarkt mit seinen kulinarischen Freuden ist nicht weit entfernt, trotzdem für beide ohne fremde Hilfe unerreichbar (Breier, Ulrike TP vom 28.04.05: S. 1; Perleth, Selmar TP vom 28.04.05: S. 1).

Bei der Überwindung der Grenze zwischen „drinnen" und „draußen" stößt Kompensation von Einschränkungen durch die Einrichtung selbst für relativ mobile BewohnerInnen an ihre Grenzen. Sofern Hilfestellungen Dritter fehlen, bleiben sie auf den unmittelbaren Bereich des Seniorenzentrums beschränkt. Umso wichtiger wäre es, solche Hilfeformen in höherem Maß vorzuhalten, was nur durch Einbeziehung ehrenamtlicher Kräfte, oder wie in den vorliegenden Fällen, durch den Einsatz von studentischen Praktikanten möglich wird. Die Grenze zwischen „drinnen" und „draußen" für möglichst viele BewohnerInnen durchlässig zu halten, erscheint jedenfalls als bedeutsames Ziel bei der Organisation von Hilfen.

5.3.6   Ergebnisse in der Meta-Kategorie f) Forschungsfolgen

Bei dem Forschungsprojekt „Weg ins Heim oder weg ins Heim" waren über einen längeren Zeitraum viele Studierende in unterschiedlichen Rollen und zeitlich umfangreich im untersuchten Seniorenzentrum präsent. Es stand zu erwarten, dass dies für die Beteiligten nicht ohne Folgen bleiben würde. Insofern erschien die These von Stephan Wolff bei dieser Form der Forschung zweifelhaft, wonach qualitative Forschung den Beforschten nichts für sie wirklich Bedeutsames bieten kann: „Der Forscher kann dem Feld nichts bieten" (Wolff 2003: S. 348). Wolff meint damit allerdings in erster Hinsicht, dass der Zugang zum Forschungsfeld nicht mit letztlich nicht einhaltbaren Versprechungen erkauft werden darf, will der Forschende nicht in „Rollendiffusität" zwischen den Beteiligten geraten, weil er „erwartbaren Nutzen des Projekts für das untersuchte Feld" (ebenda) in Aussicht stellt.

> „Ein solches Austauschmodell impliziert aber nicht nur eine unzulässige Vereinfachung des Verhältnisses zwischen Wissenschaft und Feld. Es stellt auch angesichts dessen, was der Forscher faktisch anzubieten hat, eine Form der Hochstapelei dar. Unter dem Strich beschränkt sich der tatsächliche Nutzen für das Feld in den meisten Fällen auf eine kurzfristige Unterbrechung der täglichen Langeweile, auf die Möglichkeit, seine Sorgen und Beschwerden an den Mann zu bringen, sowie auf die Gelegenheit, ein gutes Werk zu tun" (Wolff 2003: S. 348).

Einiges spricht dafür, dass das Projekt „Weg ins Heim oder weg ins Heim?" zu der Minderheit von Forschungskonzepten gehört, die Wolff in seinen Ausführungen für immerhin möglich hält. Diese Frage soll im letzten Abschnitt der

ethnographischen Betrachtung beleuchtet werden, wobei Material aus den Feld-
beschreibungen zu folgenden Kategorien zusammengestellt wird:

- Folgen für die Forschenden
- Die Folgen der Interviews
- Ethnographie-Folgen

Die Folgen der Interviews werden bereits hier dargestellt, weil diese letztlich im
ethnographischen Fokus der Untersuchung aufgezeichnet wurden.

5.3.6.1 Folgen für die Forschenden

Die Folgen des Projekts auf die Forschenden werden in den Protokollen bereits
früh thematisiert. In den entsprechenden Zitaten der Anfangsphase des Projekts
finden sich mehrfach Eindrücke zur Reaktion von BewohnerInnen und MitarbeiterInnen auf die Studierenden, die sich augenscheinlich willkommen fühlen:

> „Das Seniorenzentrum insgesamt hat mir gut gefallen. Es herrschte eine lockere und
> freundliche Stimmung und die Studenten/innen wurden willkommen geheißen."
> (Dettmers, Susanne TP vom 04.01.05: S. 3).

> „Fast durchweg positiv war auch, wie die Bewohner/innen im 2. Stock unsere kleine
> Studentengruppe aufgenommen haben. Viele waren dankbar für die Abwechslung
> und für das Interesse was ihnen entgegengebracht wurde." (Hafner, Sophie TP vom
> 04.01.05: S. 3).

Einige der Studierenden stellen bereits nach ihrem ersten Tag im Seniorenzentrum Überlegungen an, dass sowohl die alten Menschen wie auch sie selbst Nutzen aus der Begegnung ziehen könnten:

> „Meiner Meinung nach empfanden die meisten Bewohner unsere Anwesenheit als
> erfreulich; wobei auch ein paar Bewohner die Gelegenheit genutzt haben, um sich
> mal anderen Leuten mitzuteilen. Außerdem stellt für mich dieser erste Eindruck
> schon bereits einen großen Erfahrungswert dar, da ich vorher noch nicht in Kontakt
> zu Menschen, die in einem Altersheim leben, gekommen bin." (Lange, Mona TP
> vom 04.01.05: S. 2).

Im Sommersemester 2005 kommen viele der Studierenden ins Seniorenzentrum
zurück, sind wiederum willkommen und finden sich problemlos zurecht:

„Nachdem ich im Wintersemester bereits an der Feldphase teilgenommen hatte, fiel
es mir recht einfach wieder in den Tagesablauf hineinzufinden. Ich fand es Anfang
des Jahres weitaus schwieriger mich den Bewohnern zu nähern und einigermaßen in
den Ablauf einzugliedern." (Otto, Christine TP vom 04.04.05: S. 1).

5.3.6.2 Die Folgen der Interviews

Die Interviewten waren insofern die privilegierteren BewohnerInnen, als sich
neben den Begegnungen mit den Feldforschern zwei Interviewer jeweils nur um
sie kümmerten. Entsprechend werden diese Ereignisse kommuniziert, etwa von
Frau Menzel gegenüber ihrem Neffen:

> „Ihr Neffe war da und sagte, dass seine Tante ihm schon gesagt hat, dass ich heute
> noch mal komme. (Ich war echt froh, dass mir das noch eingefallen ist, denn ich hät-
> te es fast vergessen und Frau Menzel freute sich und kam mir auch ein bisschen
> stolz vor). Sie hatte ihrem Neffen von unserem Interview berichtet und er stellte mir
> Fragen. Unter anderem, ob denn die Bewohner auch eine Abschrift erhalten wer-
> den." (Nußeck, Diana TP vom 05.01.05: S. 2).

Die bevorstehenden Interviews führen allerdings gelegentlich auch zu aufgereg-
ter Vorfreude, wie bei Frau Reim, die zunächst bei einer vertrauten Person klären
will, was da eigentlich auf sie zukommt:

> „Im zweiten Stock sprach mich Frau Reim auf das Interview, das zwei Studierende
> mit ihr führen wollen, an. Sie fühlte sich unvorbereitet und wollte von mir wissen,
> wie genau dieses Interview vor sich geht und ob sie danach die Studentinnen auf ei-
> nen Kaffee in das Café einladen dürfte. Ich erklärte es ihr und sie meinte sie würde
> sich sehr auf das Interview freuen. Sie findet diesen Austausch mit den jüngeren
> Generationen sehr erfrischend" (Blüm, Sabine TP vom 11.01.05: S. 1).

Nach den ersten Interviews sind die BewohnerInnen sehr angetan von dieser
Form der Aufmerksamkeit, wie am Beispiel von Frau Trend und Frau Kress
gezeigt werden kann:

> „Frau Trend kam mit ihrem Rollator und erzählte uns, dass sie schon ein Interview
> gehabt hat. Sie erweckte den Eindruck, sehr zufrieden zu sein und ich fragte, ob ihr
> das denn Spaß gemacht hat. Sie war sehr begeistert." (Nußeck, Diana TP vom
> 13.01.05: S. 1).

> „Nachdem ich ihr geholfen hatte sprach ich mit Frau Kress über ihr Interview. Sie
> strich mir über den Arm und sagte: Ich finde es so schön das sie das machen! Ich
> versprach ihr noch, dass wir das nächste Mal gemeinsam rausgehen könnten, wenn

das Wetter mitspielt. Sie sagte mit leuchtenden Augen ja." (Chilas, Irini TP vom 01.02.05: S. 3).

Auch Frau Samstag ist begeistert, vor allem auch über die Verschriftung des Interviews, das sie ihrer Tochter schenken kann:

„Frau Samstag: Sie erzählte mir ganz stolz, dass ihre Tochter Schauspielerin ist, sie deswegen aber leider nur ein Mal pro Woche besuchen kommt. Als ich sie fragte, wie sie sich beschäftigt, antwortete sie, dass sie viel liest oder fernsieht. Sie empfindet es als eine nette Abwechslung, dass jetzt so viele Studenten kommen. Über das Interview hat sie sich sehr gefreut, besonders, als sie die Aufzeichnungen bekam, die sie ihrer Tochter schenken will." (Goll, Sandra TP vom 13.01.05: S. 1).

Offensichtlich sind in den vier bis sechs Treffen mit der Möglichkeit zum ungestörten Erzählen und der ungebrochenen Aufmerksamkeit der jeweiligen BesucherInnen besondere Beziehungsformen entstanden, die für die BewohnerInnen bedeutungsvoll sind. Manchmal spielen aber auch besondere Formen der Zuwendung zum Abschluss der Interviews eine Rolle, wie bei Frau Mörsch:

„Frau Mörsch war heute beim Friseur und freute sich unglaublich, ihren Interviewer wiederzusehen. Sie schwärmte von dem Interview und der Flasche Sekt, die gemeinsam dabei getrunken wurde. Frau Mörsch ist ein sehr positiv denkender Mensch. Trotz aller Beschwerden, die sie schon hatte, ist sie froh und zufrieden. Sie ist stolz, dass sie nächsten Dienstag 85 Jahre alt wird und glaubt, dass sie noch viel älter werden kann." (Purkert, Ilka TP vom 21.04.05: S. 3).

BewohnerInnen, die an den Interviews nicht teilgenommen hatten, fühlen sich zurückgesetzt, wie Frau Kirsch:

„Frau Kirsch im ersten Stock hatte nachgefragt, warum denn niemand zu ihr käme, ob es nicht interessant sei, was sie zu erzählen habe. Susanne nahm sich etwas zu schreiben mit und ging zu ihr." (Blüm, Sabine TP vom 11.01.05: S. 1).

Für Frau Kirsch nimmt die Ethnographin die Rolle der Interviewerin ein:

„Frau Kirsch: Anschließend sagte sie zu mir: 'Ich dachte Sie sind hier, um meine Lebenslauf kennen zu lernen.' Ich bejahte ihre Vermutung und sie begann zu erzählen (Anmerkung: Inhalt im Anhang). Mir wurde schon sehr schnell bewusst, dass ich mir nicht alles merken kann und so fragte ich, ob ich etwas mitschreiben dürfte, was sie erlaubte. Nach einiger Zeit kam die Fußpflege und wir machten eine Pause." (Dettmers, Susanne TP vom 11.01.05: S. 1).

Nachdem sich die Erfahrungen der Befragten mit ihren Interviewern immer mehr im Haus verbreiten, will auch Frau Scherer interviewt werden. Vom verschrifteten Ergebnis der Befragung ist sie und von ihrer Reaktion wiederum die Interviewerin begeistert:

> „Ich habe mich darüber gefreut, dass sich Frau Scherer so gefreut hat. Man sieht, wie man mit etwas Zeit und zwei Seiten Papier einen Menschen für einen Moment sehr glücklich machen kann! Sie war sehr stolz und wollte die Geschichte ihrem Sohn zeigen." (Dettmers, Susanne TP vom 01.02.05: S. 2).

Zusammenfassend kann vermutet werden, dass die Interviews den beteiligten BewohnerInnen nicht nur Abwechselung im Heimalltag brachten. Vielmehr wurde, wie sich auch bei Frau Kirsch zeigt, die Tatsache der geführten Interviews zum Statussymbol im Haus und auch gegenüber den Angehörigen.

5.3.6.3 Ethnographie-Folgen

Während die Interviewer ihre BewohnerInnen meist in deren Zimmer befragten und im Alltag daher wenig auffielen, waren die Ethnographen bei Veranstaltungen und Gruppenangeboten, aber auch in den Wohnbereichen sehr präsent. Anfangs bestanden in der Steuerungsgruppe Bedenken über die Reaktion von BewohnerInnen und Pflegenden bei so vielen Eindringlingen. Diese Sorgen erwiesen sich aus Sicht der Steuerungsgruppe bald als unbegründet:

> „Das Gefühl, dass ich noch vor dem Beginn des Projektes hatte (was mache ich eigentlich mit den StudentInnen, wie reagieren die Bewohner und das Personal, wie stellen sich die Studierenden an....) hat sich als völlig unnötig erwiesen. Die Bewohner und auch das Personal reagieren gut und empfinden uns als Bereicherung." (Blüm, Sabine TP vom 11.01.05: S. 3).

Beim Pflege- und Hauswirtschaftspersonal scheinen die Forschenden auch deshalb willkommen zu sein, weil sie zur Entlastung der MitarbeiterInnen des Hauses beitragen:

> „Bei der Übergabe um 13 Uhr erfuhr ich, dass die Schwestern mit uns sehr zufrieden sind und es gut finden, dass wir von uns aus auch beim Essenausteilen und Füttern helfen. Wir kämen auch bei den Bewohnern gut an." (Blüm, Sabine TP vom 11.01.05: S. 2).

Auch die BewohnerInnen scheinen sich an die Anwesenheit vieler junger Menschen gewöhnt zu haben und werden nach deren Rückkehr aufgeschlossener, wie Frau Otto.

> „Ich habe den Eindruck, dass die alten Menschen sich langsam an die vielen Studenten gewöhnen. Frau Otto redete an diesem Tag sehr viel mit mir. Während sie bei unserem ersten Besuch gar nicht mit mir redete. Außerdem fand ich es sehr schön, dass Frau Hagels Stimmung sich durch die Beschäftigung mit uns erheblich besserte. Ebenfalls aufgefallen ist mir, dass das Pflegepersonal unsere Hilfe gut und gerne annimmt. Die Zusammenarbeit läuft bisher gut" (Bunz, Simone TP vom 13.01.05: S. 1).

Die Kommunikation zwischen Pflegepersonal und Studierenden lief in den ersten Tagen vor allem über die Mitglieder der Steuerungsgruppe; wie die übrigen Studierenden waren auch sie jeweils einem Wohnbereich zugeordnet. Die Mitglieder der Steuerungsgruppe nahmen an den Feldtagen regelmäßig an den Übergabe-Besprechungen teil und waren darüber hinaus die zentralen Ansprechpartner für Personal und BewohnerInnen in ihrem jeweiligen Wohnbereich. Ihre Eindrücke geben sie an die übrigen Studierenden weiter, meist beim gemeinsamen Mittagessen im Bistro:

> „Als Mitglied der Steuerungsgruppe habe ich den Studentinnen Aufgaben, die mit dem Pflegepersonal abgesprochen sind, „zugeteilt", bzw. sie darum gebeten. Auch das Lob des Pflegepersonals habe ich an die Studentinnen weitergegeben." (Schütz, Kaori TP vom 13.01.05: S. 1).

Auch die übrigen Feldforscher fühlen sich bald willkommen und wertgeschätzt:

> „Alle Bewohner schätzen unsere Hilfsbereitschaft. Sie sind auch sehr froh über unseren Besuch im Heim. Ich denke, dass das eine Unterhaltungsart für sie in der nicht besonders aktiven Phase ihres Lebens ist." (Schottek, Edyta TP vom 08.02.05: S. 1).
> „Übergabe: Ich fragte, ob es irgendetwas zu uns zu sagen gibt. Gab es nicht und ich ging zum Mittagessen. Die eine Pflegerin meinte nur, dass Frau Lob noch hinten sitzt und auf mich wartet. Ich bin also noch mal zu Frau Lob und habe ihr gesagt, dass ich jetzt Mittag essen gehe und nachher noch mal vorbei komme. 'Das ist schön von dir. Freundschaften über Grenzen müssen erhalten werden.' Ich war ganz schön gerührt." (Nußeck, Diana TP vom 05.01.05: S. 1).

In erster Linie ist es die Aufmerksamkeit durch die BesucherInnen, die von den BewohnerInnen geschätzt wird:

„Frau Nebel: Obwohl sie während des Spazierganges sich nicht viel mit uns unterhalten hat, teilte sie uns relativ am Anfang des Spazierganges mit, dass sie es schön finde, dass so viele 'Kinderchen' zum Altersheim kommen um sie zu besuchen." (Jäger, Katarina TP vom 14.04.05: S. 2).

Den Beteiligten werden die neuen Möglichkeiten deutlich, die mit der massiven Präsenz der Studierenden verbunden sind.

„Wie oben schon erwähnt habe ich festgestellt, dass unsere Anwesenheit Aktivitäten ermöglicht, die ansonsten einfach nicht durchführbar wären. Mir ist das durch die Anfrage der PflegerInnen ganz deutlich aufgefallen. Sie versuchen unsere Anwesenheit soviel wie möglich positiv für die BewohnerInnen zu nutzen und geben uns immer wieder Tipps." (Blüm, Sabine TP vom 10.02.05: S. 2).

„Wir trafen uns wieder an unserem Besprechungstisch und Frau Trend kam vorbei und redete mit uns. Unter anderem erzählte sie uns, dass sie froh sei, dass Günter da ist: 'Der bringt hier Leben rein, vorher war das nicht so!' „ (Chilas, Irini TP vom 11.01.05: S. 3).

Auch größere Ausflüge mit den weniger mobilen BewohnerInnen werden kurzfristig möglich und müssen nicht langfristig im Vorhinein geplant werden. So ist es zum Beispiel möglich, auf schönes Wetter spontan zu reagieren:

„An diesem Tag war wunderschönes Wetter, also hat Günter sich entschieden, dass wir mit den Senioren die im Rollstuhl sitzen eine Wanderung durch den Wald zu machen. Da so viele Senioren im Rollstuhl sitzen, hat uns Günter gesagt, dass wir nur die vom ersten und zweiten Stock mitnehmen sollen. Ich durfte Herrn Kerze aus dem dritten Stockwerk mitnehmen, weil ich mich mit ihm auf Rumänisch unterhalten konnte. Draußen war es sonnig, aber noch ziemlich kühl. Einige Senioren haben sich beschwert, dass es zu kalt sei. Herr Kerze hat sich sehr gefreut, dass ich ihn mitgenommen habe. Er hat mir gesagt, dass er seit lange nicht mehr im Wald spazieren war." (Tarca, Mihai TP vom 12.05.05: S. 1).

Mit der Anwesenheit der Feldbeobachter werden durch die Möglichkeit zu intensiver Betreuung auch für schwer demente BewohnerInnen Veranstaltungen zugänglich, die ihnen zuvor verschlossen blieben, wie etwa der Gottesdienst für Frau Linde:

„Dass Frau Linde zum ersten Mal zum Gottesdienst gehen konnte ist mit Sicherheit erwähnenswert. Da normal niemand da ist oder die Zeit fehlt, werden BewohnerInnen wie Frau Linde die Möglichkeit genommen, den Gottesdienst zu besuchen. Sie stören, stehen auf, laufen herum und werden deshalb auf den Stationen gelassen. Was auch durchaus verständlich ist, da einfach keine Möglichkeit besteht, es anders zu organisieren. Ich fand es sehr gut, dass die Pflegerin uns darauf angesprochen hat. Ich denke, so lange wir Studenten im Heim sind gibt es die Möglichkeit auch Be-wohnerInnen mit in die Angebote zu nehmen, die ansonsten aus Zeit- und Perso-nalmangel auf den Wohnbereichen bleiben müssen" (Blüm, Sabine TP vom 10.02.05: S. 2).

Allerdings gibt es auch Hinweise darauf, dass sich einige MitarbeiterInnen des Hauses nach Meinung von Feldbeobachtern zu sehr auf die Studierenden verlas-sen und ihnen nur zu gern Aufgaben übertragen:

> „Ich hatte den Eindruck, dass das Pflegepersonal sich sehr auf unsere Hilfe beim Füttern und Betreuen der Alten verlässt. Sie sind wenig zu sehen, wobei nicht er-sichtlich ist, was sie in der Zeit in der wir da sind machen. Sehr präsent dagegen ist die Hauswirtschaftskraft. Sie ist immer sehr freundlich und kann uns auch einige In-formationen zu den Bewohnern geben." (Bunz, Simone TP vom 20.01.05: S. 1).

Auch die Anwesenheit der Interviewer zeigt manchmal Auswirkungen in den Wohnbereichen. Mancherorts herrscht aus Sicht der Ethnographen ein regelrech-ter Mangel an gesprächsbereiten BewohnerInnen:

> „Heute wurden 22 Bewohner/innen ihren Interviewern vorgestellt, was den alltägli-chen Tagesablauf veränderte. Nachmittags waren also die eher gesprächigeren Be-wohner/innen im großen Saal. Daher war es schwierig, nachmittags Kontakt zu Be-wohner/innen aufzunehmen." (Dettmers, Susanne TP vom 04.01.05: S. 3).

Relativ früh wird von den Beobachtern der Beziehungsaspekt zu den Bewohne-rInnen thematisiert.

> „Außerdem ist mir aufgefallen, dass je mehr Zeit im Altersheim verstreicht, sich die Sicht zu der ganzen Institution ändert. Man baut eine gewisse Beziehung zu den Bewohnern auf, die auf einer bestimmten sachlichen, aber dennoch privaten Ebene passiert." (Lange, Mona TP vom 18.01.05: S. 1).

Zum Ende der ersten Feldphase nehmen die Beobachter Abschied:

> „Frau Knecht war heute wieder interessiert, freundlich und fragte uns einiges. Als wir ihr sagten, wir seien heute das letzte Mal hier, meinte sie, sie finde es schade. Zum Abschied gab sie uns extra die Hand und wünschte uns alles Gute für die Zu-kunft. Es hat mich gefreut zu sehen, dass Frau Knecht es anscheinend wirklich schön fand, dass wir da waren. Auch, dass sie zum Abschied die Hand gab, fand ich eine nette Geste." (Hamann, Laura TP vom 17.02.05: S. 1).

„Also, so ging unser letzter Tag dem Ende entgegen. Die Abschlussfeier mit den schönen Worten von Günter war sehr nett. Ich glaube, dass dieser Vorfall einfach noch dazu gehören sollte. Ich habe wirklich sehr viel mitnehmen können und bin froh, gleich in meinem ersten Semester eine so gute Erfahrung habe machen können." (Hamann, Laura TP vom 17.02.05: S. 2).

Die Zeit im Seniorenzentrum wird rückblickend beim Abschied in einigen Protokollen thematisiert und recht positiv bewertet, aber auch als gesellschaftliche Herausforderung empfunden.

„Heute waren wir das vorletzte Mal im CQJ-Seniorenzentrum. Ich kann sagen, dass dieses Projekt eine wichtige Erfahrung für mich war und ich froh bin, hier mitgemacht zu haben. Über das Alter wird, meiner Meinung nach, viel zu wenig gesprochen. Das Thema sollte in der Gesellschaft einen größeren Platz bekommen. Man sollte sich mehr damit auseinander setzen, dass jeder alt wird und dann fast jeder irgendwann Hilfe und Unterstützung braucht." (Hamann, Laura TP vom 10.02.05: S. 1).

Aber auch die Erfahrung von Leiden und Tod und die damit verbundene persönliche Belastung der Teilnehmer am Projekt werden dargestellt:

„Ich fand die Tage im Pflegeheim sehr bereichernd, da ich mich mit einem komplett neuen Betätigungsfeld auseinander setzten konnte. Die alten Leute wirkten sehr dankbar und nahmen uns sehr gut an. Trotzdem empfinde ich diese Arbeit auch als sehr belastend. Viele dieser Menschen vegetieren scheinbar vor sich hin oder leiden. Außerdem sind in den letzten vier Wochen zwei Bewohner aus unserem Stockwerk gestorben. Das Pflegepersonal ist für ihre Arbeit zu bewundern." (Bunz, Simone TP vom 17.02.05: S. 1).

Als einige der Studierenden im Sommersemester 2005 wieder im Seniorenzentrum sind, erinnern sich Personal und viele BewohnerInnen noch an sie:

„Die Bewohner und das Personal haben sich gefreut, dass ich mal wieder da bin. Frau Kress hat mich gleich gerufen: 'Mein Schatz, kannst du mich bitte richtig an den Tisch stellen.' Das habe ich auch getan, obwohl sie schon ganz am Tisch stand." (Auerbach, Stefan TP vom 16.05.05: S. 1).

„Vor dem Seniorenzentrum sehe ich Frau Muschel auf ihrem Wägelchen in der Sonne sitzen, die ich im WS mit zwei Kommilitonen interviewt habe. Nachdem ich sie begrüße, kann sie sich noch sehr gut an mich erinnern und fragt gleich nach Roman und Elena. Ich sage zu ihr, dass die beiden in diesem Semester nicht mit dabei sind, aber dass ich mein Praktikum hier absolviere. Sie sagt, dass sie gelesen hat, dass wieder Studenten kommen und sie sich gefragt hat ob wohl jemand dabei ist, den sie schon kennt. Ich sage ihr dass ich im WB I bin und immer dienstags und donnerstags da bin." (Breiter, Ulrike TP vom 28.04.05: S. 2).

„Dann begegnet uns Günter, der erzählt, dass das Ehepaar Reich schon gefragt hätte, ob nicht mal ein paar Studenten vorbeikommen könnten. Bilge und ich beschließen, dass wir gleich mal fragen, ob sie nicht Lust auf einen Spaziergang haben. Die beiden sind begeistert und wollen sofort los." (Breiter, Ulrike TP vom 03.05.05: S. 1).

„Herr Geiger konnte sich noch an mich erinnern, was mich bei der Anzahl der Studenten etwas verwundert hat, es kann durchaus sein, dass er mir nur entgegenkommen wollte. Es hat sich recht schnell ein gutes Gespräch mit ihm entwickelt." (Otto, Christine TP vom 04.04.05: S. 1).

Auch die Studierenden scheinen sich über ihre Rückkehr zu freuen:

„Das Seniorenzentrum hat keinen wirklichen Heimcharakter, sonder ist hell und den Umständen entsprechend gemütlich eingerichtet. Für mich war es schön wieder im Seniorenheim zu sein" (Komar, Agnieszka TP vom 03.05.05: S. 2).

„Ich bin sehr glücklich darüber, auch in diesem Semester im Wohnbereich 2 sein zu dürfen, da ich dort bereits engere Kontakte zu mehreren BewohnerInnen aufbauen konnte. Zunächst stellte ich den beiden neu hinzugekommenen Studentinnen die meisten BewohnerInnen vor. Diese freuten sich sehr, wieder so viele junge Menschen um sich zu haben." (Purkert, Ilka TP vom 21.04.05: S. 1).

Die überwiegende Haltung der Ethnographen (und wohl auch der Interviewer) wird im letzten hier vorgestellten Zitat aus den Protokollen deutlich:

„Wir sind nur Menschen und jeder von uns will sein eigenes Leben führen und genießen. Wir sind nur Menschen und wir können leider nicht alle Probleme der Welt lösen. Aber dadurch, dass wir Menschen sind, sollten wir mindestens versuchen, unsere Mitmenschen glücklicher zu machen." (Schottek, Edyta TP vom 08.02.05: S. 2).

Wenn eine moralische Position für angehende Sozialwissenschaftler angemessen sein kann, dann diese.

5.3.6.4 Vorläufige Interpretation zur Meta-Kategorie Forschungsfolgen

Der erste Eindruck, der bei mir mit der Durchsicht der Protokolle und in Einklang mit den eigenen Beobachtungen hinsichtlich der Forschungsfolgen entsteht, ist der von erfüllten Hoffnungen aus den Zeiten der Konzeptualisierung des Projekts. Konflikte zwischen den Beteiligten sind nur wenige belegt oder überliefert, scheinbar waren alle Gruppen bemüht und in der Lage, gut und freundlich miteinander auszukommen.

Offensichtlich fanden sich die Eindringlinge und Forscher willkommen und angenommen, sie berichten zudem gleich zu Anfang von für sie bedeutsamen Erfahrungen mit alten Menschen, zu denen zumindest einige von ihnen zuvor keinen Zugang hatten (z.B. Lange, Mona TP vom 04.01.05: S. 2). Bei der Rückkehr von einigen der Studierenden im Sommersemester 2005 zeigt sich Vertrautheit auf Gegenseitigkeit (z.B. Otto, Christine TP vom 04.04.05: S. 1).

Die Interviews scheinen bei den BewohnerInnen vor allem bewirkt zu haben, dass sie sich ernst und angenommen fühlen durften. Der Stolz auf die eigene Leistung (die Lebensleistung selbst wie auch die Leistung des Erzählens des gelebten Lebens) erscheint in den ethnographischen Aufzeichnungen, wenn beispielsweise den Kindern oder Angehörigen diese Aufzeichnungen übergeben werden sollen. (vgl. z.B. Nußeck, Diana TP vom 05.01.05: S. 2; Goll, Sandra TP vom 13.01.05: S. 1). Gelegentlich dient die Aufzeichnung scheinbar auch als ein Hilfsmittel zur Kommunikation zu nicht thematisierten Aspekten der Beziehung zu Tochter oder auch Mutter, wie bei Frau Samstag oder bei Frau Sitter[53]. Vermutlich wurden zumindest Teile der eigenen Lebensgeschichte auch den Pflegenden erzählt, die besondere Qualität scheint aber für die ErzählerInnen darin zu liegen, zum Erzählen aufgefordert zu sein. Darüber hinaus scheint gerade in der Verschriftung der Erzählung in Papierform eine besondere Faszination für die ErzählerInnen zu liegen, immerhin Menschen einer Generation, für die elektronische Aufzeichnung und die problemlose Reproduktion als Ausdruck entsprechend gespeicherter Texte nicht zur alltäglichen Erfahrung gehörte. Die Folgen der Interviews zeigen sich auch darin, dass BewohnerInnen sich zurückgesetzt fühlen, wenn sie nicht zum Interview gebeten werden (vgl. z.B. Blüm, Sabine TP vom 11.01.05: S. 1; Dettmers, Susanne TP vom 11.01.05: S. 1): Interviewt zu werden ist offenbar schnell im Heim individuell mit „ernst genommen werden", kollektiv mit Statusgewinn verbunden[54].

Auch die Ethnographen erhalten positive Rückmeldungen im Feld. Bei den Pflegenden dürfte dies auch daher rühren, dass die Studierenden eine zeitweise Entlastung für das Pflegepersonal bedeuten, z.B. beim Anreichen der Mahlzeiten (vgl. z.B. Blüm, Sabine TP vom 11.01.05: S. 2; Bunz, Simone TP vom 13.01.05: S. 1; Bunz, Simone TP vom 20.01.05: S. 1). Die Ethnographen können offen-

---

[53] Die auch noch 15 Monate später bedarfsweise ihren Interviewtext (inzwischen auf ihren Wunsch mehrfach kopiert) hervorholt, um ihre Leistung zu unterstreichen und in "alten Zeiten" zu schwelgen: Alte Zeiten sind dabei sowohl solche ihrer jungen Jahre, als auch die Zeit mit den Interviewern.
[54] Frau Kirsch war sehr wohl vorher gefragt worden, ob sie sich zu einem Interview bereit erklären würde. Sie lehnte dies zunächst aber ab. Offensichtlich hat sie sich das später anders überlegt.

sichtlich auch dazu beitragen, dass sich die Möglichkeiten der Einrichtung zur Kompensation von Einschränkungen verbessern. Damit wird auch für Frau Linde der Besuch des Gottesdienstes möglich (Blüm, Sabine TP vom 10.02.05: S. 2). Die Überwindung der Grenzen der Anlage, der Gang nach „draußen" wird durch die Vielzahl der Forschenden für viele der BewohnerInnen zur Normalität, auch in der Gruppe wird das möglich (vgl. z.b. Breier, Ulrike TP vom 03.05.05: S. 1; Tarca, Mihai TP vom 12.05.05: S. 1). Es zeigt sich, dass viele der Studierenden mit BewohnerInnen in positive Beziehungen getreten sind, die von ersteren sehr wohl auch im Sinne von Professionalisierung reflektiert werden (z.b. Lange, Mona TP vom 18.01.05: S. 1; Hamann, Laura TP vom 10.02.05: S. 1). Diejenigen, die im Sommersemester 2005 dann zurückkehren, werden überwiegend freudig als „alte Bekannte" begrüßt (Breier, Ulrike TP vom 28.04.05: S. 2; Auerbach, Stefan TP vom 16.05.05: S. 1; Otto, Christine TP vom 04.04.05: S. 1; Purkert, Ilka TP vom 21.04.05: S. 1). Offensichtlich sind in diesem Projekt die oben angeführten Bedenken von Stephan Wolff, wonach Forschung dem Feld nichts bieten kann, unbegründet.

5.4 Ergebnisse im biographischen Fokus

5.4.1 Erste Auswertungen der Interviews im Forschungsprojekt und im Seminar

Die Analyse der Interviews wurde im Sommersemester 2005 und im Wintersemester 2005/2006 von einem Teil der Studierenden mit der Methode der Qualitativen Inhaltsanalyse nach Mayering durchgeführt. Das Ziel war Datenverdichtung und die Herleitung eines angemessenen Kategoriensystems. Bei dessen Entwicklung beschränkte ich mich bewusst auf methodische Anregungen, die inhaltliche Arbeit am Kategoriensystem wurde meinerseits so wenig wie möglich beeinflusst[55]. Diese Zurückhaltung sollte auch dazu beitragen, dass meine Sicht der interviewten Personen den Teilnehmern des Seminars nicht übergestülpt werden sollte. Das im Seminar entwickelte Kategoriensystem wurde also ausschließlich von den Studierenden ausgearbeitet und später bei der Präsentation der Ergebnisse mir und den übrigen Beteiligten vorgestellt. Die Auswertung im biographischen Fokus erfolgte zunächst in einer (Sommersemester 2005), später in zwei von einander unabhängigen Gruppen, die dann von je zwei Mitgliedern der Steuerungsgruppe geleitet wurden.

Der erste Schritt hierbei war die Bestimmung des Ausgangsmaterials, die Beschreibung der Entstehungssituationen der Interviews und der formalen Cha-

---

[55] Was dadurch begründet war, dass gleichzeitig fünf Tutorien stattfanden, in denen ich Präsenz zeigen musste, also standen mir pro Tutorium nur knapp 20 Minuten zur Verfügung.

rakterisierung des Materials (vgl. Mayring 2003b: S. 42). Die Ergebnisse der formalen Bestimmung werden nachfolgend nur summarisch wiedergegeben, genauere Angaben finden sich bei den Lebensgeschichten der BewohnerInnen weiter hinten in diesem Text.

Die Sichtung des Materials ergab im Wintersemester 2005 folgende Charakterisierung: Es waren 22 Personen im Alter zwischen 57 und 97 Jahren in 21 Interviewserien befragt worden, ein Ehepaar wollte gemeinsam befragt werden. Der Zeitraum in dem die Interviews durchgeführt wurden, erstreckte sich von September 2004 bis Juli 2005. In der Regel wurden drei Interviews in Folge von zwei, in zwei Fällen von drei Studierenden geführt, meist gingen den eigentlichen Interviews ein bis zwei Vortreffen der Beteiligten voraus. Oft waren auch „Nachtreffen" im Heimalltag festzustellen, die allerdings nicht dokumentiert sind. Die Teilnahme an den Befragungen war für die Befragten freiwillig. Die Gruppe der Interviewten setzte sich aus 18 Frauen und drei Männern zusammen. Insgesamt sind 52 Interviewsitzungen dokumentiert und verschriftet, dabei wurden 443 Seiten transkribiert. Die Interviews wurden meist in den Zimmern der BewohnerInnen durchgeführt und beinhalteten die Themenschwerpunkte Kindheit und Jugend, das Erwachsensein und den Weg ins Heim. Die Interviews waren mit Tonband oder mit Computern aufgezeichnet und dann nach vorab bestimmten Transkriptionsregeln verschriftlicht worden.

Im nächsten Schritt wurden sämtliche Interview-Texte in Form von Textdateien auf die Auswerter verteilt. Dabei wurde von je zwei Studierenden jeweils eine Interviewserie gemeinsam ausgewertet. Bei der Auswertung sollte der Schwerpunkt zunächst nicht auf der Betrachtung der gesamten Lebensgeschichte der Befragten liegen, sondern sich auf die mit der Heimaufnahme offensichtlich zusammenhängenden Teile der Erzählung konzentrieren[56]. Dabei standen folgende Fragen im Vordergrund:

- Welche Krisen führen dazu, dass der Interviewte in ein Heim kommt?
- Welche Konstellationen führen in das spezielle Heim?
- Welche Krisen gibt es für die Befragten im Heim?

Zunächst wurden die Texte durch die Auswerter sequenziert und die für die Fragestellung relevante Textstellen der Interviews als Analyseeinheiten markiert. Dabei sollte die kleinste Einheit (die Kodiereinheit) mindestens den Umfang eines Halbsatzes aufweisen, die Kontexteinheit umfasste alle Interviews einer Serie zu einem der Befragten (bei dem Ehepaar zu zwei der Befragten) und die

---

[56] Eine umfassendere Betrachtung wäre m.E. im Seminar nicht leistbar gewesen. Didaktisch war es aus meiner Sicht für die Beteiligten wichtig, ein Ergebnis erarbeitet zu haben.

Auswertungseinheiten bildeten die Texte zu je einer Interviewsitzung in der Reihenfolge der Treffen (vgl. Mayring 2003b: S. 53).

Die relevanten Sequenzen aus den Interviews wurden für den nächsten Auswertungsschritt von der ursprünglichen Textdatei der einzelnen Transkription in ein Arbeitsblatt eines Tabellenkalkulationsprogramms kopiert und dort mit Interview-Nummer und Zeilennummern versehen, wobei eine Zelle des Tabellenblatts für diese Quellenangaben, die zweite für den eigentlichen Text verwendet wurde. Diese Textteile wurden dann im Sinne der Paraphrasierung zusammengefasst, dabei kamen die „Z1 Regeln" nach Mayring zur Anwendung, ebenso wie in den folgenden Schritten die entsprechenden Regeln für Generalisierung („Z2 Regeln") und die erste und zweite Reduktion des Materials („Z3 und Z4 Regeln"; Mayring 2003b: S. 62).

Im folgenden Schritt waren die Paraphrasen unterhalb des angestrebten Abstraktionsniveaus zu verallgemeinern, also zu generalisieren. Das Abstraktionsniveau ergab sich aus dem Ziel des beabsichtigten Vergleichs des bearbeiteten Interviews mit den übrigen erzählten Lebensgeschichten. Dazu wurden die Paraphrasen der jeweiligen Sequenz immer weiter verdichtet und diese Verdichtung in die jeweilige Nachbarzelle des Kalkulationsblatts eingetragen, bedeutungsgleiche Paraphrasen wurden „gestrichen" (vielmehr als gestrichen markiert, damit die Nachvollziehbarkeit erhalten blieb) und ähnliche zusammengefasst (vgl. Mayring 2003b: S. 62).

Aus den ausgewerteten Interviews entstanden einzelne, interviewspezifische Kategoriesysteme, die im nächsten Schritt im jeweiligen Tutorium vorgestellt, verglichen und zu dem folgenden Hauptkategoriesystem zusammengeschrieben wurde (Tutorium Auerbach und Heitztenröder).

1. Kategorienkomplex: Welche Krisen führten in ein Heim?

- K1: Durch gesundheitliche Einschränkung (Ausprägungen: Schlaganfall, Kriegsunfälle, fortschreitende Krankheiten wie etwa Rheuma, Altersschwäche, durch Krankenhausaufenthalt)
- K2: Auf eigenen Wunsch oder durch Umstände (Ausprägungen: Einsamkeit, freiwillig wegen Gesundheit, aus dem Inneren heraus, wegen Lebensgefährtin, nach Willen der Verwandten)
- K3: Aufgrund von Vernachlässigung (Ausprägungen: keine Verwandte mehr, Familie nicht in der Lage sich zu kümmern, problematische Familienverhältnisse)

2. Kategorienkomplex: Welche Konstellationen führten speziell in dieses Heim?

- K4: Räumliche Nähe (Ausprägungen: Wohnort der Verwandten, eigener Wohnsitz)
- K5: Positive Eindrücke (Ausprägungen: Qualität der Einrichtung, nette BewohnerInnen, Empfehlung)

3. Kategorienkomplex: Welche Krisen werden im Heim erlebt?

Hier wurde von den Auswertern nur eine Kategorie dem Kategorienkomplex zugeordnet, die als vorgefundene Ausprägungen sowohl negative als auch positive Erfahrungen umfasste:

- K6a: Positive Erfahrungen im Heim (Ausprägungen: Angehörige kümmern sich um BewohnerInnen, angenehme BewohnerInnen, Zufriedenheit mit Angeboten, gut eingelebt, Heim gefällt, Verantwortungsübernahme)
- K6b: Negative Erfahrungen im Heim (Ausprägungen: Schwierigkeiten mit Mitbewohnern, Unzufriedenheit mit dem Essen, Langeweile, kein Besuch, Verlust der Selbstständigkeit)

Die zweite Auswertungsgruppe im Wintersemester 2005/2006 kam im Ergebnis zu ähnlichen Kategorien. Dieses Kategoriensystem wurde nach Semesterende im März und April 2006 weiterentwickelt und im Rahmen der Betreuung von Diplom- und Vordiplomarbeiten mit einigen der vormals Beteiligten diskutiert. Dabei wurde der Blickwinkel erweitert: Auch solche Teile von Erzählungen sollten berücksichtigt werden, die nicht unmittelbar mit der Heimunterbringung in Zusammenhang zu stehen scheinen. Dabei war eine Überlegung, dass ein dargestelltes Leben als Gesamtkunstwerk wirken kann und damit möglicherweise „weiche" oder frühe Faktoren dargestellt sind, die letztlich doch ins Heim führen oder diesen Schritt zumindest mitgestaltet haben (vgl. Jakob 2003: S. 451). Dabei wurde nahe liegenderweise auf entsprechende Fundstellen der Auswertung im Seminar zurückgegriffen.

Mit folgenden Kategorien soll im Folgenden der Versuch der erneuten Auswertung der Interviews unternommen werden, das System soll dann im Rahmen der Diskussion der Interviews noch fortentwickelt werden:

1. Kategorie „Aushandlung der Heimunterbringung": Hierher gehört, wer die Entscheidung für das Heim getroffen hat und wie sie mit den Verwandten und anderen Beteiligten ausgehandelt wurde.

2. Kategorie „gesundheitliche Krisen vor Heimaufnahme": In dieser Dimension sollen die verschiedenen Einschränkungen und auch langwierige gesundheitliche Krisen und Verläufe vor der Heimunterbringung verortet werden.

3. Kategorie „Verfügbarkeit und Tragfähigkeit des persönlichen sozialen Netzes": Damit sind Beziehungen zu Freunden und Verwandten gemeint, aber auch die räumlichen und zeitlichen Bezüge zu diesen Menschen und deren entsprechenden Möglichkeiten. Hier sollen auch lebenslaufbezogen langfristige Entwicklungen betrachtet werden.

4. Kategorie „Befindlichkeit und Aktivität im Heim": Hier können Teile von Erzählungen eingeordnet werden, die auf das Erleben, das Eingewöhnen und die Akzeptanz der Heimunterbringung abstellen. Ebenso sollten sich in dieser Kategorie Hinweise unterbringen lassen, die über das Sozialverhalten des Befragten in der Einrichtung Aufschluss geben.

Das so beschriebene kategoriale System wird im nächsten Abschnitt auf die erzählten Lebensgeschichten einiger BewohnerInnen angewandt und bedarfsweise weiterentwickelt. Die Ausprägungen der Kategorien werden am Fall entwickelt.

5.4.2 Zur weiteren Darstellungsweise der Ergebnisse in diesem Fokus

In den folgenden Abschnitten werden zunächst zehn Bewohnerinnen und drei Bewohner anhand ihrer erzählten Lebensgeschichte vorgestellt; dies erscheint sinnvoll, damit sich der Leser einen Eindruck von dem erzählten Leben der Befragten in seiner Gänze verschaffen kann. Dabei wurde darauf verzichtet[57], die jeweiligen Interviews in Gänze zu präsentieren und formale Charakteristika wie Kommunikationsschemata oder sprachliche Auffälligkeiten ausführlich darzustellen und zu interpretieren: Dies würde aus meiner Sicht den Rahmen der hier vorgelegten Arbeit, vor allem auch angesichts der Materialfülle und der angestrebten Methodenkombination, deutlich überschreiten.

Die Darstellungsform dient vielmehr der Datenverdichtung und dazu, die Fortentwicklung des kategorialen Systems und seine quellenbezogene Begründung deutlich zu machen. Nicht in diese Darstellung einbezogen wurden solche

---

[57] Wie bei narrativen Interviews sonst durchaus üblich. Ebenso wurde bei den Zitaten aus den Interviews auf Zeilennummerierungen verzichtet, stattdessen werden die laufende Nummer des Interviews, der oder die Interviewte und die Seitenzahl des Zitats angegeben. Die Namen der Interviewer finden sich entgegen der sonst im Text gepflegten Zitierweise jeweils im ersten Abschnitt der Darstellung.

Interviews, die zu überwiegenden Teilen keine Stegreif-Erzählungen enthielten. Aus den verbliebenen Darstellungen wurden, ausgehend vom alphabetisch ersten Fall[58] solche hinzugenommen, die scheinbar Ähnlichkeit mit dem vorigen Fall aufwiesen. Später wurden demgegenüber in wesentlichen Aspekten kontrastierende Biographien einbezogen.

Die hier betrachteten Interviews wurden dabei sequenziert, besonders aussagekräftige Abschnitte werden im Folgenden als Zitate wiedergegeben. Mit der Methode der Auswertung sollte, wie gesagt, das Material verdichtet werden, daher wurden weniger Bedeutung tragende Passagen gestrichen, andere zusammengefasst.

Jeder Biographie sind einige Anmerkungen zu formalen Kriterien der Interviews, die Namen der Interviewer und allgemeine Charakteristika der Befragten (z.B. Alter, Dauer des Heimaufenthalts) vorangestellt. Ebenso werden hier Ergebnisse aus dem quantitativen Teil der Untersuchung eingebracht, im Gegensatz zu der verdichteten Darstellung oben aber als einzelfallbezogene Ausprägung einiger der erhobenen Merkmale, vor allem zur Anzahl von BesucherInnen und zum Umfang der Besuche, die der Interviewte erhält.

Für alle Beschreibungen im biographischen Fokus ist Folgendes zu beachten: Wir haben es hier immer mit der Darstellung des Befragten zum eigenen, gelebten Leben zu tun, diese Darstellungsform ist nahe liegenderweise sehr subjektiv. Damit ist sie auch von der jeweiligen Konstellation zwischen Befragten und Befragern abhängig und von entsprechenden Vermeidungs- oder Betonungsbedürfnissen geprägt. Sofern also in diesem Abschnitt über die Interviews hinaus auch Daten z.B. aus der Aktenanalyse, der ethnographischen Erhebung oder aus quantitativen Erhebungen kontrastierend und bezogen auf den Befragten verwendet werden, wird dies explizit angemerkt. Am Ende jeder Auswertung werden die jeweiligen Ausprägungen der sich entwickelnden Kategorien diskutiert und vorgestellt. Nach Abschluss der Auswertung und Darstellung dieser Lebenserzählungen erschien die theoretische Sättigung erreicht, weitere Interviews erbrachten bezüglich des angestrebten Kategoriensystems keine zusätzlichen Kategorien.

Bei der späteren Diskussion der Kategorien werden dann zum Beleg der Ausprägungen dieser Kategorien auch Zitate aus den übrigen Interviews verwendet, ohne die Lebensgeschichte dieser Interviewten als Ganzes darzustellen. Um eine Einordnung der Zitate in ein „gelebtes Leben" für Unbeteiligte trotzdem zu erleichtern, wird von den Interviewten, deren Biographie nicht ausführlich erörtert wird, eine Kurzbiographie mit einigen, der jeweiligen Erzählung entnommenen Daten dem folgenden Abschnitt angefügt. Der Schwerpunkt liegt bei

---

[58] Bezogen auf den wirklichen Namen der Bewohnerin, also vor der Anonymisierung.

dieser Darstellungsform auf der Zeit im Leben vor und unmittelbar nach der Heimaufnahme, Kindheit, Jugend und Leben als erwachsener und schließlich alternder Mensch werden dabei nur gestreift. Eine Typologie zu den Ausprägungen der Kategorien und danach eine Typologie der BewohnerInnen erfolgt gesondert in dem dann wiederum folgenden Abschnitt.

5.4.3 Die Lebensgeschichten

5.4.3.1 Frau Bader

Mit Frau Bader wurden im Januar 2005 zwei Interviews von 20 bis 30 Minuten geführt, beide im Zimmer der Bewohnerin. Die Interviewerinnen waren Agnes Karkulowski und Lena Veverka, die Beteiligten haben sich bei mehreren Vortreffen kennen gelernt. Frau Bader ist 89 Jahre alt; von einigen Mitarbeitern der Pflege wird sie mit dem Spitznamen „Mutter Theresa" bezeichnet. Sie lebt seit 60 Monaten im Heim. Sie ist schlank, zierlich und vergleichsweise mobil, bewegt sich im Wohnbereich oft ohne Gehhilfe, außerhalb verwendet Frau Bader einen Gehwagen. Ihre Hände sind krankheitsbedingt stark deformiert. Drei bis vier Personen besuchen sie regelmäßig, jede etwa einmal im Monat. In ihrer Selbstpräsentation wirkt Frau Bader witzig, selbstbewusst und auch etwas selbstironisch. Geboren wurde sie in Danzig als Jüngste von drei Kindern.

> „Ja: geboren wurd ich, (0.1) auf alle Fälle. (Alle lachen) Schreiben se rein, GE-
> BOREN IS SIE. (lachend) Ich bin am zweiten ersten geboren (0.2) sechzehn (0.3)
> Alte schach- Eine alte Schachtel schon (alle lachen). (0.2)Eine alte Schachtel bin
> ich, Ja (leise). Naja, Was soll ich erzählen (0.2) Kindheit, jaa" (1. Interview Bader
> 2005: S. 1).

Der Vater war selbständiger Tischlermeister und verstarb, als Frau Bader sechs Jahre alt war. Vor seinem Tod war er drei Jahre lang weitgehend bewegungsunfähig und auf Pflege durch die Familie angewiesen, zu der auch Frau Bader als Kind ihren Beitrag leisten musste:

> „Ja der kam ausm Krieg, hat ein Jahr in Lübeck ge- gelebt, da war er im Militär-
> krankenhaus, da hat meine Mutter ihn heimgeholt, und dann hat er drei Jahre im Bett
> gelegen, nur gelegen (0.1), der war vollko: mmen gelähmt, ja, nicht bloß nich bloß
> die Hände, das war vollkommen. (.) Ich erinner mich, da als Kind musst ich immer,
> der konnte nicht mal mehr das Bein hochheben, da musst ich immer so halten, ja
> (zeigt die Bewegung an) damit er mal ne andere Lage, das tut ja sonst alles weh,
> wenn de immer nur auf einer Stelle liegst, da musste man immer aufm Rücken so

halten, damit er mal auf der Seite liegt. Nicht. Das wird ja sonst wund, aber der hatte keine Stelle, (0.1) der wurde so gepflegt von uns allen, von meiner Mutter, von allen. (0.2) Ne Ne, also er hats, ja er hats bei uns zu Hause gut gehabt. (.) Das hat meine Mutter schon früher gesagt, und wir warn auch alle in der Beziehung, (0.2) hatten ihn alle gern, trotz allem. Ich kannte ihn ja gar nicht, ich war drei als er nach Hause kam (.)" (1. Interview Bader 2005: S. 3).

Trotz Krankheit und Behinderung hatte der Vater offensichtlich eine wesentliche Rolle bei der Erziehung seiner jüngsten Tochter gespielt:

„Nachher dann (.), und er hat mich dann sehr gefordert, sehr, gefordert und gefördert beides ja. (.) Ist wirklich wahr(0.1). Was der mir so beigebracht hat, ich musste schon singen, Lieder, die also Kinder von sechs sieben, nich anfangen! Also (0.1) ich kenn kennse (?) Edelstahl, das ist schwierig zu singen, und er, er hat drauf bestanden hat so lange bis ich das konnnte" (1. Interview Bader 2005: S. 4).

Die Hilfen für den Vater überforderten die Tochter gelegentlich, als Beispiel beim Lesen der Zeitung:

„Und da musst ich ihm die Zeitung so halten, er konnt ja nun nichts halten (0.1). So nun halten sie mal so als Kleene, als fünf war ich, halten se dann mal hier so, das fängt ja an zu zittern. (.) (zeigt wie sie zitterte) HALT STILL!! (Den Vater darstellend) (Alle lachen) Und dann besann er sich wie alt ich war, und sagte, ist ja gut, ist ja gut, ei lass mal runter. Und nun komm wieder, halt mal ein bisschen hoch (0.2). Vielleicht gabs das aber damals noch nicht, ich weiß es gibt ja heute diese Ständer, wo man die drauflegen kann, ne" (1.Interview Bader 2005: S. 4).

Sie absolvierte später die Volksschule und verzichtet auf eine weitergehende Schulausbildung wegen des Todes des Vaters und der materiellen Situation in der Familie. Stattdessen beginnt sie eine Ausbildung als kaufmännische Angestellte und zeigt sich bereits zu dieser Zeit als durchaus selbstbewusst und kritisch.

„Also ins Büro sollt ich, wollte ich, da musst ich erst in den Verkauf gehen (0.1). Lag mir gar nicht so sehr. Weil ich so (0.2) also- ich lass mir nichts sagen, ja. Weil die Kunden, die wolln ja, der Kunde hat ja das Wort. Nicht ? Und da hat ich mal nen tüchtiges- nen tüchtigen Krach mit einer Kundin" (1. Interview Bader 2005: S. 1).

Im Alter von 22 Jahren heiratet Frau Bader und zieht mit ihrem Mann nach A-stadt, lässt sich aber drei Jahre später wieder scheiden. Die Ehe bleibt kinderlos.

„Mit eh wie alt war ich denn da(0.1), mit fünfundzwanzig hab ich mich scheiden lassen, aber nicht aus eh Gründen, die üblich sind sondern hier (zeigt ihre durch eine

Krankheit krummen Hände) mit den Händen fing's schon an. Und das wollt ich meinem Mann nicht zumuten (0.2) Aber er wollte das nicht so, sich scheiden lassen. Ich hab gesagt, nee sag ich, das wird wohl immer schlimmer werden (0.1). Mein Vater war nämlich, der hatte aus dem Krieg, (0.2) dasselbe, Ja. Der hatte das auch mit den Händen, sieht man da schon (zeigt auf das Bild ihrer Familie, welches über dem Bett hängt) da ist er schon sehr abgema: gert und (0.1) sehr krank. Und hat auch schon die (.) Hände so, Ja. (0.2) Und (0.3) naja, und dann hab ich ihn schließlich rumgekriegt, dass er sich scheiden lässt, ich musst ihn schon sehr überreden. (0.2) Und vor allen Dingen, dass er wieder heiratet soll, der wollt gar nicht heiraten, naja, hat dann aber nach zwei Jahren, hat er dann wieder geheiratet. Er wollte gerne Kinder haben." (1. Interview Bader 2005: S. 2).

Frau Bader geht nach der Scheidung zunächst zurück zur Mutter in ihr Elternhaus. Sie heiratet nicht mehr und arbeitet zunächst bei einer Versicherung, später beim Arbeitsamt. Sie wechselte während ihres Berufslebens häufig den Wohnort.

„Aus Danzig komm ich (0.2), dann sind wir nach- dann bin ich nach (0.2)erst nach Goslar (0.1), dann nach F-stadt, ne, dann nach G-dorf (0.2), dann nach F-stadt (0.3), u:nd da::nn nach K-burg, (0.4) na:::ch, na, (.) was hab ich jetzt gesagt (0.3)? Der Dom, wo ist der Dom? ... Aachen genau. Und von Aachen dann nach, ehh, (.) nach V-heim.(0.2) Von V-heim na:ch (.) N-burg,(.) und von N-burg nach hier." (2. Interview Bader 2005: S. 3).

Die Familienmitglieder von Frau Bader waren inzwischen alle verstorben, bis auf ihre allein lebende Nichte, zu der aber ein enger Kontakt besteht. Einmal pro Woche kommt die Nichte zu Besuch ins Heim, aber telefoniert wird täglich.

„Ja, ich hab jetzt noch meine Nichte. U:nd, die (?), ja, jede Woche. Ja, der Kontakt ist gu::t. Wenn sie mal nicht kann ist auch nicht schlimm (0.1). Ich vermisse das nicht. Habe keine Langeweile. Und dann telefonieren wir dann eben. Sowieso, Telefon jeden Abend. (0.2) Ja, (0.1) kurz vor'm schlafen gehen „ (2. Interview Bader 2005: S. 2).

Mit zunehmender Pflegebedürftigkeit wurde Frau Bader von ihrer Nichte versorgt, die in der Nachbarwohnung lebte. Nach deren Umzug wurde ein ambulanter Pflegedienst beauftragt. Auf das Seniorenzentrum C-burg wurde Frau Bader nach dessen Fertigstellung aus Zeitungsberichten aufmerksam. Den Entschluss zum Einzug fasste sie selbst.

„In N-burg, ja (.), mein letztes Zuhause, war das, ne? In N-burg (0.1), ja u::nd- meine Nichte ist dann weggezogen, sie hat neben mir gewohnt. Ja? Die wohnten daneben (.). U::nd da ist sie weggezogen, und (0.2) dann hab ich erstmal nach einer (?) die mich versorgt hat, das ging auch sehr gut. Aber ( ) dann haben wir uns das hier mal angeschaut. Da war das neu gebaut, ne. (?) ich guck mir's mal an (0.1). Und da::: gefiel mir das, war ja alles neu, alles sauber, ne (0.1). Ha::b ich dann gesagt, na gut, dann hab ich gesagt, dann (0.2) geh ich lieber (.) gleich hin, bevor andere hinkommen. Wir waren die 3 ersten hier (.). Also hier in dieser Etage. Oben war es schon belegt. Aber hier in dieser Etage war'n wir die ersten. Da haben wir uns damals gut verstanden, und sagte, na ja (.), dann bleib ich dann auch. Hab ich dann auch (0.2). Ja, und seitdem (.) sind schon 5 Jahre vergangen. Ja." (2. Interview Bader 2005: S. 1).

Im Heim fühlt sich Frau Bader im Ganzen wohl:

„Sonst ist alles OK (.) hier. Kann ich nicht klagen. Also ich komm gut zu Recht hier. Vom ersten Tag an. (0.2) Habe auch keine, keine Beschwerden wie viele, (0.1) viele weinen ja rum. Oh, davon gibt's ne ganze Menge" (2. Interview Bader 2005: S. 2).

Als Grund für ihre Akzeptanz des Heimlebens gibt sie auch an, keine Erwartungen an ihre Familie zu haben (die im Übrigen auch nur mehr aus besagter Nichte besteht).

„Ja: (0.2). Die haben auch, das ist auch ein anderer Fall. Die haben Familien, also zumindest ne Tochter oder nen Sohn (.) und di::e fühlen sich dann abgeschoben. (0.2) Sie sind es nicht, das ist Quatsch. Sie fühlen sich eben so, nicht? Ich mein die Kinder haben ihr eigenes Leben, und wollen- sollen's ja auch leben" (2. Interview Bader 2005: S. 2).

Den Kontakt zu den Mitbewohnern beschreibt Frau Bader als gut. Im Heim hat sie sich angewöhnt, einige der BewohnerInnen regelmäßig zu besuchen, vor allem auch solche, die ihr Bett nicht mehr verlassen können.

„Ja der (Kontakt) ist gut, ach ja der ist gut. Vom ersten Tag an. Doch doch der ist gut.   [auch, auch mit den kranken Leuten. Wie ich seh wie die- also krank sind wir ja alle hier. A::ber (.) die Bettleger- auch mit denen. Die besuch ich dann, ne (0.4). Oder auch die nur rumsitzen. Die nicht mehr können. Oder (.), teils auch nicht wollen" (2. Interview Bader 2005: S. 4).

Für Frau Bader ist der eigene Wille, die Selbstbehauptung, ein zentrales Motiv, das sie bei anderen BewohnerInnen gelegentlich vermisst.

„Nee, manche wollen auch nicht. Die sind- die sind so- also::   (0.3).   Die haben keine Lust, also, wie gesagt, das sind die Leute, die sich abgeschoben fühlen. Die (.) bleiben (.) auch (.) manchmal (0.1) ohne Grund liegen. (0.2) Die lassen sich dann hängen. „ (2. Interview Bader 2005: S. 5).

Aus Sicht von Frau Bader kommen viele der passiven oder dauerhaft liegenden BewohnerInnen nicht mit der Trennung von ihrer Familie zurecht und vermissen deren Unterstützung oder die Organisation ihrer Pflegebedürftigkeit durch oder in der Familie. Für Frau Bader ist dies aber eine überzogene, ungerechtfertigte Erwartung.

> „Die sind dann irgendwie böse (0.1), und, und vielleicht auch verzweifelt. Die fühlen sich dann eben von den Kindern- obwohl die sie besuchen. Also- das ist nicht, das sie- Die brauchen sich nicht abgeschoben zu fühlen (.). Und die Wohnungen sind heute ja auch gar nicht so- Es ist ja alles neu gebaut. Eigene Zimmer in denen sie extra liegen. (0.2) Und (0.2) und wie gesagt, die jungen Leute müssen auch für sich leben. Ist ja auch Quatsch. Ich weiß ja nicht. Auch meine Mutter war nicht so eingestellt. (.) Die war ja auch- das war ja auch eine ganz andere Generation schon wieder. Aber (.) die hat auch gesagt- die hat uns gerne besucht, aber (.) das sie bei einem leben- sie hat gesagt, ich möchte nie zu einem Kind ziehen. Ja. Das ist ja auch wahr, ist ja auch richtig" (2. Interview Bader 2005: S. 5).

Auf die Frage, ob sich Frau Bader wieder für dieses Heim entscheiden würde, antwortet sie sehr bestimmt:

> „Ins Heim? Ja sicher. Natürlich. (0.4) Unbedingt. (0.3) Und wenn man sich hier schlecht fühlt, dann ist man auch teils selbst schuld. (0.1) Wenn man sich so benimmt. Wenn man sich schlecht benimmt, dann bekommt man das auch zurück. (.) Also ich- Ich kann mich nicht beschweren. (0.2) Viele beschweren sich. (.) Ich kann mich da nicht beklagen" (2. Interview Bader 2005: S. 5).

Konflikte im Heim gibt es für Frau Bader durchaus, sowohl mit anderen BewohnerInnen wie auch mit dem Pflegepersonal, diese Dissonanzen sind aber aus ihrer Sicht im Gespräch lösbar:

> „Und, und hin und wieder Ärger oder so, mit andern Bewohnern (.), das kann schon mal vorkommen. (0.2) Da sag ich meine Meinung. Das kommt vor. Ja::. Auch wenn sie sich so hängen lassen (0.2), sag ich, du hast doch gar keinen Grund. Nimm dich doch mal ein bisschen zusammen. (0.3) So was. Ne::: Da nimm ich kein Wort weg. Noch weder auf die Bewohner noch auf die Schwestern. (.) Das ist mir Wurscht. Ja. Das muss man auch. Also Mund aufmachen muss man schon. Aber nicht unbegründet. Nee…" (2. Interview Bader 2005: S. 6).

5.4.3.2   Beiträge des Interviews der Frau Bader zur Kategorienbildung

Bei dem Interview der Frau Bader erscheint hinsichtlich der angestrebten Formulierung eines kategorialen Systems zunächst wesentlich, wie die Heimaufnahme
offensichtlich, zumindest hinsichtlich der Selbstdarstellung, erfolgt ist: Frau
Bader kommt durch den Umzug der nächsten Verwandten, der Nichte, aus der
unmittelbaren räumlichen Nähe der Interviewten in einen allmählichen, vorerst
nicht unmittelbar dringenden Handlungszwang: Frau Bader kann sich ganz gut
mit Ersatzformen der Hilfe arrangieren. Weil sie aber lebensgeschichtlich seit
früher Kindheit mit dem Problem der Pflegebedürftigkeit konfrontiert war, sucht
sie vorsorglich nach einer Perspektive nach dem Motto: „Lieber suche ich mir
jetzt den Ort aus, wo ich die letzte Phase meines Lebens verbringen werde, als
dass dies ein anderer für mich entscheidet". Hier zeichnet sich eine erste Kategorie ab, die vorläufig als „Aushandlung der Heimunterbringung" bezeichnet werden soll. Nach ihrer Aussage hat Frau Bader die Entscheidung selbst getroffen,
die Ausprägung dieser Kategorie wäre demnach „selbstbestimmt"; denkbar wäre
in dieser Kategorie als extremer Gegenpol zur Interviewten diejenigen Heimbewohner, die keinerlei Möglichkeiten zur Mitsprache hatten, etwa weil ein gesetzlicher Betreuer die Heimunterbringung in eigener Machtvollkommenheit betrieben hat (vgl. Hirsch 2002: S. 18). Zwischen diesen Polen könnten weitere Ausprägungen der Kategorie liegen: Solche Heimbewohner, die im freundlichen
Diskurs mit der Familie (oder auch mit dem gesetzlichen Betreuer) und in Einsicht der Notwendigkeit in ein Pflegeheim gehen, aber auch solche, die überredet
oder unter Druck gesetzt wurden, bis sie diesen Schritt vollzogen haben oder
vollziehen ließen.

Die Kategorie „gesundheitliche Krisen vor Heimaufnahme" hat im Fall der
Frau Bader die Ausprägung „langjährige Krankheit bei allmählicher Verschlechterung und Zunahme der Pflegebedürftigkeit". Andere Ausprägungen dieser
Kategorie könnten im einen Extrem die „plötzlich eingetretene Notlage mit hohem Maß an Pflegebedürftigkeit" sein, beispielsweise ein schwerer Schlaganfall
oder auch Unfallfolgen, die mit entsprechend massiven Einschränkungen verbunden sind.

Eine dritte Kategorie lässt sich in der Verfügbarkeit einer tragenden sozia-
len Umgebung begründen. Im Fall der Frau Bader war eine der Krisen, die jener
Heimaufnahme unmittelbar vorangegangen waren, das weitgehende Fehlen von
Familie und schließlich der Umzug der einzigen Verwandten, der Nichte. Die
Kategorie kann mit „Verfügbarkeit und Tragfähigkeit des persönlichen sozialen
Netzes" beschrieben werden. Wir hätten dann hier die Ausprägung einer „dün-
nen", nur aus der Nichte bestehenden sozialen Hilfestruktur, zu deren Vertreterin
aber weiterhin positive Beziehungen auch nach Heimaufnahme gepflegt werden.

Die vierte Kategorie, die als „Befindlichkeit und Aktivität im Heim" benannt werden könnte, bedarf vor ihrer endgültigen Formulierung noch weiterer Belege. Bei Frau Bader hätten wir es in diesem Zusammenhang jedenfalls mit einer aktiven, kritisch-positiven und selbstbewussten Heimbewohnerin zu tun, die sich im Seniorenzentrum wohl zu fühlen scheint und in hohem Maß integriert und engagiert erscheint.

5.4.3.3   Frau Bangert

Mit Frau Bangert wurden im Januar 2005 drei Interviews von 15 bis 20 Minuten geführt, alle im „Wohnzimmer" des Seniorenzentrums im Parterre. Die Interviewerinnen waren Katharina Sesar, Najat Boulsouyoul und Alice Murschall, transkribiert wurden die Interviews von Alice Murschall. Die Interviewerinnen kennen sich aus der Universität. Die Interviewte kennen die Interviewer von Festen und Unterhaltungsangeboten innerhalb des Seniorenzentrums.

Frau Bangert ist 76 Jahre alt und lebt im Heim seit 23 Monaten zusammen mit einer Mitbewohnerin im Doppelzimmer. Sie bewegt sich im Haus selbständig in einem Rollstuhl, ist recht korpulent und hat eine ruhige und freundliche Ausstrahlung. Besuche erhält sie von ein bis zwei Personen etwa einmal pro Woche. Geboren ist Frau Bangert in der Nähe von Trier in einem kleinen Dorf. Der ältere Bruder war kurz vor ihrer Geburt im Alter von 12 Monaten gestorben. Sie wuchs als Einzelkind zweisprachig auf, die Mutter war Französin.

> „... morgens wenn isch fertig gemacht war. Pikobello fein angezogen und äh, gewaschen und geregelt, dann hab isch immer 'Bonjour' zu den Nachbarsfraun gesagt (lacht) Und die haben dann mir 'Bonjour ca, Madame, ca va?' Und die Frau hat dann immer gesagt 'Ah, Bonjour Kind. Ja ca va?' Ja, so viel hat sie schon mitbekommen" (1. Interview Bangert 2005: S. 3).

Die Gegend der Kindheit von Frau Bangert ist ausgesprochen ländlich geprägt, die Eltern bewirtschafteten einen kleinen Bauernhof. Die Volksschule wurde von ihr zunächst als uninteressant und belastend empfunden, später gewöhnte sie sich ein:

> „Und, äh, (0.1) als isch dann äh, äh, 'n Jahr und zwei umhatte, da war' s besser. Da hab isch, da war die Schule wieder interessant für mich. Isch hab immer rausgeschaut und da sind die Hühner auf der Strasse gelaufen. Die, äh Strasse die war nich geteert und so wie heute. Einfach nur, äh, befah:rbar. Und da sind die, äh, die Leute haben ihre Frucht nach Hause gefahren. Da ist immer was ge- abgeschüttelt von den Ähren" (1. Interview Bangert 2005: S. 4).

Ihre Kindheit beschreibt Frau Bangert als glücklich. Nach der Schule arbeitete sie ohne eine berufliche Ausbildung in der elterlichen Landwirtschaft.

> „Genau Schule gehabt. Und dann bin ich, äh, rausgekommen. Äh, gelernt hab isch nichts. Die Mutter hat mir΄ s kochen beigebracht: Kuchen backen. Ja und das war dann sehr viel Arbeit und man musste das Obst ja pflücken und na Hause bringen und, äh, Gläser vorbe- und so weiter uns so fort. Das, äh, das… heute kauft man das ja" (1. Interview Bangert 2005: S. 5).

Die Freizeitbeschäftigung in Jugendjahren war zunächst vor allem das Stricken, was Frau Bangert von der Mutter gelernt hat, beim Vater aber nicht immer unterstützt wird:

> „Ja, (0.1) und äh, Stricken habe isch gelernt. Meine Mutter von der hab ich das Strümpfestricken gelernt. Die hat meinem Vater. Der hat keine andere St-Strümpfe getragen als wie seine Frau musste ihm die Strümpfe stricken. Und, äh, da hat meine Mutter hat gesagt, ΄soll isch dir nich ma für Sonntags in die, (0.1) äh, leichteren Schuhe ma welche kaufen?΄ ΄Nein, ich will gestrickte Strümpfe. Und die müssen von dir gestrickt sein.΄ Isch hab ma angefangen und wollte ihm n Paar Strümpfe stricken. Hat er zu mir gesagt: ΄Hast du sonst nichts zu tun?΄ ... „ (2. Interview Bangert 2005: S. 5).

Die Lehre in einem Ausbildungsberuf anstelle der Einbindung in den landwirtschaftlichen Kleinbetrieb entspricht nicht der Tradition oder den Möglichkeiten der elterlichen Familie, obwohl aus Sicht der erwachsenen Frau Bangert durchaus Chancen dafür bestanden hätten, die allerdings auch an ihren eigenen Ängsten scheitern:

> „Mein Vater hat keinen Beruf gehabt, der hat, äh, Bauer (0.1) gemacht, meine Mutter ebenfalls und isch auch. Einen Beruf erlernt habe ich nischt. Ich hätte wohl Möglichkeiten haben können durch meinen Großvater, der, äh, da hat isch, äh, äh, ein Internat für Lehrerin zu werden, aber es war Kri:eg und isch hatte, äh, äh, H: Nein, ich hatte keinen Mut. Ich wollte einfach auch nicht von meinen Eltern weg. Ja, (0.2) schö:n wär΄s gewesen, aber, äh, ich hab arbeiten: geholfen. Ich wusste nix anderes, (0.3) ja" (2. Interview Bangert 2005: S. 3).

Dauerhafte und lange Freundschaften zu anderen Mädchen pflegt Frau Bangert in ihrer Jugend nicht, mit 18 Jahren lernte sie ihren späteren Mann beim Tanzen im Nachbardorf kennen:

> „Ja, ja das war bei der Tanzmusik auf ne Kirmes im Nachbarort. Da sind wir, äh, ich, ich durfte bei meinem Vater durfte ich selten <u>rau:s</u>, der war sehr <u>stre:ng</u> und

meine Mutter natürlich auch. Und da hab isch auch gebettelt drum und wollte (0.2) wollte mal zu dieser Kirmes. Isch hab immer gesagt, die Mädchen, die erzählen da ist´s so schön, da wird nur getanzt und so, ja, ja und so weiter und sofort. Da hat er immer gesagt ´Wir wissen ja wie die Sache geht´ und tatsächlich so ging es ja auch (lacht)" (2. Interview Bangert 2005: S. 5).

Der Vater verhält sich eher kritisch zum neuen Verehrer seiner Tochter:

„Isch hab mein Mann da kennen gele:rnt. Er hat mit mir geta:nz:t, ja. Und später, äh, äh, Sonntag drauf hat er mi- uns besucht. Und er hat die Courage gehabt und kam aber schon rein zu uns ins Haus und da hat sich mein Vater mit ihm unterhalten. Und mein Vater war ganz und GA:R nischt für ihn eingestellt" (2. Interview Bangert 2005: S. 5).

Ihre Eheschließung mit dem fünf Jahre älteren Freund musste sie gegen den Vater drei Jahre später durchsetzen, der beide für zu jung für diesen Schritt hielt:

„Nein, er war fünf Jahre älter. Aber auch zu jung (.) jung ausgesehen, ne, ja (0.2) und da, äh, haben wir uns bis, dass isch, äh, einundzwanzig war, da haben wir dann geheiratet. Da hab isch mich dann durchgesetzt. Ja, da kam gleich, neun Monate drauf, meine(0.2) älteste Tochter wurde geboren. Ein Mädschen, ein schönes Mädschen (0.2), dunkle Au- Äugelchen, schöne schwarze Haare (.) Ein sehr schönes Kind. Und drei Jahre später kam dann das zweite Kind. Auch wieder ein sehr schönes Kind. Ich hatte, äh, die hatten so schöne Gesichter meine Kinder. (lacht)" (2. Interview Bangert 2005: S. 6).

Der frischgebackene Brautvater findet sich jedoch schnell in seine neue Rolle, spätestens nach der Geburt der zweiten Tochter von Frau Bangert.

„Ja (0.2) ja dann natürlich war mein Vater, war die Freude gro:ß. Die Enkelchen, die war so schön und MÄDSCHEN. Da hat er immer an jede Hand eine genommen und ist mit ihnen spazieren gegangen" (2. Interview Bangert 2005: S. 6).

Die Ehe wird als glücklich beschrieben, solange die Kinder noch nicht erwachsen waren. Die Familie lebt in bescheidenem Wohlstand.

„MIT MEINEM MANN zusammen als die Kinder so aufwuchsen wunderschön. Es war eine wunderschöne Zeit. Der war okay, war in Ordnung, war sehr fleißig (0.1). Wir hatten den ersten Fernseher im Ort, das erste anständige, schicke Auto, ja" (2. Interview Bangert 2005: S. 9).

Im Alter von dreiundvierzig wird Frau Bangert geschieden und geht wieder arbeiten, die Töchter sind bald danach verheiratet.

„Ja, ja, äh, isch, äh, bin ja hier hin, äh, es, äh, kurz bevor wir (ganz leise) isch bin ja geschieden (mit normaler Stimme) was soll isch auch noch lügen. Ja und dann als ich geschied- war, ich bekam das Haus: (.) Er hat nischt gebraucht zu bezahlen, dafür bekam isch das Haus und bin arbeiten gegangen, wieder arbeiten gegangen. Da hab isch in einer, äh, äh (0.1) Stoß:dämpfer für, in Autos. In einer Fabrik hab isch gearbeitet, Jahre lang. (0.2) Das hat mir gut gefallen. Und da hab isch schönes Geld verdient. Da bin isch mit meiner ältesten Tochter und mit deren Mann zwei Mal nach Spanien in Urlaub gefah:ren" (2. Interview Bangert 2005: S. 8).

Nachdem Frau Bangert Rentnerin wird, lebt sie drei Jahre „zu Besuch" bei der älteren Tochter und ihrem Mann in C-furt, ihre Wohnung hatte sie derweil noch im Haus ihrer jüngeren Tochter (das sie ursprünglich mit ihrem Mann erworben und bewohnt hatte). Darauf wird sie von der jüngeren Tochter abgeholt, was nicht ohne Konflikte bleibt:

„Und dann kam, ähm, meine meine Tochter zu Besuch und dann bin isch mit denen, ihr und, äh, mit ihrem Mann, die jüngste Tochter, bin isch dann nach Hause gefahren. Und da war, äh, die, bei der isch so lange war, die war da spinnenböse, oh, die war spinnenböse. Die hat grad no- noch zu mir gesagt, 'also, auf Wiedersehen, Mutti' (0.1), mir die Hand kurz gegeben, misch nischt mehr gedrückt und gar nischts" (3. Interview Bangert 2005: S. 3).

Sie zieht wieder in ihre Wohnung zur jüngeren Tochter. Der Abbruch des Aufenthalts bei der älteren Tochter war wohl der Wunsch von Frau Bangert, es bleibt unklar, welche Diskussionen voran gegangen waren. Frau Bangert war inzwischen älter und schwächer geworden, die Rückkehr in die letzte Wohnung ist deshalb mit unerwarteten Belastungen verbunden.

„Isch wollt nach Hause. Man soll ja 'n alten Baum nischt mehr verpflanzen, heißt es ja. Ob das stimmt, oder, (0.1) man da was geben kann dafür, isch weiß es ja nischt, ja, so heißt es. Und, ähm, (0.2) da bin isch mit der, der jüngsten und ihrem Mann, nach Hause gefahren, rauf in meine Wohnung. Und da war'n die vielen Treppen, da bin isch immer zum Frühstück, Frühstück haben sie mir rauf gebracht, isch hab mir' n Kaffee gemacht. (0.1)" (3. Interview Bangert 2005: S. 3).

Die Grenzen ihrer Möglichkeiten werden in dieser Zeit immer deutlicher, Krankheit kommt hinzu, die Krankheitsform wird jedoch im Interview nicht dargestellt:

„Und, äh, äh, (.) aber sau:gen konnt isch nischt mehr, (.) das war mir alles zu viel. Isch hab, äh, mit Mühe und Not noch Staub gewischt (.) und die Toilette 'n bisschen, äh, äh, rein gemacht und sauber gemacht und so. Und, äh, (0.1) (atmet auf) durch die vielen Treppen, die konnt isch auch nischt mehr gut gehen, weil, äh, zum

Abendessen, weil meine Tochter hat dann abends immer gekocht, da bin isch abends runter und essen. Und dann nachher, äh, ham die gesehen, dass es (0.1) mir fast nischt mehr möglich war, die Treppe zu gehen. Da haben die mir abends das Essen raufgebracht, (.) was sie gekocht ham. Hab isch oben gegessen und, äh, im Si-, äh, im Sitzen gespült. (.) Unten, isch hab keine Spülmaschine oben, aber unten i:st eine. Und, ähm, (0.5) (atmet auf) ja, so war's. Und da bin isch krank geworden" (3. Interview Bangert 2005: S. 3).

Und weiter unten:

„Ja, da war isch 'ne ganze Zeit lang im Krankenhaus und da hab isch zu meiner Tochter gesagt, 'du musst sehen, dass isch irgendwo (0.1) kann, äh, (.) unterkommen, dass isch irgendwi:e in 'n Heim komme'" (3. Interview Bangert 2005: S. 4).

Auf die Tochter will Frau Bangert Rücksicht nehmen, sie soll nach ihrer Auffassung ihren Mann in der beruflichen Selbständigkeit unterstützen:

„Sie konnt nischt zu Hause bleiben. Sie hat ihrem Mann versprochen gehabt, als sie das Geschäft anfingen: 'Isch helfe dir'. (0.2) Ja und sie, da konnt isch ja jetzt nischt mit meiner Krankheit und mit allem dazwischenfunken und sagen, 'du: hast misch zu pflegen'. Das hab isch nischt gemacht." (3. Interview Bangert 2005: S. 4).

Frau Bangert betont, dass der „Weg ins Heim" allein ihre eigene, für sie auch richtige Entscheidung war:

„Das war, ist meine Entscheidung gewesen, dass isch hier hin kam. Und meine Tochter hat gesucht und gesucht, in G-au ist auch ein Heim, aber lange nischt wie hier. Und jetzt bin isch, äh, das wird jetzt im Mai zwei Jahre, (0.1) wo isch hier bin. Es gefällt mir gu:t, (.) isch kann über' s Essen nischt schimpfen, des Essen is auch gut. (0.2) Wir bekommen, äh, äh, wochentags eine Vorsuppe und ein richtiges Essen. (.) Und dann abends, äh, Wurst und, äh, Brot, aber auch Butter, (0.1) ja und ma 'n Schälchen Salat, irgendwie gemischte Salat, mal Kartoffelsalat, mal Nudelsalat, oder (.) so' n (.), äh, Balkansalat, so vieles, äh, zusammen, ja." (3. Interview Bangert 2005: S. 5).

Nach dem Einzug fühlt sich Frau Bangert gut aufgenommen:

„Ja, es war ganz neu, aber alle war'n nett zu mir und, äh, (0.1) sehr nett (0.2) Anders, anders kann isch nischt sagen, die Schwestern sind alle sehr nett. (0.2)" (3. Interview Bangert 2005: S. 7).

Auf eine entsprechende Zwischenfrage der Interviewerin nach den gelebten Freizeitaktivitäten begründet sie aber auch sofort und bestimmt ihre relative Zurückgezogenheit im Heim.

> „Isch hab kei-, äh, Freizeit ist das nischt, äh, (0.2) MEIN LEBEN IST DAS HIER" (3. Interview Bangert 2005: S. 6).

Und weiter:

> „... durch die Strickerei hab isch nischt so viele Freundschaften, aber wir haben, äh, äh, musisches, äh, 'n musischen Kreis, da geh isch mittwochs morgens hin. Da wird, äh, 'n Märchen vorgelesen und 'n, 'n kleineres Märchen und gesungen. Und da bekommen wir immer 'n, 'n Obst oder irgendwas zu essen. Und jetzt, nach 'n Feiertagen, haben wir 'n Glas Sekt bekommen" (3. Interview Bangert 2005: S. 7).

Frau Bangert nimmt damit ein- bis zweimal pro Woche an Gruppenaktivitäten und entsprechenden Angeboten teil. Daneben zeigt sie sich bei gutem Wetter oft „strickend" in den öffentlichen Räumen im Heim und im Garten oder beim Brunnen:

> „Über Sommer bin isch viel draußen. Und, äh, kürzlisch war'n schöner Tag, So-, (.) da, Mo:ntag war das, da war isch auch vormittags draußen und nachmittags. (0.2) Also wenn, wenn es möglich ist, isch hab auch schon bei, äh, noch nischt allzu lange her, bei schönem Wetter draußen gestrickt (lacht). Lass jeder denken, was er will." (3. Interview Bangert 2005: S. 8).

Das Zusammenleben mit der Mitbewohnerin im Doppelzimmer ist für beide durchaus mit Einschränkungen verbunden. Aus Sicht von Frau Bangert lässt sich hierbei aber durch Rücksichtnahme und Verständnis durchaus ein Einvernehmen finden:

> „Ach, ähm, was soll man, (.) man, isch bi-, wir sind hier und leben zu zweit in dem Zimmer, da muss man sisch 'n bisschen einstellen. Auch mit der Toilette und so, wenn sie, äh, (0.1) runter geht, dann geh isch (.) und seh, sie geht mehr, benutzt mehr die (lacht), was' n Gespräch, benutzt mehr die Tap-, äh, äh, die Toilette wie isch, weil, äh, wenn sie kommt, wenn sie ge:ht, (0.2) sie kommt sehr wahrscheinlich auch rauf wenn sie, (.) äh, muss. Ja, di:e ist achtzisch, die Blase ist auch nischt mehr so (.) wie die sein soll. Und dann hat se auch noch 'n bisschen 'ne Krankheit im Bauch, wo sie auch groß machen muss. Ja und da (0.1) geh isch immer wenn si:e so 'ne Zeit weg ist und dann bin isch fertisch und dann kommt sie wieder. (0.2) Ohne, ohne verabredet, ohne abgesprochen." (3. Interview Bangert 2005: S. 9).

Unklar bleibt im Interview, warum Frau Bangert und ihre Mitbewohnerin, Frau Schwarz, die beide schon fast zwei Jahre oder länger im Haus leben (Frau Schwarz seit März 2001, also mehr als vier Jahre), noch kein Einzelzimmer bezogen haben. Nach der Konzeption der Einrichtung muss ihnen ein solches mehrfach angeboten worden sein.

5.4.3.4 Beiträge des Interviews der Frau Bangert zur Kategorienbildung

Was die erste Kategorie, die „Aushandlung der Heimunterbringung" angeht, so gehört Frau Bangert laut eigener Aussage ähnlich wie Frau Bader zu den Selbstbestimmten: Sie betont dies ausdrücklich und sie beauftragt die Tochter, für sie einen geeigneten Pflegeheimplatz zu suchen. In der Kategorie „gesundheitliche Krisen vor Heimaufnahme" benennt Frau Bangert eine deutliche Verschlechterung der gesundheitlichen Situation und zunehmende Probleme mit ihrer Mobilität in Haus und Wohnung.

In der Kategorie „Verfügbarkeit und Tragfähigkeit des persönlichen sozialen Netzes" zeigt die Interviewte eine neue Ausprägung: Das soziale Umfeld ist verfügbar und wohnt in unmittelbarer Nähe. Die Verschlechterung der gesundheitlichen Situation ist es aber, die zusammen mit den baulichen Gegebenheiten der letzten Wohnung vor Heimaufnahme trotzdem zur Entscheidung für das Pflegeheim führt. Dabei macht Frau Bangert deutlich, dass sie mit ihrer Entscheidung auch Rücksicht auf die Tochter nehmen wollte, der sie nicht zur Last fallen will. Bei der Befindlichkeit und der Aktivität im Heim zeigt Frau Bangert die Ausprägung der eher zurückgezogen lebenden Zufriedenen, trotz der Unterbringung im Doppelzimmer.

5.4.3.5 Frau Freund

Mit Frau Freund wurde im Oktober 2004 nur ein Interview von 23 Minuten im Zimmer der Bewohnerin geführt. Die Interviewer waren Simone Bunz und Stefan Auerbach, beide Mitglieder der Steuerungsgruppe, sie kennen sich aus der Universität und von den Projektvorbereitungen. Die Interviewte kennt beide von Festen und Unterhaltungsangeboten innerhalb des Seniorenzentrums. Simone Bunz führte das Interview. Frau Freund ist 87 Jahre alt und lebt im Heim seit 47 Monaten, inzwischen im Einzelzimmer; sie ist schlank und bewegt sich in Haus und Umgebung mit einem Gehwagen. Geboren ist sie in Z-dorf, die Familie stammt aus Schwaben. Sie wirkt freundlich, ziemlich vergesslich, aber interessiert und gebildet. Besuche erhält Frau Freund etwa alle 14 Tage von ein oder zwei Personen.

„Also ich bin ein Schwabenmädel und bin in Z-dorf geboren 1917 und hab da eine fröhliche Jugend verbracht. Also, wie weiß ich selber nimmer <lacht> und dann war ich eben in der Schule dort auch ich bin von Z-dorf siebzig Jahre gar nicht weggekommen. Also bin eine treue Datschiburgerin" (1. Interview Freund 2005: S. 2).

Sie genießt die Bildungsmöglichkeiten durch die berufliche Stellung des Vaters als junge Frau bis zum Abitur, der frühe Tod des Vaters begrenzt allerdings diese Chancen schnell, setzt ihnen in Sachen Bildung und beabsichtigtem Studium gar ein vorläufiges Ende:

„Und dann bin ich zur Schule gekommen und dann bin ich ins Gymnasium gekommen und dann habe ich eben Abitur gemacht. Und da hab mich schon ziemlich angestrengt und wollte auch weiter studieren. Und dann war wollt ich, hat mich schon angemeldet gehabt und plötzlich stirbt mein Vater und dann konnt ich natürlich rein finanziell nicht mehr so. Wir waren keine Geschäftsleute. Mein Vater war Ingenieur und hat halt sein Gehalt gehabt. Es war halt damals eine schlechte Zeit." (1. Interview Freund 2005: S. 2)

Dem Tod des Vaters ging dessen Arbeitslosigkeit voraus, der vorrangige Grund für die Entscheidung gegen ein Studium.

„Ich sag ja, ich hab nach dem Abitur, ich wollt Psychologie studieren. Aber dann gings eben net, weil mein Mann arbeitslos geworden is. Nein, mein Vater ist arbeitslos geworden. Und dann wars natürlich, wenn's paar Kinder sind. Ist nix drin. Die Mieten warn wohl net so teuer, aber es war alles schon, doch schon hat schon was gekostet" (1. Interview Freund 2005: S. 10).

Frau Freund arbeitet nach dem Abitur zunächst bei der Post, im Innendienst.

„Aber und bin dann um Geld zu verdienen bin ich zur Post. Und hab da so Postdienst gemacht, am Telefon und am Fernamt, also im Telegraphenamt und was halt so postalisches angefallen ist. Schalterdienst allerdings nicht. Im Außendienst nicht. Sondern im Innendienst" (1. Interview Freund 2005: S. 2).

Bei der Post fühlt sich Frau Freund irgendwann nicht mehr wohl, wechselt die Beschäftigung und lernt dort ihren künftigen Mann kennen, Ingenieur wie ihr Vater.

„Und dann dann hab ich aber bei der Post, da hat es mir plötzlich nimmer so behagt, dann hab ich ein Angebot bekommen zum Messerschmidt. Das ist ja auch eine Weltfirma und da war Telefon und Fernschreiber und da war ich momentan begeistert. Und da hab ich das so drei Jahre gemacht und dann hab ich meinen Mann kennen gelernt und der war Ingenieur dort. Und da ham wir geheiratet" (1. Interview Freund 2005: S. 2).

Nach der Hochzeit gibt Frau Freund die Arbeit bei Messerschmidt auf und wird Hausfrau: Der Ehemann bringt eine einjährige Tochter mit in die Ehe, was Frau Freund nicht stört, im Gegenteil; selbst bringt Frau Freund später dann noch zwei Buben zur Welt. Für die nicht-akademischen Ausbildungswünsche der Tochter hat Frau Freund später Verständnis:

„Der hat ein Kind gehabt. Ein kleines Mädchen von einem Jahr und da hab ich das auch gewagt, dass ich das mache. Es hat mich sehr erfüllt und nicht gereut und dann hab ich noch zwei Buben bekommen. Dann war die Familie eben komplett. Mehr wollten wir ja nicht, nä. Und die Tochter die ist, die hat das Abitur nicht machen wollen. Dann hat sie halt Ausbildung in der Kaufmannslehre gemacht. Das ging auch. Wenn man nicht studieren will und kann, dann ist es ja verlorenen Zeit ne. Es ist gut gegangen" (1. Interview Freund 2005: S. 2).

Die Söhne dagegen genießen eine akademische Ausbildung:

„Und die Söhne, die sind nach gekommen. Einer war acht Jahr jünger dann und die ham schon studiert" (1. Interview Freund 2005: S. 3).

Frau Freund bleibt bei den Kindern als Hausfrau, auch in finanziell schwierigen Zeiten.

„Meine Mutter die hatte die Kinder und ist zuhaus geblieben. Genau, wie ich dann auch machen durfte, weil mein Mann bei drei Kindern. Er wollt dann nicht dass ich arbeiten geh. Obwohl Arbeitslosigkeit war. ... Und mein Mann auch länger weg, weil er Flugzeugingenieur war und da war er bei Messerschmidt alles im Eimer. Nich? Und da is wieder weiter gegangen" (1. Interview Freund 2005: S. 3).

Die Zeit, in der die Kinder erwachsen werden und den weiteren Verlauf der Ehe spricht Frau Freund nicht weiter an. Thematisiert werden allerdings der Tod des Ehemanns und eine gemeinsame Zeit zuvor in einem anderen Altenheim:

„Mein Mann ist. Nee, wir sind ja schon alt. <Lacht> Mein Mann ist mit achtzig. Er wollte hundert werden. Ist aber leider mit achtzig gestorben. Und zwar, jetzt noch, wie viel Jahr ist schon her? Auch schon zwanzig Jahr" (1. Interview Freund 2005: S. 6).

In das Pflegeheim in Bayern gehen die Eheleute gemeinsam, Frau Freund lebt dort auch noch nach dem Tod des Ehemanns, insgesamt für den Zeitraum von fünf Jahren. Dann sucht ihr die Tochter eine Wohnung in ihrer und ihres Bruders Nähe. Das geht solange gut, bis die Tochter häufig im Ausland zu tun hat und sich um die Mutter sorgt:

> „Da bin ich ja erst nach sieben Jahren N-burg, da hab ich mir noch selbst ne Wohnung im elften Stock allein gehabt für mich. Zwei Zimmer und hab wunderbar gelebt. Aber meine Tochter, die ist dann immer nach Mexiko geflogen und die hat gesagt, Mutti, ich kann dich net da oben lassen. ... Da hab ich kei Ruhe! Wenn du nur allein bist. Wenn ich jetzt vielleicht einen Lebensgefährten gehabt hätte. Dann wärs was anders gewesen, aber das kann man ja auch nicht gleich, wenn man Witwe ist gleich, das kann man net" (1. Interview Freund 2005: S. 7).

Die Tochter will, inzwischen ist sie Rentnerin, endgültig nach Mexiko und überzeugt die Mutter, wieder in ein Heim zu gehen:

> „Und dann ist meine Tochter in Rente und da sagt sie, Mutti ich will jetzt öfter nach Mexiko. Die war mit einem Mexikaner befreundet oder liiert. Ich weiß, net vielleicht warn ie auch schon verhei...Ich weiß, es garnet mehr. Sie hat gesagt, sie will jetzt nach Mexiko und dann hat se gesagt, dann musst halt du ins Heim gehen. I mag jetzt net, dass du im elften Stock allene vegetierst" (1. Interview Freund 2005: S. 8).

Mutter und Tochter besichtigen darauf das Heim in C-burg. Frau Freund betont, dass die Entscheidung für das CQJ-Seniorenzentrum C-burg ihre Entscheidung war, allerdings wurde sie von der Tochter ohne ihr Wissen angemeldet:

> „Jetzt ist es glaub ich sechs Jahr alt. Doch! Da muss es noch sehr. Da wars noch neu. Und da hm wir geschaut. Och, des ist doch ganz schön. Und dann hat mich, weil ich hab schon ganz positiv geredet davon und dann hat mich, ohne mein Wissen Renate angemeldet. Und dann eines Tages krieg ich Nachricht. Sie können jetzt da kommen. Da ham wir da. Das ist halt so" (1. Interview Freund 2005: S. 9).

Erleichtert wird ihr die endgültige Entscheidung durch ihre frühere Heimerfahrung:

> „Und des hab ich halt gemacht. Und es hat, weil ich ja in Z-dorf schon mit meinem Mann ein paar Jahre war, da bin ich schon Altenheim Atmosphäre und Gewohnheiten warn mir schon bekannt. Gel?" (1. Interview Freund 2005: S. 8).

Für ihren Einzug in C-burg ist auch ihre Sympathie für die Organisation des Trägers von Bedeutung:

„Ich mein, weil ich ja aus dem Altenheim kam. Ich war auch CQJ und ich hab schon gewusst, die Institution ist schon sehr human. ... Und des is ja, im Grunde wichtig. Das sie Menschen, die Schwestern und auch das Personal, dass die human sind und Menschen freundlich. Wie jeder Erzieher muss es ja auch sein. Und des ist ja eine Alten Erziehungsanstalt. Eine Alten Belustigungsanstalt. <Lacht>" (1. Interview Freund 2005: S. 9).

Enge Kontakte im Heim sucht und pflegt Frau Freund nicht, die Begegnungen mit den anderen BewohnerInnen beim Essen und bei Veranstaltungen genügen ihr neben ihrem „Heimkino", dem Fernsehgerät.

„Weil wir kommen ja dreimal am Tag zusammen. Das Frühstück, Mittag und A-bend. Oder auch Kaffee noch und des genügt mir. Und früher hat man das ja nicht gehabt, dass man sein Kino im Haus hatte, wenn mich was interessiert ist mir des dann wieder lieber als dass ich dann mit jemanden alten Käse plaudere. Net, da kann ich drauf verzichten. Und da hab ich Morgensonne und da bin ich sehr froh. Und freu mich, wenn das andere beleuchtet ist. Ich möchte jetzt keine Nachmittagssonne. Jedes mal, wenn ich rein gehe, sag ich immer, bin ich froh, dass die Sonne mir net auf Nas, scheint. <Lacht>" (1. Interview Freund 2005: S. 10).

Und weiter unten:

„Ich bin eigentlich gern für mich. Na, a Kruschelfrau bin ich eh. Ich muss meine Sa-chen die mir gefallen immer alle um mich haben, weil ich mir denke, soviel Leut kommen ja net. Und des is dann nur für mich" (1. Interview Freund 2005: S. 11).

Viele oder häufige BesucherInnen kommen nicht zu ihr, dies beklagt sie jedoch nicht.

„Ah ja! Wissens, wenn man gut untergebracht ist, ist man garnet drauf angewiesen. Ich mein, man ist versorgt. Natürlich man freut sich, wenn sie kommen. Und die Enkel und Urenkel. Wissen sie, ich hab ja soviel Platz, dass sich grad ein Paar her-setzten können und wenn ein Fest ist dann wird ich immer geholt und wieder ge-bracht. Das läuft alles, aber ich tu mich net anhängen" (1. Interview Freund 2005: S. 11).

Frau Freund blickt im Ganzen positiv auf ihr gelebtes Leben und scheint sich gut und optimistisch auf die nächsten Jahre zu freuen:

„Aber das Leben ist vorbei <lacht> Aber ich mein ich leb hier weiter und bin fröh-lich und munter. Das kann ich sagen. Ich trauere gar nichts nach. Wenn man das Le-ben gelebt hat und durchlebt hat und intensiv, dann braucht man gar nichts nach trauern. Das ist meine Einstellung und so geht's halt weiter auf den Hunderter zu. Nä? <Lacht>" (1. Interview Freund 2005: S. 3).

5.4.3.6 Beiträge des Interviews der Frau Freund zur Kategorienbildung

Frau Freund zeigt bei der „Aushandlung der Heimunterbringung" eine neue Ausprägung: Sie wurde von der Tochter (genauer der Stieftochter, Frau Freund spricht aber immer von ihrer Tochter) entweder wirklich ohne ihr Wissen im Heim angemeldet oder Frau Freund hat entsprechende Hinweise inzwischen vergessen. Die Aushandlung der Heimunterbringung schien jedoch eher freundlich abgelaufen zu sein, Frau Freund wurde nicht abgeschoben, sondern scheint eher überzeugt worden zu sein. Die Überzeugung war durch ihre frühere Heimerfahrung, gemeinsam mit dem Ehemann möglicherweise für die Tochter relativ leicht herzustellen.

Zur Kategorie „gesundheitliche Krisen vor Heimaufnahme" äußerte sich die Interviewte nur indirekt, über die Sorge der Tochter. Zu vermuten steht, dass eine (damals vielleicht noch leichte) demenzielle Veränderung der Befragten der Grund für die Sorgen der Tochter war. Bei der „Verfügbarkeit und Tragfähigkeit des persönlichen sozialen Netzes" unterscheidet sich Frau Freund von den bisher vorgestellten Bewohnerinnen. Zunächst lebte sie mit dem Ehemann schon einmal in einem Heim, wird dann von den Kindern in die Nähe geholt. Nachdem sich die Tochter häufiger im Ausland aufhält, wird die Hilfestruktur für Frau Freund prekär, zumindest aus Sicht der Tochter. In der Kategorie „Befindlichkeit und Aktivität im Heim" zeigt Frau Freund eine Ausprägung, die zwischen denen ihrer Vorgängerinnen liegt: Nicht so aktiv wie Frau Bader, aber auch nicht so still und zurückgezogen wie Frau Bangert: Sie nimmt an fast allen Gruppenangeboten teil, zeigt sich häufig in der Öffentlichkeit der Einrichtung, verzichtet aber nach eigener Aussage auf feste Bindungen.

5.4.3.7 Frau Hauk

Mit Frau Hauk wurden im Januar 2005 drei Interviews von 20 bis 30 Minuten geführt, jeweils im Zimmer der Bewohnerin. Die Interviewer waren Markus Hoffmann und Tanja Schmidt, sie kennen sich aus der Universität. Die Interviewte kennen beide von Festen und persönlichen Treffen innerhalb des Seniorenzentrums. Markus Hoffmann (M) führte das Interview. Tanja Schmidt (T) machte Notizen für den narrativen Nachfrageteil, in dessen Rahmen sie Fragen stellt.

Frau Hauk ist korpulent, spricht sehr leise und mit langen Pausen. Sie ist auf einen Rollstuhl angewiesen, mit dem sie sich aber nicht mehr eigenständig bewegen kann. Sie wirkt ernst, oft traurig. Sie wird wöchentlich von ein bis drei Personen besucht. Frau Hauk ist vor 82 Jahren in E-heim am L. geboren und lebt seit 64 Monaten im Seniorenzentrum, eingezogen war sie zusammen mit dem Ehemann. Sie spricht sehr langsam und mit deutlich hessischem Dialekt. Ihre Kindheit und Jugend verbringt sie in E-heim im Ortsteil A-stadt. Die erzählte Jugend beginnt Frau Hauk mit der Auseinandersetzung mit dem faschistischen Regime und seinen Jugendorganisationen. Der Vater ist zu dieser Zeit arbeitslos. Für Frau Hauk war zu dieser Zeit „alles verroppt", alles zerrissen:

> „Naja. (0.2) Dann war die Hitlerzeit (0.2), und da (.) sin mei (.) Lehrerinne fortkomme. (0.2) Un (0.2) das war alles so von meiner Kindheit. (0.1) War alles verroppt. (.) Un da ham die Mädcher gesacht du musst mit in (0.1) in de (0.3) de Hitlerjugend. (.) Un des hat mir schon gornet gefalle. Un dann (0.1) war mer zwaamol dort, un da bin ich nemmer hi. (.) Bin einfach nemmer hi. Hab gedacht ich will des net" (1. Interview Hauk 2005: S. 2).

Obwohl zweifellos ein deutlicher Druck aus der Gruppe der Altersgleichen aus der „Hitler-Jugend" auf der jungen Frau Hauk lastet, widersetzt sie sich dem. Der Vater unterstützt die Entscheidung der Tochter gegen die Faschisten:

> „Von dene will ich nix zu tue habbe. (0.1) Un da war mein Vater sehr zufriede. (0.3) Geht nemmer hi, fertisch. (0.3) Hm, (.) das äh hab ich auch gehalte, die ganze Jahrn durch. (0.1) Hitlerjugend, (0.1) war ich (.) jung, ne. (.) Un da hab ich gesehe, wie die von allem so de Besitz ergriffe hatte. (0.3) Un da hab ich gedacht: (.) Na. Da will ich net (0.1) nix mit zu tue habbe. (0.2) Und (.) e Schulkollegin un ich, (.) mir habbe uns abserviert (.) un hatte immer was vor" (1. Interview Hauk 2005: S. 2).

Nach der Schule geht Frau Hauk zunächst als Haushaltshilfe zu einer älteren Frau, dann wird ihr vom Regime Arbeitsdienst in einem kleinen landwirtschaftlichen Betrieb auferlegt:

> „Da musst ich viel für schaffe. Da bin ich morgens um sechs geweckt worn, (.) musst runner, (0.1) musst (0.2) hab ich Küh gemelkt. (0.1) Zwaa (.) Stick (.) un (.) hab die Milch fortgebracht. (.) Ach's war (0.1) 's war a schee Arbeit. Aber (.) des war doch für mich hart und ungewohnt Arbeit. (0.2) Un (0.1) wie ich da so a halb Jahr war (.) hab ichs aach gekonnt. (0.1) Hab ich aach (0.2) gemolke un (0.2) da hab ich auch des äh, die Anforderunge erfüllt" (1. Interview Hauk 2005: S. 2).

Freundschaften sind für Frau Hauk in dieser Zeit selten und in ihrer Jugend von geringer Bedeutung, sie hat wohl auch keine Zeit dafür: Die Arbeit steht im Vordergrund.

> „Net viel mit Freundinne gehabt. (0.8) Vorwiegend allo. (0.3) Meiner Mudder geholfe. Putza. So (0.15) des is alls so weit zrück. (0.1) Wenn isch misch da dro bsinne will (0.1) na denk isch isch habs als gar net erlebt. (0.6) Wie isch naher mein Bub hatt (0.2) da (0.8) war des was anners" (1. Interview Hauk 2005: S. 4).

Frau Hauk geht später mit einer Freundin nach Wien, dort lernt sie ihren späteren Mann kennen. Sie beschreibt weder die genauen Umstände des Kennenlernens, noch den Grund ihres Aufenthalts in Österreich. Auch warum sie und ihr späterer Mann fliehen mussten, bleibt unklar. Sie betont aber, dass er vor ihr in ihrer Heimatstadt E-heim eingetroffen war und die Eltern von Frau Hauk schon mit seiner Heiratsabsicht gegenüber der Tochter konfrontiert hatte:

> „Äh isch hab mein Mann kennegelernt. (.) Un (0.1) naja (0.2) wie des so is ne (0.1) ham mer uns ganz gut verstanne. (lacht) Jetz muss isch lache (lachend). Und dann sin mer (0.1) musst mer fliehe (0.1) von Wien ne. (0.1) Und (.) die erste Woche war mein Mann schon in meiner Wohnung. (.) Und dann kam isch. Da sa:cht mei Mudder: 'Da is n Kerl. (0.2) N Kerl' (0.4) säscht se. (0.2) 'Der is aus Ostpreuße.' Un na sa:ch isch: 'Den kenn isch.' (0.2) Na hat se gsa:cht: 'Der will disch heirate.' (0.1) Na hab i gsa:cht: 'Lass n doch.' (0.2) Wie isch n dann gsehe hab sin mer all mei Sinde eigfalle ne. (lacht) (0.2) Un na (0.2) ham mer dann ganz schnell die Heirat gemacht. (0.1) Des war mei Mudder wollt des hawwe. (0.2) hm (0.1) naja (0.1) da hab isch halt en annern Name kriegt" (2. Interview Hauk 2005: S. 2).

Frau Hauk zieht weg von den Eltern in den ländlichen Raum, wird schwanger und bringt einen Jungen zur Welt; sie und ihr Mann sind offenbar aus Sicht von Frau Hauk glücklich in dieser Zeit:

> „Und dann, (0.2) dann (0.2) hab isch des Biebsche kriegt ne. (.) Des war mei Geschenk. (0.2) Hatt isch mein Bub. (0.1) Warn mer a Familie. (0.2) Un na musst isch ausziehe. (0.3) Na sim mer (0.1) im (0.1) oh (0.2) nach (0.4) wie heißt des Nest? (0.1) Nach F-furt[59]. (0.4) Hat mein Mann gearweit. (0.1) Und er hat sich so wohlgfühlt. (0.1) Dass er so Landarbeit mache konnt. Na war er so so glicklisch gell" (2. Interview Hauk 2005: S. 2).

Der Sohn wird größer, aber Armut prägt das Leben der Familie.

---

[59] Anmerkung zur Anonymisierung der Städte: Nein, ganz so einfach ist es nicht, F-furt ist natürlich nicht jene Stadt am Main! Weiterhin viel Spaß beim Städteraten wünsche ich.

„So is er gewachse. (0.3) Un dann kam die Kinnergartezeit. (0.1) Da war schon biesi besser. (0.3) Da hab isch in Kinnergarte getan. (0.2) Mittachs ha:hm. (0.1) So (.) wars schei. (0.8) Naja (0.2) ham mir so gelebt ne. (0.1) Aber arm. (0.2) ARM, arm, arm. Alles war arm. Alle Leut warn arm. (0.8)" (2. Interview Hauk 2005: S. 3).

Es folgt die Rückkehr nach E-heim, wo der Ehemann bei Degussa eine neue Anstellung findet; Frau Hauk ist erfreut.

„Und äh wie er so (0.3) na ä johr war, nei er war (0.2) drei. (0.1) Da hat er gsa:cht:ʼ Sie könne nach E-heimʼ. (0.1) Na hab isch gsa:cht: ʼdes is was annersterʼ. (0.1) Dann hat der Staat gsa:cht er kennt in der Degussa anfang, mein Mann. (0.2) Hat sich au sche- schei eigelebt. (0.2) hm (0.4) warn mir bei der Degussa (0.6)" (2. Interview Hauk 2005: S. 3).

Zwei Jahre später wurde der zweite Sohn von Ehepaar Hauk geboren, die Mutter von Frau Hauk überrascht das Ehepaar zu dieser Zeit mit eigenen Plänen:

„Un auf einmal kam mein Mudder und sacht (0.1) se will ja nach Amerika. (0.2) Hab isch gsa:cht: ʼwas willst n da? (0.3) Warum willst n da hie?ʼ (0.2) Da (0.2) sa:cht se: ʼda will isch jetzt (0.1) a anner Leiwe hawe. (0.1) Isch hab de Nas voll von der Armut in Deutschlandʼ. S war awer au furschtbar. Na hat se noch glick. Ihr Haus blieb steihe. Na hat se misch da in (0.1) ihr Haus genomme. Un (0.3) na haw isch s Haus net wolle. Isch hat ja a scheene Wohnung gehabt ne. Ham mer vier Woche zusamme gewohnt un dann is sie ab nach Amerika. (0.5) Des hat mir a net gfalle" (2. Interview Hauk 2005: S. 3).

Frau Hauk ist nicht glücklich über die Entscheidung der Mutter, ordnet dies auch politisch ein in ihr Weltbild (zeigt jetzt aber auch in der Interviewsituation Ermüdungserscheinungen):

„Hier wurds immer besser (0.2) un immer (0.1) fri:dlischer worn. (0.1) Un in Amerika, (0.6) die Presidente. (0.3) Alles wies so kam des hat mir net gfalle. (0.12) Muss isch noch erzähle?" (2. Interview Hauk 2005: S. 3).

Frau Hauk arbeitet dann wieder, eher saisonal, bei verschiedenen Firmen. Sie ist immer bemüht, die Kinder auf dem Weg zu halten, was ihr auch gelingt.

„Hab mein Bub in die Schul. (0.3) Und der hat dann gut gelernt. (0.2) Der hat wie der Lehrer gsacht hat, hat ers uffgeschriebe. (0.1) Un na hab isch gedacht de Klane der lernt. (0.3) Mein großer hat a:ch gelernt. Der hat (0.1) gereschent, ne aber reschne habe die net agekennt, (.) in der Schul net so (0.1) aerkannt. (0.1) Awer der war en Reschner. Heut noch. (0.4) Wenn der was reschent, des hat Hand und Fuss. (0.4)ʼ S hat mich aach stolz gemoocht, aber ich war (.) o:: Gott (0.6) jaja (0.2) naja.

Un da hab ich meine Bube durch die Schul gebracht" (2. Interview Hauk 2005: S. 4).

Die Familie ist danach in der Lage, Wohneigentum zu erwerben:

„Un dann sin mer nach (.) N-heim gezoge, des war schee! Hatte mer e Häusje, für uns, (.) un da hab ich gedacht: Jetzt zahlstes ab. (.) Mir habbe's billig grieht, un jetzt bezahlste dir's ab. (0.1) Hab ich aach gemacht. (0.1) Nach (0.1) soviel Jahr hab ich des de letzte Rest higebr- higetrage, sie habbe jetzt des (.) gehört des Haus Ihne (0.1), un da bin ich wieder abgeschwirmt. (.) U:n da hab ich (0.2) ham mer schee gewohnt. Vier Zimmer, (.) vier Stübcher, ne. Aber (0.1) hier warn wir (.) warn wir dahaam" (2. Interview Hauk 2005: S. 5).

Später wird Frau Hauk krank, Herr Hauk zunehmend desorientiert:

„Un da (0.3) da bin ich erst dahaam mit behandelt worn, un da hat sichs aber net mehr gemacht, un dann hat mein Mann aach angefange. Un der hat aach so was gehabt, aber (.) gefährlicher wie mir (.) wie ich (0.1). Der hat (.) alles vergesse (0.1) un war (0.3) hatte anner (0.4) wie heißt nur des Leide (0.2) ach (0.2) u:n da hat der (0.1) da sin mer hier her komme, un da hat der (0.2) aach vergesse ja „ (2. Interview Hauk 2005: S. 5).

Der älteste Sohn arrangiert schließlich den Umzug der Eltern in das Seniorenzentrum, die Heimaufnahme wird von den Eltern als notwendig verstanden.

„Wie mer hierher kame, (0.2) des war eigentlich ganz (0.1) das hat mein Sohn gemacht (0.1). Mein Ältster (.). Un der hat gesacht (0.1): Ihr geht mal mit (.) wenns euch gefällt (.) bleibt er da. (0.1) N da simmer hierher komme (.) un da ham mer des g'sehe (.) un da ham mer gesacht: Ja des gefällt uns (0.1) un da hat der gesacht (0.1) ihr bleibt dann hier (0.2) und (gähnt) (0.7) da hat der uns hier (0.1) rei. (.) Da konnt ich noch laufe (0.2) und konnt (0.1) mit meiner Karre, ne. (.) Mein Mann (.) war noch (.) sehr viel besser dran wie ich, (0.1) der hat den Karre net gebraucht (0.2) und da ham mir gesacht (0.1) naja dann gehen mer da nei (.). Und des war aach sehr gut alles. (.) Des Esse war gut (0.1) alles war gut (0.3) und (gähnt) (0.9) da ham mer uns ganz schnell hier eingelebt" (3. Interview Hauk 2005: S. 2).

Die Desorientierung des Ehemanns, die „amerikanische Krankheit", wurde nach der Heimaufnahme immer deutlicher:

„War einverstanden, ja. Un mein Mann aach. (.) Der war (.) hat immer so ne große Klappe gehabt (.) aber da musst ich ja (0.3) ääh (0.1) wieder abstreiche (0.3). Da hat der mich so gerufe (0.1) un d'hat der gesacht: (.) Ich hab da de (0.1) Telefon (0.2) hab ich gesacht: Geb mer's! (0.1) äh (0.1) dat hat der garnet gehabt! (0.1) Er hat

(0.4) äh, die Kleiderbürste (0.1) zum abbürschte so, (.) hat der gehabt (.) un hat mir
des gereicht als Telefon (.) un da hab ich schon geguggt (0.1) un da hab ich gesacht:
Ja. (.) Hab die Kleiderbürscht wieder weggelegt (.) Ich konnt ja net hi wo die ge-
hängt hat, ne (0.1) un (0.1) hab ich gesacht: is gut (0.2) hab ich zu meinem Sohn gesacht: Nemm's weg (0.1) des (0.2) Telefon weg (.) ich kanns net (0.1) grie (.) des (.)
hengt do (.) hinne. (0.1) Un de Vater gibt mir's net. (.) Er hat sich net mehr nix bös
dabei gedacht (weinerlich). Er hat sich gedacht des ist des Telefon (0.1) un so hab
ich n noch paar Mal (.) mit so Klaanichkeite überrascht (0.1) hab ich gedacht: Oh
Gott (flüsternd) der hat die (0.2) wie nennt sich des (0.1) die (0.1) amerikanische
(0.7) naja er hat die (0.1) äh (0.2) die amerikanische (0.1) Niederträchtigkeit da (0.2)
des habbe die de erst gehabt (0.1)" (3. Interview Hauk 2005: S. 2)

Der Ehemann stirbt schließlich, was folgt ist Trauer:

„Un (0.1) da musst der (0.1) kam n: (.) n Pfleger (0.2) un da hat der gesacht: Ihrn
Mann muss ins Krankehaus (0.1) un da hab ich n ins Krankehaus (0.1) un zwa (.)
Tag druff warer tod. (0.4) ja" (2. Interview Hauk 2005: S. 5).

Mit der vom Sohn entschiedenen Urnenbeisetzung ihres Ehemanns scheint sich
Frau Hauk noch immer nicht ganz einverstanden erklären zu können, das Ende
des folgenden Abschnitts bleibt in seiner Bedeutung jedoch unklar.

„Da hab ich gesacht naja. (.) Hab geheult, (.) war nix zu mache, er war fort. Un da
hat der vier Woche da rum gelege, (.) bis der verbrennt wern konnt. (0.1) ach ich
hab's ja alles genomme wie's kam (0.1) mein Sohn hat gesacht: dein Vater der de
Vater grieht a sch (.) a schee Grab (.). D'wers beruhigt sein. (.) Un da hat der'n (0.2)
sin mer hi. An der (.) Beerdigung (0.1) un da (0.2) habbe se'n (0.1) eingeäschert
(0.4) habbe zu mir gesacht: Un da kommst du hi. (0.1) Hab ich gedacht: Ach du lieber Gott (0.1) das sie de Leich erst so (.) kaputt mache (lachend), gell. (.) Aber (.)
naja (.) er hat's überlebt (0.1). Es er ist sch tot un (0.3) mein Sohn (0.1) ich war einmal auf der Beerdichung. (0.1) Der lieht in Altheim, ne (0.1) un (0.1) da komm ich
ja net hi (0.1) jetzt wenn ich tot bin komm ich aach da (0.2) es is a traurisches End
was mir uns ausgesucht habbe. (0.8) Traurisches Schicksal (0.3) Naja es sterbe soviel Leut" (3. Interview Hauk 2005: S. 3).

Auf die Frage, wie die ersten Tage im Seniorenzentrum erlebt wurden, antwortet
Frau Hauk bestimmt:

„Die warn schee. Mir sin raus gange (.) un habbe uns da drause higesetzt. Des war
schee! Des (.) mer habbe uns wohl gefühlt (0.16). Mir habbe uns wohl gefühlt hier
(0.7)" (3. Interview Hauk 2005: S. 4).

Nach dem Tod des Ehemanns erlebt Frau Hauk den Personalabbau im Seniorenzentrum und beschreibt die Folgen.

> „Wie (.) mir ins Heim musste (.) des hat mein Sohn alles gemacht (0.2) un ich konnt ja nemmer (0.7) ich konnt nemmer (0.1) un (0.2) die (0.2) die habbe unser Sach zusammegesucht (0.1) un da sin mer hier raus, ne. (0.2) Un (0.1) da hatte mer ja alles (.). Schee Bettwäsch, alles . (0.2) Aber (0.6) Des war nett (0.1) aber die habbe (.) in de annern (.) aach (.) dasselbe durchgemacht (.) was wir hier durchgemacht habbe. (0.1) Die habbe uns aach gesagt. (0.2) die gute Heiser (0.2) habe all Personal eigspart un (0.1) wies hier a:ch war. (0.4) S hat mir leid getan. (0.13)" (3. Interview Hauk 2005: S. 4).

Motive für den Personalabbau und die Verschlechterung der Pflege und Betreuung sieht Frau Hauk im Eigennutz des zweiten Heimleiters („Inhaber"), den ihr Mann schon nicht mehr kennengelernt hat:

> „Aber de hat den zweite (0.2) Inhaber den hat der net kennengelernt (0.3) des war noch beim erste, ne. (0.1) Bei dem (0.6) beim erste Ding (0.1) da war alles bissi großzügischer (.) war alles e bisje (0.1) aber bei dem hier des s ja alles (.) klein und mickrisch (.) ach (0.3) der will in der kürzere Zeit reich wern. (0.4) Der is (.) kleinlich. (0.12) Wolle Se noch was wisse? (0.4)" (3. Interview Hauk 2005: S. 4).

Im Nachfrageteil des letzten Interviews geht es auch um die Frage, wie die Entscheidung zur Heimunterbringung in der Familie ausgehandelt und diskutiert wurde, hierzu der folgende Dialog:

> „M: Wie war den die Entscheidung in der Familie angekommen das die Oma un der Opa (.) ins Heim gehen. Oder der Papa und die Mama?
> H: Die habbe druff gedrickt (0.1) die habbe gesacht
> M: [erzählen Se mal
> H: wie (.) mir ins Heim musste (.) des hat mein Sohn alles gemacht (0.2) un ich konnt ja nemmer (0.7) ich konnt nemmer (0.1) un (0.2) die (0.2) die habbe unser Sach zusammegesucht (0.1) un da sin mer hier raus, ne." (3. Interview Hauk 2005: S. 4)

Mit ihrer derzeitigen Situation ist die Bewohnerin unzufrieden, sie ist traurig und resigniert ob ihrer Lebensumstände. Unzufrieden ist Frau Hauk aber auch mit dem Seniorenzentrum und seiner Entwicklung. Als Grund der Unzufriedenheit sieht sie Sparzwang und Personalmangel, aber auch fehlenden Widerstand der BewohnerInnen und ihrer Angehörigen:

> „M: Un watt sagen Sie jetzt? Wie is es zurzeit?

H: Zur Zeit is:: traurisch."
M: Erzählen Sie.
H: Die hawe (0.5) se sparn hinne und vorne. (0.1) Und so is es. (0.2) Se sparn an uns, an allem. (0.2) Und des (.) S macht net glicklisch. (0.9) Mir esse nur noch wenisch. (0.4) Mir esse nur noch viel mehr wenischer wie mer sollte. (0.1) Awer es is koiner do der sich drüwer uffrescht. (0.2) Koiner do der sich für unsern Platz (0.5) da sin die Mädsche von Ihrer Schul. (0.1) Wenn die da sin (0.2) da geht's uns a:ch gut (0.7)
      (Pfleger kommt rein, schaut nach etwas und geht wieder)
H: was hats en geguckt? (flüsternd)
M: Weiß ich auch net. (.) Die Mädschen? Was machen die?
H: Ha s sin so Mädsche aus der Schul[60] wie sie. (0.1) Un die   füttern uns. (0.1) Awer wenn die net do sin misse mer selbst essen und dann kriegen mer nur die Hälft. (0.2)   Des is traurisch. (0.15) Die fittern uns, ja. (0.8)
M: mhmh. (.) Und Ihr Alltag hier? Wie ist der? Fühlen Sie sich gelangweilt? Die anderen Heimbewohner, sind die interessant oder fühlen Sie sich alleine?
H: Mir sin jeder für sich alla::. (0.2) Un wenn isch   hier (meint ihr Zimmer) drausse bin, na bin isch allo. (0.2) Da is nix zu zmache. (0.3) Mein Fernseher läuft, (0.2) ob isch   neiguck oder net. (0.4) Es isch traurisch (0.1) alles in allem (0.2). Nee. (.) Traurisch. (0.2) Isch hab mers anners vorgstellt. Un es war die erst Zeit auch annerst. (0.5) Des   war schei. (0.4)" (3. Interview Hauk 2005: S. 5).

Mit den Mitarbeitern des Hauses ist Frau Hauk eigentlich zufrieden, beobachtet aber auch Vernachlässigung bei Mitbewohnerinnen durch Zeitnot und Belastung des Pflegepersonals:

„T: Sind Se mit dem Personal denn zufrieden oder sind sie   unfreundlich?
H: S is gut ja. Se sin freundlich, ja. (0.1) Awer heut morje is die wo s Gretsche newe (neben) mir hat gsa:cht: ´Isch muss enmo:l, isch muss enmo:l. Niemand da der misch rausfiehrt (rausführt)?´ Na isch kann ja net. Un uff eumal sächt se: ´Isch werd rappelich.´ (0.2) Na hat se die Hose vollgmacht ghabt (gehabt). (0.3) Aus. (0.1) Bis dann einer kam. Da war widder a halb Stund rum. Sacht der: ´Nachher mach ich sie frisch. Jetz hab sich grad viel annerster im Kopp.´ (0.3) Des hat der a:ch gemacht. (0.3) Wenn man nimmer kann, dann missts a helfende Hand sei. (0.2) Die sin alle nur um uns rumgerennt. (0.10) Die Blas lässt sich net so beherrsche   (0.1)   wenn mer so alt is ne. Die wird hunnert Jahr. (0.3) Isch kanns a net beherrsche. (.) Hab ja a:ch mei (0.9) Radiessche (meint ihren Katheter) da hänge (0.9) ja. (0.14). Des is schwer! (0.19)´)" (3. Interview Hauk 2005: S. 6).

5.4.3.8 Beiträge des Interviews der Frau Hauk zur Kategorienbildung

Die „Aushandlung der Heimunterbringung" scheint zwar im positiven Diskurs
mit der Familie geführt worden zu sein, aber eher in der Form, dass auf dem
Ehepaar ziemlicher Druck zugunsten einer Heimunterbringung gelastet haben
dürfte: „Die habbe druff gedrickt (0.1)" (3. Interview Hauk 2005: S. 4).

Bei den „gesundheitlichen Krisen vor Heimaufnahme" scheint vor allem die
Demenz des Ehemanns für die Heimunterbringung entscheidend gewesen zu
sein, daneben zeichneten sich aber auch zunehmende körperliche Einschränkungen bei der Interviewten ab, die allerdings im Interview von Frau Hauk nicht
näher bestimmt werden.

In der Kategorie „Verfügbarkeit und Tragfähigkeit des persönlichen sozialen Netzes" wird nur der Heimübergang dargestellt, den der ältere Sohn organisiert. In welcher Weise und ob überhaupt die Familie das Ehepaar Hauk vorher
unterstützt hat, wird nicht thematisiert, ebenso wenig wie Besuche und Besuchs-
häufigkeit der Familie im Heim.

Bei der „Befindlichkeit und Aktivität im Heim"wird erstmals ein Verlauf
deutlich: Am Anfang hat es der Befragten offensichtlich im Heim gut gefallen,
mit zunehmender Verschlechterung der eigenen Möglichkeiten und nach dem
Tod des Ehemanns werden eigene Aktivitäten und allein schon die Mobilität im
Haus zum schwerwiegenden Problem für Frau Hauk. Sie ist zunehmend auf
fremde Hilfe angewiesen und zur Passivität in allen Aspekten ihres Lebens verurteilt. Interessant ist hier aber, dass sie die Gründe hierfür nicht in dem sich
verschlechternden Gesundheitszustand allein sucht.

Damit kommt eine neue Kategorie hinzu, die über die Befindlichkeit des
Bewohners hinaus geht, nämlich die „Kritik an der Institution": Die Befragte
bleibt hier nicht bei einer Argumentationsfigur im Sinne des „früher war alles
besser", sondern benennt die Gründe für ihre Unzufriedenheit: Es liegt nicht an
den Pflegenden, die als freundlich und hilfsbereit beschrieben werden. Vielmehr
ist der für Frau Hauk deutlich wahrnehmbare Personalabbau die Ursache für die
Kritik und die beschriebenen Missstände. Die Interviewte vermisst Widerstand
hiergegen:

„Die hawe (0.5) se sparn hinne und vorne. (0.1) Und so is es. (0.2) Se sparn an uns,
an allem. (0.2) Und des (.) S macht net glicklisch. (0.9) Mir esse nur noch wenisch.
(0.4) Mir esse nur noch viel mehr wenischer wie mer sollte. (0.1) Awer es is koiner
do der sich drüwer uffrescht. (0.2) Koiner do der sich für unsern Platz (0.5)" (3. Interview Hauk 2005: S. 5).

Die Ursache für die derzeitige Situation sieht Frau Hauk in den Personen der neuen Heimleiter begründet, den der Ehemann vor seinem Tod nicht mehr kennenlernen konnte:

> „Aber de hat den zweite (0.2) Inhaber den hat der net kennengelernt (0.3) des war noch beim erste, ne. (0.1) Bei dem (0.6) beim erste Ding (0.1) da war alles bissi großzügischer (.) war alles e bisje (0.1) aber bei dem hier des s ja alles (.) klein und mickrisch (.) ach (0.3) der will in der kürzere Zeit reich wern. (0.4) Der is (.) kleinlich. (0.12) Wolle Se noch was wisse? (0.4)" (3. Interview Hauk 2005: S. 4).

Verantwortlich für die Verschlechterungen im Heim ist nach Frau Hauk der zweite Heimleiter und sein angebliches Motiv der persönlichen Bereicherung. Zwischenzeitlich hat die Heimleitung jedoch zweimal gewechselt, beide Nachfolger sind Frauen. Die von Frau Hauk wahrgenommenen Veränderungen können damit entweder an der verschärften Wahrnehmung von Defiziten in der Einrichtung aufgrund der zunehmenden Hilfebedürftigkeit von Frau Hauk, an einer veränderten wirtschaftlichen Politik des Trägers der Einrichtung hin zu mehr wirtschaftlichem Ertrag, oder an sich verschlechternden Rahmenbedingungen zur Finanzierung des Heims durch die Kostenträger liegen.

5.4.3.9 Herr Hanke

Mit Herrn Hanke wurden im Januar 2005 drei Interviews von jeweils 15 Minuten Dauer im Bistro des Hauses geführt, die Interviewerinnen waren Vanessa d'Arco und Meike Woest. Die Interviewerinnen kennen sich aus der Universität. Den Interviewten kennen beide von Festen und Unterhaltungsangeboten innerhalb des Seniorenzentrums. Meike Woest führte das erste Interview und Vanessa d'Arco machte Notizen für den narrativen Nachfrageteil und die Bilanzierung, in deren Rahmen sie die Fragen stellt. Beide Interviewerinnen stellen Fragen im Nachfrageteil.

Herr Hanke ist schlank, 72 Jahre alt und redet gemächlich mit einem leichten Ruhrpott-Dialekt; im Heim lebt er seit 32 Monaten. Herr Hanke wirkt selbstbewusst, aufgeschlossen und freundlich. Er bewegt sich im Haus ohne Gehhilfe, bei seinen regelmäßigen, längeren Ausflügen verwendet er einen eleganten Spazierstock. Herr Hanke erhält eher selten Besuch, ein Freund kommt im Winter etwa alle 14 Tage, im Sommer häufiger.

Geboren ist Herr Hanke in Essen an der Ruhr. Der Vater war Bergmann, die Mutter Hausfrau, die Eltern hatten fünf Kinder. Herr Hanke erlebt seine Kindheit und Jugend in Essen und absolviert dort die Volksschule und danach eine Berufsausbildung als Dachdecker.

„Habe meine Jugend da verlebt Kindheit und Jugend da verlebt. (0,1) Bin mit sechs eingeschult worden (0,1) und hab neun Schuljahre gemacht (0,2) und nach dem neunten Schuljahr entlassen worden (0,1) und bin dann in ne Lehre gegangen als Dachdecker, (0,1) was ich 46 Jahre ausgeführt habe. (0,1)" (1. Interview Hanke 2005: S. 3).

Gegen die Meinung der Familie, insbesondere der Tante, die eine Büroausbildung für den jungen Hanke anstreben, macht der eine Ausbildung als Dachdecker:

„Dann hab ich ne Prüfung gemacht, bei der Essener Steinkohle, (.) was ich gar nicht wollte, (0,1) das hat meine Tante eingefädelt, (.) als Lehrling, (0,1) die Prüfung hab ich auch mit gut bestanden. (.) Ich hätte anfangen können, (.) da hab ich in ne Zeitung dann gelesen ʹDachdeckerlehrling gesuchtʹ, (.) da hab ich mich dann selbst vorgestellt, (.) ohne Eltern zu fragen ohne alles, (.) ja:a, (.) der hat mich dann eingestellt, da bin ich nach Hause gekommen und habe gesagt, ʹMutter, ich brauche morgen Arbeitszeug.ʹ (.) ʹWofür brauchst Du Arbeitszeug, (0,1) Du brauchst weiße Hemden so wat nur noch.ʹ (.) Ich sag, ʹIch nichtʹ, ich sag, ʹIch wird Dachdecker.ʹ (0,l) ʹJa wie kommst du denn da dran?ʹ (.) ʹDie Stelle hat in der Zeitung gestanden Dachdeckerlehrling gesucht, ich hab mich da vorgestellt.ʹ (.) So bin ich Dachdecker geworden, (0,1) und mir hat der Beruf sehr viel Spaß gemacht, (.) wenn ich heut noch mal jung wäre würde ich wieder Dach decken. (0,4) Mein Chef wo ich früher beschäftigt war, (.) bei dem war ich elf Jahre, (.) der ruft heut noch an. (0,2)" (1. Interview Hanke 2005: S. 4).

Herr Hanke trainiert in seiner Jugend als Boxer, kommt in die deutsche Juniorenmannschaft und lernt halb Europa kennen.

„Hab in ne Jugend viel Sport getrieben, (0,4) ich hab mit 12 Jahren angefangen zu boxen, (0,2) habe es geschafft bis in die Jun. Junioren (.) mannschaft von Deutschland zu kommen. ... Gut ich hab in meiner Jugend vier l (0,1) von ne Welt gesehen (.) durch den Sport, (.) ich war in Russland, (.) war in Polen (.), war in ne Türkei, (.) Belgien, (.) also durchn Sport, (0,3) ja: (.) den roten Platz besichtigt (0,3) und dat möchte ich nicht missen (0.1), also meine Erinnerung. (0,4) Ja (0,4)" (1. Interview Hanke 2005: S. 3).

Die Begeisterung für Sport erhält sich Herr Hanke bis ins Alter:

„Meine Hobbys habe ich hier auch noch weitergeführt in (hustet) C-burg, (.) Fußballspielen gegangen, (.) viel Rad gefahren, (.) jeden Sonntag 50-70 Kilometer (.) bis zum Mittagessen, (.) l Uhr mittags wieder hier, (0,2) das Rad hab ich mir verdient (.) mit nebenbei arbeiten (.) das hat gu:t dreitausend Mark gekostet. (0,2) Ich brauchte an meinen Lohn nicht dran. (0,7) Ja, ich hab dann auch, (.) wann hab ich aufgehört Fußball zu spielen, (.) mit 59 Jahren hab ich aufgehört Fußball zu spielen, (.) war auch ne schöne Zeit." (1. Interview Hanke 2005: S. 5).

Der Vater stirbt mit 68 Jahren an der „Bergmannskrankheit", der Staublunge, die Mutter stirbt drei Jahre später, Herr Hanke pflegt seine Mutter bis zu deren Tod:

> „Ja dann hab ich noch mit meinen, (.) also mit den vier Mädchen zusammengelebt, (0,1) aber dat, die waren alle dann aus dem Haus und bis zuletzt hab ich meine Mutter gepflegt (.) zu Hause (.) und bin meinem Beruf nachgegangen. (0,4) Vater hatte nichts von seiner Rente, nicht VIEL. (0,2)" (1. Interview Hanke 2005: S. 4).

Herr Hanke pflegt einen engen Freundeskreis, heiratet spät und gewinnt damit in seinem Freundeskreis eine Wette:

> „Wir waren immer fünf Freunde (.) und unzertrennlich. (0,2) Und wie wir dann in dem Alter waren, (.) mit 19-20. (.) Wir sind grundsätzlich auch zusammen ausgegangen (0,2) zum Tanzen, (.) Sport treiben (.) immer (0,2) und dann hieß es bei uns (.) unter uns fünfen, (.) wer heiratet als letzter (0,1) der kriegt 50 Liter Pils (Gelächter 0,3) ja und die habe ich gewonnen, (0,1) die ändern haben alle frü:h geheiratet, (0,2) ich war schon über 40 wie ich geheiratet hab, (0,3)" (1. Interview Hanke 2005: S. 3).

Das erste Kind vom Ehepaar Hanke stirbt nach der Geburt, dann bringt die Ehefrau eine Tochter zur Welt, die allerdings derzeit keinen Kontakt zum Vater mehr aufrechterhält:

> „ ... dann ist meine Frau noch mal schwanger geworden und da ist ne Tochter raus und die lebt noch (.), die lebt jetzt in (stöhn) (0,2) ganz schnell (0,1) im Westerwald, (.) ist 29 Jahre alt, hat selbst zwei Kinder, (0,2) ich hab sie aber zwei Jahre hier nicht gesehen. (0,6) Was soll man machen. (0,1) Ich kann sie nicht hier hinzaubern" (1. Interview Hanke 2005: S. 3).

Das Ehepaar zieht nach C-burg, als die Tochter größer wird arbeitet auch die Frau wieder. Für die Zubereitung des Abendessens war Herr Hanke zuständig, weil er früher von der Arbeit kam als die Frau:

> „Ich hab ne glückliche Ehe mit meiner Frau geführt, eine se:hr glückliche, (0.2) wenn ich krank war oder im Krankenhaus lag durch einen Unfall oder was (.), die war jeden Tach bei mir (0.2) und wenn nich, wenn ich arbeiten war und meine Frau hatte Spä:tschicht, die hat hier bei (.) im Toom-Markt gearbeitet ..... Ich war immer so um halb sieben sieben zu Hause von der Arbeit (.), ja dann hab ich das Essen gemacht (.), dann haben wir gemeinsam zu Abend gegessen (0.1) haben uns ne Zigarette geraucht, gemeinsam (0.2), Kaffee getrunken oder mal nen Gläschen Wein (.)

aber meistens ich nur, weil sie gar kein Alkohol so trank (0.1)" (2. Interview Hanke 2005: S. 5).

Durch eine plötzliche Erkrankung muss Frau Hanke in ein Pflegeheim, seit dem lebt sie dort. Herr Hanke besucht sie derzeit alle vier bis acht Wochen, eine gemeinsame Bekannte fährt ihn mit ihrem Wagen. Er ruft seine Frau aber mindestens einmal pro Woche an.

„Meine Frau is ja in Bad D-born im Heim (.) schon Ja:hre lang, wo ich früher jeden Sonntag hingefahren bin mit m Zug (0.1). Es war aber immer ne Weltreise" (0.2) (3. Interview Hanke 2005: S. 3).

Zu der Beziehung zu seiner Frau steht Herr Hanke trotz ihrer Pflegebedürftigkeit und der großen Entfernung:

„Und ich hab, bin ich ganz ehrlich, ich hab meine Frau geliebt und ich lieb se heute noch (0.3). Ich hab auch schon Angebote gekriegt, hier im Heim von Frauen, die zu Besuch hier waren, ob ich nich mal mitkommen wollte in die Wohnung und so rüber. (Leise) Nein, ich lieb meine Frau, (.) auch wenn meine Frau da liegt, aber sie lebt noch, (0.3) und das is wichtig (0.5)" (2. Interview Hanke 2005: S. 5).

Ein großes Ziel ist für ihn die Übersiedlung seiner Frau in das Seniorenzentrum C-burg, die gesetzlichen Betreuer stehen dem aber offensichtlich entgegen:

„Jetzt kämpf ich drum (.), dass sie nach C-burg kommt(.), sie möchte auch nach C-burg (0.1). Die erste Zeit war's schwe:r (.) wann sie nich wolltet. Erst und jetzt will se unbedingt nach C-burg (0.2). Ich hab schon viele Wege in, äh eingeleitet (.) auch durch Herrn H. hier unten vom Sozialdienst (0.3), aber der Betreuer von meiner Frau in Bad E (0.2) der meldet sich hier nich, gar nichts (0.3) und wenn er's nich tut (.) und sich weiterhin so stur stellt, werd ich am Gericht anrufen oder schreiben (.). Es heißt nämlich, Alte-, alte Leute soll man zusammenführen und nich auseinander reißen (0.3) und da drum kämpf ich (leise). Ob ich mit meiner Frau zusammen aufm Zimmer bin oder was, is uninteressant (0.3). Erstens bekommt meine Frau hier (.) in C-burg sehr viel Besuch von Bekannten (0.1), die nicht bis nach Bad Ems rausfahren mit'm Zug da (0.1) was man den ja gar nich zu:muten kann (0.2) und zweitens kann in- gan- kann ich zu meiner Frau gehen (.) wann ich will" (3. Interview Hanke 2005: S. 3).

Nach der Heimaufnahme der Ehefrau stürzt Herr Hanke unglücklich und zieht sich einen doppelten Oberschenkelhalsbruch zu. Eine gesetzliche Betreuung wird vom Amtsgericht bestellt, ein Verbleib in der eigenen Wohnung ist nach dem Krankenhausaufenthalt nicht mehr möglich:

„Meine Zeit bevor ich ins Seniorenzentrum ging (0.2) war gu:t und schön. Da ich aber einen doppelten Oberschenkelhalsbruch hatte (.) könnt ich mich allein in de Wohnung nich mehr bewegen. (Stimmen im Hintergrund) Wenn ich mich gebückt hab (.) musst ich nen Gegenstand haben wo ich mich dran <u>hochziehen</u> konnte (.)" (3. Interview Hanke 2005: S. 2).

Mit der Heimunterbringung ist Herr Hanke notgedrungen einverstanden:

„Dadurch bin ich- hab ich mich bereit erklärt im Seniorenzentrum zu gehen (0.3). Bin am 26. August (.) vor zwei Jahren (0.2) im Heim gegangen (0.3) hab mich den ersten Tach sofort eingelebt (0.2)" (3. Interview Hanke 2005: S. 2).

Obwohl er sich schnell einlebt, gibt es für ihn zunächst schwerwiegende Probleme durch die Aufnahme im Doppelzimmer:

„... musste natürlich auf n Doppelzimmer (.) und das war nich gut. Ich hatte zwei Kolle:gen in der Zeit (.), der eine hat nachts geheult un was nich alles und der Zweite war noch schlimmer. (0.1) Der hat mir nachts es Bettzeuch abgezogen (0.2) hat vor's Bett gemacht, wenn ich aufgestanden bin stand ich da drin (0.2). Ich sach das war grau:enhaft. (0.1) Und mir ging es dann schon <u>gut</u> wieder (0.1), ich konnte wieder lau:fen am Sto:ck und so (.) und da war ich drauf und dran hier aus'm Heim wieder rauszugehen (0.3)" (3. Interview Hanke 2005: S. 2).

Als es für Herrn Hanke unerträglich wird und er auch nachts nicht mehr ungestört schlafen kann, wehrt er sich und besteht auf dem eigenen Zimmer:

„Da hab ich gesagt: ´ Entweder bekomm ich n Doppelzimmer´ (0.3), äh n Einzelzimmer (.) ´oder ich geh raus.´ (0.1) Da hieß es dann: ´Wir ham kein Einzelzimmer frei´ (0.1) Ich sach: ´Bitte?´ ich sach: ´Hier sind <u>zwei</u> Einzelzimmer frei.´ (0.3) ´Ja, is gut Sie krieg'n Einzelzimmer.´ Dann hab ich mein Einzelzimmer gekriegt (0.1) und da hab ich gesacht: ´Is in Ordnung, dann bleib ich auch noch hier´. (0.2) Nämlich ich hab- hätte das nich mehr ausgehalten mit dem (0.1)im Doppelzimmer (0.2) ich hab mich nich eine Nacht geschlafen (0.3) und dat ging nich mehr. (0.2) Ja und dann hab ich mich richtig eingelebt (.) wie ich mein Zimmer hatte (0.3)" (3. Interview Hanke 2005: S. 2).

Herr Hanke gilt im Haus und im Wohnbereich als fit, gefällig und freundlich. Im Heimalltag wird Herr Hanke daher von Mitbewohnern und Pflegekräften oft um Hilfe gebeten, manchmal wird ihm das aber doch zuviel:

„Nu:r oben lass ich mich selten noch blicken auf de Station (0.3), da geht's morgens schon rund: ´Herr Hanke hier, Herr Hanke da, (0.2) ´Herr Hanke können Sie die Heizung aufdrehen? Es ist zu ka:lt. Machen se bitte des Fenster zu´. Ich bin ganz ehrlich, ich hab schon gesacht: ´Wisst er was? (.) Macht et selbst.´ (0.5). Sogar beim Mittagessen (.) oder Ka:ffee trinken morgens (0.1) kann ich nie in Ruhe (0.2)" (3. Interview Hanke 2005: S. 2).

Dementsprechend ist Herr Hanke regelmäßig am Vormittag und am Nachmittag im Bistro des Hauses anzutreffen; dort raucht er, liest Zeitung und Groschen-Romane und trinkt dabei seinen Wein. Er ist allgemein beliebt und wurde mit großer Mehrheit zum Heimbeirat und zu dessen Vorsitzendem gewählt. Eigentlich scheint er zufrieden mit seiner Situation.

> „Ich komm hier mit den Damen se:hr gut aus (0.2), ich komm mit'm Sozialdienst sehr gut aus (0.1). Was will ich noch mehr in dem Moment? (0.2). Ich krieg meine Wäsche gewaschen, hab mein Essen (0.3), wo ich mich nich mehr selbst drum kümmern muss (0.2). Das war auch n Vorteil in dem Moment wie ich hier hinge-gangen bin (0.4). Nur ich trauer meiner Wohnung trotzdem noch nach (0.1). Jetzt vor allen Dingen wo ich wieder fit bin (.) und kann selbst alles machen (0.2), möchte ich gern in die Wohnung zurück (lacht) aber es geht nich mehr (0.2). Das is mein Lauf hier im Heim (trinkt)" (3. Interview Hanke 2005: S. 3).

Der Kontakt zur Tochter ist allerdings schon seit Jahren abgebrochen, die Grün-de hierfür nennt Herr Hanke nicht; allerdings äußert er an der Tochter auch deut-liche Kritik:

> ´Ja:a meine Tochter hat gelernt, Kindergärtnerin, (.) arbeitet aber im Moment nicht. Was heißt im Moment, schon über drei Jahre nicht mehr in ihrem Beruf, (0.2) sie hätte mit den Kindern genug zu tun. (.) Da hab ich ihr oft genug gesagt, ich sach: ´Silke´(.), ich sach: ´Den Kleinen kannste mit in Kindergarten nehmen (.), so und de Große is ja in ne Schule (.). Du kannst doch wenigstens halbtachs´ (.) ´Nee, ich hab genuch zu tun´ (0.1). Das is ihr Argument und (leise) das is meine Tochter. (0.4) Hat von ne Eltern drei Autos geschenkt gekriegt, (0.1) die die Eltern bezahlt haben, (0.3) und das ist der Dank des Vaterlands (0.2). Ich bin ganz ehrlich, ich ruf auch nich nach ihr an (0.3). (Stimmen im Hintergrund) Sie hat sich erst beim Vater zu melden, ehe ich mich bei der Tochter melden muss (0.1). Is mein Standpunkt(.) und der an-dere Standpunkt von mir is: Wer nich kommt (.) brauch nicht zu gehen (0.7)" (2. Interview Hanke 2005: S. 4).

Einer seiner Freunde vom Fußball besucht Herrn Hanke noch häufig, im Som-mer fast täglich.

> „Ich hab hier ein se:hr guter Freu-, se:hr guten Freund (.), wo ich früher mit Fußball gespielt hab (0.1), der kommt immer alle drei bis vier Wochen (0.2) kommt der mich besuchen (0.3). Er bringt mir Zigaretten mit (.), er weiß, dass ich rauch (0.2) und er weiß, dass ich gerne mal n Glas Rosé trink, bringt er mir auch noch ne Fla-

sche Rose mit (.) und dann unterhalten wir uns über al- über alte Zei:ten (.) vom Sportverein her (0.3). Dat is der Einzigste der noch regelmäßig hierhin kommt (0.3)" (3. Interview Hanke 2005: S. 3).

Auf die abschließende Frage, ob Herr Hanke sich noch einmal für das Seniorenzentrum C-burg entscheiden würde, antwortet er:

> „Ja (0.3) wenn ich (0.1) nochmal so (0.2) dran wäre wie in die Zei:t (.) dran war (0.1) würde ich gerne wieder hierhin zurückgehen (0.3), aber ich bin ganz ehrlich(.), heute würd ich gern wieder (0.1) in meine ei:genen vier Wände leben (0.3). Ich bin auch am überlegen, ob ich nich aus m Heim rausgeh wieder (0.1) um mir ne Einzimmer- Wohnung zu suchen (.), wo ich mein eigener Herr bin (0.2). Ich hab nichts gegen das Hei:m (.), das ist gu:t (.), auch gut geführt (0.1). Es is sauber, es is alles, aber (.) die eigenen vier Wände sind die eigenen vier Wände (0.4). Und jetzt harn se was zum schreiben" (3. Interview Hanke 2005: S. 4).

5.4.3.10 Beiträge des Interviews des Herrn Hanke zur Kategorienbildung

Herr Hanke zeigt in der Kategorie „Aushandlung der Heimunterbringung" das Bild eines Menschen, der eigentlich keine Wahl hatte. Der gesetzliche Betreuer dürfte letztendlich die Heimunterbringung entschieden haben. Grund hierfür war (neben einer in den Akten belegten Neigung zum Alkohol) die plötzliche Notlage des Interviewten als Ausprägung der Kategorie „gesundheitliche Krisen vor Heimaufnahme": Der doppelte Oberschenkelhalsbruch mit zwar vorübergehender, aber massiver Einschränkung der Möglichkeit auch nur zur teilweisen Selbstversorgung und Eigenpflege war der Grund der Heimaufnahme.

Die „Verfügbarkeit und Tragfähigkeit des persönlichen sozialen Netzes" waren zudem stark eingeschränkt: Die Ehefrau ist selbst in hohem Maß pflegebedürftig und lebt bereits seit längerer Zeit im Heim, die Tochter wohnt weit weg und pflegt zudem wenig oder gar keinen Kontakt zum Vater.

Bei der „Befindlichkeit und Aktivität im Heim" zeigt sich der Interviewte nach seiner Genesung als hochintegriert, aktiv, selbstbewusst, agil und freundlich. Kontakte zu Freunden und Bekannten außerhalb des Pflegeheims werden ebenso aktiv unterhalten wie zu BewohnerInnen und Personal. Herr Hanke gibt an, sich im Haus wohl zu fühlen, allerdings erst, seit ihm ein Einzelzimmer zur Verfügung steht.

An der Institution kritisiert Herr Hanke vor allem, dass er von BewohnerInnen und Personal in hohem Umfang „eingespannt" wird, weil er so aktiv und fit sei; hier ist allerdings auch ein Einfluss der Selbstpräsentation vor den weiblichen Interviewerinnen zu vermuten.

In dieser Hinsicht ist vermutlich auch die Ausprägung der neuen Kategorie zu beleuchten, die sich aus dem Interview ergibt. Diese Kategorie kann mit „Ziele und Perspektiven" bezeichnet werden. Für Herrn Hanke sind solche Ziele zum einen, seine Frau zu sich zu holen und im Seniorenzentrum C-burg unter zu bringen; zum anderen und alternativ hierzu, der Auszug aus dem Seniorenzentrum in eine eigene Mietwohnung.

5.4.3.11 Frau Kress

Mit Frau Kress wurden im Januar 2005 drei Interviews von 17 bis 25 Minuten Dauer im Doppelzimmer der Interviewten geführt. Zeitweise war dabei die Mitbewohnerin (Frau Kirsch) anwesend, was Frau Kress nach eigener Aussage nicht stört. Die Interviewer Kerstin Späth und Tanja Giesen, transkribiert wurden die Aufzeichnungen von Kerstin Späth. Die Interviewer kennen sich bereits aus der Schule, die Interviewte lernten sie in mehreren Vortreffen kennen.

Frau Kress ist 92 Jahre alt, schlank und sehr zierlich; sie lebt seit 17 Monaten im Heim. Besucht erhält sie nur selten (etwa sechsmal im Jahr) von ihrem entfernt lebenden Sohn und dessen Ehefrau. Sie ist auf einen Rollstuhl angewiesen, kann sich darin aber nur mit Mühe und sehr langsam eigenständig bewegen. Sie ist sehr vergesslich, hatte aber im Vorfeld großen Wert auf die Teilnahme an den Interviews gelegt. Die Interviewform scheint sie aber zu überfordern. Es entwickeln sich im Interview kaum Stegreiferzählungen, vielmehr geraten die aufgezeichneten Gespräche eher zu Dialogen oder zu Frage-und-Antwort-Sequenzen. Auf ihr Äußeres und ihre Frisur legt Frau Kress großen Wert. Den Umzug in ein Einzelzimmer hat sie, wie auch ihre Mitbewohnerin, mehrfach abgelehnt: Beide verstehen sich gut und wollen auch weiterhin das Zimmer gemeinsam bewohnen (Aktenanalyse).

> „Sie kommt aus gut situiertem Hause, hat drei Brüder, erhielt eine strenge, autoritäre Erziehung durch den Vater, die sie laut ihrer Aussage bejahte. Sie machte das Abitur und anschließend eine Banklehre. In ihrer Freizeit spielte sie Tennis" (1. Interview Kress 2005: Transkriptionskopf S. 1)

An ihrem Geburtsort D-wald lebt Frau Kress bis zur Heimaufnahme:

„Und da habe ich 92 Jahre gelebt[61], bis ich dann nach C-burg gekommen bin, in das Heim. Mein Sohn hat mich da eingekauft. In (.) in dem teuren Heim. Ist wie in nem Hotel, so schön" (1. Interview Kress 2005: S. 2)

Der Vater ist Diplomat, auch der Ehemann und schließlich der gemeinsame Sohn wählen die Diplomatenlaufbahn (vgl. 2. Interview Kress 2005: S. 7 f.). Nach dem Tod ihres Mannes lebt Frau Kress über 23 Jahre bis zur Heimaufnahme in einer Wohnung zusammen mit einer anderen Dame, die etwas jünger als Frau Kress ist. Am Ende nehmen bei Frau Kress die körperlichen Beschwerden in hohem Maß zu. Der zu dieser Zeit noch in R-dorf lebende Sohn sucht einen Heimplatz:

„Ich bin zu Hause immer umgefallen (.) und das ging nicht mehr so weiter. Da hat er gesucht, (0.1) nach einer schönen Pension für mich und hat mich da eingekauft. (0.3) Und da bin ich nun. (.) Das ist meine letzte Station. (0.2) Und ich such immer meine Heimat. (0.3) Ich will nur heim. (0.1) Ich will nur heim (schluchzt)" (3. Interview Kress 2005: S. 2)

Die Entscheidung für die Heimunterbringung geht also vom Sohn aus, der weit weg lebt und sich sorgt. Für die Mutter ist der Umzug in das Seniorenzentrum aber verbunden mit deutlichem Verlust-Erleben gegenüber der alten Wohnform und mit der Trauer über ihre inzwischen massiv eingeschränkten Möglichkeiten. Auch sieht sie den Eintritt in dieses Heim am Ende ihres Lebens als einen letzten Schritt vor dem Tod. Trotz ihres Heimwehs kritisiert Frau Kress die Initiative des Sohns in keiner Weise, sondern vermerkt positiv dessen Sorge um ihr Wohlergehen.

„Das war meinem Sohn zu gefährlich, so ohne Aufsicht. (0.2) Da hat er den Weg gewählt, (.) nich, aber er hat's Richtige gemacht. (0.1) Ich weiß ja auch nich. (0.3) Was Besseres gibt's eigentlich gar nich (0.3)" (3. Interview Kress 2005: S. 3).

Die Gewöhnung an die Abläufe und Rituale im Haus fällt Frau Kress trotz ihres positiven Urteils über das Pflegeheim (das möglicherweise aus der entsprechenden Wahl ihres Sohnes entspringt, im Sinne von: Was mein Sohn für mich gewählt hat, muss richtig und abgewogen sein!) schwer, sie fühlt sich bevormundet, erlebt Konflikte mit dem Personal, vermisst von dieser Seite die Bereitschaft zur Kommunikation mit ihr:

---

[61] Hier verwechselt die Befragte offensichtlich die Lebenszeit an ihrem Geburtsort mit ihrem aktuellen Alter zum Zeitpunkt des Interviews.

„K: Ich war so lange allein (.) und auf einmal wurde mir alles befohlen. (0.1) Das müssen wir machen und jenes müssen wir machen. Und wenn ich's nicht gemacht hab (0.3), dann hat's was gegeben. Dann war was los auf'm Dampfer.

G: Die Schwestern müssen in ihrer Arbeit auch weiterkommen, die haben, glaube ich, manchmal gar keine andere Wahl.

K: Ja. (0.2) Das stimmt. (0.4) Man möchte sie gern mal ein bissel festhalten, ein bisschen unterhalten mit ihnen, aber das geht einfach nich" (3. Interview Kress 2005: S. 7).

Frau Kress fügt sich schließlich in ihr Schicksal, ist aber trotzdem traurig und verzweifelt, dass man für sie so wenig Zeit findet:

„Das hab ich ja dann mit der Zeit auch eingesehen. (0.1) Aber ich wollte erst gar nicht begreifen, dass niemand Zeit füreinander hat, wenn man in Not ist. (Schluchzt) Wenn man in Not ist. (Beginnt zu weinen.)" (3. Interview Kress 2005: S. 8).

Frau Kress drückt am Ende letztlich aus, dass sie als Person ernst genommen werden und in Beziehungen treten will.

5.4.3.12 Beiträge des Interviews der Frau Kress zur Kategorienbildung

Frau Kress zeigt in der Kategorie „Aushandlung der Heimunterbringung" die Ausprägung einer Frau, die dem einzigen, räumlich weit entfernten Sohn die Entscheidung für Umzug und Wahl der Einrichtung in vollem Vertrauen zu überlassen scheint und dafür auch einen Wohnortwechsel durch die halbe Republik in Kauf nimmt. Warum der Sohn, der wie aus den Bewohnerakten hervorgeht, zunächst in A und später dann in L lebt, die Auswahl für die Einrichtung in C-burg getroffen hat, ist nicht belegt.

Die sich verschlimmernde gesundheitliche Situation, vor allem die häufiger werdenden Stürze in der früheren Wohnung werden als Ausprägung der Kategorie „gesundheitliche Krisen vor Heimaufnahme" deutlich und bilden in Verbindung mit der räumlichen Entfernung zur Mutter die Grundlage für die zunehmende Sorge des Sohns.

Die „Verfügbarkeit und Tragfähigkeit des persönlichen sozialen Netzes" sind aufgrund der Entfernung zum Sohn stark eingeschränkt: Die Mitbewohnerin in der früheren Wohnung ist mit der zunehmenden Hilfsbedürftigkeit von Frau Kress offenbar überfordert.

Bei der „Befindlichkeit und Aktivität im Heim" zeigt sich die Interviewte ziemlich zurückgezogen, aber auch getragen durch die Beziehung zur Mitbewohnerin im Doppelzimmer, dies lässt sich zumindest aus dem offensichtlichen Vertrauensverhältnis zueinander schließen (die Anwesenheit der Mitbewohnerin stört Frau Kress nicht beim Interview) und daraus, dass beide im Doppelzimmer verbleiben wollen. Trotzdem ist Frau Kress tief traurig, vermisst ihre Heimat und fühlt sich oft sehr einsam.

An der Institution kritisiert Frau Kress nur, dass das Personal so wenig Zeit für sie aufbringt und ihr zu wenig Hilfen zukommen lässt. Die Form der persönlichen Zuwendung erscheint ihr auch ungenügend, trotz oder vielleicht gerade wegen einer positiven Beziehung zum Personal („Man möchte sie gern mal ein bissel festhalten, ein bisschen unterhalten mit ihnen, aber das geht einfach nich." (3. Interview Kress 2005: S. 7). „Ziele und Perspektiven" werden im Interview nicht deutlich, im Ganzen wirkt Frau Kress sehr deprimiert und hat auch in hohem Maß resigniert.

5.4.3.13 Frau Muschel

Mit Frau Muschel wurden im Januar 2005 zwei Interviews, das erste von 59 Minuten, das zweite von 15 Minuten Dauer im Einzelzimmer der Interviewten geführt. Die Interviewer, Ulrike Breier (im Interview „U"), Roman Jeltsch („R") und Elena Mühlig („E"), kennen sich aus dem Studium, die Interviewte lernten sie in mehreren Vortreffen kennen. Transkribiert wurden die Aufzeichnungen arbeitsteilig abwechselnd von allen Interviewern.

Frau Muschel ist 97 Jahre alt, schlank und relativ groß; sie lebt seit 40 Monaten im Heim. Sie geht leicht gebückt und verwendet meist einen Gehwagen, sie kann sich damit eigenständig auch in der Umgebung des Seniorenzentrums bewegen. Besucht wird sie nur von ihrer Schwiegertochter etwa ein- bis zweimal pro Woche. Im Haus unterhält Frau Muschel Kontakte besucht MitbewohnerInnen und erhält von ihnen ebenfalls Besuch in ihrem Zimmer. Sie spricht flüssig und in relativ ausgeprägtem E-heimer Dialekt, hält aber „den Faden" in ihrer Erzählung nicht immer, oft fragt sie nach und verlangt Hilfestellungen in der Struktur ihrer Darstellungen.

In E-heim ist sie als Einzelkind geboren, macht nach der Realschule eine kaufmännische Ausbildung und lernt dann im Beruf ihren Mann kennen. Sie heiratet mit 22 Jahren, nach dem Unfalltod ihres Vaters nimmt das Ehepaar die Mutter auf, die bis zu ihrem Tod bei der Familie lebt. Als die Schwiegermutter in ein Heim kommt, betreut Frau Muschel auch den Schwiegervater. Das Ehepaar

Muschel bleibt lange Zeit kinderlos, bis dann 1942 der einzige Sohn zur Welt kommt. Der Sohn besucht höhere Schulen und studiert schließlich:

> „Er ging in die besser schul (0.1) un er durft lerne was er wollt (.) ... un da hatter (0.2) Elektronik gelernt (.) un is dann (0.1) bis jetzt in der Firma als Manager gell (.)" (1. Interview Muschel 2005: S. 9).

Der Ehemann stirbt schließlich, als Frau Muschel 67 Jahre alt ist. Mit dem Sohn kommt es später zum Streit:

> „ ... weil (0.1) des war so (0.2) ich hab immer wo ich's- ich hab ja immer für mich gewohnt (.) un wo (.) er damals geheirat hat un hat n n Kind kriecht da hat er gemeint ich zieh zu ihm (.) un tät die vielleicht die Kinner großziehe (.) ... un da hab ich gesacht (.) ich bleib für mich ich zieh nur zusamme wenn ich n zzz Wohn ehn ne Küche u nun Zimmer hab (.)" (1. Interview Muschel 2005: S. 9).

Dies war jedoch in der Wohnung des Sohnes nicht möglich, Frau Muschel bleibt deshalb in ihren eigenen Räumen. Als eine Freundin, die in der Nähe wohnt, in ein Altenheim zieht, überlegt sich Frau Muschel ihr zu folgen. Auf Drängen des Sohnes willigt sie jedoch im Alter von 90 Jahren dennoch in den Umzug zum Sohn nach C-burg ein. Es kommt bald zu Konflikten, Frau Muschel fühlt sich eingeschränkt. Zum Bruch mit dem Sohn kommt es jedoch aufgrund finanzieller Streitigkeiten[62]. Sie sucht jetzt endgültig nach einem Heimplatz, und zwar, weil sie jetzt dort wohnt, in C-burg. Sie findet ihn auch, hat zudem das Glück, sofort im Einzelzimmer aufgenommen zu werden. Im narrativen Nachfrageteil erklärt sie ihre Befindlichkeit im Heim und ihre Alltagsbeschäftigung:

> „E: Ja (.) äm (0.1) dann wollten wir sie noch fragen zu ihrer Anfangs Zeit im Heim, wie sie sich hier wohl fühlen und was sie immer dann so machen in ihrer Freizeit
> M: Also ich fühl mich hier ganz wohl, ich hab ja en Einzel Zimma (.) manche habs (.) müsse ja mit zei zusamme (0.2)   (....) meistens gell? Wenns kei Einzelzimma frei is. Ich hab awer gleich a Einzelzimma (0.2). Un ich hab hier mei Ordnung, (.) dann tu ich alles was hier is (0.2) mit mache. Nur net male. (0.3)
> R: (lacht) (0.2) ja
> M: (lacht) (0.2) Awer sonst was gesch was hier los is (0.2) des geh isch hin, dann les ich viel (0.2) un Kreuzworträtsel, Silberätsel un was so is. (.) Also is mir is net langweilisch ne. (...) Nur als amol reischt die Zeit net

---

[62] Die Beschreibung der Konflikte und Streitigkeiten mit dem Sohn machen dem Umfang nach den größten Teil des ersten Interviews aus. Es war allerdings der ausdrückliche Wunsch von Frau Muschel, dass hierzu keine Details veröffentlicht werden sollen, daher hier nur eine kurze Zusammenfassung.

B+E+R+U: (lacht)

M: Un dann die (0.1)Hefte gell? (.) (lacht) gugge (0.2) alle (.) nu net von de A-bothek was ma da (0.3) draus raus (.) kr für sich gebrauche kann (.) was (.) me mer für a Wehwehsche hot. (.) (lacht)

R: Ja

M: No ja.(0.3) un so (0.1) fühl isch misch wohl. (.) Un mer hot (0.1) isch will sache (.) es is (.) al (.) halt als Zuckerkrank muss mer ja (0.1) vier ma also Mahlzeite hawe. Gell. un des wird ja hier eingehalde, (.) ach gell. Un ach nachts (.) grischt ma, (.) auch wenns jetzt verodnet is (0.1) kommt dann auch jemand, (.) bringt eim was gell? Also s is Ordnung (.) un so weite des sin is gut. (.) Gell? Un dann auch die (.) sin (.2) wohl sie net beständisch weil die jo so Schischde aweide gell?

U: Mhm

M: Dies awer die sin all nett. Ge

R: Ja

B: Na ja. (0.3) Naja durch n Herrn (0.2) Dokter (0.1) äh (.) s Dings, da seid ihr ja gekomme(.) gell?

R: Ja

M: Ihn nehmt ja ach vieles in die Hand, gell (0.1) Un guckt,   ja,. (0.3) Naja"
(2. Interview Muschel 2005: S. 5).

5.4.3.14 Beiträge des Interviews der Frau Muschel zur Kategorienbildung

Frau Muschel zeigt bei der „Aushandlung der Heimunterbringung" die Ausprägung einer Frau, die trotz ihres fortgeschrittenen Alters die Heimaufnahme selbst entscheidet und betreibt, die Auswahl für die Einrichtung in C-burg ist eher zufällig, weil sie vorher dorthin zum Sohn gezogen war.

In der Kategorie „gesundheitliche Krisen vor Heimaufnahme" werden keine dramatischen Veränderungen benannt. Vielmehr erscheint die Befragte als sehr selbstbewusste Frau, die ihr zunehmendes Alter zum Anlass nimmt, selbst die vorläufig letzte Wohn- und Lebensform zu bestimmen.

Die „Verfügbarkeit und Tragfähigkeit des persönlichen sozialen Netzes" sind aufgrund der Konflikte mit dem Sohn eingeschränkt und auf dessen Ehefrau reduziert. Ungewöhnlich dabei erscheint die Irritation vorgefasster Meinung: Der Sohn und wohl auch dessen Frau wollen ursprünglich Frau Muschel in ihrer Wohnung versorgen, die aber fühlt sich bevormundet und verlässt nach einem Streit deren Wohnung.

Bei der „Befindlichkeit und Aktivität im Heim" zeigt sich die Interviewte zwar eher zurückgezogen, aber auch getragen durch die Beziehung zu einigen Mitbewohnern, zu denen sie auch Freundschaften pflegt, ansonsten geht sie selbstbestimmt ihren Interessen nach.

An der Institution äußert Frau Muschel wenig Kritik, sie fühlt sich wohl und gut versorgt. „Ziele und Perspektiven" werden im Interview nicht deutlich, im Ganzen wirkt Frau Muschel sehr „aufrecht" und positiv gestimmt.

5.4.3.15 Frau Mörsch

Mit Frau Mörsch wurden im Januar 2005 zwei Interviews von 45 und 19 Minuten Dauer in deren Zimmer (Doppelzimmer) geführt. Die Beteiligten, Esther-Maria Kopmann und Torsten Stein, kennen sich aus der Universität, transkribiert und interviewt wurde von Beiden abwechselnd. Die Interviewte hatten sie bei Festen und Unterhaltungsangeboten innerhalb des Seniorenzentrums kennen gelernt.

Frau Mörsch ist zum Zeitpunkt der Interviews 84 Jahre alt, eher klein und zierlich. Frau Mörsch trägt bevorzugt „Kittelschürzen" und spricht in ausgeprägter Weise süddeutsche Mundart. Gleich zu Beginn des ersten Interviews wird vermerkt:

> „Frau Mörsch neigte dazu jedes Mal, wenn sie Torsten Stein und Esther-Maria Kopmann traf, fast wörtlich die gleichen Dinge zu erzählen. Es war unmöglich, eine chronologische Reihenfolge des Erzählten aufgrund ständigen Abschweifens seitens Frau Mörsch zu erhalten" (1. Interview J. Mörsch 2005: Transkriptionskopf S. 1).

Frau Mörsch ist in E-heim am L. geboren und lebt seit 16 Monaten im Heim. Sie erhält sehr selten Besuch von der einzigen Tochter, jedoch meist einmal pro Woche von ihrem gesetzlichen Betreuer. Im Haus bewegt sie sich weitgehend selbständig im Rollstuhl, lebt aber eher zurückgezogen im Doppelzimmer mit Frau Reim, von der weiter unten noch die Rede sein wird.

Von ihrer Kindheit und Jugend erzählt Frau Mörsch fast nichts, bis auf ihre drei (jüngeren?) Brüder, von der Schulzeit nur vom betrunkenen, prügelnden Lehrer, der später entlassen wird. Nach acht Jahren Schule geht Frau Mörsch zu den katholischen Schwestern, vermutlich in E-heim.

> „Ja (0.1) da habbe se mich- (0.2) mei Mutter hat e Freundin gehabt, da hat se gesacht, schick doch ma die Maria bei die katholische Schwestern. Hab ich gesacht, was soll ich,n da mache. Ei was lerne, sach ich bei de Schwestern? 0.2) hat se gesacht, sollst nähe lerne (0.1) aber erst mit de Hand ( ) die Kappnaht un alles. Wann das net richtig war (0.1) ham se gesacht des is falsch wieder auf mache (0.1) hab ich gedacht, lieber Gott, wenn alles rum wär (alle drei lachen) und alles ,n Schlach hätt, aber hat mir nix genützt (0.2) wenn mer aber den Boge raushat, dass des alles schön

richtig glatt is, (0.1) war des ‚n Kinnerspiel, aber erst musst man dahinner komme"
(1. Interview J. Mörsch 2005: S. 2).

Frau Mörsch lernt den Umgang mit Nadel und Faden, heiratet und bringt eine
Tochter zur Welt, an die Tochter kann sie die Befähigung zu Handarbeiten aber
nicht dauerhaft vermitteln:

„Aber mei Tochter ja, da war ich e mal, da hat die, da hab ich gesacht, was
meschsten du da, Strümp stobbe, sach ich, WAS, DES HEIßT DU STRÜMP
STOBBE (0.2) sach ich, des kann ich aach du, e Loch zuziehe, sach ich, des machste
wieder auf (0.2) ich zeisch dir des (0.1) ach hat die nachher gesacht, weißte was,
wann‚s kaputt is‚, schmeiß ich‚s fott, kaaf‚n neues (Interviewer lachen) (0.3) hab ich
gesacht, hast ja aach Geld (0.1) ach, sescht die, ‚s Sozialamt bezählt‚s ja (0.1) ja
(0.2) ( ) die hat‚n wunderbare Beruf gelernt (0.1) nix (0.2) die hat Buchbinderin gelernt" (1. Interview J. Mörsch 2005: S. 3).

Nicht nur mit den Handarbeiten, auch mit dem späteren Lebenswandel der Tochter ist Frau Mörsch unzufrieden:

„Aber die Juchee die is, vor- die war wichtiger. Die is Nächte net haam komme (0.1)
hab ich zu meinem Mann aach gesacht, ich möchte net wisse, wo die rumtreibt (0.2)
ne, mescht mer sich aach Gedanke (0.1) un da ham mer nachher gehört, dass die n
Freund hat (0.1) des war n Zuhälter (0.1) da hab ich die ma gesehe in E-heim (0.2)
am Hauptbahnhof, da hab ich zu mein Mann gesacht, sach ich, gucke ma, kennste
die Fraa wo daher kimmt, naa, sach ich, des is unser Tochter (0.1) die hat ausgesehe,
als ob se abends uff de Strich ging, da war se aach (0.3) da hab ich sacht, naa (0.4)
sach ich, für mich is die erledischt (0.2) ich hab´s nachher doch net über‚s Herz gebracht (0.1) hab ich gesacht, sache ma, mit wem hast- (0.1) JA ICH HATT
DOCH‚N FREUND, SACH ICH, HÄTTSTE DOCH WISSE MÜSSE, WAS DES
FÜR AANER WAR (0.5) der is bei uns ein un aus gegange, der hat n Kaste Bier
haam geschleppt un alles (0.2) bis mein Mann gesacht hett, ebbe is Schluss, naus
(0.1) mach mer nemmer (0.3) ja (0.2) ich hatt‚s net so leicht" (1. Interview J.
Mörsch 2005: S. 4).

Der Ehemann stirbt, als Frau Mörsch 69 Jahre alt ist (dies geht aus den Akten
hervor, sie erwähnt dies im Interview nicht). Die Folgezeit wird im Interview
nicht dargestellt, die Erzählung setzt erst wieder ein bei der Zeit vor der Heimaufnahme. Frau Mörsch ist in ihrer Mobilität schon stark eingeschränkt und
nimmt ambulante Hilfen in Anspruch, mit denen sie rückblickend auch zufrieden
war.

„... ich hatt jemand gehabt (0.1) der hod mich moins um sibbe ausm Bett geholt (0.2)
der hat gesacht, Frau Mörsch, bleibe Se im Bett, ich komm punkt sieben, der woar

da. Hab ich gerade letztens zu der a Schwester gesacht, was mescht der Peter, hat de geheiße (0.2) die sescht, ja des, da denkt se auch ewisch dra (0.2) der hat mich ins Bett gebracht (0.1) der ist moins um punkt sibbe gekomme, hat mich ausm Bett rausgeholt, mich gewasche, angezoche (.) hat mer mei Früstück gemacht, dann hat der mich auf die Couch gesetzt, da hab ich gesesse bis de Mittach (0.3) ja, wenn mer nemmer konnt (0.2) ja, da wollt ich probiern, ob ich laufe kann (0.1) da hab ich nachher mehr uff der Erd gesesse, da hab ich immä aane hole müsse, e Frau, die hat gesacht, Frau Mörsch, ( ) sach ich, warum, man kann doch probiern (0.1) nein, es geht net, was meine Se?" (2. Interview J. Mörsch 2005: S. 5).

Mit der Tochter und dem Enkelsohn, die ihre Finanzen regeln, bekommt Frau Mörsch dann Streit wegen ihrer Rente. Sie sucht sich darauf einen Gerichtsvoll-zieher als gesetzlichen Betreuer, weil sie sich zudem auch noch schlecht versorgt fühlt:

„M: Ich sach ja, die habbe die Rente (.) die habbe gesacht immer, Mutti, mach die Arbeit, ich hol dir dei Rente, da sach ich, Gabi, du kannst nur 500 Mark hole, mehr nicht, mehr krieste- DIE HABBE SECHZEHNHUNNERT MACK ABGEHOLT
E: Alles
M: ALLES (0.2) jetzt wusst ich mir kaan Rat mehr, war kei Miete bezahlt, war kein Fernseher bezahlt (0.1) überhaupt nix (0.1) die wollte mich schon aus der Wohnung raushole, denk ich, oh jeh (0.2) und da hab ich gesacht kriet, ich soll mich mal an den Gerichtsvollzieher wende, an meinen Betreuer da jetzt (.) der is, dann da hie nach E-heim bei mei Tochter (0.1) hat er gesacht, hör,n Se mal, Fraa. ( ) Sie kön-ne des nur abhole, was Ihr Mutter gesacht hat (0.1) hat mein Enkel gesacht, warum, mei Mutter, mei Oma, tut des ganze Geld verschenke, des geht- kann mer doch gar net, da ham mer alles abgeholt (0.2) da hat er gesacht, und, ham Se der Oma wenigs-tens aach was zu esse gebbe? Ja ja, da hab ich gesacht, lüsch net, zwa getrocknete Handkäs (0.4) da war ich lang mit dene bös (0.2) ja, wenn mer gut und ehrlich is, (0.2) da hat der nachher gesacht, Frau Mörsch, die dürfen nicht mehr Ihr Rente hole" (1. Interview J. Mörsch 2005: S. 6).

In Abstimmung mit dem gesetzlichen Betreuer wird dann die Heimaufnahme betrieben. Von wem die Initiative dabei ausging, erzählt Frau Mörsch nicht. Den Schritt ins Heim begründet sie lapidar: „Weil ich daheim nemmer sei konnt" (2. Interview J. Mörsch 2005: S. 6). Handarbeiten, die für Frau Mörsch immer sehr wichtig waren, „gehen" nicht mehr im Heim:

„Ich hab kaa Gefühl mehr, ich kann kaa Nadel und nix mehr halte (0.2) ich hab kaan Gefühl hier (drückt auf Fingerspitzen) in de Fingerspitze, des is alles taub (0.4)" (1. Interview J. Mörsch 2005: S. 4).

Frau Mörsch leidet unter ihren krankheits- und altersbedingten Einschränkungen:

„... frieher war mer noch (.) noch gesund und munter (.) heut bin ich   ( ) (0.3) ich hab Last, dass ich abends mich ausziehe kann und mich wasche kann und ins Bett kann ich sowieso schon gar net mehr alleine gehe (0.2) kann auch moins net raus aus de Betten (0.2) muss ich immer warten bis aaner kimmt, muss ich schelle, sach ich, ich möchte gern aufstehe (0.3) dann setz ich mich erste ma uff die Beine (.) un bis ich da hoch komm (0.2) geht net mehr, des geht alles net mehr (0.1) kann mich net mehr alleine ausziehe, net mehr alleine anziehe (0.2) aber jetzt rufe se jemand immer mal (0.2) heut moint hatt ich Last, bis ich agezoche war heut moint." (1. Interview J. Mörsch 2005: S. 4).

Vor allem wird ihr zum Problem, auf Hilfe angewiesen zu sein und um Hilfe bitten zu müssen. Die Konsequenzen aus dem Konzept der aktivierenden Pflege, wonach sie immer wieder aufgefordert wird, möglichst viel im Alltag selbst zu tun, führen zu weiteren Misslichkeiten. Trotzdem behält sie ihren Humor:

„Da steht mer net dehinner (0.1) wanns einem weider so geht, dass einem weider nix fehlt (0.3) eigentlich so fehlt mir aach als gar nix, aber ich (0.1) die Kraft alles lässt nach, ich kann net (0.1) na was maanstn bis ich moins mei strumphos un des alles a hab (0.3) jetz rufe Se jemand immer ma, helft mer mal, helft mer mal (0.2) ich hab mal a mal aaner gerufe, der Stefan, sach ich, helf mir doch e mal, hat er gesacht, Frau Mörsch, du bist groß und alt genuch, du kannst des alleine mache, och (0.2) hab ich gedacht, lieber Gott wie bringsten des jetzt hie, die- erstens war die Strumphos kaputt (0.1) bis ich die agezoche hatt, musst die ja anziehn, hat ja kei annern weider da (lachend) (0.1) da hätt ich erst wieder an meinen Schrank gehe müsse (lachend) (0.3) aber jetzt nehm ich mir Zeit dazu moins (0.2)" (1. Interview J. Mörsch 2005: S. 5).

Mit ihrer Situation im Seniorenzentrum ist Frau Mörsch nicht sehr zufrieden, sie fühlt sich bevormundet und vermisst Hilfen:

„Naa naa (0.3) aber machema hab ich aach kei Lust mehr zu lebe (0.3) wissen Se, wenn mer den ganze Tach im Rollstuhl sitzt und kimmt net fott (0.4) und abends is, mer froh, wenn mer ins Bett ki- ins Bett gelescht wird (.) wie e klaa Kind (0.2) komm mit de Beine nemmer hoch (0.2) alles, alles lässt nach (0.3) dann krieg ich nachts ,ne Pampers an (0.1) weil ich ja net raus kann uff die Toilette (.) ich hab aber mal gesacht, Schwester, wir könne doch mal probiern, wann ich e mal nachts raus muss un da schell ich (.) sescht se, Fraa Mörsch (0.2) sach ich, ja, sach ich, frieher bin ich doch aach auf die Toilette gegange nachts, sacht se, frieher is net heut" (2. Interview J. Mörsch 2005: S. 3).

Nachts mit Inkontinenzartikeln versorgt zu werden, wird Frau Mörsch besonders zum Problem, sie spricht diesen Kontext im Interview nochmals an:

„Die Woch auch, da hab ich gesacht, hörn Se mal, wie wärs en mal nachts, wenn ich auf Toilette muss (0.1) Immä die Windel a un des, da könnt ma doch e mal zu zweit (.) Auf die Toilette selber gehen, wenn mer ma uff die Toilette muss, nein, Frau Mörsch des könne Sie net, ja alles kann ich net" (2. Interview J. Mörsch 2005: S. 6).

Ihre Bilanz zeigt trotzdem deutliche Elemente von Stolz und Selbstbehauptung:

„Sach ich (0.2) hauptsach mein, mein Gehirn geht noch (0.1) des is schon gut (0.1) kann noch denke (0.2) mich kann aach kaaner bescheiße uff deutsch gesacht" (2. Interview J. Mörsch 2005: S. 3).

5.4.3.16 Beiträge des Interviews der Frau Mörsch zur Kategorienbildung

Frau Mörsch zeigt bei der „Aushandlung der Heimunterbringung" die Ausprägung einer Frau, die sich aufgrund von massiven Konflikten mit der einzigen Tochter und deren Sohn zur Regelung ihrer persönlichen, insbesondere der finanziellen Angelegenheiten von der Familie distanziert. Stattdessen vertraut sie solche Aufgaben einem Fremden, einem selbst gewählten (oder empfohlenen) gesetzlichen Betreuer an; die Tatsache, dass der Gerichtsvollzieher ist, dürfte für Frau Mörsch zu dessen Glaubwürdigkeit beigetragen haben. Mit dem Betreuer handelt sie auch die Heimunterbringung aus, wohl aus Einsicht in ihren zunehmenden Hilfebedarf.

In der Kategorie „gesundheitliche Krisen vor Heimaufnahme" sind hier langsame, zunehmende Verschlechterung der Befindlichkeit und der Handlungsmöglichkeiten aufgrund von Alter und fortschreitender gesundheitlicher Beeinträchtigung festzuhalten.

Die „Verfügbarkeit und Tragfähigkeit des persönlichen sozialen Netzes" sind aufgrund der langjährigen Konflikte mit der Tochter und vermutlich auch dem Enkel nicht sehr hoch und hilfreich, aber auch nicht vertrauensbehaftet. Dies zeigt sich vor allem in den von Frau Mörsch erzählten Konflikten um ihre Rente.

Bei der „Befindlichkeit und Aktivität im Heim" zeigt sich die Interviewte als jemand, die mit ihrer aktuellen Situation doch ziemlich unglücklich daher kommt. Sie lebt eher zurückgezogen, wirkt zwar oft aufgeschlossen und offen (die Tatsache, dass sie sich für die Interviews gemeldet hatte, spricht dafür), vermisst aber frühere Möglichkeiten. Dies macht Frau Mörsch einerseits an ihrer altersbedingten Einschränkung, anderseits aber auch an der Situation der Bewohner im Heim fest.

An der Institution äußert Frau Mörsch nämlich durchaus Kritik, insbesondere was ihre Toilettengänge in der Nacht angeht: Sie fühlt sich in der Lage, zumindest den Versuch zu wagen, ohne Inkontinenzartikel auszukommen. Dies wird aber vom Pflegepersonal abgelehnt.

„Ziele und Perspektiven" werden im Interview nicht deutlich, im Ganzen wirkt Frau Mörsch als Heimbewohnerin, die sich notgedrungen in ihr Schicksal fügt.

5.4.3.17 Frau Menzel

Mit Frau Menzel wurden in deren Zimmer drei Interviews geführt, das erste dauerte 15 Minuten, die beiden weiteren etwa 25 Minuten. Die Interviewerinnen, Dana Steinberg und Diana Nusseck, haben sich im Rahmen des Forschungsprojekts kennen gelernt, transkribiert und interviewt wurde von beiden abwechselnd. Sie hatten die Interviewte bei Festen und Unterhaltungsangeboten innerhalb des Seniorenzentrums kennen gelernt und mit ihr einige Vortreffen verabredet und realisiert.

Frau Menzel ist 92 Jahre alt, in Westfalen geboren und lebt seit 7 Monaten im Heim. Sie redet in einem leichten Ruhrpott-Dialekt. Sie erhält fast täglich Besuch von ihrem Neffen. Im Haus bewegt sie sich weitgehend selbständig im Rollstuhl, lebt aber eher zurückgezogen in ihrem Einzelzimmer. Bis zur Heimaufnahme lebte sie in ihrem Elternhaus.

Im ersten Interview berichtet Frau Menzel von einer glücklichen Kindheit im ländlichen Raum in der Nähe von C-ach. Die Eltern hatten ein Haus mit großem Garten, hielten Schweine und andere Haustiere, die Mutter lehrte sie Kochen und überzeugte sie dann, eine Schneiderlehre zu absolvieren. Danach arbeitete Frau Menzel ein Jahr auf einem Bauernhof in der Gegend, um anschließend wieder in ihr Elternhaus zurück zu kehren. In der Zeit auf dem Bauernhof lernt sie ihren späteren Mann kennen, den sie mit 29 Jahren während des Krieges heiratet:

„Dann ham mer neunzehnhundertzweiundvierzich geheiratet (0.2) und als wir in der Kirche vorm standen, gab's Fliegeralarm (lacht) ne Trauung mit Fliegeralarm (lachend) (lacht) (0.1) Ja der Pastor w (.) w (.) urde still, wir warn alle still, da gab's ja Voralarm und Hauptalarm, wenn's nur beim (.) Voralarm blieb, dann wars ja gut, aber es blieb beim Voralarm (holt Luft) der Hauptalarm kam nich, sonst hättn wir ja aus der Kirche (?) raus gemusst in n Bunker, woahl? (lacht) STELLNS SICH DAS MAL VOR (lachend) (LACHT) (0.5) ja (0.4) und dann gings zuhause so weiter (0.3)" (1. Interview Menzel 2005: S. 3).

Der Ehemann wird nicht zum Militär eingezogen, weil er in der Rüstungsindust-
rie beschäftigt ist. Er stirbt dann 1978, der Vater von Frau Menzel war bereits
1956 verstorben, sie blieb danach allein mit ihrer Mutter im Haus.

> „Ja äh und dann hab ich (.) ja dann warn meine Mutter und ich alleine im Haus und
> dann ham mer da (holt Luft) de Arbeit selber gemacht (0.1) aber dann ham werr
> auch de Schweine abgeschafft, das ging- konntn wir ja alle gar nich, dann war die
> Arbeit nich mehr so viel (0.4) (atmet tief) ja un nachher wurde meine Mutter auch
> krank und dann hab ich die gepflecht (0.5) ich hatte zwar abends und morgens je-
> mand, der se fertich machte, ne- so ne (.) Hauspflege (.), die- privat aber woahl (0.7)
> und dann is sie (Stimme wird leiser) (.) mit achtnneunzich Jahrn (.) neunzehhundert
> (.) neunachtzich gestorbn (0.1) ja un da war ich ganz alleine (0.12)" (1. Interview
> Menzel 2005: S. 4).

Kurze Zeit später wird Frau Menzel an beiden Hüften und am Knie operiert und
wird damit selbst pflegebedürftig, was sie mit ambulanten Hilfen und einer
Haushälterin in ihrem Haus selbst organisiert.

> „ja und dann hab ich noch n paar schöne Jahre gehabt, weil ich ja morgens und a-
> bends gepflecht wurde und tachsüber die Frau bei mir hatte, die gink dann so abends
> um sechs Uhr, halb siebn nach Hause (.) dann (stimme stiegt an) war ich allein (0.1)
> ganz alleine im Haus" (1. Interview Menzel 2005: S.4).

Als die Haushälterin älter wird, muss sie ihre Hilfen für Frau Menzel einstellen.

> „Ja und dann hat- (.) ja und dann bin ich ja alleine zuhause gewesn (.) ich wurde ja
> gepflecht und die Frau war bei mir da fehlte mir ja nix, die machte de Einkäufe, die
> kochte, die (.) wusch, die bügelte, die putzte (.) war alles tiptop bei mir (0.1) aber
> jetz wurde die auch achtensiebzich Jahre alt= und da sacht se Frau Menzel ich kann
> das auch nich mehr so= hab ich auch Verständnis für (0.2)" (1. Interview Menzel
> 2005: S.6).

Frau Menzel scheidet „im Guten" von ihrer Helferin, in der sie mehr als eine
Hilfskraft sieht, die Dame ruft Frau Menzel heute noch im Heim an. Beide hatten
Freude an der Gartenarbeit, saßen oft zusammen und tauschten sich aus. Ihr
Ausfall konnte auf Dauer nicht kompensiert werden.

> „Ja und dann- und ohne dem ging es ja nich! ALLEIN sein konnt ich ja gar nich –
> ich konnte ja gar nich mehr laufn (0. 1) ich mein ich hatte zwar son- son Wägelchen
> schon zuhause aber da-da kann man ja auch nich viel mit machen" (1. Interview
> Menzel 2005: S.6)

Die einzigen noch lebenden Verwandten, zu denen Frau Menzel auch immer ein gutes Verhältnis hatte, wohnen weit weg, einer davon in C-burg.

„... ja und ich hatte ja keine eigenen Kinder=wie nur die beiden Neffen (.) die warn von meiner Schwester=ich hatte eine Schwester=die wohntn aber im Sauerland (0.4) Und die – der Mann is- (?, 12:52) im Kriech gebliebn, der- die-war schon- die war nur fünf Jahre verheiratet, da war se schon Witwee und hatte die zwei kleinen Kinder (0.1) Da ham wir uns auch verpflichtet gefühlt, da AUCH FÜR MIT ZU SORGEN (Stimme hebt an) (0.1) da fehltes ja auch an allen und Ecken. Die hattn ja kein Geld die Kriegerwitween (0.6) Das is jetz der Neffe der hier wohnt in C-burg und die sachten immer, du kannst nich nachts alleine im Haus bleibn (.) Ich mein, das war auch schon bald gar nich mehr möchlich (.) ich mein erstensmal (.) ist das ja bei uns ganz doll mit den Überfälln und so alte (.) Leute" (1. Interview Menzel 2005: S.6)

Die Neffen sorgen sich um die alte Dame, die allein in ihrem Elternhaus lebt und sich nicht mehr selbständig bewegen kann. Sie schlagen den Umzug ins Heim nach C-burg vor.

„Nich das is- (.) und da sachten se, dadd könn wir ja gar nich verantwortn (.) und da sacht er: Hier ich (.) weiß in C-burg n schönes Altenheim (.) hier vom CQJ (.) sacht er es bleibt dir sowieso nix anders übrich. Du kannst hier nich alleine bleibn (0.3) und hätt ich noch wieder ne andre Fra- das wurde ja auch teuer (0.1)" (1. Interview Menzel 2005: S.7).

Trotz der Bemühungen der Angehörigen bleibt der Gedanke, in ein Heim zu ziehen für Frau Menzel schlimm und erschreckend:

„Und wenn die, weil die nun ausfiel, (0,1) da sagt mein Neffe,(0,2) dann bleibt dir gar nichts anderes übrig, du gehst in n Altenheim. (0,4) Und da sagt er, der wohnt hier in C::burg, sagt er, in C-burg ist ein schönes Altenheim, vom CQJ. Soll ich mich darum kümmern, dass du da ein Platz kriechst? Ja und dann hab ich erst ma lange gezögert, dass war ja für mich ganz was schreckliches. Gehen sie mal aus ihrem eigenen Haus raus, wo sie 90 Jahre drin gewesen sind. (weint)" (3. Interview Menzel 2005: S. 2).

Trotz aller Bedenken stimmt Frau Menzel dem Umzug schließlich zu:

„Ja schließlich hab ich dann ja gesagt, (0,2) ging ja nicht anders. Gucken sie ma, ich kann ja noch nich ma ALLEINE vom Stuhl aufstehen, (0,2) da fall ich schon hin." (3. Interview Menzel 2005: S. 2).

Pflege in C-ach oder Umgebung ist für Frau Menzel keine Alternative, weil alle Freunde und Verwandten dort entweder verstorben oder selbst pflegebedürftig sind.

> „Und wenn ich, bei uns gibt es ja genug eigene Pflegeheime in C-ach da rund herum, aber ich hab ja keine Bekannten mehr. (0,2) ICH HABE viel gehabt, aber die sind ja alle tot. Oder können auch nicht mehr, die sind ja dann auch in meinem Alter, bin 92 Jahre, (0,1) dann kann keiner mehr was. (.) Ja da war ich ja gezwungen hierhin zu gehen. Oder ich hätte mich in C-ach irgendwo kümmern müssen. (0,2) Aber da weiß ich ja auch, da kriegt ich ja keinen Besuch. Der kann ja von C-burg nich immer nach C-ach kommen, mich immer besuchen. Das sind 2 ½ Stunden Autofahren. (lacht) (0,6) Ja, so war das." (3. Interview Menzel 2005: S. 3).

Als ein Zimmer frei wird, fragt der Neffe nochmals bei seiner Tante an, um sie ihren Entschluss bestätigen zu lassen.

> „Und äh (0,2) ja und (0,1) dann rief er an und sagt, jetzt musst du dich enscheiden, du kannst dahin kommen, da wird ein Zimmer frei (0,2) oder da is n Zimmer frei. Kannst du hinkommen ja. (0,4) Was hab ich dann gesagt? Ja sag, ja dann mach das. Es bleib mir ja gar nichts anderes übrig. (0,1) Ja und dann bin ich hierhin gekommen. (0,10) Da sagt er, ich wohn in C-burg, ich kann dich jeden Tag besuchen. Und das tut er auch. Und er kommt auch und geht mit mir spazieren oder fährt mich spazieren, wenn das Wetter einigermaßen ist" (3. Interview Menzel 2005: S. 2).

Der im Ort wohnende Neffe organisiert schließlich den Umzug, aber für Frau Menzel wird das Heim kein neues Zuhause:

> „Da sacht er- ja und dann hat der dafür gesorgt, dass ich da hier hin kam (0.6) das wars und ich jetz wart ich auf mein Ende (0.6) und das kann von mir aus jeden Tag sein (beginnt zu weinen) (0.3) JA AUCH N ALTENHEIM KANN KEIN ZUHAUSE ERSETZEN (weinend) (0.10)" (1. Interview Menzel 2005: S.7).

Der Neffe sorgt auch dafür, dass Frau Menzels Verbindung zu ihrer Heimat wenigstens über die örtliche Zeitung von C-ach erhalten bleibt.
> „Und was meinen sie, was da für ihn zu erledigen war. Musste ja alles, alles umgestellt werden. Die POST und das Fernsehn. Lass mir meine Zeitung nachschicken, (.) ich will ja wissen was in C-ach passiert. Ich komm ja aus C-ach. (lacht) (0,1) Ich komme ja aus C-ach (lacht) Und an der Sparkasse, das musste ja alles geregelt werden. Ja, und das hat er alles gemacht. Ja, das hät ich alleine ja gar nicht geschafft." (3. Interview Menzel 2005: S. 3).

Schon das Essen ist ihr fremd:

„Das Essen, (0,1) das ist hier ganz, ganz anders, wie wir, wie ich das kenne. Wohl."
(2. Interview Menzel 2005: S. 7).

Im folgenden Interview wird die Verpflegung nochmals Thema:

„... ich sag ihnen ja, es ist kein zu Hause.(0,10) Ich mein, da KONNT ich essen, was
ich wollte oder was ich sagte, was ich gerne hätte und so was. (0,5) Und hier muss
man ESSEN, was sie einem vorsetzen. (0,2) Das schmeckt auch nicht immer. (lacht)
(0,3) Großküche ist Großküche." (3. Interview Menzel 2005: S. 4).

Nicht nur das ungewohnte Essen wird für Frau Menzel zum Problem, auch die
eingeschränkten kommunikativen Fähigkeiten vieler Mitbewohner geraten ihr
zur Irritation, weil sie nach ihrer Auffassung keinen passenden Anschluss findet.

„Das ich so jemanden fin-, ein Gesprächspartner finde, zu 80 oder 90 % kann man ja
bald sagen, sind sie ja hier alle ein bisschen... (0,4) ja ich mein das ist traurig, wenn
ich die Leute seh, aber dann dann bin ich wieder froh, dass ich nicht so bin. Aber ich
möchte auch gern mal jemanden haben, wo man sich so ma mit unterhalten kann,
nich." (3. Interview Menzel 2005: S. 4).

Das Problem mit den nach ihrer Auffassung desorientierten BewohnerInnen sieht
Frau Menzel auch bei den Gruppenangeboten:

„Ich mein hier wird einem viel geboten hier. Kann man hingehen, da wird dann gesungen und getan, aber wenn ich die dann alle sehe, die wissen ja gar nicht was lo:s
ist. (0,2) Ja, ist wahr" (3. Interview Menzel 2005: S. 5)

Auch Umfang und Inhalte bei den Angeboten sind nicht immer nach ihrem Geschmack:

„Heute Morgen war oben äh (.) Das Singen nenn se das, da is son einer der (0.1)
Aber das is auch immer dann dasselbe und dann is das für eine Stunde, ja und dann
geht man wieder hierhin und sitzt hier, wohl? (0.5) Und nachmittachs is au- irgendetwas is immer (.) Kann man spielen, Mensch ärger dich nich oder (0.2) (? Albern,
22:49) so Spiele gemacht (0.3) Sicher 's is ne Abwechslung und der Tach is um, a-
ber das is aber auch alles, aber das bringt mir nix." (3. Interview Menzel 2005: S.
10).

Von zentraler Bedeutung ist für Frau Menzel die persönliche Beziehung zu den
Pflegekräften, die ist aber durchaus widersprüchlich: Bei manchen vermisst sie
die angemessene Haltung zum Klientel. Frau Menzel lässt sich aber nicht alles
gefallen, sie vertritt auch im Heim weiter ihre Interessen.

„... das kommt auch auf die Pflege an, wissen se, welche sind wunderbar und bei welche, die könnt ich verfluchn, wenn ich se seh (.) ja es is wahr, dass is ja- ich mein es is nich so einfach aber wenn ich nun (.) Schwester werde im Altenwohnheim, dann wei- bin ich- weiß ich, dass ich nich im Kindergarten bin. (0.1) Nich? (0.2) Mein ich (0.8) Aber ich habe mich auch schon e paar Mal beschwert und dann hat sich das auch gebessert. (.) Ich sach immer, ich lass mir nich alles gefalln und auch nich alles sagen, das hab ich nich nötich! (0.4) Denn die leben ja schließlich von unser Geld, die wir hier drin sind. (.) Hab' ich recht oder nicht?" (3. Interview Menzel 2005: S. 6).

Frau Menzel hat aber auch Verständnis für das Pflegepersonal, vor allem in Bezug auf die verwirrten MitbewohnerInnen:

„Wie man alt wird, das is wichtich (0.17) (putzt sich die Nase) (0.3) Ich mein', dass man manchmal, die Ge- Schwester die Geduld verliert, (.) bei welchem der se so im Kopf gar nich mehr richtich sind, das kann man auch verstehen, aber es nützt doch nix, der weiß es doch nich der Betroffene, nech?" (3. Interview Menzel 2005: S. 8).

Rückblickend auf ihr Leben und die heutige Zeit resümiert Frau Menzel die Unterschiede zwischen der heutigen und ihrer Jugendzeit:

„Solange wie sie da oben in der Luft rumsausen und auf dem Mond gewesen sind und da oben zu tun haben, das sind Dinge die brauchen nicht zu sein. (0.7) Die Natur, die recht sich. Alles, was man bald isst, ist vergiftet. Das darf man nicht essen, das kann man nicht essen. (.) Wir sind in den Garten gegangen, haben uns ne Möhre aus der Erde gezogen, habn die an der Schürze abgeputzt und haben sie gegessen. Ja! (lacht) War kein Gift dran! (0,19)" (2. Interview Menzel 2005: S. 9).

Und weiter:

„Na ja, wenn ich ganz ehrlich bin, (0,1) dann könnt ich ja sagen, ich möchte HEUTE nicht jung sein. (0,3) Nein! (0,8) Unsere Jugend war ARM, aber schö:n. (0,7) Wir waren so ne Truppe und dann haben wir... sind wir losgegangen und was haben wir getan, wir haben gesungen. (0,1) Es gibt kein Lied, was ich nicht kenne". (2. Interview Menzel 2005: S. 9).

Die Perspektive ist für Frau Menzel nur der Tod:

„Ja (0,4)und jetzt wünsch ich mir, dass ich nicht mehr so LANGE lebe, (0,2) das ist mein einzigster Wunsch. (weint) (0,5)" (3. Interview Menzel 2005: S. 3)

5.4.3.18 Beiträge des Interviews der Frau Menzel zur Kategorienbildung

Frau Menzel zeigt bei der „Aushandlung der Heimunterbringung" die Ausprägung einer lokal isolierten Frau, die nach dem Abschied der Haushälterin ohne pflegerelevant verfügbare Kontakte und Ressourcen ist. Solche hat sie nur in einiger Entfernung, die besagten Neffen eben. Die Aushandlung dürfte, wenn die Einschätzung der Bewohnerin als selbstbestimmte, energische und selbstbewusste Frau richtig ist, als weitgehend rationales Abwägen zwischen Möglichkeiten und Einschränkungen abgelaufen sein.

In der Kategorie „gesundheitliche Krisen vor Heimaufnahme" sind die langsam zunehmende Verschlechterung der Befindlichkeit und der Handlungsmöglichkeiten aufgrund von Alter und fortschreitender gesundheitlicher Beeinträchtigung festzuhalten.

Die „Verfügbarkeit und Tragfähigkeit des persönlichen sozialen Netzes" sind aufgrund der räumlichen Entfernung zu den Neffen in der Heimat zwar nicht pflegerelevant hilfreich, insgesamt aber tragfähig und vertrauensvoll. Dies zeigt sich vor allem in der Sorge um sie und durch die täglichen Besuche des Neffen in der Einrichtung.

Bei der „Befindlichkeit und Aktivität im Heim" zeigt sich die Interviewte als jemand, die mit ihrer aktuellen Sitauation unglücklich ist. Sie lebt zurückgezogen, wirkt zwar oft aufgeschlossen und offen (die Tatsache, dass sie sich für die Interviews gemeldet hatte, spricht dafür), vermisst aber frühere Kontakte und vor allem ihr Elternhaus. Dies macht Frau Menzel einerseits an ihrer altersbedingten Einschränkung, anderseits aber auch an der Situation der Bewohner im Heim fest.

An der Institution äußert Frau Menzel vor allem Kritik an Teilen des Pflegepersonals und an der mangelnden Fähigkeit zur Kommunikation ihrer Mitbewohner. „Ziele und Perspektiven" werden im Interview sehr negativ artikuliert: Warten und Hoffen auf den Tod.

5.4.3.19 Ehepaar Reich

Mit dem Ehepaar wurden im Januar 2005 drei Interviews in deren Doppelzimmer geführt. Die Dauer der Aufzeichnungen lag zwischen 30 und 50 Minuten. Die Interviewer, Miriam Meurer und Frank Schnaubelt, kennen sich aus dem Studium, die Interviewte lernten sie in mehreren Vortreffen kennen. Transkribiert wurden die Aufzeichnungen arbeitsteilig abwechselnd von beiden Interviewern.

Frau Reich („FR") ist zum Zeitpunkt der Interviews 88 Jahre alt, relativ klein und schlank; Herr Reich („HR") ist drei Jahre älter. Auch er ist schlank, aber relativ groß. Beide leben seit sechs Monaten im Heim. Sie bewegen sich im Haus selbständig im Rollstuhl, fast immer zusammen. Dabei fährt Frau Reich immer vor ihrem Mann, der sie von hinten anschiebt, in dem er seine Beine in einer laufähnlichen Bewegung vom Boden abstößt. Besucht werden beide von ihrer Tochter und deren Lebensgefährten fast täglich, seltener von ihren Enkeln. Herr Reich spricht wenig, ohne Dialekt. Seine Frau dafür umso mehr mit deutlich E-heimer Mundart. Herr Reich ist in Thüringen geboren. Nach einer Ausbildung zum Bankkaufmann im Heimatort wird er 1931 arbeitslos und geht nach fast vier Jahren Arbeitslosigkeit zur Landespolizei in E-heim am L. Von Kindheit und Jugend erwähnt er im Interview nichts.

Frau Reich kommt in E-heim zur Welt, sie schildert eine glückliche Kindheit und Jugend. Nach der Volksschule lernt Frau Reich Verkäuferin und führt bereits ein Jahr nach ihrer Ausbildung die Filiale einer Feinbäckerei. Später geht sie für ein halbes Jahr zum Arbeitsdienst, bis ihr Vater sie zurückbeordert. Die Eheleute lernen sich später im Bürgerkeller in E-heim kennen, nachdem Herr Reich, begeisterter Hobbyfotograf, von einer längeren Tour im Faltboot von Ulm nach Budapest gerade zurückgekehrt war. Ihre erste Begegnung schildern beide humorvoll:

„Herr Reich (HR):   Ja und dann donnerstags sin mer in
Frau Reich (FR):   [Seid ihr gekomme.
HR: IN DEN BÜRGERKELLER.=
FR: =Ja, ja.=
HR: =Braukeller, 4000 Millimeter unter der Erde.=
FR: =Jaja.=
HR: Dort, da war en Tisch, zwei Frauen gesessen und wir ham uns dazugesetzt und da sagte sie, wie mir gefragt ham, dürfen wir uns zusetzen: Hockens scho hie.
M: (lacht)
HR: Auf Bayrisch hat sie es, bayrisch-österreichisch. (0.2) Und da hab ich so im Stillen gedacht, wie ich sie so (angesehen hab), das stimmt nicht. Geschwindelt (lächelt).
FR: Ja, hat auch gestimmt (lachend).
HR: Und äh (0.2), da hab ich die Bilder gezeigt und da hab ich die von Österreich Bilder gezeigt und hab die (0.1) Motive vertauscht und hat sie gesagt Stephansdom, dabei wars die Vativkirche.
Alle lachen
FR: Da hat er genau gewusst, des ich geloge hat, ne.=
F: =Dafür war er auch bei der Polizei, ge=" (1. Interview Reich 2005: S. 5).

Drei Jahre später heiraten beide, der junge Ehemann war zuvor schon an die Westfront einberufen worden. Die Tochter, das einzige Kind des Ehepaars, kommt ein Jahr später zur Welt. Vorher musste Frau Reich sich noch einer Operation unterziehen:

> „ ham mer geheiratet und im Silvester '41 ist die Dorothea auf die Welt gekomme, ne. Da war ich aber, dazwische musst ich operiert werden, sonst hätt ich gar kei Kinder gekriegt, des ham mer ja net gewusst, gell. (0.1) Un (.) der Doktor, der Doktor Englisch hat ihn b-, bestellt und hat gesagt, wollt ihr KINNER ODER KA. (.) Hat er gesagt, ach doch, mer wollte schon e Kind=" (2. Interview Reich 2005: S. 5).

Die Geburt der Tochter verläuft nicht ohne Komplikationen, Herr Reich erfährt von diesen Problemen erst am folgenden Tag:

> FR: „Dann hat er den andern Tag erfahrn, was überhaupt los war, bei mir hats Herz ausgesetzt. (0.1). Hab, äh, Sauerstoff gehabt, (.) un (.) de Doktor Putsch, des war de Chefarzt vom Krankek-, haus, dann hat der gesagt, des hör ich heut noch, ganz weit, jetzt ham mer se übern Berg. (.) Des hab ich GANZ weit gehört, gell. Naja (.), es hätt ja und die Dorothea, die war auch, die war scheintot, die hat net mehr geschrie und gar nix und war halt schwarz, ganz schwarz, ne. (.) Ja, und dann, un auf de andern Tag wie er kam, da hat e Schild gehängt: Wiederbelebungsversuche an Mutter und Kind geglückt. (.) Da hat er erstmal gewusst, was los war, vorher wusst ers ja net, ne=" (2. Interview Reich 2005: S. 5).

Herr Reich wird 1943 zum Wehrdienst nach Warschau versetzt und lässt Frau und Tochter nachkommen. Nach wenigen Monaten wird er zum Russlandfeldzug beordert, Frau und Tochter fliehen unter schwierigen Bedingungen und kehren nach E-heim zurück.

Die Rückkehr des Herrn Reich aus dem Krieg wird nicht weiter thematisiert, er findet eine Anstellung bei Siemens in E-heim. Die Familie lebt die meiste Zeit mit den Eltern von Frau Reich in einer großen Wohnung. Als der Vater stirbt, nehmen sie Studenten zur Untermiete auf, die alle in positiver Erinnerung geblieben sind. Die Familie leistet sich ein Auto und fährt regelmäßig in Urlaub und zu Wochenendausflügen.

Die Tochter wird zur Kauffrau ausgebildet, heiratet mit zwanzig Jahren und verlässt die elterliche Wohnung. Ihr Ehemann arbeitet als Feuerwehrmann und stirbt jung im Einsatz bei einer Explosion. Sechs Monate nach dessen Tod kommt der einzige Enkel der Familie Reich zur Welt. Die Tochter heiratet nicht wieder, findet aber nach einiger Zeit einen Lebensgefährten, mit dem sie noch immer in C-burg zusammen lebt. Wegen verminderter Sehkraft durch grauen und grünen Star gibt Herr Reich auf Wunsch der Tochter mit 82 Jahren das Autofahren auf, auch Frau Reich erkrankt dann an grauem und grünem Star.

Drei Jahre später kurz nach der Eröffnung des Seniorenzentrums zieht das Ehepaar Reich in eine Wohnung des Betreuten Wohnens in das Obergeschoss des Hauses. Die Tochter hatte die Wohnung und den Umzug im Einvernehmen mit ihren Eltern organisiert.

> „HR: (0.3) Und äh, (.) 98 sind mir hierher gezogen. (0.1) Da ist das Haus eingeweiht worden und wir sind als Erstes eingezogen.=
> FR: =Ach ja, des war GANZ neu, ganz frisch hier" (3. Interview Reich 2005: S. 3).

Mit den Mitbewohnern kommt es zu freundschaftlichen Kontakten, Frau Reich backt für die Nachbarn sogar Pfannkuchen. Bei einem Sturz zieht sie sich später einen komplizierten Oberschenkelhalsbruch zu, der Anlass für die Übersiedlung in den Pflegebereich des Hauses. Die eingeschränkten Möglichkeiten dort bedauert Frau Reich, vor allem die fehlende Küche:

> „ FR: Und nachher, wie mer runner sin komme, hat er gesagt, jetzt hab ich niemand mehr, der mir Pfannekuche backt. (.) Ich sag, H-, Heinrich, ich kanns doch net hier unne mehr, ich hab ja hier nix mehr. Kei Küch und kei gar nix. Des is doch nix, gell. (0.1) Eija=" (3. Interview Reich 2005: S. 3).

Auf die Frage des Interviewers, warum beide Ehepartner im Rollstuhl sitzen, antwortet Frau Reich:

> „FR: (.) Ja er, er ist dauernd gefalle. (.) Er ist dauernd
> HR: [Mir wurd schwindlig.
> FR: Des hab ich ja auch.=
> HR: =( )=
> FR: = Und wenn ich net schwindlig geworde wär, an dem Morgen, wo ich im, am Sonntagmorgen, wo ich die Bücher hab hochgehobe. Und ich merk, auf einmal dreht sich's. Bin mit dene zwei schwere Bücher gestürzt. Des hat gekracht. Und da hab ich zu ihm gesagt, eben is was kaputt gegange. Kam net mehr hoch= (....)
> FR: = Den andern Tag Montag, ne. Montagmorgen bin ich operiert worde. (0.1) Und (.) da habe sie mir alles aufgeschnitte und (.) dann habe sie mich geröntgt. Und des hast net hingehaue. (0.1) Und da hat der gesagt, da kam er wieder und da hat der zu mir gesagt, ich muss Sie leider noch einmal operiere. Der ganze Krempel muss rausgeschmisse werde. (.) Geht net. (0.1) Ich wollt sage, warum habt ihr's denn net gleich gemacht, gell. Aber des hab ich net. Und da sagt er, bei Ihnen wachse die Knoche so schlecht zusamme, ne. (0.2) Deshalb kann ich auch jetzt noch net so laufe, gell. (3. Interview Reich 2005: S. 7)

Das Ehepaar ist bereits einmal im Haus auf einen anderen Wohnbereich umgezogen, hat also mehrere Pflegeteams kennen gelernt. Frau Reich sieht dabei sehr wohl Unterschiede in der Kultur der Wohnbereiche, die sie auf die jeweiligen Pflegekräfte zurückführt. Trotzdem zeigt sich Frau Reich zufrieden und hat sich mit den unterschiedlichen Menschen im neuen Bereich arrangiert:

> „ALSO, was hat ich gesagt, mir sind froh, dass mir hier sind und dass es uns gut geht. Mir habe zu Essen, zu Trinken, (0.1) nur kei Geld. Das habe die uns ja alles weggenomme. Dadurch dass die, äh, so teuer hier alles ist, gell. Eija (.) mei Tochter hat gesagt, Mutti, Schwamm drüber, is erledigt. Seid froh, dass ihr hier seid und, dass ihr, äh, Leute habt, die ihr kennt, genau wie der Herr Voll[63], oder jetzt die Schwestern kenne mer ja jetzt auch hier. Es hat uns oben besser gefallen, im dritten Stock. Die warn irgendwie herzlicher, ne. (0.3) Und, äh, aber so müssen mer zufrieden sein. Mir sinds auch" (Frau Reich, 3. Interview Reich 2005: S. 3)

Der Alltag im Heim wird später im dritten Interview von Frau Reich dennoch kritisch betrachtet, einerseits hinsichtlich der Belastung des Pflegepersonals und den daraus resultierenden Folgen. Problematisch ist für beide aber auch das Verhalten dementer Mitbewohner:

> „FR: =Die sind schon beschäftigt hier. Wenn er hier drin ist, dauernd klopft's. Herr Voll, entweder Telefon, oder Herr Voll, komme se mal. Dann liege mer hier drin wieder. Und dann warte mer wieder. Geht aber auch so. (0.3) Und viel trinke tun mer, wege dem Kopp. Nebe mir sitzt ja die Frau, ach ich komm net drauf=
> HR: =Manuel.=
> FR: =Ja, die Frau ist unmöglich. Wenn die anfängt zu esse, wird mir schlecht. Glaube Sie des. Ich guck schon gar net mer hin. Dann tut se den Löffel nehme, und vom Tisch, wo gar nix steht, löffele. Und dann tut se ihr Esse runter vom Teller auf de, uff die Erd schmeiße. Also, nee. Da wird mirs anders. Ich hab zu ihm gesagt, ich muss weggucke, gell. Sagt er, dann guckst Du net hin. Zu mir hat se gesagt, komm, geh mal mit mir spaziere. Hab ich gesagt, des kann ich nicht. Ich sitz im Rollstuhl. Naja, des hat se net begriffe" (3. Interview Reich 2005: S. 9).

Trotzdem scheint Frau Reich mit dem Haus zufrieden. Ihre Hoffnung ist aber nach wie vor, möglichst bald von pflegerischen Hilfen unabhängig zu werden:

> FR: (0.1) Aber wie gesagt, beschwere könne mir uns nicht. Die Mädche machen jeden Tag sauber, das Esse ist gut, gell. (0.3) Gehen einem auch mal zur Hand, wenn es sein muss, gell. (0.4) Aber, wenn mer ja net gewindelt wär. Ich hab gesagt, wenn der Dreck mal weg ist, das ich des net mehr brauch, dann ist des in Ordnung. Brauch ich niemanden mehr. Und ich kann wieder laufe, dann brauch ich NIEMAND mehr.

---

[63] Herr Voll (Name ebenfalls anonymisiert) ist der Wohnbereichsleiter, der regelmäßig in seinem Dienst die Pflege des Ehepaars übernimmt.

(.) Wasche tu ich ja eh im Bad mich, gell. Nur den Buckel, den macht mich der Herr Voll. Und wenn ich dann raus will, dann ruf ich ihn. Stan, hol mich. Des geht ganz gut bei uns. Mer mache des schon ganz richtig, ne. Er wird ja morgens angezoge. Gell, Reich?=

HR: =Ja.=" (3. Interview Reich 2005: S. 9).

Jedoch bei ihrem Mann glaubt Frau Reich, Anlass für Kritik hinsichtlich dessen Veränderung zu sehen. Damit endet auch das letzte Interview:

FR: „Mein Vater hat immer gesagt, hast einen guten Mann gekriegt, damals, ne. Es war ja auch so, er hat ja Recht gehabt, ne. Und (0.1) ja manchmal tut er jetzt gar net mehr babbele, dann setzt er die Hörer auf und guckt nur noch fern und ich sitz hier wie so e Blöde (lacht). Is wirklich wahr. Aber nu Gott, ich hab mich dran gewöhnt, gell. Naja, aber des war so ungefähr alles" (Frau Reich, 3. Interview Reich 2005: S. 10).

5.4.3.20 Beiträge des Interviews des Ehepaars Reich zur Kategorienbildung

Ehepaar Reich zeigt bei der „Aushandlung der Heimunterbringung" die Ausprägung eines schrittweisen, weitgehend rational bestimmten Abwägens zwischen Möglichkeiten und Einschränkungen der beiden. Die Tochter und ihr Lebensgefährte erscheinen dabei eher als Moderatoren und Organisatoren, die eine gemeinsame Entscheidung der Familie umsetzen helfen. Insbesondere die einzige Tochter hat eine ungebrochen positive Bedeutung für die Eltern, die von hohem gegenseitigen Vertrauen aus der Behandlung von gemeinsam in der Familie durchlebten und bewältigten Krisen entstanden sein dürfte.

In der Kategorie „gesundheitliche Krisen vor Heimaufnahme" sind die langsam zunehmende Verschlechterung der Befindlichkeit und der Handlungsmöglichkeiten aufgrund von Alter und fortschreitender gesundheitlicher Beeinträchtigung festzustellen. Der entscheidende Punkt für die Heimaufnahme ist jedoch der Unfall der Ehefrau und ihre damit zusammenhängende Pflegebedürftigkeit.

Die „Verfügbarkeit und Tragfähigkeit des persönlichen sozialen Netzes" sind dank der räumlichen Entfernung zu der Tochter und der Abwendung des Herrn Reich vom Autofahren zunächst durch einen Umzug ins Betreute Wohnen verbessert. Die Pflege beider Eltern nach dem Unfall der Frau Reich dürfte jedoch in der Wohnung der Eltern genauso unrealistisch gewesen sein wie ein Umzug zur Tochter. Damit ist nochmals die rationale Einschätzung der Möglichkeiten des Ehepaars Reich durch die Beteiligten belegt.

Bei der „Befindlichkeit und Aktivität im Heim" zeigt sich das Ehepaar als zurückgezogen und in hohem Maß aufeinander bezogen, aber auch als verständnisvoll hinsichtlich der mit dem Heimleben verbundenen Einschränkungen. Sie wirken aufgeschlossen und offen (die Tatsache, dass sie sich für die Interviews gemeldet haben, spricht auch hier dafür, hängt vielleicht aber auch mit den positiven Erfahrungen zusammen, als regelmäßig ein Zimmer ihrer E-heimer Wohnung an Studenten vermietet war).

An der Institution äußern beide wenig Kritik. Ihnen fallen jedoch die knappe personelle Situation, Unterschiede in der Kultur der erlebten Wohnbereiche und die Belastung ihrer Pflegekräfte auf. „Ziele und Perspektiven" werden im Interview sehr deutlich bei Frau Reich: Sie hofft, dass sich ihre körperlichen Möglichkeiten verbessern und sie vor allem von „Windeln" unabhängig werden kann.

5.4.4 Kategorisierung der übrigen Interviews

In den folgenden Abschnitten werden aufgrund „Theoretischer Sättigung", die weiteren interviewten BewohnerInnen nicht mehr so ausführlich in ihrem Lebenslauf dargestellt wie die bereits oben vorgestellten Biographien. Stattdessen wird versucht, die Ausprägungen dieser BewohnerInnen hinsichtlich der gefundenen Kategorien etwas ausführlicher vorzustellen, als dies zum Ende dieses Abschnitts für alle BewohnerInnen in der Zusammenfassung nochmals erscheinen wird.

5.4.4.1 Frau Mast

Mit Frau Mast wurden im Januar 2005 drei Interviews von 18 bis 23 Minuten Dauer geführt, die Interviewerinnen waren Jelena Mitsch und Stephanie Prill, transkribiert wurde von Jelena Mitsch. Die Beteiligten haben sich erst beim Vortreffen zu den Interviews kennen gelernt.

Frau Mast ist zum Zeitpunkt der Interviews 61 Jahre alt, in N-burg geboren und lebt seit 60 Monaten im Heim. Sie bewegt sich selbständig, aber langsam und mühevoll im Rollstuhl im ganzen Haus. Sprechen fällt ihr schwer, sie wiederholt oft formelhaft bestimmte Ausdrücke wie „= Muss muss muss muss ja muss (.)" (3. Interview Mast, G.: S 11). Sie ist bereits seit früher Jugend im Todesjahr ihrer Mutter an Multipler Sklerose erkrankt. Der Ehemann ist verstorben. Das Interview ist aufgrund der Sprachbehinderung und der Schwierigkeiten beim flüssigen Erzählen eher dialogisch. Besucht wird sie regelmäßig etwa wöchentlich von der Schwägerin und der Tante von Frau Mast, die meist zusammen zu Besuch kommen.

In der Kategorie Aushandlung der Heimunterbringung macht Frau Mast deutlich, dass die Entscheidung für die Heimunterbringung von der Schwägerin getroffen wurde, sie sei jedoch darüber im Vorhinein informiert worden. Die gesundheitlichen Krisen zeigen ein langes, sich bezüglich der Mobilität und der kommunikativen Fähigkeiten ständig verschlimmerndes Leiden. Das soziale Netz wurde durch den plötzlichen Tod des Ehemannes durch Herzinfarkt seiner zentralen Figur beraubt, Schwägerin und Tante sind die einzigen Kontaktpersonen. Die Bewältigung der Heimsituation zeigt die Ausprägung einer Frau, die nicht glücklich erscheint, sich aber notgedrungen und einsam in ihr Schicksal fügt.

„S: Em (.) ham Sie Kontakt zu anderen Heimbewohnern? Oder wie hat er sich auf-
M: [sehr schlecht sehr schlecht ich hab- (.) hab kon hab kon Kontakt (.) leide
(.) nischt mehr (0.2)
„S: Woran liegt das?
M: (0.2) (?) furschtbar (.) tja (*flüsternd*)(.) mh (0.1)
S: Und wie ist der Kontakt zu den Angestellten?
M: (0.1) muss halt muss halt muss muss (.) tja mh (0.1) tja (.)" (3. Interview Mast
2005: S. 2).

Was die Kritik an der Institution angeht, ist zu sagen: Mit den Pflegekräften ist Frau Mast, wie deutlich wurde, nicht immer ganz zufrieden, auch nicht mit dem Essen und dem Unterhaltungsprogramm. Sie vermisst namentlich die Möglichkeit, das Haus allein oder in der Gruppe zu verlassen. Thematisiert werden insbesondere die seltenen Ausflüge. Perspektiven oder Ziele sind im Interview nicht erkennbar.

5.4.4.2   Frau Reim

Mit Frau Reim wurden im Januar 2005 zwei Interviews von 38 und 25 Minuten Dauer in ihrem Zimmer geführt. Die Interviewerinnen waren Josephine Krebs und Julia Hintz, transkribiert wurde von beiden. Die beteiligten Interviewer kennen sich von der Universität, die Interviewte haben sie erst beim Vortreffen zu den Interviews kennen gelernt.

Frau Reim ist zum Zeitpunkt der Interviews 74 Jahre alt, in Bayern geboren und lebt seit neun Monaten im Heim. Sie ist korpulent und bewegt sich selbständig mittels Rollstuhl im ganzen Haus und in der näheren Umgebung. Sie spricht mit leichtem bayrischen Akzent und tritt freundlich, aber auch energisch und selbstbewusst auf. Sie nimmt regelmäßig an allen Gruppenangeboten des Hauses teil.

Bei der Aushandlung der Heimunterbringung zeigt sie sich in hohem Maß selbstbestimmt. Sie sucht sich das Haus aus, von dem sie bereits Gutes gehört hat. Die Tragfähigkeit des persönlichen sozialen Netzes erscheint gut. Sie wohnt nach dem Tod des Ehemanns vor Heimaufnahme bei einem der Söhne, von Konflikten oder ungünstiger räumlicher Situation wird nicht berichtet. Eher scheint es Frau Reim durch die berufliche Abwesenheit der Familie im Haus des Sohnes etwas langweilig geworden zu sein. Entsprechend ist die Bewältigung der Heimsituation: Aktiv gestaltend, freundlich, kontaktfreudig, zur Übernahme von Verantwortung für sich und andere bereit.

„R: so und deshalb bin ich hier und mir gefällts hier hab unterhaltung ham wir heute singstunde gehabt (1.0) morgen ham wir chorprobe (1.0) ja is jeden tag was andres los
P: das ist doch schön
R: ja das ist schon schön hier ne
P: [ja
R: brauch mi um nichts kümmern ne ich brauch kein wasser bezahlen hab ich dort zahlen müssen ne ich krieg die einlagen umsonst wo auch sehr teuer sind ich brauch mich nicht um die wäsche zu kümmern die wird gewaschen die kommt schrankfertig zurück tja(1.0) ich hab ka stromrechnung hab ka heizunzungsrechnung" (2. Interview Reim 2005: S. 4).

Die gesundheitlichen Krisen deuten auf eine sich langsam verschlimmernde Situation durch ein entsprechendes Leiden (Rheuma) mit sich verringernden Möglichkeiten zur Teilnahme am gesellschaftlichen Leben.
Ihre kritische Seite ist ausgeprägt, aber konstruktiv, vor allem auch religiös motiviert. Ihre Perspektiven scheinen in der Ausgestaltung ihres Lebens, in der persönlichen Entwicklung und in der Verbesserung der Institution im Alltag zu liegen.

5.4.4.3 Frau Samstag

Mit Frau Samstag wurden im September und Oktober 2004 drei Interviews von 32 bis 42 Minuten Dauer in ihrem Einzelzimmer geführt. Die Interviewer waren Tina Hühner und Thomas Heitzenröder, transkribiert wurde von Beiden. Dies ist eines der ersten Interviews in der Vorphase, die beteiligten Interviewer gehören der Steuerungsgruppe an und kennen sich von der Universität und von den Vortreffen zum Forschungsprojekt. Die Interviewte haben sie bei mehreren Veranstaltungen im Vorfeld zum Projekt bereits im Sommer 2004 kennen gelernt.

Zum Zeitpunkt der Interviews ist Frau Samstag 85 Jahre alt und lebt zehn Monate im Heim. Sie spricht gemächlich und meist in einem erkennbaren E-heimer Dialekt, zwischendurch allerdings auch akzentfrei. Sie wirkt relativ schlank, elegant und auf zurückhaltende Weise selbstbewusst.

Die Aushandlung zur Heimunterbringung dürfte überwiegend in (meist) freundlicher bis kritischer Auseinandersetzung mit der Tochter abgelaufen sein. Die Entscheidung für das Seniorenzentrum war wohl auch mit beeinflusst durch die Tatsache, dass eine Cousine von ihr bereits dort lebte sowie durch den positiven Eindruck des Hauses.

Die erste Zeit im Haus wird von Frau Samstag allerdings als sehr problematisch erlebt, was vor allem an der Unterbringung im Doppelzimmer und an der Person ihrer Mitbewohnerin liegt, die sie einspannt und nicht schlafen lässt. Bis Frau Samstag schließlich aufbegehrt:

> „Alles musst isch mache, isch musst se fahrn, (0.3) die hat`s schönste Lebe gehabt, (0.1) bis isch gsacht hab, ebe reischt mer`s. (0.2) Dann hat die NACHTS gsunge, (0.2) asso (*lachend*) (0.2) es war nischt auszuhalte. Un da hab`sch misch a paar mal beschwerd.(0.1) Un` dann hat se ma Nachts gsunge un getrommelt (0.1) un` da hab`sch gsacht, ja wo sin sie denn grad? (0.2) Da hat`se ge`sacht: ISCH WAR AUFM FESTZUG EBEN. (0.1) Schön, war die ufm Festzug un hat sisch die Trommel, asso, isch kann ihne sache, da macht ma was mit, wenn man so ne Nachbarin hat, (0.2) un`isch konnt net schlafe, (0.2) es war unmöglich. ( ) Un da hab`sch gsacht, asso, so geht`s nischt.(0.3) Entwedder Isch krisch en Einzelzimmer odder isch zieh in en annern Heim. Isch bleib net hier" (3. Interview Samstag 2005: S. 9).

Die sozialen Beziehungen scheinen, insbesondere durch den Verlust des Ehe-partners geprägt, nur spärlich zu sein. Zur Tochter und deren Ehemann besteht ein regelmäßiger, bisweilen etwas ambivalenter Kontakt, ebenso zum Groß-Cousin. Frau Samstag erhält im Heim meist einmal pro Woche Besuch, gelegentlich wird sie von den Angehörigen zu Familienfesten oder Auftritten der Tochter, die als Schauspielerin arbeitet, oder der Enkelin, einer Opernsängerin, abgeholt.

Die Rubrik der gesundheitlichen Krisen spricht für ein zunehmendes, in der Prognose ungünstiges Krankheitsbild mit sich langsam verschlimmernden Merkmalen. Im Heimalltag lebt Frau Samstag eher zurückgezogen, nimmt nur selten an Gruppenaktivitäten teil. Dafür findet sie sich regelmäßig bei solchen Angeboten, die in der Anfangszeit zusammen mit den Studierenden am Abend organisiert wurden. Die Kritik an der Institution ist bei ihr eher verhalten, doch vorhanden. Insbesondere die Beziehungsebene erscheint bei ihr gegenüber dem Personal Grund zur gelegentlichen Unzufriedenheit zu sein.

Ihre Perspektiven beziehen sich vornehmlich auf die Familie, insbesondere auf die Enkelin und deren berufliche Entwicklung als Sängerin, sowie deren bevorstehende Eheschließung.

5.4.4.4 Frau Schank

Mit Frau Schank wurden im Januar 2005 zwei Interviews von 25 und 28 Minuten Dauer in ihrem Einzelzimmer geführt, die Interviewerinnen waren Nadja Herzger und Anna Falk, transkribiert wurde von beiden. Die Interviewerinnen kennen sich vom Studium, die Interviewte haben sie bei mehreren Veranstaltungen kennen gelernt. Während des Interviews stellen die Interviewer in Abänderung des methodischen Vorgehens Zwischenfragen, um das Interview voran zu treiben, da sich Frau Schank mit der Aufgabe des freien Erzählens schwer tat.

Frau Schank ist im Januar 2005 72 Jahre alt und lebt seit 43 Monaten im Seniorenzentrum. Sie spricht in einem Dialekt aus der Rheinpfalz. Sie ist relativ schlank, bewegt sich eigenständig im Haus und in der näheren Umgebung, meist mit einem Rollator, durch ihre Parkinson-Erkrankung oft etwas mühsam. Sie hat drei Söhne zur Welt gebracht, ihr Mann ist kurz nach Ende ihrer beruflichen Tätigkeit an einem Herzinfarkt gestorben.

Die Aushandlung der Heimunterbringung ist nicht exakt dokumentiert. Klar zu sein scheint, dass Frau Schank nach einem längeren Krankenhausaufenthalt auf geradem Weg im Seniorenzentrum aufgenommen wird. Sehr glücklich scheint sie darüber nicht gewesen zu sein (A: Anna Falk, B: Nadja Herzger, S: Frau Schank):

> „A: Sie kamen vom Krankenhaus direkt hier her, oder?
> S: Ja, genau. Ich wollt jo wieder heim. (.) Un irgendwie ham mir die Kinner Sache erzählt was ich äh (.) das ich gar nit gut dabei war ich hat (0.18) ich kanns ihne nit saache, ich weeß es nit mehr es ist aber wirklich so, dass mer einfach alles vergisst
> A: Ja
> S: Das is wirklich so" (2. Interview Schank 2005: S. 5)

Der Hergang kann vermutet werden: Der Sozialdienst der Klinik berät die Angehörigen, dass eine Unterbringung im Pflegeheim aus ärztlicher Sicht notwendig sei, die Angehörigen besorgen einen Heimplatz in C-burg, nach Krankenhausentlassung erfolgt umgehend die Heimaufnahme. Die Aushandlung dürfte aber nach den Erkenntnissen zum Verhältnis zwischen Frau Schank und ihrer Familie eher freundlich abgelaufen sein. Allerdings wird von ihr beklagt, dass die Familie in der heutigen Zeit die Pflege und Versorgung ihrer alten Menschen regelmäßig nicht mehr übernehmen kann:

„S: weil's, ja. Ja und da hab ich (.) ich hab geschimpft mit dene. Ich hab gesagt ihr steckt mich einfach in ein Altersheim und (.) so sagt der Michael du hätschst des wär schon richtig gewese ne (0.3)
B: Und wie gefällt des ihnen mittlerweile hier?
S: Ich ich kann mich gut einlebe überall
B: Mhmh
S: Und es gefällt mir aach gut. Was soll ich sage. (0.4) Es ist nun mal so (.) und man glaubt nit, dass das nochma anders wird. Früher ist die Oma im Haus gebliebe ne
A: Mhmh
S: die is die is versorgt worde und das ist einfach nit mehr das kann mer nitmehr herbeihole da habbe mer (0.14)"   (2. Interview Schank 2005: S. 8)

Bei den gesundheitlichen Krisen zeigt Frau Schank ein zunehmendes, in der Prognose ungünstiges Krankheitsbild mit sich langsam und schubweise verschlimmernden Merkmalen und entsprechend zunehmenden Einschränkungen. Im Heimalltag wirkt Frau Schank oft still und zurückgezogen, sie nimmt aber regelmäßig an allen Gruppenaktivitäten teil, sofern es ihre Tagesform erlaubt.

Die Tragfähigkeit des persönlichen sozialen Netzes vor Heimaufnahme erscheint eingeschränkt: Der Ehemann und ein Sohn sind verstorben, die Geschwister von Frau Schank wohnen weit entfernt. Die beiden noch lebenden Söhne sind unverheiratet, was die Möglichkeit zur Betreuung der Mutter nochmals eher ungünstig erscheinen lässt. Die Söhne kommen inzwischen abwechselnd zu Besuch, der eine fast täglich, der andere. etwa einmal pro Woche.

Perspektiven oder Kritik an der Institution werden von Frau Schank nicht benannt, allerdings kann man im Interview erkennen, dass die Zeit im Doppelzimmer für sie durchaus problematisch war und erst die Intervention der Söhne hierbei eine Lösung brachte.

5.4.4.5   Frau Siebig

Mit Frau Siebig wurden im Januar 2005 drei Interviews zwischen 18 und 31 Minuten Dauer in ihrem Einzelzimmer geführt. Die Interviewerinnen waren Julija Gavricenkova und Natalija Vynnyk, transkribiert wurde von beiden. Die Interviewerinnen kennen sich vom Studium, die Interviewte haben sie bei mehreren Veranstaltungen kennen gelernt.

Frau Siebig ist im Januar 2005 85 Jahre alt und lebt seit 26 Monaten im Seniorenzentrum. Sie ist mittelgroß, etwas untersetzt und bewegt sich im Haus und in der näheren Umgebung meist ohne Gehhilfe. Geboren ist sie in Niederschlesien am Rande des Riesengebirges. Sie spricht hochdeutsch. Während des Krieges arbeitete Frau Siebig eineinhalb Jahre in einem privaten Altenheim in A-stadt. Sie kehrte darauf nach Schlesien zurück, um die kranke Mutter zu pflegen. Nach der Vertreibung aus Schlesien siedelte sie sich mit ihrer Schwester zunächst in Bayern, später in E-heim an. Dort lernt sie ihren späteren Ehemann kennen, die Eltern werden nachgeholt. Sie erleidet eine Fehlgeburt und bringt schließlich ein Jahr nach Kriegsende eine gesunde Tochter zur Welt. Ihr Mann stirbt, zu den Angehörigen und Freunden aus Schlesien besteht kein Kontakt mehr. Die Tochter selbst hat keine Kinder, sie ist vor der Heimaufnahme die einzige lebende Verwandte.

Hinsichtlich der Kategorie gesundheitliche Krisen wird von Frau Siebig im Interview wenig erzählt. Deutlich wird lediglich, dass sie nach dem Tod des Ehemanns drei Jahre vor Heimaufnahme gelegentlich in der Wohnung stürzt und sich selbst nicht helfen kann.

Bei der Tragfähigkeit des persönlichen sozialen Netzes und der Aushandlung der Heimunterbringung ist die Tochter die einzige nähere Bezugsperson. Aufgrund von deren Sorge und auf ihr Drängen hin stimmt die Mutter der Heimunterbringung zu; dabei betont Frau Siebig ihre Einsicht in die Notwendigkeit und auch, dass ihr durch ihre eigene frühere Arbeit in einem Altenheim der Schritt relativ leicht gefallen ist (vgl. 3. Interview Siebig 2005: S. 2).

Bezüglich der Bewältigung der Heimunterbringung zeigt sich Frau Siebig als Bewohnerin, die gelegentlich melancholisch erscheint, sich aber nicht als unglüclich darstellt:

„I: Ich denke (0.1) , dass das Wichtigste ist (0.1), dass Sie heutzutage glücklich sind.(0.1)
S: Ach (.) , ja (.) , das kann man auch sagen (0.1) , ja:: . Man hat manchmal Tage (0.2) , wo es einem nicht so ist (0.2) , wo man ein bisschen Heimweh hat (0.2), oder dass es so (.) Gedanken kommen. (0.3) Und dann sieht man alles (.) wie ein Bild vor sich, (0.2) Riesengebirge da oben (0.2) , wo man schön überall rumfahren kann, (0.2) oder (.) wenn ich unser Haus sehe, (0.2) das Geschäft zu Hause, (0.2) und hinten der Garten, (0.2) und Stufen hoch.(lächelt)
I: Diese schöne Erinnerungen, (0.1) die tun gut.
S: Ja (.), ja (.). Ich sage (0.1) neulich, (0.1) da war so vom Gebirge (.) abends (.) im Fernseher,(0.2) und das kennst du (0.1) , und da (.) , und da (.), da läufst du noch mal mit (lächelt)“ (3. Interview Siebig 2005: S. 7).

Sie ist eine derjenigen, die sich regelmäßig in der Heimöffentlichkeit (Brunnen, Bistro, Garten, Wintergarten, Foyer) zeigen und an fast allen Gruppenangeboten teilnehmen. Trotzdem verhält sie sich eher passiv und reserviert zu ihren Mitbewohnern. Die Besuche ihrer Tochter zwei bis dreimal pro Woche sind ihr sehr wichtig. In Bezug auf Kritik an der Institution und zu persönlichen Perspektiven äußert sich Frau Siebig nicht.

5.4.4.6   Frau Sitter

Mit Frau Sitter wurden im Januar 2005 drei Interviews von 12 bis 25 Minuten Dauer in ihrem Einzelzimmer geführt, die Interviewerinnen waren Sabine Blüm und Kaori Schütz, transkribiert wurde von beiden. Die Interviewerinnen kennen sich vom Studium und arbeiteten als Mitglieder der Steuerungsgruppe schon längere Zeit zusammen, die Interviewte haben beide bei mehreren Veranstaltungen bereits im Vorfeld der Untersuchung kennen gelernt.

Frau Sitter ist im Januar 2005 57 Jahre alt und lebt seit 72 Monaten im Seniorenzentrum. Sie ist mittelgroß, untersetzt und bewegt sich im Haus und in der näheren Umgebung meist mit einem Rollator. Frau Sitter ist in ländlicher Umgebung in U-bach geboren, heiratet bereits mit 17 Jahren und wird neun Jahre später geschieden. Ihr Vater stirbt früh, noch vor der Geburt ihres ersten Kindes. Ihre Ehe ist wenig glücklich, ihren Mann beschreibt sie als gewalttätig und wenig an regelmäßiger Arbeit, dafür umso mehr am Alkohol interessiert. Ihr erstes Kind, einen Sohn, bringt sie noch mit 17 auf die Welt, die Tochter kommt vier Jahre später. Im Jahr nach der Scheidung erkrankt Frau Sitter an Krebs, wird operiert und muss sich einer Chemo-Therapie unterziehen. Die Kinder kommen in dieser Zeit in ein SOS-Kinderdorf. Die Tochter geht auf eine Sonderschule und wird nach einem Verkehrsunfall mit 19 Jahren selbst schwerbehindert. Der Sohn absolviert eine Ausbildung zum Koch. Zu beiden Kindern und zur noch lebenden Mutter von Frau Sitter bestehen wenig Kontakte, die Besuche im Seniorenzentrum beschränken sich auf ein- bis zweimal pro Jahr durch die Mutter. Im Seniorenzentrum bewegt sich Frau Sitter selbständig mit einem Rollator.

Zur Heimunterbringung kommt es nach einer Gehirnblutung im 50. Lebensjahr von Frau Sitter. Der folgt eine Operation und mehrere Monate Reha-Unterbringung. Danach wird sie zunächst von Mutter und Tochter unterstützt, eine gesetzliche Betreuung durch einen Berufsbetreuer wird gerichtlich eingerichtet. Dieser dürfte wohl die Unterbringung im Seniorenzentrum veranlasst haben, wie es dabei zugegangen ist, erzählt Frau Sitter im Interview nicht, betont aber die Unterstützung durch Mutter und Tochter.

Bei der Aushandlung der Heimunterbringung dürfte, wenn man die von Frau Sitter im Interview beschriebenen Fortschritte ihres Zustands zurückverfolgt, keine allzu große Möglichkeit zur Mitsprache gehabt haben. Vermutlich bestimmte der Betreuer die Unterbringung im Heim.

Hinsichtlich der Kategorie gesundheitliche Krisen ergibt sich das Bild einer plötzlich und dramatisch sich ergebenden Beeinträchtigung, die Selbstpflege zunächst weitgehend ausgeschlossen haben dürfte.

Bei der Tragfähigkeit des persönlichen sozialen Netzes erscheint trotz teilweise positiver Darstellung der Kontakt zur Familie in hohem Maß konfliktbehaftet. Dafür sprechen die extrem seltenen Kontakte wie auch die Tatsache, dass niemand aus der Familie die gesetzliche Betreuung zu übernehmen bereit ist.

Bezüglich der Bewältigung der Heimunterbringung ist Frau Sitter ziemlich extrem: Sie nimmt an allen Angeboten teil, hält sich oft in öffentlichen Räumen des Hauses auf und ist ziemlich distanzlos gegenüber BesucherInnen und BewohnerInnen. Ebenso neigt sie zu gelegentlichen aggressiven Ausbrüchen.

Die Teilnahme an den Interviews war ihr wichtig, sie ist stolz auf ihre Leistung,, ihr Leben erzählt zu haben. Dass sie darüber zudem auch eine Abschrift erhalten soll, scheint für Frau Sitter ebenfalls große Bedeutung zu haben, was am Ende der letzten Interviewsitzung nochmals von ihr thematisiert wird:.

S: Wir beenden alles, ja?
I: Genau, und die Abschrift die erhalten sie dann. (.)
S: Ja, damit ich ma- ich wollte immer mal ein Buch schreiben, aber jetzt gibts ein (.) ein drei oder vier Seiten Buch.
I: Ach, drei oder vier Seiten, allein das erste Interview
S: Ja?
I: was wir mit ihnen gemacht haben des sind schon acht Seiten.
S: Des is gut, dann is es doch fast ein Buch." (3. Interview Sitter 2005: S. 4 f.).

Nach eigenen Angaben ist sie im Heim eher unglücklich, nach ihrer Auffassung, weil sie eine der jüngsten BewohnerInnen ist. In Bezug auf die Kategorien Kritik an der Institution und bei Perspektiven macht Frau Sitter keine Angaben.

5.4.4.7   Frau Trend

Mit Frau Trend wurden im Januar 2005 drei Interviews von 14 bis 28 Minuten Dauer in ihrem Einzelzimmer geführt, die Interviews wurden geleitet von Nadja Haas und Maja Schulz, transkribiert wurde von beiden. Die Interviewerinnen kennen sich vom Studium, die Interviewte haben sie bei mehreren Veranstaltungen kennen gelernt.

Frau Trend ist zum Zeitpunkt der Interviews 81 Jahre alt und lebt seit 72 Monaten im Seniorenzentrum. Sie spricht flüssig und gelegentlich energisch in deutlich rheinländischem Dialekt. Sie ist schlank und wirkt sehr agil und verwendet keine Gehhilfe.

Zu der Kategorie Aushandlung der Heimunterbringung erzählt Frau Trend von einer schweren Herz-Operation, nach der sie aus C-furt zur Tochter nach N-burg gezogen ist. Die Tochter übernimmt zunächst die Betreuung der Mutter, meldet sie aber dann im Seniorenzentrum an. Bei dieser Anmeldung wird in der Erzählung von Frau Trend der aktive Part bei der Tochter angesiedelt:

> „... und dann kam dat, (0.1) dass isch nicht mehr nach Hause kann. (0.1) Und dann kam isch hier hin, im Heim. Meine Tochter hat misch hier angemeldet" (3. Interview Trend 2005: S. 2).

Die Aushandlung der Anmeldung scheint jedoch in freundlicher Abstimmung erfolgt zu sein, wohl noch zu Zeiten des Krankenhausaufenthaltes nach der zweiten Operation, die Unterbringung bei der Tochter war nur als Überbrückungsmaßnahme geplant. Hinsichtlich der Kategorie gesundheitliche Krisen verweist Frau Trend auf zwei Operationen am Herz, bei denen auch künstliche Herzklappen eingesetzt werden mussten.

Zur Tragfähigkeit des persönlichen sozialen Netzes von Frau Trend ist zunächst anzuführen, dass alle nahen Verwandten der gleichen Generation bereits verstorben sind: Der Ehemann starb bereits 14 Jahre vor ihrer Heimaufnahme. Auch die älteste Tochter ist inzwischen verstorben, es bleiben die jüngere Tochter und ihr Mann, dazu zwei Enkel von dieser Seite, zu denen Frau Trend enge und liebevolle Beziehungen pflegt. Der Wohnort der jüngeren Tochter bestimmt letztlich auch die Wahl des Pflegeheims und den Wegzug aus C-furt. Die Familie, insbesondere die Tochter und ihr Mann, kommt entsprechend oft, zeitweise täglich, zu Besuch.

Bezüglich der Bewältigung der Heimunterbringung erscheint Frau Trend als eine derjenigen, die aktiv am Heimgeschehen teilnehmen und nahezu jedes Gruppenangebot gerne annehmen, ohne jedoch feste Freundschaften zu schließen. In ihrem Auftritt präsentiert sie sich kritisch und selbstbewusst.

Kritik an der Institution äußert Frau Trend sehr deutlich: Einerseits stellt sie den Personalabbau und seine Folgen in den sechs Jahren ihres Aufenthaltes fest: Das anfänglich als sehr gut beschriebene Haus lässt inzwischen durch Personalmangel bei den Hilfen für seine BewohnerInnen nach. Andererseits kritisiert Frau Trend die Haltung mancher Pflegekräfte hinsichtlich deren Motivation:

> „Mir, mir tun sie überhaupt nichts. Ich bin 100%. Die machen mir kein Bett. Oder Ich muss sagen, 'Schwester sie müssen mir mal mein Bett machen'. Da kann isch

nischt mehr rein gehen. Dann kommen sie und machen et mir mit Mühe und Not. (0.2) Aber sonst (0.1) duschen tun se misch nischt. (0.3) Ham kein Zeit (0.1) Aber sitzen da, Kaffee trinken, Zigarettsches rauchen dat können se" (3. Interview Trend 2005: S. 2).

In der Kategorie Perspektiven wird von Frau Trend keine Vorstellung explizit angesprochen, es wird jedoch im Interview deutlich, dass sie die Hoffnung auf eine Verbesserung ihrer Situation im Heim durch ihre aufrechte Kritik noch nicht aufgegeben hat.

5.4.4.8   Frau Wasser

Mit Frau Wasser wurden im Januar 2005 zwei Interviews von 45 und 40 Minuten Dauer in ihrem Einzelzimmer geführt, die Interviewer waren Agnieszka Komar und Selmar Perleth, transkribiert wurde von beiden. Die Interviewer kennen sich vom Studium, die Interviewte haben sie bei mehreren Veranstaltungen kennen gelernt.

Die Interviewte ist im Januar 2005 85 Jahre alt, redet flüssig und laut mit E-heimer Dialekt. Sie lebt seit fünf Monaten im Seniorenzentrum. Sie ist sehr schlank, relativ groß und wirkt selbstbewusst. Im Seniorenzentrum bewegt sie sich meist ohne Gehhilfe. Am Leben im Heim nimmt sie nur sehr verhalten teil, die meiste Zeit lebt sie zurückgezogen in ihrem Zimmer.

In der Kategorie Aushandlung der Heimunterbringung geht es eher um die Aushandlung des Umzugs von einem Heim in Q-bach, in das sie wegen der arteriellen Erkrankung ihres Ehemanns gezogen war. Als dieser nach einem Jahr dort stirbt, sind es in erster Linie finanzielle Gründe, die Frau Wasser zum Umzug veranlassen: Für das mit dem verstorbenen Mann bewohnte Doppelzimmer soll sie dort erheblich mehr zahlen, wenn sie es allein bewohnen will. Dies veranlasst sie, den Umzug zu planen und mit Hilfe von Tochter und Enkelin zu organisieren. Der Umzug nach C-Burg nach dem Tod des Ehemanns wird auch damit begründet, dass ihre Angehörigen jetzt dort wohnen:

„Und dann war ich, als mein Mann dann gestorben ist, der hat 10 Wochen lang (.) dagelegen und konnt nicht leben und nicht sterben. Der war nicht mehr bei sich, das Bein war abgenommen, hat nicht geheilt. Nochn Stück, es war schlimm. Und der ist dann gestorben, da war ich noch (.) ein Jahr in dem (?Kelegener) Haus alleine im Zimmer. Und dann war meine Tochter inzwischen (.) hier nach Dietzenbach gezogen. Die hat sich hier auch eine Wohnung gesucht. Die Enkelin war hier, der Schwiegersohn war hier, (.) da hat sie gesagt: Mutti komm her, (.) wir suchen dir hier auch eine Stelle, wo du wohnen und schlafen kannst - und das war hier. (.) Und

dann bin ich dann hier gelandet. (0.2) Und jetzt bin ich SEIT 1. NOVEMBER HIER.
Seit 1. November bin ich hier. (0.2)" (2. Interview Wasser 2005: S. 4).

Hinsichtlich der Kategorie gesundheitliche Krisen sind es die genannten Krisen
des Partners, der durch schlecht heilende Amputationen auf umfangreiche Pflege
angewiesen war. Trotz eigener Herz-Kreislaufprobleme wirkt Frau Wasser eher
altersbedingt eingeschränkt als krank. Eigene Krankheiten werden im Interview
nur beiläufig erwähnt

Bei der Tragfähigkeit des persönlichen sozialen Netzes haben nur zwei Personen eine erhebliche Bedeutung, nämlich die einzige Tochter und die einzige
Enkelin. Beide sind berufstätig. Als die Tochter nach C-burg umzieht, wo die
Enkelin schon wohnt, entscheidet sich Frau Wasser ebenfalls für diese Stadt und
damit für das Seniorenzentrum dort. Beide besuchen sie recht häufig, etwa zwei
bis viermal pro Woche.

Bezüglich der Bewältigung der Heimunterbringung zeigt sich die Interviewe-
te selbstbewusst, aber sehr zurückgezogen. Sie wirkt im Interview nicht unglücklich, bedauert aber die inzwischen verlorenen Möglichkeiten, z.B. Bergwandern
und Schwimmen. Bezüglich Kritik an der Institution benennt Frau Wasser keine
ausdrücklichen Missstände, scheint aber etwas genervt von manchen der demenziell erkrankten Mitbewohner: „Das ist die Frau, die immer ´Hallo´ ruft ..." (2.
Interview Wasser 2005: S. 8). In der Kategorie Perspektiven wird nichts ausdrücklich belegt.

5.4.4.9   Frau Wiese

Mit Frau Wiese wurden im Januar 2005 drei Interviews von 15 bis 25 Minuten
Dauer in ihrem Einzelzimmer geführt. Die Interviewerinnen waren Jana Bönsch
und Frederike Probandt, transkribiert wurde von Beiden. Die Interviewerinnen
kennen sich vom Studium, die Interviewte haben sie bei mehreren Veranstaltungen kennen gelernt.

Frau Wiese ist im Januar 2005 95 Jahre alt und lebt seit 41 Monaten im Seniorenzentrum. Sie spricht mit E-heimer Dialekt, dort ist sie auch geboren und
hat die meiste Zeit ihres Lebens dort gewohnt. Sie ist ziemlich groß und schwer,
wirkt freundlich und ziemlich vergesslich, hat sich aber sehr viel Humor be-
wahrt[64]. Im Haus bewegt sie sich selbständig mit einem Rollator.

---

[64] Von Frau Wiese (W) ist folgender Dialog mit einem Pfleger (P) überliefert: P: "Frau Wiese, sie
müssen schon ein wenig mithelfen beim Aufstehen, bei ihrem Gewicht." W: "Wieso Gewicht? Ich
bin doch schlank und rank!" P: "Ja schlank und rank, wie das graue Tier mit den großen Ohren! Wie

In der Kategorie Aushandlung der Heimunterbringung gehört sie zu denjenigen, die in Abstimmung mit ihren beiden Söhnen und besonders mit ihrer Tochter einsieht, dass die Fähigkeit zu ihrer Pflege die Möglichkeiten der Familie übersteigt. Dies wird vor allem deutlich bei einem mehrwöchentlichen Aufenthalt bei der Tochter unmittelbar vor Heimaufnahme. Die Aushandlung dürfte jedenfalls freundlich abgelaufen sein, soweit dies den Interviews zu entnehmen ist.

Hinsichtlich der Kategorie gesundheitliche Krisen ist nichts Dramatisches belegt. Eher dürften hier altersbedingte Einschränkungen zusammen mit der Körperfülle der Befragten maßgeblich gewesen sein. Bei der Tragfähigkeit des persönlichen sozialen Netzes wird von ihr die enge Beziehung zu ihren drei Kindern betont. Insbesondere die Tochter besucht sie tatsächlich auch täglich, die Söhne kommen abwechselnd eher am Wochenende.

Bezüglich der Bewältigung der Heimunterbringung gehört Frau Wiese zu denen, die freundlich, gelassen und humorvoll aus der Situation das Beste machen. Sie nimmt an tatsächlich allen Gruppenangeboten teil, singt gerne auch für sich allein oder für andere und ist oft im Bistro zu sehen, wenn sonst „nichts los" ist. In den Kategorien Kritik an der Institution und Perspektiven wird von ihr nichts Negatives ausdrücklich benannt, eher werden die positiven Aspekte ihrer Situation betont:

„Isch würde nie: bei der, bei den Kindern bleiben. (0.1) Isch habs isch habs gut getroffe hier im Heim, das ist schönes Heim (.) und is gut und da kommt man auch a mal zusamme, mets a ma, na isch ging, isch ging wieder in a Heim, (0.1) ja. (0.2) Nei da hab isch kein Ärscher da bin isch für misch, kann tun und lasse, was isch will. Isch will, (.) isch ging nisch zum meine Schwiegertöchter und a das tätsch, (0.1) das bri:ngt doch nix, da muss isch doch mache, was die wolle" (3. Interview Wiese 2005: S. 6)

5.4.4.10 Herr Moos

Mit Herrn Moos wurden im September und Oktober 2004 drei Interviews von 45 bis 58 Minuten Dauer in seinem Einzelzimmer geführt. Die Interviewer waren Stefan Auerbach und Simone Bunz, beide Mitglieder der Steuerungsgruppe. Transkribiert wurde von beiden. Die Interviewer kennen sich vom Studium und von der Projektvorbereitung, den Interviewten haben sie bereits bei mehreren Veranstaltungen im Vorfeld des Projekts kennen gelernt.

---

heißt das doch gleich?" W: "Sie meinen bestimmt ein kleines Eselchen?" (Burkart, persönliche Aufzeichnung in einer Dienstbesprechung am 20.01.2005 im Wohnbereich 1)

Herr Moos ist im Oktober 2004 90 Jahre alt und lebt seit 48 Monaten im Seniorenzentrum. Er ist groß, sehr schlank und bewegt sich eigenständig mit einem Rollator im Haus und in der näheren Umgebung. Er spricht hochdeutsch, ist sehr kontaktfreudig, etwas vergesslich und wiederholt sich in längeren Gesprächen gelegentlich. Trotzdem ist er ein großer Erzähler, insbesondere, was seine berufliche Tätigkeit als Lebensmittelkaufmann angeht, wo er in Deutschland und Italien die Einrichtung und Inbetriebnahme verschiedener Großanlagen leitete. Andere Themen sind seine sportliche Karriere im Fünf-Kampf vor dem Krieg, wo er für die Olympiade nominiert war. Aber auch der eigentlich ungeliebte Militärdienst (Teilnahme am Afrika-Feldzug als Offizier unter Rommel), neun Verwundungen in dieser Zeit und ein Besuch beim Papst sind seine Themen. Er wirkt stark, selbstbewusst und sozial verantwortlich. Er betont langjährige Mitgliedschaft in der SPD, hält aber auch mit Kritik an seiner Partei nicht hinter dem Berg. In der Kategorie Aushandlung der Heimunterbringung scheint Herr Moos wegen der Krankheit seiner langjährigen Lebensgefährtin den Platz für sich und die Gefährtin eigenständig gesucht zu haben.

Hinsichtlich der Kategorie gesundheitliche Krisen betont Herr Moos, dass er eigentlich kerngesund, nur halt alt geworden sei. Bei der Tragfähigkeit des persönlichen sozialen Netzes existieren noch Kontakte per Brief und Telefon zur letzten überlebenden Schwester. Den Kontakt zu seinen beiden Söhnen hat Herr Moos bei Konflikten um den Tod der Lebensgefährtin abgebrochen. Es scheint dabei auch um finanzielle Angelegenheiten gegangen zu sein, Herr Moos nennt die Söhne in diesem Zusammenhang jedenfalls geldgierig.

Hinsichtlich der Bewältigung der Heimunterbringung zeigt sich der Befragte aufrecht und selbstbewusst. Er erwähnt auch sein Engagement im Heimbeirat, zu dem er allerdings überredet worden sei[65]. Seine Wahl in das Gremium nimmt er jedenfalls mit Selbstbewusstsein an:

> „... na da wurd ich konnt ich mich ja gar nich mehr wehren, was die so alles bringen nich (0,1) aber, da muss man nich man kann sich freuen, aber man muss nich Stolz werden, nich arrogant werden" (3. Interview Moos 2005: S. 10).

Bezüglich Kritik an der Institution und in der Kategorie Perspektiven verbindet Herr Moos beides, indem er seine Tätigkeit im Heimbeirat hinsichtlich des Eintretens für Mitbewohner und den Dialog mit der Küche für noch bessere Verpflegung thematisiert. Persönlich leistet sich Herr Moos kleine Gestaltungsmöglichkeiten, indem er sich z.B. eine besondere Wurst servieren lässt[66].

---

[65] Von mir. Ich gebe das ja zu.
[66] Von ihm privat bezahlt und vom Personal bereitgestellt (mir ist immer noch unklar, wie das eigentlich funktioniert).

5.4.5 Zusammenfassung: Die Kategorien und ihre Ausprägungen im biographischen Fokus

5.4.5.1 Aushandlung der Heimunterbringung

Die Aushandlung der Heimunterbringung kann als weitgehend eindimensionale Größe angenommen werden. Die Skala zeigt als einen der beiden Extremwerte die Ausprägung „weitgehend fremdbestimmt", wie etwa bei Herrn Hanke: Ein gesetzlicher Betreuer dürfte die Entscheidung wohl „in Abstimmung" mit ihm für ihn getroffen haben. In Abstimmung mit dem Betroffenen bedeutet aber hier zweifellos: Der Betroffene wird zwar zu der anstehenden Entscheidung für die Heimunterbringung gehört, die Entscheidung selbst steht trotzdem schon fest, eine wirkliche Alternative und einen entsprechenden Entscheidungsspielraum dürfte es für Herrn Hanke kaum gegeben haben.

Das andere Extrem der Skala findet sich bei Frau Muschel und Frau Bader: Frau Muschel sucht sich nach Auseinandersetzungen mit dem Sohn, in dessen Wohnung sie lebt, selbst einen Heimplatz, Frau Bader realisiert ihre Entscheidung mit Unterstützung der Nichte. Beide zeigen sich als im hohen Maß selbstbestimmt bei der Aushandlung der Unterbringung. Zwischen diesen beiden Positionen finden sich unterschiedliche Formen der mehr oder weniger freundlichen Aushandlung und andererseits der eher oder im hohen Grad konfliktbeladenen Entscheidungsfindung.

Tabelle 17: Aushandlung der Heimunterbringung

fremdbestimmt	konflikthaft ausge-handelt	freundlich ausge-handelt	selbstbestimmt
Herr Hanke Frau Sitter	Frau Hauk, Frau Mörsch,	Frau Bangert, Frau Freund, Frau Kress, Frau Mast, Frau Menzel, Frau Reich, Herr Reich, Frau Samstag, Frau Schank, Frau Siebig, Frau Trend, Frau Wasser, Frau Wiese	Frau Bader, Herr Moos, Frau Muschel, Frau Reim,

Eher freundlich dürfte diese Auseinandersetzung etwa bei Frau Kress oder Frau Menzel vor sich gegangen sein, in beiden Fällen zudem vor dem Hintergrund der großen räumlichen Entfernung zu den nächsten Angehörigen. Sehr viel konfliktbeladener dagegen scheint die Genese der Verständigung bei Frau Mörsch und Frau Hauk verlaufen sein: Frau Mörsch sucht sich einen gesetzlichen Betreuer, um ihre Interessen zu regeln und dem familiären Einfluss zu entkommen; Frau Hauk sagt ganz klar „Die habe druff gedrickt" (3. Interview Hauk 2005: S. 4). In der Zusammenfassung ergibt sich bei der Aushandlung der Heimunterbringung das Bild in der Tabelle oben: Der überwiegende Teil der Befragten (14 Personen) erlebt damit den Übergang in das Pflegeheim als Ergebnis einer freundlichen Aushandlung, immerhin vier der Interviewten gehen den Weg ins Heim aufgrund einer selbst gewählten Option.

5.4.5.2   Gesundheitliche Krisen vor der Heimaufnahme

Die Kategorie Gesundheitliche Krisen erscheint im Gegensatz zur vorigen nicht eindeutig eindimensional zu sein. Zwar gibt es in gewisser Weise eine Art Kontinuum, das von einem lebenslangen, sich verstärkenden Leiden wie bei Frau Bader auf der einen Seite, bis zu einer plötzlich eintretenden Notlage wie bei Herrn Hanke mit seinen beiden Oberschenkelhalsbrüchen reicht. Zwei Aspekte kommen allerdings hinzu und müssen berücksichtigt werden: Solche Einschränkungen, die mit dem Alterungsprozess selbst regelmäßig einhergehen, ohne dass Krankheiten oder Verletzungen eine ursächliche Rolle spielen, etwa bei Herrn Moos oder Frau Wasser (deren Entscheidung für den Übergang ins Pflegeheim allerdings in beiden Fällen ursprünglich durch die Pflegebedürftigkeit des Partners bestimmt war). Diese Ausprägung findet sich etwa bei Frau Muschel, die keine dramatischen Gesundheitsprobleme zu haben scheint, sondern lediglich altersbedingt in der Eigenpflege eingeschränkt wirkt.

Der andere Aspekt liegt in den sich verändernden geistigen Möglichkeiten der Befragten. So erscheint die zunehmende Vergesslichkeit bei Frau Freund ein wesentlicher Grund für die Familie zu sein, auf die Heimaufnahme hinzuwirken, möglicherweise war dies auch bei Frau Wiese der Fall. Unter diesem Aspekt betrachtet, dürfte auch die gesundheitliche Situation von Herrn Hanke über den doppelten Bruch des Oberschenkelhalses hinaus, zusammen mit dem Alkoholkonsum des Bewohners, für den gesetzlichen Betreuer ein Grund gewesen sein, seine Heimaufnahme zu betreiben. Die Tatsache, dass überhaupt ein gesetzlicher Betreuer bestellt war, erhärtet diese Vermutung in dem Fall zusätzlich. Bei Frau Hauk dagegen war die zunehmende Demenz ihres Ehemanns, verbunden mit den eigenen gesundheitlichen Einschränkungen (vor allem bei der Fortbewegung), der Grund für die Heimunterbringung des Ehepaars.

In der Übersicht ist die Verteilung der Befragten auf die Ausprägungen der Kategorie gesundheitliche Krisen wiederum sehr ungleich:

Tabelle 18: Gesundheitliche Krisen vor Heimübergang

Plötzliche Notlage	vermutlich demenzielle Problematik	langwierige Krankheit	keine oder altersbedingte Einschränkung
Herr Hanke, Frau Reich, Frau Sitter, Frau Trend,	Frau Freund, Frau Kress,	Frau Bader, Frau Bangert, Frau Hauk, Frau Mast, Frau Menzel, Frau Mörsch, Herr Reich, Frau Reim, Frau Samstag, Frau Schank, Frau Siebig, Frau Wasser	Herr Moos, Frau Muschel, Frau Wiese,

Bei immerhin zwölf der Interviewten waren es langwierige Krankheiten, die der Heimaufnahme vorangingen, bei nur vier BewohnerInnen war es eine plötzliche Notlage. Allerdings erscheint hier die Trennung zwischen den Ausprägungen etwas unscharf: Für Frau Trend war zwar nach einer Herzoperation klar, dass sie jetzt auf Pflege angewiesen ist; die Erkrankung am Herzen hatte jedoch schon 14 Jahre vor diesem Eingriff zu einer entsprechenden Operation geführt. Ähnliches gilt für die vermutete demenzielle Problematik, die auch in gewissem Umfang etwa bei Frau Wiese angenommen werden kann.

5.4.5.3 Verfügbarkeit und Tragfähigkeit des persönlichen sozialen Netzes

Bei der Verfügbarkeit und Tragfähigkeit des persönlichen sozialen Netzes sind wieder so viele unterschiedliche Ausprägungen festzustellen, dass die Reduzierung der Kategorie auf eine Dimension zu kurz greifen könnte und deshalb nicht sinnvoll erscheint. Allerdings lassen sich Unterkategorien bilden, die dimensional angeordnet werden können. Zunächst lassen sich BewohnerInnen identifizieren, die keine oder sehr wenige Kontakte vor der Heimunterbringung gepflegt haben. Diese Ausprägung ist allerdings nicht in der extremen Form einer vollständigen Abgeschiedenheit von der Welt vor Heimaufnahme in den Interviews belegt. Was wir in dieser Richtung finden sind BewohnerInnen wie Frau Mast oder Frau Kress, die sehr zurückgezogen leben und von einer einzigen befreundeten Person unterstützt werden. Mit verstärkter Pflegebedürftigkeit und dem zunehmenden Alter der Helfenden droht diese Hilfestruktur zu versagen.

Ähnliches gilt auch für Frau Bader, bei der wegen des Umzugs ihrer Nichte die Suche nach einem Heimplatz ausgelöst wird. Hierbei wird deutlich, dass die räumliche Nähe der Familie und deren Verfügbarkeit eine wesentliche Rolle spielt. In allen drei Fällen gibt es nur wenige Verwandte, die wie im Fall von Frau Mast und Frau Kress,, weit entfernt wohnen. Bei Frau Mast wird auch deutlich, dass der Wohnsitz des Neffen bei der Wahl des Pflegeheims die entscheidende Rolle gespielt haben dürfte. Dies gilt auch indirekt für Frau Freund, die allerdings zunächst in eine Mietwohnung gezogen war, um der Familie nahe zu sein.

Anders bei Herrn Hanke. Dort ist die Familie zwar auch räumlich weit entfernt, die Ehefrau aber zum Zeitpunkt der Heimeinweisung selbst bereits seit längerer Zeit in einem Pflegeheim untergebracht. Zur Tochter besteht nur wenig und zudem konfliktbeladener Kontakt. Der Freundeskreis hatte zwar für Herrn Hanke große soziale Bedeutung, dürfte aber pflegerisch von den sich bietenden Möglichkeiten her kaum relevant gewesen sein. Konfliktbeladene Familienbeziehungen zeigen sich auch bei Frau Mörsch und Frau Muschel. Bei letzterer ist der Sohn sogar bereit, die Mutter im Haushalt zu versorgen, Frau Muschel entscheidet sich aber bald wegen der Streitigkeiten mit ihm dagegen und sucht sich, wie ihre Freundin zuvor, einen Heimplatz. Auch Frau Bangert wird zunächst von ihrer Tochter versorgt. Im Haus der Tochter kommen jedoch als neuer Aspekt die ungünstigen baulichen Verhältnisse zum Tragen und bestimmen wohl wesentlich die Heim-Entscheidung. Die folgende Tabelle zeigt die Zuordnung der Befragten zu den Ausprägungen der Kategorie Verfügbarkeit und Tragfähigkeit des persönlichen sozialen Netzes.

Tabelle 19: Tragfähigkeit des persönlichen sozialen Netzes

sehr gering	gering	mittel	hoch
Herr Hanke,	Frau Bader,	Frau Bangert,	Frau Reich,
Frau Menzel,	Frau Freund,	Frau Samstag,	Herr Reich,
Herr Moos,	Frau Hauk,	Frau Schank,	Frau Reim,
Frau Mörsch,	Frau Kress,	Frau Siebig,	Frau Trend,
Frau Muschel,	Frau Mast,		Frau Wasser,
Frau Sitter,			Frau Wiese,

Hierbei fällt auf, dass die Nennungen pro Ausprägung bei der Tragfähigkeit des sozialen Netzes vor Heimaufnahme nicht so unterschiedlich ausfallen, wie bei den erstgenannten Kategorien. Der Grund dafür ist allerdings neben einer gewissen Unschärfe in der Abgrenzung vor allem die „Spreizung" der Skala: Würde die Ausprägung „sehr gering" und „gering" zusammengefasst, würden sich hier elf der Befragten finden.

5.4.5.4 Befindlichkeit und Aktivität im Heim

Bezüglich dieser Kategorie könnte zunächst eine zweidimensionale Abbildung ihrer Ausprägungen in Frage kommen. Die erste Dimension kann die Extremwerte „Fühlt sich wohl und ist zufrieden" am einen Ende der Skala annehmen. Das entgegengesetzte Ende wäre dann mit „fühlt sich nicht wohl und ist unzufrieden" zu benennen. „Ausmaß der Zufriedenheit mit der derzeitigen Lebensform" bezeichnet dann diese Dimension. Vertreter des positiven Endes sind dabei Herr Hanke und Frau Bader, Frau Hauk markiert das entgegengesetzte Extrem.

Allerdings dürfte das Ausmaß des „Wohlfühlens" nicht nur von der summarischen Bewertung aller im Haus vorgefundenen Faktoren der Heimwelt, sondern vermutlich auch von der subjektiven gesundheitlichen Situation und den hiermit verbundenen Möglichkeiten und Einschränkungen abhängig sein. Daneben fließen in die jeweilige Befindlichkeit auch Beziehungen und ihre Ausgestaltung mit ein: Solche zu Angehörigen wie auch die zu Mitbewohnern und Pflegepersonal. Damit ergibt sich, wie weiter unten gezeigt werden soll, eine Überschneidung der Nennungen zur nachfolgenden Kategorie, der Kritik an der Institution.

Die Aktivität im Heim kann davon ebenfalls nicht unabhängig sein. Je mehr die Selbständigkeit des Bewohners durch nachlassende Krankheits- oder altersbedingte Möglichkeiten eingeschränkt ist, umso weniger Gelegenheiten hat dieser, sich im Heim aktiv zu zeigen, wie bei Frau Mörsch und Frau Hauk deutlich wird.

In der folgenden Zusammenfassung wird daher nicht auf die Bewertung der eigenen Situation im Sinne des „Wohlfühlens" abgestellt, sondern auf die Aktivität und Integration im Haus. Im Wesentlichen finden sich hier zwei Ausprägungen: Einerseits die des integrierten Bewohners, andererseits die Zurückgezogenen. Beide Ausprägungen wurden hier jedoch nochmals differenziert: Unter den Zurückgezogenen scheint es BewohnerInnen zu geben, die diesen Rückzug aus klarer Abwägung ihrer Interessen vornehmen, sich aber die eigenen Möglichkeiten erhalten haben; sie werden hier mit dem Attribut „aktiv zurückgezogen" beschrieben. Ähnliches gilt bei der Integration: Die einen nehmen teil, die anderen wollen noch immer gestalten.

Tabelle 20: Aktivität und Integration im Haus

zurückgezogen	integriert	aktiv integriert	aktiv zurückgezogen
Frau Bangert, Frau Hauk, Frau Kress, Frau Menzel, Frau Mörsch, Frau Reich, Herr Reich, Frau Samstag, Frau Siebig,	Frau Freund, Frau Mast, Frau Schank, Frau Sitter,	Frau Bader, Herr Hanke, Frau Reim, Frau Trend, Frau Wiese,	Herr Moos, Frau Muschel, Frau Wasser,

Mit neun Nennungen bildet die Gruppe der (nicht aktiv) Zurückgezogenen den größten Anteil der Befragten. Dass diese Haltung eine große Bandbreite aufweist, im einen Extrem beispielsweise das Ehepaar, das in 62 Jahren Ehe immer schon in hohem Maß aufeinander bezogen war und auch jetzt die traute Zweisamkeit sucht, im anderen Fall Frau Menzel, die Jahrzehnte allein im Elternhaus gelebt hat und sich hier der Kontakt zur Außenwelt, ähnlich wie bei Frau Kress, auf eine Hauswirtschaftsdame beschränkten, dürfte die Differenzierung und mögliche Motive dieser Teilgruppe erahnen lassen. In einigen Fällen sind die Zurückgezogenen auch davon betroffen, dass ihre gesundheitlich bedingten Einschränkungen von der Einrichtung nicht in dem Umfang kompensiert werden, dass ihnen eine umfangreichere Teilnahme am Gemeinschaftsleben möglich wird. Bei den Interviewten scheint Frau Hauk zu dieser Gruppe zu gehören. Bei Frau Bangert, Frau Samstag und Frau Siebig dagegen mutet der Rückzug eher traurig an, ob verlorener Möglichkeiten, ihr Leben selbst gestalten zu können.

Die Integrierten dagegen nehmen an fast allen Veranstaltungen teil und wollen dort unterhalten werden. Sie nehmen dabei aber eher die Rolle von Zuschauern ein, die sich unterhalten lassen. Im Gegensatz dazu sind die Aktiv- Integrierten diejenigen, die mehr wollen, als sich nur unterhalten zu lassen: Sie bringen sich ein, sind manchmal auch kritisch, auf jeden Fall selbstbewusst und finden Bestätigung in ihrem Auftreten.

Sehr selbstbewusst erscheinen auch die Aktiv-Zurückgezogenen: Die VertreterInnen dieser Kategorie scheinen genügend eigene Interessen zu haben und auch verfolgen zu können, dass sie sich eine gezielte Auswahl bei den Veranstaltungen und den Gelegenheiten zur Begegnung leisten können, ohne dass bei ihnen Langeweile aufkäme.

5.4.5.5 Kritik an der Einrichtung

Bei der Kritik an der Einrichtung fällt in den angeführten Interviews zunächst auf, dass sie doch ziemlich verhalten geäußert wird. Am deutlichsten wird dabei Frau Hauk, wenn sie die Einsparungen und die sich verschlechternde Versorgung seit ihrer Aufnahme deutlich anprangert:

> „... se sparn hinne und vorne. (0.1) Und so is es. (0.2) Se sparn an uns, an allem. (0.2) Und des (.) S macht net glicklisch. (0.9) Mir esse nur noch wenisch. (0.4) Mir esse nur noch viel mehr wenischer wie mer sollte. (0.1) Awer es is koiner do der sich drüwer uffrescht." „ (3. Interview Hauk 2005: S. 4).

Der Grund liegt für sie in der Person des Heimleiters:

> „Der will in der kürzere Zeit reich wern. (0.4) Der is (.) kleinlich" (3. Interview Hauk 2005: S. 4).

Die möglicherweise veränderten Rahmenbedingungen für die stationäre Altenpflege durch die Kostenträger, aber möglicherweise auch durch den Träger der Einrichtung werden für Frau Hauk nicht deutlich, was kaum verwundert. Häufiger ist die Kritik an der Tatsache, dass für die erste Zeit nach der Heimaufnahme die Unterbringung im Doppelzimmer erfolgt, so etwa bei Herrn Hanke. Auch an Mitbewohnern wird Kritik geäußert, z.B. bei Frau Bader in ihrem Interview, die das Selbstmitleid einiger BewohnerInnen und deren Vorwürfe an die Familie beschreibt und verurteilt. Bei anderen Interviews wird die Problematik dementer Mitbewohner angeführt, manchmal eher verständnisvoll wie bei Frau Menzel, die sich aber im Kontrast zu diesen positiv, also orientiert darstellt. Die Schwierigkeiten, sich mit den (dementen) MitbewohnerInnen zu arrangieren und die mit ihnen verbundenen Irritationen werden auch im Interview mit dem Ehepaar Reich deutlich (vgl. 3. Interview Reich 2005: S. 9).

Von Frau Menzel hören wir auch Kritik am Pflegepersonal: Manche erscheinen ihr nett und freundlich, für den Pflegeberuf aus ihrer Sicht geeignet, andere werden von ihr abgelehnt:

> „... welche sind wunderbar und bei welche, die könnt ich verfluchen, wenn ich se seh (.) ja es is wahr, dass is ja- ich mein es is nich so einfach aber wenn ich nun (.)

Schwester werde im Altenwohnheim, dann wei- bin ich- weiß ich, dass ich nich im Kindergarten bin (0.1) Nich?" (3. Interview Menzel 2005: S. 6).

Ein weiterer Kritikpunkt ist die mangelnde Zeit des Personals, um neben der eigentlichen pflegerischen Versorgung auch die Kommunikation mit den Be- wohnerInnen zu pflegen, so etwa bei Frau Kress. Auch bei Frau Reich, die sich überwiegend positiv zum Personal äußert, wird indirekt doch Kritik laut: Sie fühlte sich, trotz dem so positiv dargestellten Pfleger Herrn Voll, dass sie sich im früher bewohnten Wohnbereich 3 besser aufgehoben fühlte. Dies könnte als Hinweis auf Unterschiede in der „Kultur des Helfens" in den Wohnbereichen gedeutet werden. Auch diese Kritikpunkte können als Hinweise gesehen werden, dass die Einrichtung nicht immer die Kompensation von Einschränkungen, be- dingt durch die Pflegebedürftigkeit ihrer BewohnerInnen, in optimaler Weise erfüllt

Schließlich bleibt noch die Kritik am Essen im Haus, die sehr deutlich wie- der von Frau Menzel und Frau Hauk vorgetragen wird. Beachtet werden sollte aber auch die Einlassung von Frau Reich, die bedauert, nichts mehr selbst ma- chen zu können, wie Pfannkuchen für ihren früheren Nachbarn Hans (was ihr mit entsprechender Unterstützung z.B. in der Essbereichsküche sehr wohl möglich wäre, also wieder nur abhängt von Organisation und Personaleinsatz[67]).

Auf eine tabellarische Zusammenfassung wird hier wie auch im nächsten Abschnitt verzichtet, weil damit kaum ein zusätzlicher Erkenntnisgewinn ver- bunden wäre.

5.4.5.6   Ziele und Perspektiven

Positive Ziele und Perspektiven werden in den Interviews selten deutlich. Dies verwundert kaum, sind doch mehr als die Hälfte der Befragten aufgrund einer langwierigen, sich stetig verschlechternden gesundheitlichen Beeinträchtigung in die Einrichtung gekommen, wie Frau Hauk. Oft gingen dem Heimübergang zudem noch Schicksalschläge voraus, wie bei Frau Mörsch der plötzliche Tod des Ehemanns, der für sie wesentlicher Teil der persönlichen Hilfestruktur vor dem Heimeintritt gewesen sein dürfte. Diese BewohnerInnen scheinen eher im Augenblick zu leben und die Zeit im Heim als die letzte Phase ihres Lebens zu begreifen, die es mehr oder weniger positiv zu bewältigen gilt. Wenn sie nicht

---

[67] Zwar wird sehr wohl in einigen Gruppenangeboten auch ansatzweise „gekocht", z.B. werden gemeinsam Obstsalate zubereitet oder auch Waffeln und Plätzchen gebacken. Im Heimalltag bildet das aber die sehr seltene Ausnahme, die nie spontan, also auf Grund aktueller Bedürfnisse eines oder mehrerer BewohnerInnen organisiert werden kann.

ohnehin sehr zurückgezogen leben, stellen sie bei Angeboten und im Heimalltag eher die passiveren Teilnehmer. Frau Menzel markiert eine extreme Position in dieser Gruppe, macht sie doch deutlich, dass sie auf den Tod wartet und hofft, dass es bald soweit sein wird.

Dagegen werden von Frau Bader und Frau Reim durchaus Ziele artikuliert, jedoch eher verhalten: Jede will durch ihr Handeln zum positiven Zusammenleben im Haus beitragen. Sehr deutlich und auch umsetzbar werden persönliche Ziele jedoch in den Ausführungen von Herrn Hanke, der sich wieder außerhalb des Hauses eine eigene Wohnung suchen oder wenigstens seine Frau im Seniorenzentrum unterbringen will.

Allerdings ist da auch Herr Moos: Er, der selbstbewusste ehemalige Offizier und gestandene Sozialdemokrat, will im kritischen Diskurs durch seine Tätigkeit im Heimbeirat Verbesserungen im Haus anregen.

5.5 Typenbildung im biographischen Fokus

Eine Typenbildung bei Menschen mit ihrer eigenen, ganz besonderen und nicht wiederholbaren Geschichte ist eine merkwürdige, eigentlich nicht angebrachte Bemühung: Sie reduziert schließlich den Typisierten auf eine „Schablone", die ihm oder ihr nie gerecht werden kann.

Andererseits ist ohne eine solch verdichtende Art der Verarbeitung von Informationen auch keine ergebnisorientierte Form von empirischer Sozialforschung denkbar, es sei denn um den Preis der Mehrung des Materials. Vielleicht wegen meiner Herkunft aus der quantitativen Ecke der Forschung erscheint mir das allerdings in mehrfacher Hinsicht problematisch: Einmal deswegen, weil trotz aller Bemühungen der interpretierende Forscher wesentlicher Bestandteil des Ergebnisses ist. Zum Anderen, weil klare Grenzlinien zwischen Kategorien und ihren Ausprägungen meist nicht in dem Maße trennscharf zu ziehen sind, wie es gelegentlich angenommen wird.

Im Folgenden will ich trotzdem versuchen, die Interviewten hinsichtlich ihrer Gemeinsamkeiten und Unterschiede zu verorten. Dabei bin ich mir bewusst, dass sehr viel von meiner ganz persönlichen Interpretation und meiner Wahrnehmung zu den handelnden und erzählenden Personen in die Typologie mit einfließt.

Ich unterscheide dabei vier Muster, die alle auf die Befindlichkeit und das Verhalten des Bewohnertypen im Heim abstellen, sich also nicht direkt aus dem zuvor gelebten Leben ableiten. In vielen Fällen ist jedoch, wie etwa bei Frau Bader oder Herrn Moos, das erzählte Vorleben im aktuellen Auftreten erkennbar.

5.5.1.1   Typ 1: Aufrecht auch im Alter

Der erste Typ ist in den Interviews vertreten durch Frau Bader, Herrn Moos, Frau Muschel, Frau Reim und Herrn Hauk. Sie sind alle im hohen Maß orientiert und bis auf den letztgenannten selbstbestimmt in das Pflegeheim gegangen. Bei Herrn Hauk ist aber festzuhalten, dass er aufgrund der eigenen Entscheidung zumindest vorerst im Pflegeheim bleibt, obwohl er sich eine pflegeunabhängige Wohnform durchaus zutraut.

Im Heimalltag ist dieser Typ häufig in den öffentlichen Bereichen präsent, an Angeboten nimmt er dagegen nur teil, wenn ihn etwas wirklich interessiert. Beziehungen nach draußen sind bei Typ 1 nicht allzu umfangreich vorhanden, entweder wegen früherer Konflikte mit der Familie, oder, wie bei Frau Bader, weil nur noch sehr wenige Familienmitglieder oder Freunde am Leben sind. Dafür gestaltet Typ 1 seine Beziehungen im Heim aktiv, besucht MitbewohnerInnen und unterstützt in mehr oder weniger großem Umfang auch solche BewohnerInnen, die hilfebedürftiger sind als er. Wenn er sich in sein Zimmer zurückzieht, dann nicht wegen depressiver Verstimmung, sondern aufgrund seiner jeweiligen Bedürfnislage. BewohnerInnen des Typ 1 wirken im Alltag auch im Heim selbstbewusst und autonom und scheinen mit dem Leben im Heim im Ganzen zufrieden.

5.5.1.2   Typ 2: Gebeugt, einsam und entwurzelt

Ganz anders stellt sich uns der Typ 2 vor. Frau Hauk, Frau Kress, Frau Menzel, Frau Mörsch und Frau Samstag sind seine maßgeblichen Vertreter. Alle diese Bewohnerinnen des Pflegeheims sind mehr oder weniger unglücklich mit ihrer Situation. Oft ist es die mangelnde Nähe oder die scheinbar fehlende Aufmerksamkeit der Angehörigen, die zumindest geringer ausfällt als erhofft. Dies ist bei Frau Mörsch allerdings anders: Ihr Neffe besucht sie täglich und sie genießt das auch offensichtlich; was sie vermisst, ist ihre frühere Umgebung, ihr Elternhaus. Auch Frau Kress vermisst ihre frühere Wohnung sehr, sie ist wie Frau Mörsch buchstäblich entwurzelt.

Hinzu kommen bei allen Vertreterinnen des Typs 2 langwierige Erkrankungen und deren Folgen wie bei Frau Hauk, Frau Menzel, Frau Mörsch und Frau Samstag, ebenso auch bei Frau Kress, bei der vermutlich auch demenzielle Probleme und entsprechend die Sorge des entfernt lebenden Sohns hinzu kommen. Alle vermissen ihre gewohnte Umgebung, besonders Frau Menzel und Frau Kress, die trotz ihrer gesundheitlichen Einschränkungen dort bis ins hohe Alter leben konnten.

Die Aushandlung der Heimunterbringung war in allen Fällen weder selbst-
noch fremdbestimmt. Stattdessen verlief sie irgendwo zwischen freundlich und
konflikthaft ausgehandelt.

Im Heim nehmen die Vertreterinnen des Typs 2 nur selten am Leben der
Gemeinschaft teil, teils aufgrund ihrer gesundheitlichen Einschränkungen, teils
wegen Rückzugstendenzen wie bei Frau Samstag. Frau Menzel wird wohl von
beiden Faktoren beeinflusst. Alle Bewohnerinnen des Typs 2 wirken durchaus
selbstbewusst, aber unglücklich.

5.5.1.3 Typ 3: Behütet, auch im Heim

Auch die BewohnerInnen vom Typ 3 leben im Heim relativ zurückgezogen. Im
Gegensatz zu den Vertreterinnen des vorhergehenden Typs verlief die Aushandlung der Heimunterbringung jedoch ausnahmslos freundlich. Vertreter des 3.
Typs sind Frau Bangert, Herr und Frau Reich und Frau Wasser. Zu allen Vieren
pflegen die jeweiligen Angehörigen einen recht intensiven Kontakt, der in allen
Fällen durchweg positiv geprägt ist. Allen Vertretern des Typ 3 haftet etwas
Melancholisches an, was aber (vielleicht mit einigen Fragezeichen bei Frau Bangert) nur marginal depressiv wirkt: Sie fühlen sich alt, sehen die Zeit im Heim
als letzten Lebensabschnitt, den man „mit Anstand" hinter sich zu bringen hat.

Die Vertreter dieses Typs sieht man im Haus nur selten, meist halten sie
sich in ihren Zimmern auf. Man sieht sie allenthalben in Begleitung ihrer Angehörigen beim Aufbruch oder bei der Rückkehr von Spaziergängen, Ausflügen
oder Fahrten zum Arzt. An Gruppenangeboten nehmen sie nicht oder nur sehr
selten teil, meist bedarf es dazu massiver Überzeugungsarbeit durch die MitarbeiterInnen des Hauses.

5.5.1.4 Typ 4: Gesellig in einer neuen Lebenswelt

Ganz anders gestalten dagegen die BewohnerInnen vom Typ 4 ihr Leben im
Haus: Wo irgendetwas los ist, seien dies Feste, Gruppenangebote oder informelle
Zusammenkünfte, sie sind dabei. Vertreterinnen des Typs 4 sind Frau Freund,
Frau Mast, Frau Schank, Frau Sitter, Frau Siebig, Frau Trend und Frau Wiese.

Hierbei stört sie auch nicht ihre teilweise schon im Mittelfeld zu verortende
Desorientierung: Zur Teilnahme an Gruppenangeboten muss man sie nicht über-
zeugen, dafür aber meist (kurzfristig und mehrfach) erinnern, zumindest Frau
Freund, Frau Siebig und Frau Wiese. Frau Trend dagegen ist immer voll infor-

miert, zuweilen aber etwas ungnädig und gelegentlich „giftig", Gleiches gilt für
Frau Sitter.

Alle Vertreterinnen des 4. Typs sind weitgehend getragen von Beziehungen
nach außen, lediglich Frau Sitter bildet eine Ausnahme und das gleich in doppelter Hinsicht: Zum Einen unterhält niemand aus ihrer Familie zu ihr regelmäßigen
Kontakt. Zum Anderen geht sie täglich zur Arbeit in einer Werkstätte für behin-
derte Menschen (oder sie sollte das zumindest tun; oft hat man den Eindruck,
dass gern mal „blau" gemacht wird, vor allem wenn im Haus „was los" ist).
Schließlich ist sie sehr kontaktfreudig und lernt jeden Angehörigen neuer BewohnerInnen im Bistro als Erste kennen.

Alle Vertreterinnen von Typ 4 wirken im Heim glücklich und sehen das
Haus als ihr neues Wirkungsumfeld, als ihr ureigenstes „Revier". Sie gestalten
dieses Umfeld, sind die Personen, die eine neue BewohnerIn oder eine BesucherIn mit großer Wahrscheinlichkeit zuerst wahrnimmt.

5.6 Multivariate Auswertung

Zur bewohnerbezogenen Typenbildung für *alle* BewohnerInnen des Hauses
bietet es sich an, wieder auf die im quantitativen Fokus erhobenen Daten zurück
zu greifen. Im Folgenden soll dies mit multivariater Statistik versucht werden.
Eine Methode der komplexen Statistik, die im Gegensatz zur univariaten oder
bivariaten Auswertung gleichzeitig mehrere Variablen betrachtet, ist die Faktorenanalyse, die für die einbezogenen Größen so genannte Hintergrundvariablen
ermittelt. Der Grundgedanke dabei ist, dass die Ausprägungen der einbezogenen
Variablen Ausdruck von solchen, nicht erhobenen und meist nicht erhebbaren
Hintergrundgrößen, eben dieser Faktoren (in SPSS auch „Komponenten" genannt) sind[68]. Voraussetzung für die einbezogenen Variablen ist ein intervallska-
liertes Skalenniveau. Für die vorliegende Untersuchung gelten zunächst die folgenden Größen[69]:

---

[68] So wird beispielsweise aufgrund vielfältiger Testergebnisse auf mehrere unterschiedliche Aspekte
von Intelligenz geschlossen.
[69] Nicht aufgeführt sind Variablen wie Zimmernummer etc., die als nicht sinntragend gelten können.

Tabelle 21: Variablen der Faktorenanalyse

1.	Mittelwert situatives Verhalten angemessen (1= Trifft voll zu)
2.	Mittelwert gute räuml. Orientierung (1= Trifft voll zu)
3.	Mittelwert Anzahl Besuche im Monat
4.	Mittelwert der Besuche im Monat geteilt durch die besuchenden Personen
5.	Mittelwert: Wie viele Personen besuchen den Bewohner im Monat
6.	Anzahl der Gruppenteilnahmen im Mai 2005
7.	Anzahl der Kontakte mit Mitarbeitern des Sozialdienstes im Mai 2005
8.	Alter zum Zeitpunkt der Erhebung (21.04.05)
9.	Monate im Heim zum Zeitpunkt der Erhebung (21.04.05)
10.	Pflegestufe (21.04.05)
11.	Mindesthilfebedarf in Minuten

Das Ziel der Faktorenanalyse ist Datenverdichtung. Es geht darum, mehrere Variablen mit wenigen Faktoren zu erklären. Ausgangspunkt zur Auswahl der einbezogenen Größen ist deren Korrelation mit allen anderen, dargestellt in einer Korrelationsmatrix. Im Idealfall soll die einbezogene Variable mit einigen anderen hoch, mit den übrigen dagegen möglichst niedrig oder nahe Null zusammenhängen.

Die Pflegestufe (PFLEGEST) konnte in diesem Fall wegen Mängeln im Skalenniveau nicht berücksichtigt werden: Zwar hat diese Größe die Ausprägungen 0, 1, 2 und 3, was metrisch zu sein scheint. Die dahinter jedoch abgebildete Realität, der minimale Hilfebedarf pro Pflegestufe und Tag, entspricht dagegen 90, 180 und 300 Minuten und ist damit nicht äquidistant. Statt der Pflegestufe wurde demnach der Mindesthilfebedarf pro Tag entsprechend dieser Zeiten berechnet und in der Variable HILFEBED dargestellt. Aus anderen Gründen scheiden die Variablen SDKONTAK, ALTER_ER und MOIHE_ER aus: Sie zeigen keine deutlichen Zusammenhänge mit anderen Erhebungsgrößen. Damit bleiben die vorher benannten Variablen zur multivariaten Auswertung, in der Tabelle dargestellt sind die Korrelationen der Verbleibenden Größen.

Die „Erklärungsmächtigkeit" der hieraus folgenden „Zwei-Faktoren-Lösung", die erklärte Gesamtvarianz, liegt mit fast vier Fünfteln der Gesamtvarianz im sehr akzeptablen Bereich (die Faktorenlösung wurde zuvor „rotiert": Das bedeutet, dass durch Drehung des Koordinatensystems, das den orthogonalen Faktoren entspricht, die Zuordnung der auf die Faktoren ladenden Variablen im Sinn der Eindeutigkeitihrer Zuordnung optimiert wurde):

Tabelle 22: Korrelationen der Variablen der Faktorenanalyse

	MW gute räuml. Orientierung (1= Trifft voll zu)	MW situatives Verhalten angemessen (1= Trifft voll zu)	Mindesthilfebedarf in Minuten/Tag	tngruppe	MW der Besuche im Monat geteilt durch die besuchenden Personen	MW Anzahl Besuche im Monat
MW gute räuml. Orientierung (1= Trifft voll zu)	1,000	,936	,603	-,409	,145	,167
MW situatives Verhalten angemessen (1= Trifft voll zu)	,936	1,000	,570	-,389	,178	,192
Mindesthilfebedarf in Minuten/Tag	,603	,570	1,000	-,433	,001	,000
tngruppe	-,409	-,389	-,433	1,000	,242	,192
MW der Besuche im Monat geteilt durch die besuchenden Personen	,145	,178	,001	,242	1,000	,902
MW Anzahl Besuche im Monat	,167	,192	,000	,192	,902	1,000

Betrachtet man den Beitrag der beiden Faktoren zur Erklärung, so fällt auf, dass sich der Erklärungsanteil der Faktoren mit 45,1% und 34,1% der Gesamtvarianz in der gleichen Größenordnung[70] bewegt: Zwar ist Faktor 1 in dieser Hinsicht der mächtigere, aber selbst zweite Faktor liegt mit nur 11 % geringerem Erklärungsanteil noch ziemlich nahe bei ihm.

---

[70] Das ist nicht immer so. Oft „stinkt" der letzte Faktor mit einem sehr geringen Anteil an der erklärten Gesamtvarianz regelrecht ab, während der erste Faktor dann den überwiegenden Anteil der Erklärung liefert.

Tabelle 23: Erklärte Gesamtvarianz der Faktorenlösung

Faktor	Rotierte Summe der quadrierten Ladungen		
	Gesamt	% der Varianz	Kumulierte %
1	2,713	45,221	45,221
2	2,046	34,103	79,324

Die (rotierte) Faktorenmatrix dieser Lösung ist damit die nachfolgend dargestellte (niedrige Ladungen unter r=0,4 :sind dabei zugunsten der Lesbarkeit nicht aufgeführt):

Tabelle 24: Ladung der Variablen auf die Faktoren nach Rotation

	Faktor	
	1	2
MW gute räuml. Orientierung (1= Trifft voll zu)	,920	
MW situatives Verhalten angemessen (1= Trifft voll zu)	,904	
Mindesthilfebedarf in Minuten/Tag	,792	
tngruppe	-,647	
Mittelwert der Besuche im Monat geteilt durch die besuchenden Personen		,963
MW Anzahl Besuche im Monat		,955

Extraktionsmethode: Hauptkomponentenanalyse.
Rotationsmethode: Varimax mit Kaiser-Normalisierung.

. Die Rotation ist in drei Iterationen konvergiert.

Die inhaltliche Bestimmung der Faktoren erfolgt über die ladenden Variablen, genauer: Über deren inhaltliche bzw. semantische Bedeutung. Auf dem ersten Faktor laden MORI und MSITUA, die räumliche Orientierung und die situative Angemessenheit des Verhaltens (bei beiden ist die Skalenrichtung zu beachten: „1" steht für vollorientiert), der Mindesthilfebedarf pro Tag und als vierte Größe TNGRUPPE, die Häufigkeit der Gruppenangebote, an denen vom jeweiligen Bewohner im Monat Mai 2005 teilgenommen wurde. Allerdings weist die La-

dung dieser Variable mit r= − 0,645 ein negatives Vorzeichen auf: Je höher der
Faktorwert im Faktor 1, desto seltener nahm die betreffende BewohnerIn danach
an Gruppenangeboten teil[71]. Damit ergibt sich für die Bestimmung des ersten
Faktors die Bezeichnung „konstitutive Einschränkungen". Damit verbunden sind
Einschränkungen der Möglichkeiten zur Teilnahme am Leben im Haus. Die
BewohnerIn mit einem hohen Wert im Faktor 1 ist demnach weitgehend nicht in
der Lage, an den üblichen Angeboten teilzunehmen: Entweder, weil die Mobilität bis hin zur Bettlägerigkeit dauerhaft eingeschränkt ist, oder weil die Orientierung soweit mangelhaft ist, dass die üblichen Gruppenangebote nicht mehr
wahrgenommen werden können. Am umgekehrten Ende der Skala finden sich
dagegen diejenigen BewohnerInnen, die weitgehend orientiert und überall dabei
sind, wo etwas im Haus angeboten wird.

Der zweite Faktor lässt sich inhaltlich mit der „Intensität und Umfang der
Beziehungen nach außen" benennen. Auf den zweiten Faktor lädt der Besucher-
koeffizient mit r= 0,963 und die Besuche pro Monat MBESUCH mit r= 0,955
sehr hoch: Je höher der Faktorwert, umso mehr Besuche und umso mehr Besuche durch die gleiche Person erhält also der betreffende Bewohner. Für diese
Lösung spricht, dass sie auch bei der Betrachtung von Teilgruppen, beispielsweise orientierte gegenüber nicht orientierte BewohnerInnen, stabil bleibt.

5.7 Quantitative Typenbildung

Auf Grundlage der Ergebnisse der Faktorenanalyse lässt sich mit relativ einfachen Mitteln eine quantitativ begründete Typenbildung erstellen. Dazu werden
zunächst die Faktorwerte für jeden Faktor und BewohnerIn als Variablenwerte
gespeichert und anschließend gruppiert. Da die Faktorenanalyse die einbezogenen Variablen zur Berechnung ihrer Ladung standardisiert (z-Transformation:
Der Mittelwert liegt bei Null, die Standardabweichung beträgt 1), steht auch für
die Faktorwerte zu erwarten, dass im Bereich der einfachen Standardabweichung
(- 0,5 bis 0,5) um den Mittelwert mehr als ein Drittel der Fälle positioniert ist.

Daher wurde eine Gruppierung der Faktorwerte in diesem Sinn vorgenommen. Für jeden Faktor wurden drei Gruppen mit den Grenzen bis −0,5 / größer −
0,5 bis 0,5 / größer 0,5 gebildet, was den Faktorwerten der Merkmale niedrig,
mittel und hoch entspricht. Für beide Faktoren zusammen betrachtet entsteht

---

[71] Hieraus zu schließen, dass ein Bewohner mit niedriger Teilnahme an Gruppenangeboten schlicht
nicht in der Lage war, aufgrund seiner körperlichen Einschränkungen zum Veranstaltungsort zu
kommen, würde zu kurz greifen: Bewohner, die zu einem Angebot kommen wollen, werden bei
ansonsten gegebenen Voraussetzungen entweder vom Pflegepersonal gebracht (wie etwa Frau Hauk,
bzw. mehrfach erinnert wie Frau Wiese oder Frau Siebig) oder vom Sozialdienst geholt.

eine Kreuztabelle mit neun Feldern, die von links nach rechts und dann von oben nach unten durchnummeriert wurden, wie die folgende Tabelle zeigt:

Tabelle 25: Typenbildung auf Grundlage der Faktorenlösung

	Faktor 2 niedrig	Faktor 2 mittel	Faktor 2 hoch
Faktor 1 niedrig	Typ 1	Typ 2	Typ 3
Faktor 1 mittel	Typ 4	Typ 5	Typ 6
Faktor 1 hoch	Typ 7	Typ 8	Typ 9

Die Fallzahlen für die einzelnen Typen sind nachfolgend dargestellt (FAC1GRUP steht dabei für Faktor 1, FAC2GRUP steht dabei für Faktor 2):

Tabelle 26: Kreuztabelle Typenhäufigkeiten

Anzahl		Faktor 2 Ggruppiert			Gesamt
		niedrig	mittel	hoch	
Faktor 1	niedrig	11	20	5	36
gruppiert	mittel	9	13	7	20
	hoch	9	15	4	28
Gesamt		29	48	16	

Zur Beschreibung der Unterschiede und der Gemeinsamkeiten zwischen den neun Typen bietet es sich an, die Mittelwertunterschiede der Gruppen zu betrachten. Bevor die Typen im Einzelnen betrachtet werden, soll mit der folgenden Tabelle eine Übersicht zu den einbezogenen Größen vermittelt werden: Zur Beschreibung der Eigenschaften der einzelnen Typen werden im Folgenden diese Differenzierungen im Einzelnen untersucht. Dabei sollen vor allem die extremen Typen 1, 3, 7 und 9 näher betrachtet werden.

Typ 1, insgesamt elfmal vertreten, zeigt vor allem bei den Variablen zur Orientierung die besten Werte, die Anzahl der regelmäßigen BesucherInnen liegt wie die Teilnahme an Gruppenangeboten im mittleren Bereich. Das mittlere Alter liegt mit 77,36 Jahren relativ niedrig auf der zweiten Position unter den neun Typen. Sehr niedrig ist bei Typ 1 der Hilfebedarf pro Tag, die Dauer des Heimaufenthalts ist dagegen mit durchschnittlich 35 Monaten schon im oberen Bereich. Typ 1 ist damit ein Heimbewohner, der relativ jung, orientiert und weitgehend selbständig im Heim lebt, regelmäßige Kontakte nach außen unterhält und lang genug im Heim wohnt, um sich orientiert zu haben und nur die Angebote wahrzunehmen scheint, die ihn auch interessieren. Von den Interviewten

gehören zum Typ 1, Herr Hanke, Frau Bangert, Frau Bader, Frau Sitter, Frau
Samstag und Frau Wasser.

Tabelle 27: Maße der zentralen Tendenz der einzelnen Typen in ausgewählten
Variablen

typ		MW situatives Verhalten angemessen (1= Trifft voll zu)	MW gute räuml. Orientierung (1= Trifft voll zu)	tngruppe	Alter zum Zeitpunkt der Erhebung (21.04.05)
Typ 1	Mittelwert	2,27576	1,83636	6,00	77,36
	N	11	11	11	11
Typ 2	Mittelwert	2,32000	1,99500	12,85	82,50
	N	20	20	20	20
Typ 3	Mittelwert	2,86007	2,12000	14,20	86,40
	N	5	5	5	5
Typ 4	Mittelwert	3,80370	3,62222	2,33	85,67
	N	9	9	9	9
Typ 5	Mittelwert	4,31513	4,31538	6,77	85,15
	N	13	13	13	13
Typ 6	Mittelwert	4,87143	4,88571	8,29	83,57
	N	7	7	7	7
Typ 7	Mittelwert	5,81481	6,29222	,67	83,56
	N	9	9	9	9
Typ 8	Mittelwert	7,01556	7,41333	3,73	87,87
	N	15	15	15	15
Typ 9	Mittelwert	8,62500	8,62500	5,00	74,25
	N	4	4	4	4
Insgesamt	Mittelwert	4,32506	4,25731	6,91	83,47
	N	93	93	93	93

Typ 3 dagegen, mit fünf Vertretern, unterscheidet sich vom Typ 1 neben etwas
ungünstigeren Werten hinsichtlich seiner Orientierung, die jedoch noch immer
als hoch gelten muss, vor allem im Alter und in der Teilnahme bei den Gruppen-

angeboten. Er ist mit über 86 Jahren im Mittel neun Jahre älter als der erste Typ und nimmt mit über 14 Angeboten scheinbar trotzdem an buchstäblich allen Gruppen im Haus teil. Die Dauer seines Heimaufenthalts ist mit nur 18 Monaten wesentlich geringer als beim Vorgenannten. Die Kontakte nach außen sind ebenfalls etwas geringer, dafür ist der mittlere Hilfebedarf mit 162 Minuten deutlich höher als beim ersten Typ. Damit haben wir im Typ 3 die BewohnerIn, die im hohen Alter ins Heim kommt und noch nicht sehr lange dort lebt, aber auch die Gemeinschaft dort zu genießen scheint. Von den Interviewten gehören zum Typ 3 Frau Menzel und Frau Wiese.

Typ 2 mit 20 Personen braucht hier nicht ausführlich dargestellt zu werden, liegt er doch in allen betrachteten Größen ziemlich genau zwischen den beiden Typen 1 und 3. (Interviewte Frau Hauk, Frau Freund, Frau Schank, Frau Trend, Frau Muschel, Herr Moos, Frau Reim und Frau Siebig).

Typ 7 dagegen ist deutlich desorientierter als die oben Beschriebenen und weist mit fast 247 Minuten pro Tag den höchsten Hilfebedarf von allen auf. An Gruppenangeboten kann er offensichtlich nicht teilnehmen. Mit 38 Monaten Aufenthalt lebt er schon vergleichsweise lange im Pflegeheim, sein Alter entspricht mit 83,56 Jahren ziemlich genau dem Mittelwert aller BewohnerInnen, die Anzahl der regelmäßigen BesucherInnen ist mit 1,5 jedoch deutlich niedriger als der ausgewiesene Mittelwert für alle BewohnerInnen. Hier haben wir damit die desorientierten, im hohen Maß pflegebedürftigen, wahrscheinlich überwiegend bettlägerigen BewohnerInnen mit vergleichsweise geringen Kontakten nach außen. Insgesamt neun Personen gehören zu diesem Typ.

Typ 9 mit vier Vertretern unterscheidet sich von Typ 7 nicht im Hilfebedarf: Der liegt mit 240 Minuten fast genau so hoch wie bei diesem. Dafür ist Typ 9 aber der desorientierteste von allen und übertrifft Typ 7 dabei deutlich. Er ist seit vergleichsweise kurzer Zeit im Heim, vor allem fällt aber das mit knapp über 74 Jahren sehr niedrige Alter seiner Vertreter auf. Kontakte nach außen werden zu ihm nur unwesentlich mehr unterhalten, als bei seinem Vorgänger, an Gruppenangeboten nimmt er ebenfalls selten teil. Damit haben wir in Typ 9 den relativ jungen, desorientierten Bewohner.

Typ 8 mit 15 Vertretern liegt dafür wieder in den meisten Variablen zwischen Typ 7 und 9, der Hilfebedarf ist ähnlich hoch, nur ist er mit über 41 Monaten der Typ mit der längsten Aufenthaltsdauer und weist zudem mit fast 88 Jahren das höchste Lebensalter auf. Typ 4 (Interviewte Frau Kress und Frau Mörsch) liegt entsprechend zwischen den Typen 1 und 7, Typ 6 (ohne Vertreter bei den Interviewten) zwischen Typ 3 und Typ 9. Genau zwischen allen Typen ordnet sich Typ 5 ein, der hier abschließend noch betrachtet werden soll.

Tabelle 28: Typen in weiteren ausgewählten Variablen

typ		MW: Wieviele Personen besuchen den Bewohner im Monat	Monate im Heim zum Zeitpunkt der Erhebung (21.04.05)	Mindesthilfebedarf in Minuten/Tag
Typ 1	Mittelwert	1,89091	35,00	106,36
Typ 2	Mittelwert	1,74417	26,70	112,50
Typ 3	Mittelwert	1,46667	18,00	162,00
Typ 4	Mittelwert	1,64815	32,44	160,00
Typ 5	Mittelwert	1,92310	24,31	152,31
Typ 6	Mittelwert	2,21429	24,86	128,57
Typ 7	Mittelwert	1,51852	38,11	246,67
Typ 8	Mittelwert	1,94222	41,67	236,00
Typ 9	Mittelwert	1,59167	22,00	240,00
Insgesamt	Mittelwert	1,80126	30,61	164,19

   Diese Gruppe von 13 BewohnerInnen liegt, wie zu erwarten war, bei fast allen betrachteten Variablen in der unmittelbaren Nähe. zum Mittelwert für alle BewohnerInnen. Allerdings gibt es zwei Ausnahmen: Der Vertreter von Typ 5 ist im Mittel fast zwei Jahre älter als die Übrigen und seine Aufenthaltsdauer im Haus liegt bei einem Mittel von 24 Monaten deutlich unter dem Durchschnitt.
   Damit ist Typ 5 als der ältere, schon etwas desorientierte Bewohner zu bestimmen, der erst recht spät ins Heim geht oder kommt (Interviewte Herr und Frau Reich, Frau Mast). Das Ehepaar Reich ist allerdings in einer Hinsicht untypisch für den Typ 5: Sie sind eindeutig im orientierten Bereich des Spektrums anzusiedeln. Auch ist Frau Mast mit 61 Jahren ziemlich jung für den Typ 5. Soviel zur Problematik der quantitativen Typenbildung: Sie ist konsequent und mit allen Einschränkungen aus einem quantitativen Modell hervorgegangen. Die drei Genannten sind für den Typ 5 „randständig" im Übergang zu benachbarten Typen. Aber: Gerade der Vergleich mit qualitativen Ergebnissen erlaubt diese Betrachtung hinsichtlich der Plausibilität der quantitativen Ergebnisse.

5.8 Vergleich der Typen im quantitativen und qualitativen Fokus und diesbezügliche Probleme

Die vorstehenden Abschnitte haben den Leser mit zwei Formen der Typenbildung konfrontiert, einmal qualitativ und zum Zweiten quantitativ begründet. Damit stellt sich zweifellos die Frage, inwiefern beide Typologien Gemeinsamkeiten aufweisen und wo die Trennungslinie zwischen diesen Formen des komprimierenden Herangehens an der sozialen Realität verläuft. Zumal die Form der Annäherung unterschiedlicher wohl kaum sein kann: Einmal abgeleitet aus Erzählungen, die oft mehr als einem dreiviertel Jahrhundert persönlicher Geschichte wiedergeben, einer Lebensgeschichte, die schließlich im Pflegeheim mündet. Andererseits aus den Ergebnissen wenig prosaischer Aktenanalyse oder aus Umfrageergebnissen beim Pflegepersonal.

Zunächst ist festzustellen, dass die Unterschiede der einbezogenen Merkmale (oder Variablen) für Gemeinsamkeiten beider Aussageformen wenig Platz lassen: Das erlebte Leben, die Brüche und Krisen in der individuellen Geschichte, Konflikte im Übergang zum und dann im Seniorenzentrum finden sich in den quantitativen Daten überhaupt nicht wieder. Umgekehrt stellt erzähltes Leben nicht darauf ab, welcher Hilfebedarf zurzeit besteht und als wie orientiert der Erzähler von seiner Umgebung erfahren wird. Hierbei begegnen sich tatsächlich ganz unterschiedliche (Erfahrungs-) Welten. Es lohnt sich wohl schon deshalb, genauer hinzuschauen.

Ausgehend von den Ergebnissen der Faktorenanalyse im letzten Abschnitt soll deshalb nochmals, wenn auch in anderer Form, dargestellt werden, wie sich die Vertreter der qualitativen Typenbildung auf die der quantitativen verteilen und wie sie sich zu diesen in weiteren Merkmalen verhalten.

Die quantitativen Typen (künftig „QuanTy's") 6 bis 9 sind somit unter den Interviewten in deren Typen („QualiTy's") nicht vertreten. Auch die Randständigkeit von Frau Mast und Frau Reich, ebenso wie von Herrn Reich im „QuanTy 5" tut hier nichts zur Sache: Das Ehepaar ist zwar ziemlich gut orientiert (Frau Reich SO 2,3, RO 2,0; Herr Reich SO 2,2, RO 2,2), liegt aber bei Besuchen und Hilfebedarf ziemlich genau im Mittelfeld und lebt einigermaßen zurückgezogen.

Die Ausprägung „mittlere Kontakte" gilt auch für Frau Mast, sie wird zwar als deutlich weniger orientiert (SO 5,2, RO 4,0) erlebt, dafür lässt sie fast keine Veranstaltung aus[72]. Dazu nochmals die neun quantitativen Typen mit ihren VertreterInnen aus den Interviews:

---

[72] An dieser Stelle haben alle quantitativen Studien ein Problem, das Problem der zwei Äpfel: Zwei Kinder haben zusammen zwei Äpfel, eines davon isst alle beide. Beide Kinder haben (sofern sie die "Aussagegesamtheit" darstellen und keine Aussagen über "relevante" Teilgruppen gemacht werden) in Maßen der zentralen Tendenz je einen Apfel gegessen.

Tabelle 29: Zuordnung derInterviewten zu quantitativen Typen

	Faktor 2 niedrig	Faktor 2 mittel	Faktor 2 hoch
Faktor 1 niedrig	QuanTy Typ 1	QuanTy Typ 2	QuanTy Typ 3
	Frau Bader, Frau Bangert, Herr Hanke, Frau Samstag Frau Sitter, Frau Wasser	Frau Freund, Frau Hauk, Frau Muschel, Herr Moos, Frau Reim, Frau Schank, Frau Siebig, Frau Trend,	Frau Menzel, Frau Wiese,
Faktor 1 mittel	QuanTy Typ 4	QuanTy Typ 5	QuanTy Typ 6
	Frau Kress, Frau Mörsch,	Frau Mast, Frau Reich, Herr Reich.	(keine VertreterIn bei den Interviewten)
Faktor 1 hoch	QuanTy Typ 7	QuanTy Typ 8	QuanTy Typ 9
	(keine VertreterIn bei den Interviewten)	(keine VertreterIn bei den Interviewten)	(keine VertreterIn bei den Interviewten)

Die umgekehrte Betrachtung ausgehend von der Typologie auf Grundlage der Interviews mag ebenfalls sinnvoll sein: Betrachten wir also die „QualiTy´s":

Tabelle 30: Qualitativer Typ 1 und seine VertreterInnen

Qualitativer Typ 1 (QualiTy1)	Merkmalsträger (Name)	Quantitativer Typ (QuanTy)
QualiTy 1: Aufrecht auch im Alter	Frau Bader,	QuanTy 1
QualiTy 1: Aufrecht auch im Alter	Herr Hauk,	QuanTy 2
QualiTy 1: Aufrecht auch im Alter	Herr Moos,	QuanTy 2
QualiTy 1: Aufrecht auch im Alter	Frau Muschel,	QuanTy 2
QualiTy 1: Aufrecht auch im Alter	Frau Reim,	QuanTy 2

QualiTy 1 „Aufrecht auch im Alter" erscheint relativ homogen: Hier finden sich mit Ausnahme von Frau Bader nur QuanTy's 2. Die Abweichung dürfte mit der einzigen Angehörigen, der Nichte von Frau Bader, zu erklären sein. Anders stellt sich das Bild für QualiTy 2 dar:

Tabelle 31: Qualitativer Typ 2 und seine VertreterInnen

Qualitativer Typ 2 (QualiTy2)	Merkmalsträger (Name)	Quantitativer Typ (QuanTy)
QualiTy 2: Gebeugt, einsam und entwurzelt	Frau Hauk,	QuanTy 2
QualiTy 2: Gebeugt, einsam und entwurzelt	Frau Kress,	QuanTy 4
QualiTy 2: Gebeugt, einsam und entwurzelt	Frau Menzel,	QuanTy 3
QualiTy 2: Gebeugt, einsam und entwurzelt	Frau Mörsch	QuanTy 4
QualiTy 2: Gebeugt, einsam und entwurzelt	Frau Samstag	QuanTy 1

Die Bandbreite reicht vom quantitativen Typ 1 bis zum QuanTy 4. Hierbei stellt sich die Frage, ob Frau Samstag wirklich im qualitativen Typen 2 gut aufgehoben ist: Ausschlaggebend war schließlich nur, dass sie sich mehr Aufmerksamkeit durch die Familie wünscht und im Heim nicht glücklich wirkt. Gleiches gilt dem Grunde nach für Frau Menzel: Beide sind nicht wirklich gebeugt, erscheinen vielmehr recht selbstbewusst; aber beide sind unglücklich mit ihrer Situation und mit verlorenen Möglichkeiten. QualiTy 3, der auch im Heim „Behütete" Typus, zeigt zwei quantitative Typen, nämlich QuanTy 1 und QuanTy 5 (nämlich Ehepaar Reich).

Tabelle 32: Qualitativer Typ 3 und seine VertreterInnen

Qualitativer Typ 3 (QualiTy3)	Merkmalsträger (Name)	Quantitativer Typ (QuanTy)
QualiTy 3: Behütet, auch im Heim	Frau Bangert,	QuanTy 1
QualiTy 3: Behütet, auch im Heim	Frau Reich,	QuanTy 5
QualiTy 3: Behütet, auch im Heim	Herr Reich,	QuanTy 5
QualiTy 3: Behütet, auch im Heim	Frau Wasser.	QuanTy 1

Wie oben schon ausgeführt, ist das Ehepaar Reich für QuanTy 5 jedoch ziemlich randständig Richtung Typ 2 in quantitativer Betrachtung. Damit bleibt für die Betrachtung QualiTy 4 „Gesellig in einer neuen Lebenswelt“: Hier überwiegt QuanTy 2, lediglich Frau Sitter, Frau Wiese und Frau Mast weichen hier ab. Frau Sitter erhält kaum Besuch, Frau Wiese dafür täglich. Beide sind ansonsten im Haus überall dabei. Frau Mast dagegen ist das auch, aber ein bisschen weniger in der Lage, sich angemessen zu äußern und unterhält weniger Kontakte als Letztere, aber sehr viel mehr als Erstere.

Damit konnte, so hoffe ich, gezeigt werden, dass die unterschiedlich entstandenen Typologien im quantitativen und im qualitativen Fokus zumindest keine augenfälligen Unvereinbarkeiten aufweisen. Oft sind es eher die für die quantitative Darstellung notwendige Grenzwerte zwischen den Typen (teilweise auf der dritten oder vierten Nachkommastelle), die zur Zuordnung im quantitativen Fokus geführt haben. Irritationen sind aber auch in gegenläufiger Richtung

Tabelle 33: Qualitativer Typ 4 und seine VertreterInnen

Qualitativer Typ 4 (QualiTy4)	Merkmalsträger (Name)	Quantitativer Typ (QuanTy)
QualiTy 4: Gesellig in einer neuen Lebenswelt	Frau Freund,	QuanTy 2
QualiTy 4: Gesellig in einer neuen Lebenswelt	Frau Mast	QuanTy 5
QualiTy 4: Gesellig in einer neuen Lebenswelt	Frau Schank	QuanTy 2
QualiTy 4: Gesellig in einer neuen Lebenswelt	Frau Sitter	QuanTy 1
QualiTy 4: Gesellig in einer neuen Lebenswelt	Frau Siebig	QuanTy 2
QualiTy 4: Gesellig in einer neuen Lebenswelt	Frau Trend	QuanTy 2
QualiTy 4: Gesellig in einer neuen Lebenswelt	Frau Wiese	QuanTy 3

festzustellen, etwa: Gehören Frau Mörsch und Frau Samstag wirklich zu den „Gebeugten, Einsamen und Entwurzelten“? Zumindest widerspricht dem der allenthalben recht selbstbewusste Auftritt beider Damen.

Diese Zuordnungen sollen hier jedoch nicht neu entschieden werden, die Typisierung wird beibehalten. Was aber deutlich werden sollte, ist die gelegentliche Willkür der Zuordnung: Im einen Fall aufgrund von Nachkommastellen, im anderen Fall durch die persönliche Wahrnehmung des Interpreten. Was empirische Forschung hierbei leisten kann und nach meiner Auffassung auch leisten muss, ist folgendes: Dem Leser muss Gelegenheit gegeben werden, solche Zuordnungen nachzuvollziehen und kritisch zu beleuchten. Ich hoffe, durch das Gesagte und die bisherige Form der Ergebnisdarstellung hierzu beigetragen zu haben.

Deutlich geworden sein könnte auch, wie bei Ehepaar Reich, Frau Mörsch und Frau Samstag, dass unterschiedliche Herangehensweisen wie hier beschrieben beim Forscher dazu beitragen können, die gefundenen oder vielleicht nur vermeintlichen Ergebnisse erneut kritisch zu überprüfen.

5.9 Personelle Situation im Bereich Pflege und Assistenz in Einrichtungen der stationären Altenpflege: Irritationen

In den Auswertungen der ethnographischen Texte wie auch in den Interviews tauchen viele Aussagen und Hinweise auf, die eine problematische Personalsituation im Seniorenzentrum vermuten lassen. Damit stellt sich die Frage, wie sich der Personalbedarf einer solchen Einrichtung feststellen lässt. Albert Brühl fasst die derzeitige Situation zur Bestimmung des Personalbedarfs in der Pflege wie folgt zusammen:

> „Die Bearbeitung der Aufgabe der Personalbedarfsbemessung wird in der Pflege immer noch durch einen nicht konsequent empirischen Zugang zu dieser empirischen Fragestellung behindert. Nirgends in der Pflege werden Methoden zur empirischen Entwicklung und Bewertung von entsprechenden Instrumenten wirklich konsequent eingesetzt. Erfahrungen aus dem Bereich Sozialer Arbeit zeigen, wie notwendig die Entwicklung von Klassifikationssystemen jenseits derer der Medizin im Gesundheitswesen ist." (Brühl 2003: S. 5).

Ein Klassifikationsmodell zum Personalbedarf jenseits der Systeme der Medizin, wie Brühl dies fordert, würde bedeuten, alle angemessenen Bedürfnisse eines Menschen anzuerkennen und zu bewerten, welche der betreffende Pflegebedürftige nicht selbst realisieren kann. Damit wäre ein wirklich umfassendes Bedarfsmodell mit sozialpädagogischer *und* pflegewissenschaftlicher Orientierung zur Grundlage der Personalplanung zu nehmen. Selbstverständlich müsste sich ein solches Modell auch in der Finanzierung entsprechender Einrichtungen durch die Kostenträger niederschlagen. Die Realität ist hiervon weit entfernt. Dies gilt für die ambulante ebenso wie für die stationäre Altenpflege.

Bleiben wir jedoch bei letzterer. Schon der Begriff der stationären Altenpflege ist dabei problematisch: Zum Einen wird in den Einrichtungen der stationären Altenpflege nicht nur gepflegt und der Bewohner ansonsten sich selbst

überlassen. Zum Anderen erinnert „stationär" doch allzu sehr an ein Krankenhaus, die Begrifflichkeiten im SGB XI sind zumindest im hohen Maß dem medi-
zinisch-orientierten, pflegerischen Begriffsspektrum entnommen.

Die Versorgung der BewohnerInnen solcher Einrichtungen, soweit sie nicht
etwa die durch die Küche hervorgerufenen materiellen Gaumenfreuden betrifft
und auch nicht das Dach über dem jeweiligen Kopf, erfolgt in zentralen Bereichen über Dienstleistungen am oder um die BewohnerIn. Problematisch zu sein
scheint an erster Stelle die Personalsituation im Bereich der Pflege und Assis-
tenz. Die Begriffe sind zunächst zu erläutern.

Pflege umfasst Leistungen der Grundpflege und der Behandlungspflege.
Der Einfachheit halber definieren wir „Grundpflege" als solche Leistungen, die
ein alter oder behinderter Mensch selbst an sich leisten würde, wenn er dazu in
der Lage wäre. Also sich waschen, zur Toilette gehen, Mundhygiene usw. Dagegen sind Leistungen der Behandlungspflege solche Leistungen, für die es einen
gewissen medizinisch-pflegerischen Sachverstand braucht, wie etwa Wundver-
sorgung oder die Verabreichung von Medikamenten.

Gehen wir im Folgenden von unserem konkreten Pflegeheim mit seinen 95
Plätzen aus, von denen am 21.04.2005 94 Plätze belegt waren. Diese verteilten
sich am Stichtag auf folgende Pflegestufen:

Tabelle 34: Verteilung der Pflegestufen

		Häufigkeit	Prozent	Gültige Prozente	Kumulierte Prozente
Gültig	Pflegestufe 1	36	38,3	38,3	38,3
	Pflegestufe 2	44	46,8	46,8	85,1
	Pflegestufe 3	14	14,9	14,9	100,0
	Gesamt	94	100,0	100,0	

Pflegestufen bedeuten im Sinne des SGB XI standardisierte Merkmale eines
Menschen hinsichtlich seines Bedarfs an Grundpflege und hauswirtschaftlichen
Hilfen pro Tag, gemessen in Zeit (Behandlungspflege bleibt hierbei unberück-
sichtigt, ist also nicht in dem jeweiligen grundpflegerischen Bedarf des Einzelnen enthalten). Dabei entsprechen die einzelnen Pflegestufen folgenden Min-
destbedarfen in Stunden pro Tag für die enthaltenen Hilfebereiche:

Tabelle 35: Hilfebedarfe nach Pflegestufen

Pflegestufe	I	II	III
Mindesthilfebedarf in Minuten pro Tag	90	180	300

Diesen Hilfebedarf überprüfen seit Einführung der Pflegeversicherung 1995 die MitarbeiterInnen des „Medizinischen Dienstes der Krankenkassen" (MDK) auf Grundlage des SGB XI im Auftrag der Pflegekassen, bevor jeweils eine Einstufung in eine Pflegestufe oder deren Anpassung an veränderte Hilfebedarfe erfolgt. Die Zuweisung einer Pflegestufe, die mit entsprechenden finanziellen Aufwendungen für die Kassen regelmäßig (wenn auch der Höhe nach für die jeweilige Pflegestufe monatlich begrenzt) mit Kosten verbunden ist, erfolgt übrigens durch den MDK nicht gerade großzügig. Es würde nun nahe liegen, für Einrichtungen der stationären Altenpflege den individuellen Hilfebedarf der BewohnerInnen als Richtwert für die Personalbemessung zu nehmen. Genau dies geschieht angeblich, ist aber in der Realität schwieriger zu überblicken, als dies zunächst erscheint.

Das SGB XI sieht in seinem § 75 vor, dass die Verbände der Pflegekassen mit den Einrichtungsträgern, regelmäßig vertreten durch ihre Spitzenverbände auf Landesebene, „Rahmenverträge über die vollstationäre pflegerische Versorgung gemäß § 75 Abs. 1 SGB XI" abschließen. Zu einem solchen Abschluss kam es in Hessen im Gegensatz zu den meisten anderen Bundesländern jedoch nicht. Für diesen Fall ist vom Gesetzgeber vorgesehen, dass die Einigung zwischen Kostenträgern und Pflegeeinrichtungen durch den Spruch einer paritätisch besetzten Schiedsstelle ersetzt wird. Paritätische Besetzung würde zunächst die Erwartung nahe legen, dass beide Seiten, Leistungserbringer und Kostenträger, mit gleicher Stimmenzahl ein Gremium bilden, dem möglicherweise darüber hinaus ein unabhängiger Vorsitzender angehört, der das Vertrauen beider Seiten besitzt. Leider ist das in Hessen anders: Die Parität bezieht sich nämlich auf einen dritten Verhandlungsführer, den die Vertreter von Städten und Gemeinden bilden. Da jedoch die kommunalen Verbände im Rahmen des Bundessozialhilfegesetzes (BSHG) auch Kostenträger sind, ist deren Interessenunabhängigkeit keineswegs anzunehmen. Die zuständige Schiedsstelle hat dann auch entschieden und zwar am 15.10.2005.

In dem dort beschiedenen Rahmenvertrag wird der Personalbedarf für die vollstationäre pflegerische Versorgung durch zwei Hilfsgrößen mit dem individuellen Hilfebedarf der BewohnerInnen verbunden: Zum Einen über so genannte Personalrichtwerte nach § 21 (1) dieses Rahmenvertrags, zum Zweiten über die „Äquivalenzziffern" nach § 21 (2).

Die Personalrichtwerte für den „Pflege- und Betreuungsdienst" (§ 21 (1) Abs. 1. Rahmenvertrag) sind dort mit 1:3,4 für die Pflegestufe I festgeschrieben (wobei 10 % dieser Stellenanteile zudem der Hauswirtschaft, 2% der Leitung zugeschrieben werden können). Für den Hauswirtschaftsdienst liegen sie pflegestufenunabhängig für Pflegeheime mit mehr als 40 Plätzen bei 1:5,9 (§ 21 (1) Abs. 2. Rahmenvertrag) und für Leitung und Verwaltung für Pflegeheime mit mehr als 40 Plätzen bei 1:28 (§ 21 (1) Abs. 3. Rahmenvertrag).

Dies bedeutet, dass eine MitarbeiterIn in Vollzeit im Bereich des Pflege- und Betreuungsdienstes genau 3,4 BewohnerInnen der Pflegestufe I versorgen muss. Hinzu kommen die MitarbeiterInnen im Hauswirtschaftsdienst und für die Leitung und Verwaltung, wobei 10% der Stellen im erstgenannten Bereich hierfür eingesetzt werden können. Was das konkret bedeutet, wird sich gleich herausstellen. Vorher sind jedoch die Äquivalenzziffern zu betrachten.

Diese Äquivalenzziffern ergeben über den „Personalanhaltswert" und die „pflegeheimbezogene Pflegekennziffer" den „konkreten Personalrichtwert" einer Einrichtung. Dies klingt kompliziert und ist es auch. Der Text der Schiedsstellenentscheidung vom 15.10.2005 lautet hier:

> „Der konkrete Personalrichtwert eines Pflegeheims wird wie folgt berechnet: Personalanhaltswert dividiert durch pflegeheimbezogene Pflegekennziffer (PKZ). Die PKZ ist eine Kennzahl, die die Pflegebedürftigkeitsstruktur eines Pflegeheims wiedergibt. Sie wird wie folgt berechnet: Anteil der Heimbewohnerinnen und Heimbewohner jeder Pflegestufe an der Gesamtzahl der Heimbewohnerinnen und Heimbewohner des Pflegeheims (gemäß der Leistungs- und Qualitätsvereinbarung) multipliziert mit der Äquivalenzziffer der jeweiligen Pflegestufe (Pflegestufe 0 = 0,70; Pflegestufe I = 1,00; Pflegestufe II = 1,40; Pflegestufe III = 1,80); die Addition dieser Produkte aus Äquivalenzziffern und Anteilen an den jeweiligen Pflegestufen ergibt die Pflegekennziffer." (Rahmenvertrag über die vollstationäre pflegerische Versorgung gemäß § 75 Abs. 1 SGB XI für das Land Hessen gemäß Beschluss der Schiedsstelle vom 15.10.2005: S. 18)[73].

Woher dabei die Äquivalenzziffern ihre empirische Begründung erfahren, bleibt ziemlich unklar. Um die Berechnungsform und deren Bedeutung anschaulich zu machen, soll die Berechnung für unser konkretes Heim mit seiner Belegung am 21.04.2005 einmal durchgespielt werden. Zunächst daher die Ermittlung der Pflegekennziffer im vorgestellten Fall.

Der Personalanhaltswert wurde durch die zitierte Schiedsstellenentscheidung mit 1:3,4 festgelegt. Teilt man diesen Wert durch die Pflegekennziffer (wie ebenfalls in dieser Schiedsstellenentscheidung festgelegt!), ergibt sich für den

---

[73] Nein, das ist leider keine Satire. Falsche Interpunktion übrigens im Original.

Personalrichtwert der Wert von 0,0261. Das war aber wohl etwas niedrig und deshalb scheinbar nicht wirklich gemeint[74]: Gemeint war vielmehr 0,0261

Tabelle 36: Pflegestufen und Pflegekennziffern

	Häufigkeit	Verteilung in Prozent	Äquiva- lenzziffer	Pflege- kennziffer
Pflegestufe 0	1	1,06%	0,70	0,74
Pflegestufe I	35	37,23%	1,00	37,23
Pflegestufe II	44	46,81%	1,40	65,53
Pflegestufe III	14	14,89%	1,80	26,81
Summe:	94	100%	PKZ	130,32

multipliziert mit Hundert. Also näherungsweise 2,61[75]. Setzt man wiederum 3,40 für 94 BewohnerInnen der Pflegestufe I in das entsprechende Verhältnis zu den gemäß PKZ ermittelten Bedarfen der BewohnerInnen[76], so ergibt sich ein Personalbedarf für Pflege und Betreuung von 94 BewohnerInnen, geteilt durch 2,61, also 36,03 Vollzeitstellen für Pflege und Betreuung (von denen allerdings 3,6 Stellen auf andere Bereiche wie Hauswirtschaft angerechnet werden dürfen). Damit bleiben letztlich 32,4 Stellen.

Hinzu kommen für Hauswirtschaft, Gebäudereinigung, Hausmeisteraufgaben, Wäsche usw. noch einmal 15,93 Vollzeitstellen und 3,36 Stellen für Leitung und Verwaltung (von denen 2% aber ebenfalls dem Pflegepersonal abgezogen werden können, das wären aber nur 0,07 Stellen, näherungsweise).

Für unser Pflegeheim hätten wir dann im günstigsten Falle 55,31 Vollzeitstellen, andernfalls bei entsprechender Verrechnung von Hauswirtschaft und Verwaltung knapp 52 Stellen. Dabei werden extern vergebene Dienste mit kostenbezogenen Äquivalenten als Stellenanteile einbezogen[77]. Soweit der Schiedsstellenspruch für Hessen.

---

[74] So kniggerig wollten nicht einmal die Kostenträger und die Schiedsstelle in Hessen sein. Was für jene spricht. Nicht aber für deren mathematische Fähigkeiten. Auch nicht für jene, die Gemeintes in Geschriebenes übertragen haben.

[75] Da haben die Heime und die Pflegebedürftigen aber wirklich Glück, dass die Kontrollbehörden nur am Gemeinten messen. Sonst müssten die Einrichtungen mit gerade mal einem Prozent des Personals auskommen, man bedenke!

[76] Richtig macht man das eben so: Personalanhaltswert geteilt durch PKZ, multipliziert mit 100.

[77] Einzelheiten zur Berechnung erspare ich dem geneigten Leser lieber, es geht jedenfalls hier um Kosten, die in Stellenanteile umgerechnet werden.

Man könnte indes geneigt sein, eine Gegenrechnung aufzumachen[78]. Hierzu sollte man zunächst die einzelnen Größen zur Berechnung des Personalbedarfs in Einrichtungen der stationären Pflege würdigen. Zunächst wollen wir unsere Aufmerksamkeit dem Personalrichtwert zuwenden. Er beträgt 1:3,40, also kann demnach eine MitarbeiterIn in Vollzeit genau 3,4 BewohnerInnen der Pflegestufe I ihren jeweiligen Bedarf an Hilfe und Unterstützung erfüllen. Schau'n wir mal.

Der (minimale) Hilfebedarf für einen Bewohner der Pflegestufe I beträgt 90 Minuten oder 1,5 Stunden pro Tag. Im Jahr sind das dann 547,88 Stunden (nahe liegenderweise bei Einrechnung der Schaltjahre, also im Mittel 365,25 Tagen p.a.). Wenn eine MitarbeiterIn in Vollzeit den Hilfebedarf von 3,4 BewohnerInnen befriedigen soll, muss er (oder eher sie) demnach 1.862,78 Stunden im Jahr arbeiten und zwar am Bewohner.

Wie viel Zeit arbeitet eine MitarbeiterIn aber wirklich? Überstunden usw. können wir hier weglassen (sie werden entweder „abgefeiert", oder könnten, wenn sie bezahlt werden, genauso gut in Stellenanteilen ausgedrückt werden). Wir wollen jetzt auch nicht von den in Hessen (noch) begünstigten Angestellten auf Grundlage des BAT mit 38,5 Wochenstunden ausgehen, sondern vom überwiegenden Fall mit 40 Wochenstunden. Dabei wurden für Angestellte in mittleren Jahren des Arbeitslebens (nur) 25 Tage Urlaub, (nur) 3 Tage Fortbildung und (nur) 5 Tage Krankheit unterstellt. Damit ergibt sich die folgende Berechnung[79]:

Tabelle 37: Arbeitszeit und verbleibende Arbeitszeit pro Jahr (Vollzeitstelle)

	Jahresarbeitszeit
Arbeitszeit pro Woche (Std.)	40,00
Arbeitszeit pro Jahr (365,25 Tage) mal brutto (Std.)	2.087,14
abzgl. Urlaub	200,00
abzgl.8 Feiertage	64,00
abzgl. Fortbildung	24,00
abzgl. Krankheit	40,00
Verbleibende Arbeitszeit pro Jahr (Std.)	1.759,14

Eine MitarbeiterIn in Vollzeit steht also pro Jahr im Mittel etwa 1.760 Stunden vor Ort zu Verfügung. Dem stehen 1.862,78 Stunden gegenüber, die sie nach der benannten Schiedsstellenentscheidung schon am Bewohner verplant ist. Allein dies bedeutet für unsere Einrichtung, dass zu Befriedigung der Bedarfe der Be-

---

[78] Natürlich böswilligerweise und nur aus Gründen der Rechthaberei.

[79] Ob man das jetzt entsprechend auf die fünf Tage Woche oder die 5,5 Tage Woche berechnet, ist nun wirklich Jacke wie Hose: Entsprechende Größen verändern sich gleichsinnig.

wohnerInnen schon 103,64 Stunden pro Jahr und MitarbeiterIn in Vollzeit fehlen. Das sind pro MitarbeiterIn etwa 6% der in der Schiedsstellenentscheidung unterstellten Arbeitszeit. Bezogen auf die Anzahl der Vollzeitstellen fehlen allein aus diesem (im Übrigen als tendenziös zu unterstellendem) Fehler ganze 2,2 Vollzeitstellen. Doch es kommt noch härter:

In einer Fallstudie von Gisela Ascher, deren Manuskript mir vorliegt, wurde der Versuch unternommen, bewohnerbezogene Pflegezeiten allgemeinen Anteilen der Arbeitszeit von Mitarbeitern der Pflege gegenüberzustellen, die nicht direkt im unmittelbaren Kontakt dem Pflegebedürftigen zugute kommen. Die Studie wurde im Auftrag des Instituts für Pflegeforschung in Hessen erstellt und ist auch als Titel im Internetauftritt des Instituts zu finden: Der Text ist dagegen seltsamerweise nicht abrufbar, die Pflegeeinrichtung will zudem (entgegen ursprünglicher Einlassungen gegenüber dem Institut) nicht namentlich genannt werden[80]. Im Ergebnis der Studie wird für pflegeferne, nicht- bewohnerbezogene Tätigkeiten wie Wege, Material und Gerät holen usw. ein Anhaltswert von über 12 % der Arbeitszeit der MitarbeiterInnen ermittelt, hinzu kommen weitere 12 % der Arbeitszeit für bewohnerbezogene, aber nicht am Bewohner unmittelbare zu verrichtende Tätigkeiten wie Arzt- und Angehörigengespräche, Übergabegespräche, Dokumentationen usw. Im Hilfebedarf je Pflegestufe ist das alles jedenfalls nicht vorgesehen. Woher also soll solches kommen?

Damit fehlen jedenfalls näherungsweise weitere 8,65 Stellen. Und das bezieht sich nur auf den gemäß Schiedsstellenentscheid ermittelten Personalbedarf. Dies alles mag schon bedenklich erscheinen, der Leser sei indes versichert: Das schwerwiegendere Problem kommt erst noch.

Wir gingen bekanntlich von folgender Überlegung aus: Ein Pflegebedürftiger der Pflegestufe I hat (mindestens) 90 Minuten Hilfebedarf, der der Pflegestufe II 180 Minuten usw. Etwas realistischer dürfte dagegen die folgende Überlegung sein:

Wenn ein pflegebedürftiger Mensch den täglichen Bedarf an Unterstützung von weniger als 90 Minuten aufweist, beispielsweise nur 80 Minuten (um nicht zu pingelig zu sein) wird er nicht als pflegebedürftig im Sinne der Pflegeversicherung betrachtet. Er darf also gar nicht in ein Heim, es sei denn, er wäre bereit, alle Kosten selbst zu tragen (d.h. ohne Zuzahlung durch Pflegekasse oder Sozialhilfeträger). Hat der Betreffende dagegen einen Hilfebedarf von weniger als 180 Minuten pro Tag, so gehört er der Pflegestufe I an, bei weniger als 300 Minuten der Pflegestufe II. Realistisch scheint daher die Annahme, dass genau so viele Menschen der Pflegestufe I einen täglichen Hilfebedarf von 90 Minuten haben wie solche von 179 Minuten (jetzt werden wir wegen der Berechenbarkeit in

---

[80] Auch mir liegt nur ein anonymisierter Forschungsbericht vor.

Maßen der zentralen Tendenz doch etwas pingelig). Nimmt man weiter an, dass diejenigen zwischen 90 und 179 Minuten Hilfebedarf etwa gleich verteilt sind, so ist es realistisch, zumindest für die Pflegestufen I und II mit den mittleren zeitlichen Bedarfen zu rechnen (die Pflegestufe III lässt sich nicht mit einer höheren Stufe vergleichen; wir rechnen daher (nur) die mittlere Differenz zwischen Stufe I und II hinzu; für die Bewohnerin mit der Pflegstufe 0 wurde (nur) der halbe minimale Bedarf der Pflegestufe 1, also 45 Minuten in die Berechnung eingestellt). Dabei bleibt festzustellen: Wir bewegen uns immer noch in solchen Maßzahlen, die für alle Pflegebedürftigen in unserem Land keine Geringeren als die Verbände der Pflegekassen amtlicherseits (durch den MDK eben) haben festlegen lassen! Dies berücksichtigend, ergibt sich für die BewohnerInnen in unserem Heim folgender Zeitbedarf pro Jahr:

Tabelle 38: Hilfebedarf der BewohnerInnen in Stunden pro Jahr

Pflegestufe	Häufigkeit	Hilfebedarf real. Std./Tag	Hilfebedarf real. Std./Jahr pro Person	Summe Bedarf real. Std./Jahr
0	1	0,75	273,94	273,94
I	35	2,25	821,81	28.763,44
II	44	4,00	1.461,00	64.284,00
III	14	6,00	2.191,50	30.681,00
	94		Summe:	124.002,38

Teilt man nun diesen wohl realistischeren Hilfebedarf aller BewohnerInnen durch die mittlere Arbeitszeit, so berechnet sich für diese Gemeinschaft von Pflegebedürftigen ein Bedarf für Pflege, Betreuung und Hauswirtschaft von 70,5 Vollzeitstellen, also fehlen rund 16 weitere Stellen. Mit anderen Worten: Für das Heim sind 53 Vollzeitstellen ausgewiesen, nach den vorher angestellten Berechnungen (und zwar innerhalb der Logik der Feststellung der Pflegebedürftigkeit) werden annähernd 80 Vollzeitstellen (genau 79,85 Stellen) in Pflege, Betreuung und Hauswirtschaft benötigt. Und dabei ist noch nicht einmal berücksichtigt, dass BewohnerInnen mit demenzieller Veränderung vielleicht noch viele Dinge in Sachen Eigenpflege machen *könnten,* sie es aber wegen ihrer Einschränkung nicht tun, weil sie nicht angeleitet werden[81].

---

[81] In Hessen werden im Gegensatz zu anderen Bundesländern wie etwa Baden-Württemberg solche Bedarfe regelmäßig *nicht* bei der Feststellung des Hilfebedarfs einbezogen!

Danach fehlen mindestens 27 Vollzeitstellen, um den individuell festgestellten Bedarf der BewohnerInnen zu bedienen. Das sind über 50 % der zurzeit besetzten Stellen! Und darin sind die für Behandlungspflege zusätzlich aufgewendeten Zeiten und Zeiten zur Anleitung für Demenzkranke nicht enthalten! Es gibt hierzu nicht viel mehr zu sagen, außer:

> „Die Lösung des Problems der Pflegepersonalbemessung führt über eine Instrumentenentwicklung und -bewertung, die mit geeigneten empirischen Techniken in ihrer Qualität an einer testbaren Erklärung und Begründung von Pflegeleistungen über Pflegebedarf zu orientieren ist. Es wäre deshalb sinnvoll, die vielfältigen Widerstände gegenüber einem konsequenten Einsatz empirischer Methoden zur Instrumentenentwicklung und -bewertung zu überwinden" (Brühl 2003: S. 27).

Überlegungen zu den von Brühl angesprochenen Widerständen anzustellen, überlasse ich den LeserInnen. Aber es dürfte wohl um Geld gehen ...

6 Interpretation der Ergebnisse

6.1 Rückbesinnung auf die Fragestellung und einige sehr vorläufige Antworten hierauf

Bevor diese Arbeit abgeschlossen werden kann, ist zu prüfen, ob die eingangs genannten Fragen an die Realität im CQJ-Seniorenzentrum C-burg und an seine BewohnerInnen wenigstens ansatzweise beantwortet wurden. An dieser Stelle seien deshalb die Fragen aus dem Entdeckungszusammenhang nochmals wiederholt, auf die hier eine Antwort gefunden werden sollte:

1. Hat Hirsch Recht, wenn er tendenziell ausschließt, dass ein Mensch freiwillig in ein Pflegeheim geht? Werden alte Menschen ins Heim gesteckt, damit sie nicht länger die Jungen stören?
2. Sind damit die Möglichkeiten zu einer autonomen und kommunikativen Lebensführung im Pflegeheim wegen der Konstitution der Betroffenen tendenziell unmöglich, wie Düx nahe legt?
3. Zeigt sich Lebensqualität im Alter auch im Pflegeheim und hängt sie vor allem von der persönlichen Gesundheit ab, wie es die Studie von Gudrun Dietrich aussagt?
4. Und: Ist das CQJ-Seniorenzentrum C-burg eine Totale Institution im Sinne von Goffman? Ist die „soziale Hölle" von der Wallraff spricht, ein Ausdruck oder gar die Steigerungsform dessen, was Goffman meint?
5. Und schließlich: War die Kombination von ethnographischen, biographischen und quantitativen Methoden sinnvoll, um einen Zugang zu der besonderen Welt im CQJ-Seniorenzentrum C-burg zu finden?

In den folgenden Abschnitten werden die Ergebnisse der Untersuchung zu diesen Aspekten der Fragestellung zusammengefasst.

6.2 Ist das Pflegeheim ein Ort der Abgeschobenen?

Zur Beantwortung dieses Fragenkomplexes können fast ausschließlich die Ergebnisse der narrativen Interviews verwendet werden, in den ethnographischen

Dokumenten finden sich kaum Hinweise zu Fragen des Zugangs und seiner Umstände. Dafür wird dieser Themenkreis in fast allen Interviews ausführlich behandelt.

Die erste Antwort auf Hirschs These ist: Diese Einrichtung scheint kein Ort, keine Verwahranstalt für die abgeschobenen Alten unserer Gesellschaft zu sein. Dem widerspricht schon die Tatsache, dass vier der Interviewten angaben und glaubhaft machen konnten, aus eigener Entscheidung in dieses Heim gegangen zu sein, während nur zwei offensichtlich fremdbestimmt dorthin verfügt worden sind. In allen übrigen Fällen, von zwei Ausnahmen abgesehen, scheint der Übergang eher mit der sozialen Umgebung freundlich ausgehandelt worden zu sein. Die Heimaufnahme wurde bei den Befragten, soweit feststellbar, überhaupt nur in einem Fall durch einen gesetzlichen Betreuer veranlasst (bei Herrn Hanke nämlich). Ausgerechnet der aber scheint eine realistische Möglichkeit zu haben, die Einrichtung wieder verlassen zu können und damit eher vorläufig und freiwillig im Haus zu bleiben.

Dazu passt auch, dass die überwiegende Mehrzahl der Interviewten durch eine langwierige Erkrankung schließlich im Pflegeheim „ankamen". Drei gingen darüber hinaus ohne akute Erkrankung hinein, zwei davon gehören zu den oben erwähnten Selbstbestimmten: Herr Moos, der seine pflegebedürftige Lebensgefährtin begleiten wollte und immer noch die Option sieht, zu seiner Schwester zu ziehen. Frau Muschel, die zwar altersbedingt ein wenig eingeschränkt ist, die aber vor allem nicht mehr bei ihrem Sohn leben wollte.

Es lässt sich allerdings vermuten, dass bei den verwirrten BewohnerInnen die Dinge anders gelegen haben dürften: Frau Volz, Frau Linde und Frau Ballweg, so ist anzunehmen, dürften kaum wesentlich an der Entscheidung beteiligt gewesen sein. Betrachtet man die Ergebnisse in der biographischen Kategorie zur Aushandlung der Heimunterbringung, so kann jedoch weiterhin angenommen werden, dass die Mehrzahl der BewohnerInnen im Zusammenhang mit einem eher freundlichen Dialog mit Angehörigen die Entscheidung für das Pflegeheim vor der Einschätzung ihrer Beeinträchtigungen und vor dem Hintergrund der Möglichkeiten von Familie und sozialem Umfeld schließlich mehr oder weniger notgedrungen akzeptierten. Um diesen Aspekt des Übergangs in ein Pflegeheim näher zu beleuchten, bedürfte es einer eigenen Untersuchung, die auch die Angehörigen und ggf. die gesetzlichen Betreuer einbeziehen müsste. Diese Untersuchung müsste im höheren Maß als diese hier aktenanalytisch vorgehen und Fragen klären wie beispielsweise: Welche rechtliche Handhabe wurde eingesetzt, um den Übergang zu vollziehen? Unter welchen Umständen kam diese Entscheidung zustande? Wie kam es dazu, dass ein Berufsbetreuer anstatt eines Familienangehörigen zur Betreuung herangezogen wurde?

Es bleibt jedenfalls aus meiner Sicht festzuhalten: Es gibt sie, die Unfreiwilligen, die vielleicht Abgeschobene sein können. Sie machen aber kaum die Mehrzahl der in diesem Heim lebenden Menschen aus.

6.3 Sind weitgehende Einschränkungen von Autonomie und Kommunikation durch die Konstitution der BewohnerInnen bestimmt?

Bezogen auf die vorliegenden Quellen kann gesagt werden, dass die These von Holger Düx (Düx 1997), wonach die Möglichkeiten zu einer autonomen und kommunikativen Lebensführung im Pflegeheim wegen der Konstitution der Betroffenen tendenziell unmöglich sei, aus der Sicht dieses Projekts zu kurz greift und nicht bestätigt werden kann. Dabei ist allerdings dem Autor zugute zu halten, dass seine Studie im wesentlichen Altenheimbewohner mit Bewohnern eines Pflegeheims vergleicht. Als „alter Quantitativer" würde ich aber sogar bei einer qualitativen Studie wie der von Düx sagen: Gemessen an der zentralen Tendenz beim Vergleich beider Teilgruppen hat der Autor ja nicht unrecht.

Tatsache scheint zu sein (das zeigt sich ziemlich eindeutig in den hier ausgewerteten Dokumenten), dass bei einigen BewohnerInnen von Pflegeheimen die Möglichkeiten zur Autonomie und Kommunikation erheblich eingeschränkt sind: Betroffen sind vor allem die Bettlägerigen und die Hoch-Dementen. Dem stehen aber solche BewohnerInnen gegenüber, die jede Möglichkeit zur Geselligkeit wahrzunehmen scheinen, wie Frau Bader, Frau Wiese, Frau Freund oder Frau Reim. Von den Herren Hanke und Moos brauchen wir hier gar nicht erst zu reden; sie sind zwar weniger gesellig bezogen auf die Gruppenangebote, machen aber sehr deutlich „ihr Ding". Gleiches gilt etwa für Frau Muschel. Diese BewohnerInnen sind allerdings, mit Ausnahme von Frau Wiese (SO 4,8 RO 4,3) und Frau Freund bei der Situationsangemessenheit ihres Verhaltens (SO 4,4 RO 2,2) auch im hohen Maß orientiert.

Verlierer sind im Heim in erster Näherung Menschen wie Frau Ballweg oder auch Frau Volz und Frau Linde. Das liegt aus meiner Sicht weniger an einer sozialen Hierarchie, die Demente in die untersten Ränge verweist wie Düx vermutet. Vielmehr steht im Vordergrund, dass sich orientierte BewohnerInnen i.d.R. beim Essen schon etwas gestört fühlen, wenn z.B. Frau Ballweg dabei ihr Gebiss in ihrem Teeglas reinigt. Es handelt sich also um Konflikte, die sich aus unterschiedlicher Vorstellung von sozialem Zusammenleben ergeben, bei denen allerdings Demente mit größerer Wahrscheinlichkeit auffällig sein können. Im Seniorenzentrum wird keine Segregation der BewohnerInnen, weder nach Kostenträgern noch nach Diagnose oder Orientierung betrieben. Wäre das aber die Alternative?

Frau Ballweg „nervt" zugegebenermaßen mit ihrem Verhalten einige der MitbewohnerInnen. Gleichzeitig zeigen sich aber (und nicht nur bei ihr) Anzeichen von Unterstützung und - wenn nicht Verständnis - so doch Mitleid bei ihren Mitbewohnern. Gleiches gilt (fast im höheren Maß, weil sie nicht so „nervt") bei Frau Volz. Frau Linde dagegen ist für diese Untersuchung sogar ein besonderer Fall: Bei ihr wird deutlich, dass sich auch ein im hohen Umfang dementer Mensch (SO 5,8 RO 7,6) entwickeln kann. Und das, obwohl hier mit den beteiligten StudentInnen keine hochqualifizierten Spezialisten sie „in der Mache" hatten: Lediglich ein paar Studierende der Erziehungswissenschaften, noch dazu in der ersten Hälfte ihres Studiums, haben sich etwas Zeit für sie genommen. Das sollte allerdings Stoff zum Nachdenken geben.

Wer hier allerdings eindeutig zu kurz kommt, sind die Bettlägerigen, hier hat Düx wohl Recht. Ihr Kontakt, vom Projekt einmal abgesehen, beschränkt sich auf BesucherInnen und das Hauspersonal; bei letzteren fast ausschließlich im Zusammenhang mit der Durchführung der unmittelbaren Pflegeleistungen (die geschätzten durchschnittlich maximal 15 Minuten pro Woche, die der Sozialdienst aufbringen kann, sind hier fast vernachlässigbar). Gut, wenn diese BewohnerInnen noch Angehörige haben wie Frau Salm mit ihren Söhnen, die auch Zeit finden. Jedenfalls sind neben den Dementen vor allem die Bettlägerigen diejenigen, für die Hirschs Aussage zutrifft:

> „Abschließende Bemerkung: Es ist wenig darüber bekannt, wie pflegebedürftige alte Menschen die oft sehr willkürlichen Einschränkungen ihrer Menschenrechte erleben. Wer sich in unserer Gesellschaft nicht äußern kann, wer über keine Lobby verfügt und sich durch andere vertreten lassen muss, wird mit Gleichgültigkeit bestraft." (Hirsch 2002: S. 19).

Das Problem liegt auch darin, dass ein Bettlägeriger, der sich etwa nach einem schweren Schlaganfall kaum mehr bewegen oder äußern kann wie beispielsweise Herr Förster, wohl kaum in der Lage ist, an Gruppenangeboten teilzunehmen[82]. Daran wird auch eine entsprechende Lobby nichts ändern. Ändern könnte sich jedoch die Aufmerksamkeit solchen BewohnerInnen gegenüber. Mit Blick auf Frau Linde: Schau'n wir mal, was noch geht. Dazu braucht es aber vor allem Zeit und entsprechend zeitlich ausgestattete, motivierte und (natürlich auch) qualifizierte MitarbeiterInnen.

---

[82] Selbst kurze Spazierfahrten im Rollstuhl werden ihm zum Problem, wie ich (zu Beginn meiner Zeit im Seniorenzentrum und völlig übermotiviert) aus eigener Erfahrung weiß. Bei Veranstaltungen ist er jedoch oft (nach Tagesform) dabei.

6.4   Gibt es Lebensqualität im Pflegeheim?

Es dürfte deutlich geworden sein, dass es auch in Einrichtungen der stationären Altenpflege es so etwas wie Lebensqualität gibt, die allerdings tatsächlich von den geistigen und körperlichen Möglichkeiten des Einzelnen abhängt, wie Gudrun Dietrich nahe legt. Aber auch Gegenteiliges ist verzeichnet in dem Sinne, dass auch Menschen mit ungünstigen Voraussetzungen Lebensqualität erfahren können oder zumindest könnten.

Auf der einen Seite stehen da diejenigen, die in ihrem Alltag vor der Heimaufnahme durch den allmählichen Kontaktverlust oder durch räumlich-bauliche Verhältnisse sehr eingeschränkt und dadurch isoliert waren. Diese Gruppe kann, sofern die Mitglieder einigermaßen orientiert und kontaktfähig sind, auch und *vielleicht gerade im Pflegeheim* wieder in Kontakte und Beziehungen eintreten und möglicherweise dadurch eine Lebensqualität gewinnen, die vorher in großen Teilen abhanden gekommen war. Ein sicherlich extremes Beispiel ist hier Frau Reim, der das Leben im Haushalt ihres Sohnes schlicht zu langweilig war und sich jetzt, nach eigener Aussage, wie in Erholung fühlt.

Dazu ein anderes Beispiel aus der jüngeren Vergangenheit: Nach Abschluss des Projekts sind im Haus fast zur gleichen Zeit zwei Damen eingezogen, die von Anfang an ein Zimmer teilten. Vor der Aufnahme hatten Pflegedienstleitung und Sozialdienst bei beiden ernste Bedenken, weil sie als leicht bzw. mittelschwer desorientiert angesehen werden mussten, letztlich neben Unfällen jüngeren Datums einer der Gründe für die durch die Angehörigen organisierte Heimunterbringung. Diese erschien jedoch durchaus „freundlich ausgehandelt" zu sein. Hinzu kam aber, dass beide noch (oder wieder) leidlich mobil waren, beide lebten zuletzt allein in ihrer Wohnung.

Nach der Aufnahme sind jedoch Umstände eingetreten, die zumindest mich begeistern: Jedenfalls sah man sie fortan fast nur noch gemeinsam auftreten, selbst dann, wenn eine von beiden Besuch bekam, schien ihnen die auch nur zeitweilige Trennung schwer zu fallen. Dabei war zu beobachten, dass beider Zusammenleben nicht ohne Konflikte abging, einige Auseinandersetzungen wurden auch in der Öffentlichkeit des Hauses, z.B. im Bistro oder bei Gruppenangeboten deutlich: Bei solchen Auseinandersetzungen wies immer eine von beiden Damen die jeweils andere auf etwaiges Fehlverhalten hin, und zwar durchaus in wechselnder Rolle: Einmal war die Eine die Zurechtgewiesene, einmal die Andere. Aber beide unterstützten sich daneben auch dauerhaft und gaben der anderen Halt und Selbstvertrauen: Was die Eine nicht wusste, konnte die Andere beitragen. Bei schönem Wetter machen die Beiden inzwischen vormittags und nachmittags ihre Spaziergänge, mit zunehmender Sicherheit auch in die weitere Umgebung der Einrichtung. Ich denke, für beide wurde im Seniorenzentrum ein Teil von Lebensqualität neu gewonnen. Für mich ist es ausgesprochen angenehm, dies zu beobachten. Nicht, dass ich selbst dazu viel beigetragen hätte: Es hat einfach von den Beteiligten her gepasst und wurde von Pflege und Angehörigen gut begleitet, wie bei Frau Kress und Frau Kirsch.

Gerade auch vom Wirken des sozialen Umfelds im Heim hängt Lebensqualität für die BewohnerInnen ab. Nicht nur unmittelbar nach der Heimaufnahme (wenn auch zu dieser Zeit im besonderen Maße) ist die Zeit im Pflegeheim Gegenstand von Aushandlungsprozessen zwischen BewohnerInnen, Personal und Mitbewohnern hinsichtlich Konflikten, Hilfen und Unterstützung. Hierbei kommt den Angehörigen eine wesentliche Funktion zu: Sie können diese Prozesse begleiten und moderieren. Manchmal allerdings können sich dabei die Rollen auch umkehren: Personal oder gar Mitbewohner moderieren gelegentlich gegenüber BewohnerInnen und den Angehörigen. Je nach Entwicklung solcher Aushandlungen gestalten sich Eingewöhnungsphasen mehr oder weniger schwierig. Je schwieriger diese Phase für die Beteiligten ausfällt, desto geringer ist zeitweise auch die mögliche Lebensqualität für die BewohnerInnen.

Das ist aber nur ein Faktor unter vielen anderen. Die Frage, ob und in welchem Maße es so etwas wie Lebensqualität für die Heimbewohner gibt, lässt sich hier nicht für alle Menschen in der Einrichtung beantworten. Dass Lebensqualität von der Befindlichkeit und vor allem von den persönlichen Möglichkeiten abhängt, lässt sich dagegen eindeutig bejahen.

Eine persönliche Anmerkung an dieser Stelle: Was daraus folgt, muss jeder mit sich (und ggf. mit seinen Angehörigen) ausmachen. Ich selbst bin jetzt deutlich mehr als ein halbes Jahrhundert alt und denke mir auch gelegentlich: Unter bestimmten Bedingungen und mit einer berechenbaren Wahrscheinlichkeit ist das hier deine Zukunft. Umso mehr gilt es, sie zu gestalten, gerade auch für diejenigen, die uns hier vorangehen und die vielleicht weniger in der Lage sind, den Mund aufzumachen, wie das charakteristisch für gewisse Jahrgänge ist, die die späten 60er aktiv miterleben durften. Das nur nebenbei: Durch Betroffenheit könnte sich bei manchen Leuten auch das Bemühen um Innovation verbreiten. Vielleicht entstehen dadurch neue Lebensmodelle trotz Pflegebedürftigkeit.

6.5 Das Seniorenzentrum, eine Totale Institution?

Nun zur These von der Totalen Institution im Sinne von Goffman. Ein konstituierendes Moment einer Totalen Institution sieht Goffman in ihrer Abgeschlossenheit, oder allgemeiner in ihrer Beschränkung des Verkehrs seiner „Insassen" mit der Außenwelt. Dieses Merkmal scheint im CQJ-Seniorenzentrum weitgehend zu fehlen: BewohnerInnen verlassen das Zentrum zum Spaziergang oder mit ihren Angehörigen, wann und wie oft sie wollen. Verschlossene Türen gibt es zwar, nach 20:30 Uhr bis zum Beginn der Frühschicht ist der Haupteingang tatsächlich abgeschlossen. Jede BewohnerIn, die dies wünscht und ebenso die Angehörigen erhalten jedoch einen Schlüssel für diese Tür, außerdem wird auf Klingeln durch den Nachtdienst geöffnet. Allenfalls könnte man in der Bitte an BewohnerInnen und Angehörige, sich bei längerem Verlassen des Gebäudes abzumelden, eine (aber sicherlich eher freundliche) Form der Kontrolle sehen.

Im Rahmen der Aufnahmeprozedur nennt Goffman weiter Demütigung und Rollenverlust als kennzeichnend für den Zugang neuer Insassen zu Totalen Institutionen (vgl. Goffman 1973: S. 25). Diese „Erniedrigungen, Degradierungen, Demütigungen und Entwürdigungen seines Ich" (Goffman 1973: S. 15) sind in Totalen Institutionen systematisch angelegt und zielen auf eine Schwächung der persönlichen Identität des Neuen. Solche Rituale der Demütigung neuer BewohnerInnen durch die Leitung oder andere MitarbeiterInnen des Hauses sind im Rahmen dieser Untersuchung nicht belegt. Allerdings könnte man annehmen, dass die Tatsache, dass sich ein älterer Mensch (in vielen Fällen notgedrungen) in ein Pflegeheim begibt, für ihn bereits eine solche Erniedrigung darstellt. In den forschungsleitenden Überlegungen wäre dies eine der dort benannten Krisen. Ein ritualisierter Rollenverlust durch die Institution ist aus meiner Sicht hiermit jedoch nicht verbunden, jedenfalls nicht zwangsläufig. Allerdings kommt es sicherlich zu neuen Aushandlungen der verschiedenen Rollen, die eine BewohnerIn mitbringt und die in neuer Umgebung angepasst werden müssen. Diese Notwendigkeit ergibt sich aber für jeden Menschen in neuer Umgebung eigentlich ein Leben lang, insofern sind diese Aushandlungsprozesse sogar m.E. mit dem Normalisierungsprinzip vereinbar und damit eben kein Hinweis auf eine Totale Institution.

Freilich sehe ich eine Ausnahme und die betrifft die Unterbringung im Doppelzimmer während der ersten Monate. Hier haben wir tatsächlich einen institutionellen Zwang, man könnte diesen auch ein Ritual nennen, das den neuen Bewohner stabilisierender Bedingungen seiner alten Wohnform beraubt. Verbunden ist diese Form der Unterbringung auch mit dem zumindest zeitweiligen Verlust von Eigentum und vertrauten Dingen des persönlichen Gebrauchs, die stattdessen durch Einrichtungsgegenstände der Institution ersetzt werden.

Jedoch ist in diesem Zusammenhang eine Einschränkung zu machen: Grundsätzlich ist es nicht nur erlaubt, sondern wird von der Einrichtung sogar unterstützt, die Zimmer nach den persönlichen Vorstellungen der BewohnerInnen zu gestalten. Dazu gehört auch, dass persönliche Möbel mitgebracht werden können, die entsprechenden Elemente der standardisierten Einrichtung werden dann ersetzt. Allerdings ist diese Option im Doppelzimmer ungleich schwieriger zu nutzen als dies im Einzelzimmer möglich ist. Eigentlich ist im Doppelzimmer der zu gestaltende Raum viel zu eingeschränkt und klein, um wirklich seine persönlich gestaltete Wohnumwelt zu realisieren.

Auch die vorzufindenden Aufnahmerituale für die neue BewohnerIn sind offensichtlich nicht von der Art, wie die von Goffman beschriebenen: Zwar werden auch bei der Aufnahme neuer BewohnerInnen Daten erhoben und „Schlafplätze zugewiesen", aber nicht in der unpersönlichen Art wie vorher beschrieben und nicht mit dem Ziel (und auch nicht mit dem Ergebnis) des „Trimmens" neuer BewohnerInnen. Wie in den Interviews und den Feldbeobachtungen deutlich wurde, ist der Umgang zwischen BewohnerInnen und Pflege in großen Teilen gerade durch persönliche Nähe der Beteiligten gekennzeichnet, die immer wieder neu, sei es freundlich oder konflikthaft, ausgehandelt wird. Diese Aushandlung beginnt bereits bei der Aufnahme, manchmal auch schon vorher[83].

Ein weiteres Kriterium der Totalen Institution ist die Überwachung ihrer Insassen. Diese Überwachung, wenn sie denn angestrebt gewesen wäre, hätte man schon von baulicher Seite zumindest einfacher gestalten können: Dadurch nämlich, dass anstatt der aufwendigen Grundstruktur des Gebäudes lange Flure vorgesehen worden wären: Dann könnte ein „Aufseher" nämlich jederzeit und problemlos überwachen, was sich im Stockwerk jeweils abspielt. Sicher ist der Hinweis auf räumliche Erschwernisse bei der Überwachung kein ausreichender Anhaltspunkt dafür, dass Kontrolle nicht stattfinden würde. Tatsächlich gibt es die, jedoch nicht mit dem Ziel, große „Blöcke" zu beaufsichtigen. Die Kontrolle durch die MitarbeiterInnen der Pflege findet eher im Umfeld der unmittelbaren Hilfen am Bewohner selbst statt. Dabei wird dem Pflegenden natürlich auffallen, wenn eine BewohnerIn über längere Zeit beispielsweise das Wechseln der Unterwäsche verweigert (oder auch im Gegenteil, fünf Lagen davon übereinander trägt).

Es bleibt noch ein Kriterium Goffman's zu prüfen, nämlich die Aufhebung der üblichen Trennung von Arbeit, Freizeit und Schlaf innerhalb der Totalen Institution. Nun ist für die BewohnerInnen im Seniorenzentrum die Arbeits-Verpflichtung zur persönlichen Reproduktion in aller Regel aufgehoben, weil sie (meist schon seit Jahren) wie in unserer Gesellschaft üblich, sich im so genannten Ruhestand befinden und Rente oder dergleichen beziehen. Die einzige Ausnahme, Frau Sitter, arbeitet außerhalb des Hauses in einer beschützenden Werkstätte.

Auch der Alltag und die Freizeitaktivitäten der BewohnerInnen spielen sich nicht unter einer einheitlichen Autorität innerhalb des Hauses ab. Neben den

---

[83] Etwa dann, wenn BewohnerInnen (mit oder ohne ihren Angehörigen) sich manchmal schon Monate vor Heimaufnahme mit dem Haus, seinen MitarbeiterInnen und seinen BewohnerInnen bei Besuchen vertraut machen, oder sich, wenn der Aufnahmezeitpunkt schon feststeht, dem Personal des künftigen Wohnbereichs vorstellen bzw. sich die MitarbeiterInnen dort vorstellen lassen.

unmittelbar beteiligten Pflegekräften ist für jeden Wohnbereich zunächst die Pflegedienstleitung Ansprechpartner in Konfliktfällen und bei besonderen Wünschen. In der nächsten Ebene der Hierarchie ist das dann die Pflegedienstleitung. Dagegen wird im Bistro der Alltag von den dort eingesetzten Mitarbeitern geregelt, die nicht der Pflegedienstleitung, sondern dem Küchenchef unterstellt sind. Und die Freizeitaktivitäten, soweit es Gruppenangebote betrifft, werden von den MitarbeiterInnen des Sozialdienstes geführt, der ebenfalls mit eigener Leitung versehen ist und der Pflege nicht unterstellt wurde. Über all dem gibt es zwar die Heimleitung, deren Rolle die Gesamtverantwortung zufällt. Aber diese Verantwortung wird eher so wahrgenommen, wie ein Bürgermeister in einer kleinen Gemeinde seine Entscheidungen treffen würde: Abwägen zwischen den Positionen der Beteiligten und darauf aufbauende Entscheidungen[84]. Ansonsten sind die BewohnerInnen frei, ihren Alltag innerhalb oder außerhalb des Hauses zu gestalten; Angebote werden ihnen gemacht, die sie in eigener Entscheidung annehmen oder verwerfen können.

Soviel zur Auseinandersetzung mit der Frage nach der Totalen Institution. Es konnte wohl gezeigt werden, dass das CQJ-Seniorenzentrum C-burg gGmbH keine Totale Institution ist, zumindest noch nicht. Die Gefahr besteht allerdings durchaus, vor allem wegen des verdeutlichten strukturellen Personalmangels: Je weniger Pflege- und Hauswirtschaftskräfte zur Verfügung stehen, um so rationalisierter muss die Versorgung der BewohnerInnen ablaufen und um so weniger kann auf die Wünsche der BewohnerInnen eingegangen werden. Je weniger MitarbeiterInnen dem Sozialdienst zur Verfügung stehen, umso weniger Angebote können gemacht werden.

6.6 Methodenkombination: Was bringt die Kombination der drei Foki im Forschungsprojekt unterm Strich?

Das beschriebene Forschungsprojekt hat, vor allem in den Ergebnissen seiner qualitativen Herangehensweisen, viel Material geliefert. Eine der Stärken dieser Materialfülle könnte sein, dass Fragen ansatzweise beantwortet wurden, die zuvor gar nicht gestellt wurden. Es gibt aber trotzdem keine einfache, klare, eindeutige, unmissverständliche Antwort auf die Ausgangsfragen. Was es allenfalls gibt, sind vielleicht Eindrücke für die LeserIn und vor allem viele neue Ungewissheiten.

Gezeigt werden konnte, so hoffe ich, dass quantitative und qualitative Methoden der Sozialforschung sich nicht ausschließen, sondern sich tatsächlich

---

[84] Die zudem auch noch meist mit dem "Gemeinderat" abzustimmen sind. In unserem Beispiel wären das Heimbeirat, Geschäftsführung und Betriebsrat.

trefflich ergänzen können. Dabei konnte auch dargestellt werden, dass der qualitative Blick nicht unbedingt der Wegbereiter für nachfolgende, „höherwertige" quantitative Studien sein muss. Gerade bei einer Einzelfallstudie wie der vorliegenden ist der quantitative Blick auf die Realität die Hilfswissenschaft, welche bedarfsweise die andere Betrachtung ergänzt und unterstützt. Quantifizierung kann an dieser Stelle vielleicht auch dabei helfen, vor zwar wortreich vorgetragenen, aber dennoch falschen Einschätzungen zu bewahren.

Natürlich sind auch die quantitativen Ergebnisse nur Näherungen an die Realität, was auch sonst. Vieles ließe sich schon allein bei der Erhebung der Daten verbessern. Ich will das an den beiden Indikatoren zur Orientierung der BewohnerInnen deutlich machen. Die Orientierung von Menschen im Heim in der beschriebenen Form zu erheben, ist allenthalben in absehbarer Weise fehlerbehaftet: 1. Es ist nicht sichergestellt, dass die befragten MitarbeiterInnen das Gleiche unter Orientierung verstehen. Vor allem aber könnte es möglich sein, dass die verschiedenen Wohnbereiche eine unterschiedliche Kultur der Toleranz gegenüber adäquatem und inadäquatem Verhalten aufweisen. 2. Die Orientierung von manchen Menschen kann sich zudem im Tagesverlauf oder in anderen Zeiträumen verändern; was also wurde wiedergegeben? Der jüngste Eindruck? Der beste oder der schlechteste Eindruck? Einzelne Erlebnisse mit diesem Menschen, vielleicht auch Konflikte, bei denen die Orientierung und möglicherweise auch die Befindlichkeit des Mitarbeiters eine Rolle gespielt haben? Diese Liste könnte beliebig fortgesetzt werden; und alle Fallen zu besprechen, die bei der Konstruktion eines Erhebungsinstruments am Wegesrand lauern, ist an dieser Stelle nicht möglich.

Der ethnographische Aspekt der Untersuchung ist darüber hinaus kaum abzuschließen: Es gibt da zur Verdeutlichung das bekannte Zitat von Geertz über die Welt und die Schildkröten:

> „Es gibt eine indische Geschichte - zumindest wurde sie mir als indische Geschichte erzählt – über einen Engländer, dem man erzählt hatte, die Welt stehe auf einem Podest, das auf dem Rücken eines Elefanten stehe, der selbst wiederum auf dem Rücken einer Schildkröte stehe; und dieser Engländer fragte daraufhin (vielleicht war es ein Ethnograph, so verhalten sie sich nämlich), worauf denn diese Schildkröte stehe? Auf einer anderen Schildkröte. Und diese andere Schildkröte? 'Oh Sahib, dann kommen nur noch Schildkröten, immer weiter hinunter'" (Geertz 1987: S. 41).

Geertz schließt daraus, dass die „Untersuchung von Kultur (...) ihrem Wesen nach unvollständig" sein wird (Geertz 1987: S. 41). Genauso ist das nämlich, so auch hier. Hier kommt allerdings hinzu, dass sehr viele Forscher im ethnographischen Fokus Beobachtungen angestellt haben. Daraus folgen für die vorliegende Studie nicht nur Stärken (beispielsweise durch unterschiedliche Sichtweisen auf

die vorgefundene oder wahrgenommene Realität, die sich ähnlich wie bei der
Befragung mehrerer MitarbeiterInnen zur Orientierung der BewohnerInnen gegenseitig korrigieren könnten), sondern auch Probleme: Etwa, weil keiner der
Beteiligten wirklich den Status des „Eingeweihten" erreicht haben mag. Oder,
weil die tatsächlich Eingeweihten als solche nicht erkannt wurden[85].

Auch bei den Interviews gibt es möglicherweise Schwierigkeiten erkennt-
nistheoretischer Art: Wie schon angedeutet, haben wir es hier (und zwar, wie ich
fürchte, immer bei dieser Form der Datenerhebung) mit der Selbstdarstellung der
Betroffenen in einer sehr spezifischen und ungewöhnlichen Form von Beziehung
mit den Interviewern zu tun. Diese Form der Selbstpräsentation unterliegt zwar
gewissen erzählerischen Zwängen, wie oben mit Bezug auf namhafte Vertreter
der Methode dargestellt wurde. Trotzdem provoziert die Methode eine Art des
„sich Präsentierens", bei der üblicherweise vom Interviewten nicht versucht
wird, das ungünstigste Bild von sich selbst zu zeichnen.

Solches relativiert selbstverständlich auch die vorhergehend vorsichtig skiz-
zierten Antworten auf die Ausgangsfragen der Untersuchung. Wir alle, d.h. die
Studierenden, die Leser und ich, sind hier kaum über die Ebene von Annährun-
gen hinausgekommen. Vielleicht wäre anderes auch vermessen. Bestimmt wäre
es vermessen, das Leben von 94 alten Menschen und die Arbeitswirklichkeit von
knapp ebenso vielen Mitarbeitern auf gut 300 Seiten abbilden zu wollen.

Die Fragen von Hirsch sind für mich auch durch das Beispiel eines Pflegeheims, in dem es „ganz gut zu laufen scheint" noch nicht beantwortet. Seine
Forderung, auf Bundesebene wenigstens zu einer Diskussion der Lebenswirklichkeit alter Menschen in Heimen zu kommen, vielleicht Standards festzulegen
und so dem Diktat intentional und real Kosten sparender und gleichzeitig angeblich „qualitätsfördernder" Kostenträger zu begegnen, könnte wenigstens ein Beitrag sein:

> „Die Einrichtung einer 'Heim-Enquete' durch den Deutschen Bundestag scheint ein
> geeigneter Weg zu sein, um endlich das nachzuholen, was seit Jahren schon not-
> wendig ist. Zudem wird das Prinzip 'Hoffnung' durch reales Veränderungsbemühen
> genährt. Skeptikern sei mit den Worten von Regina Hildebrandt geantwortet:
> 'Erzählt mir doch nich, dasset nich jeht.'" (Hirsch 2002: S. 19).

Ein Beitrag könnte dies sein, dass es für unsere Alten in einer der reichsten Gesellschaften der Welt nicht schlimmer wird. Und posthum an Regina Hildebrandt
gerichtet: „Es jeht"! Aber es braucht neue Regularien, vor allem aber: Innovation, Aufbegehren, Widerstand, Protest....

---

[85] Das wäre dann die Ebene der Auswertung, mit all den dort zu verortenden Schwierigkeiten.

7 Zusammenfassung

Das Forschungsprojekt „Weg ins Heim oder weg ins Heim?" wurde in der Zeit vom Wintersemester 2004 bis zum Wintersemester 2005 mit Studierenden des Fachbereichs Erziehungswissenschaften an der Goethe-Universität durchgeführt. Die Feldphase im CQJ-Seniorenzentrum C-burg, einer Einrichtung der stationären Altenpflege, an der etwa 120 Studierende beteiligt waren, dauerte von Januar 2005 bis Juli 2005.

Das Projekt beschäftigte sich mit der Frage, unter welchen Umständen ein alter Mensch in ein Pflegeheim geht und was ihn dort erwartet. Forschungsleitend war dabei die Frage, ob die BewohnerInnen sich ins Heim abgeschoben fühlen oder ob eine Entscheidung für das Leben und Wohnen in einer solchen Einrichtung möglicherweise der eigenständigen Entscheidung der Betroffenen entstammt.

Zur Beantwortung der Fragestellung wurden BewohnerInnen und Alltag im Seniorenzentrum in drei unterschiedlichen Ansätzen betrachtet: Zum einen wurden mit narrativen Interviews die erzählten Lebensgeschichten von 22 BewohnerInnen aufgenommen und für die spätere Analyse aufbereitet. Zum Zweiten wurde mit Mitteln von ethnographischen Methoden der Heimalltag festgehalten und verschriftet. Schließlich wurde mit Mitteln der Aktenanalyse und Mitarbeiterbefragungen durch Fragebögen ein quantitativer Bezugsrahmen für alle BewohnerInnen des Hauses entwickelt.

Aus den Texten im ethnographischen Fokus wurde ein sozialräumliches Kategoriensystem entwickelt und durch Zitate belegt, das im Sinne von „dichten Beschreibungen" (Geertz 1987) den Heimalltag der Einrichtung und ihrer BewohnerInnen wiedergibt. Die Texte der Interviews wurden ebenfalls als Grundlage eines entsprechenden kategorialen Systems verwendet, aus dem im nächsten Schritt eine Typologie der BewohnerInnen hergeleitet wurde. Dieser Typologie wurde eine andere gegenübergestellt, die im quantitativen Fokus mit den Mitteln der Faktorenanalyse entwickelt wurde.

Als Ergebnis der Untersuchung wurden Fragen hinsichtlich des Zusammenhangs der Heimaufnahme, nach Möglichkeiten zu Autonomie und Selbstbestimmung im Seniorenzentrum und nach möglicher oder unmöglicher Lebensqualität in dieser Heimumgebung erörtert. Abschließend setzt sich der Forschungsbericht mit der Frage auseinander, inwieweit die Einrichtung eine „Totale Institution" im

Sinne Goffman´s (Goffman 1973) darstellt. Darüber hinaus wurde diesen Unter-suchungsergebnissen auch eine Analyse der im Land praktizierten Regelwerke zum Personalbedarf in solchen Einrichtungen gegenübergestellt und die entspre-chenden Aussagen hinsichtlich ihrer Auswirkungen kritisch gewürdigt.

8 Ausblick: Und wenn sie nicht gestorben sind ...

Mehr als 15 Monate nach Ende der letzten Feldphase[86] stellt sich dem Leser möglicherweise die Frage, was aus den Beteiligten im Forschungsprojekt geworden ist. Dazu ein kurzer Überblick:

Frau Bader ist inzwischen gestorben. Der Tod kam bei ihr ziemlich plötzlich, sie hat sich aufrecht aus dem Leben verabschiedet. Auch Herr Reich ist inzwischen verstorben, vier Wochen vor seinem Tod hatte er sich noch begeistert einer Skatrunde um Herrn Hanke angeschlossen. Seine Frau lebt jetzt im Einzelzimmer, ist verbittert und zunehmend verwirrt.

Frau Bangert dagegen wirkt äußerlich unverändert, allerdings hat sie sich mehr und mehr zurückgezogen, sie ist kaum mehr außerhalb ihres Zimmers anzutreffen. Frau Freund wurde noch vergesslicher, merkt das und leidet darunter. Im Alltag ist sie jedoch um Contenance bemüht und zieht immer noch ihre Runden um das Seniorenzentrum und ist nach wie vor an Gesellschaft und Gesprächen mit Mitbewohnern und Mitarbeitern des Hauses interessiert.

Herr Hanke ist noch immer nicht ausgezogen. Man trifft ihn regelmäßig, wenn das Taschengeld reicht, im Bistro um 11:00 Uhr bei seinem (hoffentlich) ersten Glas Wein. Im Sommer erledigt er inzwischen kleinere Hausmeistertätigkeiten in einem Biergarten um die Ecke. Auch Frau Ballweg ist nach kurzem Leiden verstorben, wenn nicht ihr Leben zuvor schon als Leiden verstanden werden muss. Frau Linde dagegen ruft immer noch „Hallo". Leider gibt es derzeit keinen Studenten zum Küssen und bislang nur wenige von den zusätzlichen Helfern. Frau Hauk ist in ihren körperlichen Möglichkeiten noch etwas weiter eingeschränkt und spricht nun sehr verzögert. Ihre Kontakte außerhalb des Hauses beschränken sich weitgehend auf die ehrenamtlichen MitarbeiterInnen der Seniorenhilfe, sieht man von gelegentlichen Besuchen ihres Enkels ab. Kritisch und selbstbewusst ist sie aber zum Glück noch immer.

Frau Kress ist nach einem Krankenhausaufenthalt dauerhaft bettlägerig und wird künstlich ernährt: Man hat ihr von medizinischer Seite das Sterben verwehrt. Eine verbale Kommunikation mit ihr ist nicht mehr möglich. Auch Frau Volz zieht nicht mehr ihre Runden. Sie teilt das Schicksal von Frau Kress, wird künstlich ernährt, ist nicht mehr ansprechbar und markiert so einen dieser merk-

---

[86] Zeitpunkt der Erstellung des Manuskripts zu diesem Text

würdigen Triumphe der modernen Medizin, trotz gegenteiliger Vorsorgevoll-
macht und alledem. Dafür ist Frau Krämer mit ihren 99 Jahren aus dem Seniorenzentrum ausgezogen. Sie wurde soweit gesund gepflegt, dass sie wie zuvor
wieder bei ihrer Tochter wohnt. Mit ihr kommt Frau Krämer, inzwischen hundert
Jahre alt, immer noch zu Festen und Veranstaltungen ins Heim.

Frau Mast sitzt wie immer mit ihrer Zigarette im Bistro. Fragt man sie nach
ihrem Befinden, erklärt sie wie früher „Es muss, es muss!": Frau Menzel lebt
bevorzugt in ihrem Zimmer, hat den Gedanken an baldigen Tod aber zunächst
aufgegeben und nimmt gern an Gruppenangeboten teil, aber nur, wenn sie gebeten wird. Frau Mörsch dagegen ist nach kurzem, schwerem Leiden im Krankenhaus verstorben.

Herr Moos kommt nicht mehr so häufig am frühen Morgen zu seinem Spaziergang um das Seniorenzentrum, trotzdem führt er in seinem Essbereich „das
Regiment" und ist unbeugsam wie je, manchmal zur Verzweiflung des Personals. Frau Muschel hat sich kaum verändert, noch immer unternimmt sie Spaziergänge und pflegt Freundschaften zu Mitbewohnern. Frau Reim ist wie immer
gut drauf, lebt jetzt im Einzelzimmer und fehlt bei keiner Veranstaltung. Neulich
erklärte sie voller Stolz, endlich den Trick beim perspektivischen Zeichnen verstanden zu haben. Bei Frau Schank haben sich krankheitsbedingt die Möglichkeiten zur Teilnahme stark eingeschränkt, sie nimmt eher selten an Gruppenangeboten teil und zieht sich ziemlich zurück.

Frau Samstag dagegen isst nach wie vor im Bistro und pflegt dort ihre Bekanntschaften, lebt sonst eher zurückgezogen. Sie überlegt aber sehr ernsthaft, ob
sie nicht in ein Heim ziehen soll, bei dem ein Schwimmbad dabei ist. Frau Siebig
wurde in den letzten Monaten zunehmend verwirrt, kann nichts mehr selbständig
essen und liegt seit ein paar Wochen dauerhaft im Bett. Frau Sitter war wie immer, bis sie vor kurzem stürzte und sich den Oberschenkelhals brach. Zurzeit ist
sie in einer Reha-Einrichtung.

Frau Trend ist verstorben, allerdings hatte sie über Monate zu leiden, überwiegend in Krankenhäusern. Frau Wasser wurde in letzter Zeit immer schwächer
und hat zunehmend die Nahrung verweigert. Es ist zu hoffen, dass ihr das
Schicksal von Frau Kress erspart bleibt. Frau Wiese schließlich fehlt bei keinem
Gruppenangebot, ist vergesslich wie je, aber immer gut drauf. Ihre Witze, An-
züglichkeiten und Spottverse sind Legende.

Im Haus gibt es jetzt auch ein neues Gruppenangebot für demenziell Erkrankte. Ein neuer Heimbeirat ist gewählt, dem neben Frau Reim auch wieder
Herr Hanke als Vorsitzender angehört. Die Verständigung mit der Küche im
Haus und mit den Hauswirtschaftskräften zur weiteren Verbesserung der kulinarischen Qualität der Speisen und der bedürfnisorientierten Versorgung der BewohnerInnen ist ein zentrales Anliegen des Heimbeirats.

Abschließend ist zu den übrigen Studierenden im Forschungsprojekt folgendes zu sagen: Viele von Ihnen haben inzwischen ihre Hausarbeit zum Vordiplom geschrieben und ihre mündlichen Prüfungen abgelegt. Auffällig dabei war, dass die Bewertungen ihrer Leistungen seitens der Universität überdurchschnittlich gut ausgefallen sind. Viele der am Forschungsprojekt Beteiligten scheinen noch Kontakte untereinander zu unterhalten, unter einigen hat sich scheinbar ein regelrechtes Netzwerk zur gegenseitigen Unterstützung gebildet. Fast alle Mitglieder der Steuerungsgruppe haben inzwischen in meinen Lehrveranstaltungen als Tutoren gearbeitet, drei von ihnen über mehrere Semester. Ihr Kontakt zum Seniorenzentrum C-burg ist nur noch sporadisch, dann jedoch herzlich und interessiert.

Übrigens: Ein neues, viel kleineres Projekt mit dem Titel „Forschungsfolgen oder: Wann kommen die Studenten wieder?" wurde inzwischen auf den Weg gebracht und beschäftigt sich damit, was Forschung im Feld auslösen kann. Es ist wieder im CQJ-Seniorenzentrum angesiedelt, etwa 15 Studierende nehmen derzeit teil. Zehn von ihnen waren auch im Projekt „Weg ins Heim oder weg ins Heim?" dabei. Im Sommer 2006 kam die Wissenschaft im neuen Projekt allerdings vorerst etwas zu kurz, wir haben meist lieber für die BewohnerInnen abends gegrillt.

Und noch etwas: Es wurde auf Grundlage des § 4 Betriebsverfassungsgesetz vom späteren Vorsitzenden im April 2006 eine Befragung der MitarbeiterInnen des Hauses und der Tagespflege durchgeführt mit dem Ergebnis, dass die MitarbeiterInnen mit überwältigender Mehrheit verlangten, an der Betriebsratswahl im CQJ-Kreisverband N-burg teilzunehmen. Das Ergebnis dieser Befragung war, dass ein gemeinsamer siebenköpfiger Betriebsrat für Seniorenzentrum, Tagespflege und Hauptverwaltung gewählt wurde. Ein zentrales Thema des neuen und erweiterten Betriebsrats ist die Personalsituation im Seniorenzentrum, die tarifvertragliche Absicherung aller Arbeitsverträge und die Abstimmung mit ähnlichen Einrichtungen in solchen Fragen: Es geht natürlich auch um die Frage, zusammen mit anderen Einrichtungen eine gewisse politische Bedeutung gegenüber den unterschiedlichen Entscheidungsträgern zu erreichen. Möge ihm das gelingen.

9 Danksagung an die Beteiligten

Die Steuerungsgruppe bestand aus: Stefan Auerbach, Sabine Blüm, Simone Bunz, Thomas Heitzenröder, Tina Hühner, Monique Kessler, Mareike Meister, Diana Nußeck, Alina Riemann, Kaori Schütz und Bilge Turgay.

Die übrigen Beteiligten der Feldphase waren: Dawid Badowski, Jana Bönsch, Najat Boulfouyoul, Ulrike Breier, Nicoleta Camaras, Irini Chilas, Vanessa d'Arco, Susanne Dettmers, Peter Dvorak, Anna Falk, Isabel Finkler, Julija Gavricenkova, Tanja Giesen, Sandra Goll, Nadja Haas, Sophie Hafner, Laura Hamann, Nadja Herzger, Julia Hintz, Markus Hoffmann, Roman Jeltsch, Agnes Karkulowski, Moritz Kern, Stephanie Klopp, Agnieszka Komar, Esther Kopmann, Oksana Kornejeva, Josephine Krebs, Johanna Krüger, Ralf Kübler, Mona Lange, Philipp Merx, Miriam Meurer, Tarca Mihai, Jelena Mitsch, Elena Mühlig, Alice Murschall, Sara Nahidpour, Silke Neumann, Ganzorig Odmanderk, Christine Otto, Selmar Perleth, Stephanie Prill, Frederieke Probandt, Ilka Purkert, Paulo Rodrigues, Linda-Maria Roth, Tanja Schmidt, Lucia Schmitz, Frank Schnaubelt, Edyta Schottek, Maja Schulz, Katarina Sesar, Tatjana Skiba, Kerstin Späth, Torsten Stein, Dana Steinberg, Tanja Tschumak, Lena Veverka, Christian Vierling, Natalija Vynnyk, Sonja Witt, Meike Woest und Joanna Zalek.

Bei der Auswertung im Wintersemeseter 2005 waren beteiligt: Lars-Michael Aulerich, Tina Barget, Daniela Becker, Christian Beek, Stefan Bennewitz, Frank Bernard, Caroline Blancke, Max Bohm, Ra Boyssihmed, Ulrike Breier, Sabine Dehler, Mareike Ehrhardt, Hanna Erasmus, Nicoleta Fatan, Jan Findhammer, Katharina Gangel, Miriam Hoffmann, Alexander Höfling, Katharina Jaeger, Lina Janzen, Yuheng Jiang, Milena Jung, Miriam Kappes, Janine Kästner, Gül Kayci, Moritz Kern, Lea Kilian, Mira Klamp, Johanna Klein, Patricia Klumpp, Agnieszka Komar, Sarah Korb, Oksana Kornejeva, Katrin Kraich, Merle Lindrum, Ralf Maier, Philipp Merx, Juliane Mittelstädt, Verena Mühlenbeck, Marcel Müller, Saskia Müller, Alice Murschall, Lukas Narojek, Saskia Naziri, Christine Otto, Katrin Owtscharenko, Clara Parlesak, Sima Paydar, Corinna von Rabenau, Michele Riad, Anita Ritz, Monika Schindler, Carola Schneider, Janina Schneider, Anett Seidel, Astrid Seidler, Franziska Stawski, Dana Steinberg, Sebastian Toepper, Heike Urban, Lena Volknandt, Paula Vollmer, Merle Waschulewski, Danjal Waziri, Simone Weber, Sachar Weichsel, Nadine Weismantel, Silvija Valkariciute, Nina Vynnyk und Dominika Zmuda.

Allen Beteiligten danke ich an dieser Stelle für ihr Engagement und für ihre Anregungen zum Projekt. Mein Dank gilt ebenso Stefanie Schwarz für das Lektorat und Nica Böttcher für Unterstützung bei der Organisation der Veröffentlichung.
Nicht zuletzt gilt mein Dank Frau Professor Kallert, Herrn Professor Fuchs-Heinritz und Herrn Professor Nittel sowie den Kolleginnen und Kollegen aus dem Seniorenzentrum für ihre Unterstützung und schließlich meiner Ehefrau Christina für ihre Anregungen und ihre Geduld.

10 Literatur

Aktion gegen Gewalt in der Pflege (1999): Menschenwürde in der stationären Altenpflege – (k)ein Problem? Bonn/Köln

Albrecht, Peter-Georg (1997): Leben im Altenheim – Zur Zufriedenheit Magdeburger Heimbewohnerinnen mit ihrer Lebenssituation; Frankfurt am Main

Amann, Klaus und Hirschauer, Stefan (Hg.) (1997): Die Befremdung der eigenen Kultur. Zur ethnographischen Herausforderung soziologischer Empirie; Frankfurt am Main

Amann, Klaus und Hirschauer, Stefan (1997): Die Befremdung der eigenen Kultur. Ein Programm; in: Amann, Hirschauer (Hg.) (1997)

Atteslander, Peter (1993): Methoden der empirischen Sozialforschung; Berlin / New York,

Baden-Württenbergische Krankenhausgesellschaft e.V. (2003): Sozialgesetzbuch XI und Heimgesetz; Stuttgart

Bamberger, Kornelius (2000): SPSS für Windows; RRZN; Saarbrücken,

Basler, Heinz-Dieter (2002): Chronischer Schmerz und Förderung der Lebensqualität; in: Basler, Keil (Hrsg.) 2002

Basler, Heinz-Dieter und Keil; Siegfried (Hg.) (2002): Lebenszufriedenheit und Lebensqualität im Alter; Marburger Forum zurGerontologie; Grafschaft

Bergmann, Jörg R. (2003): Ethnomethodologie; in: Flick, Kardorff, Steinke, (2003)

Bergmann, Jörg R. und Meier, Christof (2003): Elektronische Prozessdaten und ihre Analyse; in: Flick, Kardorff, Steinke, (2003)

Blimlinger, Eva u.a. (Hg.) (1996): Lebensgeschichten – Biographiearbeit mit alten Menschen; Hannover,

Böhm, Andreas (2003): Theoretisches Codieren: Textanalyse in der Grounded Theory;.in: Flick, Kardorff, Steinke, (2003)

Breitscheidel, Markus (2005): Abgezockt und totgepflegt; Berlin

Brockhaus (1998): Der Brockhaus in fünfzehn Bänden - Siebter Band; Wien

Brosius, Gerhard und Brosius, Felix (1995): SPSS; Bonn

Brühl, Albert (2005): Eine empirische Fragestellung, die nicht konsequent empirisch bearbeitet wird: Personalbedarfsbemessung in der Pflege; in: Zeitschrift „pro Alter" des Kuratoriums Deutsche Altershilfe, September 2005

Bude, Heinz (2003): Die Kunst der Interpretation; in: Flick, Kardorff, Steinke, (2003)

Bundesarbeitsgemeinschaft für Rehabilitation (Hg.) (1995): Arbeitshilfe zur Rehabilitation bei älteren Menschen;. Frankfurt am Main.

Bundesministerium für Familie, Senioren, Frauen und Jugend (2001): Dritter Bericht zur Lage der älteren Generation; Berlin

Bundesministerium für Familie, Senioren, Frauen und Jugend (2002): Vierter Bericht zur Lage der älteren Generation; Berlin

Bundesministerium für Familie, Senioren, Frauen und Jugend (2002): Die Entwicklung einer Kommunikationskultur in Pflegeheimen. Ein Praxishandbuch; Berlin

Bundesministerium für Familie, Senioren, Frauen und Jugend (2003): Der Heimbeirat; Berlin

Bundesministerium für Familie, Senioren, Frauen und Jugend (2004): Ihre Rechte als Heimbewohnerinnen und Heimbewohner; Berlin

Bundesministerium für Familie, Senioren, Frauen und Jugend (2006): Erster Bericht des Bundesministeriums für Familie, Senioren, Frauen und Jugend über die Situation der Heime und die Betreuung der Bewohnerinnen und Bewohner; Berlin

Bundesministerium für Gesundheit (1999): BMG Modellprojekte, Zur Verbesserung der Situation Pflegebedürftiger; Flörsheim, Darmstadt, Dietzenbach, Hanau, Bonn-Schweinheim, Düsseldorf, Bonn-Heiderdorf; Köln

Bunz, Simone (2005): Handout Was gehört in ein Feldtagebuch? http//www.user.uni-frankfurt.de/~guenter

Burkart, Günter (2005a): Handout QM Ethnographie Feldphase WS 04; http//www.user.uni-frankfurt.de/~guenter

Burkart, Günter (2005b): Handout QM Überlegungen zu den Auswertungen; http//www.user.uni-frankfurt.de/~guenter

Burkart, Günter (2005c): Handout Überlegungen zu den Kategorien und Mustern für die Ethno-Gruppe; http//www.user.uni-frankfurt.de/~guenter

Clauß, G. und Ebner, H. (1976): Grundlagen der Statistik -Für Psychologen, Pädagogen und Soziologen-; Berlin,

Closs, C. und Kempe, P. (1979): Kontaktverhalten von Heimbewohnern – Binnen- und Außenorientierung und differentielle Bezüge zu Lebenszufriedenheit und selbstwahrgenommener Kontaktfähigkeit; In: Zeitschrift für Gerontologie 12

Dietrich, Gudrun (1997): Lebensqualität von Altenheimbewohnern, Diplomarbeit an der Friedrich-Alexander-Universität Erlangen-Nürnberg, Institut für Psychologie; Erlangen

CQJ-Seniorenzentrum C-burg (2003): Pflegeleitbild des CQJ-Seniorenzentrums C-burg gGmbH; www.Seniorenzentrum-C-burg.de; C-burg,

Düx, Holger (1997): Lebenswelten von Menschen in einem Alten- und Pflegeheim – eine qualitative Untersuchung mit heuristischen Methoden; Köln

Eco, Umberto, (2003): Wie man eine wissenschaftliche Abschlußarbeit schreibt: Doktor-, Diplom- und Magisterarbeit in den Geistes- und Sozialwissenschaften; Heidelberg

Fiebig, Sandra (1999): Ein neues Ich entsteht – über Identitätsverlust im Alter, Diplomarbeit FB Erziehungswissenschaften; Frankfurt am Main

Flick, Uwe (2002): Qualitative Sozialforschung – eine Einführung; Reinbeck,

Flick, Uwe (2003): Design und Prozess qualitativer Forschung; in: Flick, Kardorff, Steinke, (2003)

Flick, Uwe (2003): Triangulation in der qualitativen Forschung; in: Flick, Kardorff, Steinke, (2003)

Flick, Uwe und Bauer, Martin (2003): Qualitative Forschung lehren; in: Flick, Kardodorff, Steinke, (2003)

Flick, Uwe, Kardorff, Ernst von und Steinke, Ines (Hg.) (2003): Qualitative Forschung – ein Handbuch; Reinbeck, (2003)

Flick, Uwe, Kardorff, Ernst von und Steinke, Ines (Hg.) (2003): Was ist qualitative Forschung? Einleitung und Überblick; in: Flick, Kardorff, Steinke, (2003)

Friebertshäuser, Barbara (2003): Feldforschung und teilnehmende Beobachtung; in: Friebertshäuser, Prengel, (2003)

Friebertshäuser, Barbara und Annedore Prengel (2003): Handbuch Qualitative Forschungsmethoden in der Erziehungswissenschaft; Weinheim/München

Friedrichs, Jürgen (1973): Methoden Empirischer Sozialforschung; Reinbeck

Fuchs-Heinritz, Werner (2005): Biographische Forschung - Eine Einführung in Praxis und Methoden; Hagen

Fuchs-Heinritz, Werner; Lautmann, Rüdiger; Rammstedt, Otthein und Wienold, Hanns (1994): Lexikon zur Sozologie; Opladen

Fussek, Claus und Loerzer, Sven (2005): Alt und abgeschoben - Der Pflegenotstand und die Würde des Menschen; Freiburg im Breisgau

Geertz, Clifford (1987): Dichte Beschreibung; Frankfurt am Main

Glaser, Barney G. und Strauss, Anselm L. (1998): Grounded theory: Strategien qualitativer Forschung; Bern [u.a.]

Goffman, Erving (1973): Asyle - Über die soziale Situation psychiatrischer Patienten und anderer Insassen; Frankfurt am Main

Hanisch-Berndt, Juliane und Göritz, Manja (2005): Gemeinschaft und Vereinsamung in Einrichtungen der stationären Altenhilfe, Freie Universität Berlin – Institut für Soziologie; http//www.diplomarbeit-altenhilfe.de

Harper, Douglas (2003): Fotografien als sozialwissenschaftliche Daten; in: Flick, Kardorff, Steinke, 2003

Haseloff, Otto W. und Hoffmann, Hans J. (1970): Kleines Lehrbuch der Statistik; Berlin

Heinzelmann, Martin (2004): Das Altenheim – immer noch eine „totale Institution"? Eine Untersuchung des Innenlebens zweier Altenheime; Göttingen

Heitzenröder, Thomas (2005): Handout Transkriptions-Regeln - „Weg ins Heim"; http//www.user.uni-frankfurt.de/~guenter

Hirsch, Rolf D. (2002): Erfüllen Pflegeheime die Bedürfnisse der Menschen? In: ForumSozial 4/2002

Hofstätter, Peter R. (1974): Faktorenanalyse; in: König, 1974

Honer, Anne (2003): Lebensweltanalyse in der Ethnographie; in: Flick, Kardorff, Steinke, (2003)

Hopf, Christel (2004): Qualitative Interviews - ein Überblick; in: Flick, Uwe (Hg.): Qualitative Forschung: ein Handbuch. Reinbek bei Hamburg, (2004)

Huber, Martin; Siegel, Sieglinde Anne; Wächter, Claudia und Brandenburg, Andrea (2005): Autonomie im Alter, Leben und Altwerden im Pflegeheim – Wie Pflegende die Autonomie von alten und pflegebedürftigen Menschen fördern; Hannover

Jacobsen, Astrid (1997): Ordnungs- und Unruhestifter. Ein privater Sicherheitsdienst observiert; in: Amann, Hirschauer (Hg.) (1997)

Jakob, Gisela (2003): Das narrative Interview in der Biographieforschung; in: Friebertshäuser, Prengel, 2003

Jenrich, Holger (2006): Widerworte geben; in: Altenpflege 3 –2006

Juchli, Liliane (1991): Krankenpflege – Praxis und Theorie der Gesundheitsförderung und Pflege Kranker; Stuttgart

Kähler, Wolf-Michael (1994): SPSS für Windows; Braunschweig / Wiesbaden

Kardorff, Ernst v. (2003): Zur Verwendung qualitativer Forschung; in: Flick, Kardorff, Steinke, (2003)

Kelle, Udo und Christian Erzberger (2003): Qualitative und quantitative Methoden: Kein Gegensatz; in: Flick, Kardorff, Steinke, (2003)

Kern, Horst (1982): Empirische Sozialforschung – Ursprünge, Ansätze, Entwicklungslinien; München

Klafki, W.; Rückriem, G. M.; Wolf, R.; Freudenstein, H;.Beckmann, K.; Lingelbach, K.-Ch.; Iben, G. und Dieterich, J. (1972): Erziehungswissenschaft 3; Frankfurt am Main

Klein, T.; Salaske, I. u.a. (1997): Altenheimbewohnern in Deutschland: Sozialstrukturelle Charakteristika und die Wahl des Heims; in: Zeitschrift für Gerontologie und Geriatrie 30 Heft 1

Klein, Thomas und Salaske, Ingeborg (1994): Die Bedeutung sozialer Beziehungen für den Heimeintritt im Alter – Theoretische Überlegungen und empirische Befunde; in: Zeitschrift für Sozialreform, Heft 10, Oktober 1994

Klein, Thomas und Siegfried Gabler (1996): Der Altenheimsurvey: Durchführung und Repräsentativität einer Befragung in den Einrichtungen der stationären Altenhilfe; In: Zuma-Nachrichten 38. Jg. 20. Mai 1996

Kleinau-Metzler, Doris (2006): Zukunft der Arbeit II – Pflegen als Kulturarbeit, Rolf Heine im Gespräch mit Doris Kleinau-Metzler; in: A tempo 02-2006

Klie, Thomas und Brandenburg, Hermann (Hg.) (2003): Gerontologie und Pflege, Beiträge zur Professionalisierungsdiskussion in der Pflege alter Menschen; Hannover

Koch-Straube, Ursula (2003): Fremde Welt Pflegeheim – eine ethnologische Studie; Bern / Göttingen / Toronto / Seattle,

König, René (Hg.) (1974): Handbuch der empirischen Sozialforschung, Band 3a: Grundlegende Methoden und Techniken- Zweiter Teil; Stuttgart

Kowal, Sabine und Daniel C. O´Conell (2003): Zur Transkription von Gesprächen; in: Flick, Kardorff, Steinke, (2003)

Kromrey, Helmut (1998): Empirische Sozialforschung; Opladen,

Kruse, Andreas und Wahl, Hans-Werner (Hg.) (1994): Altern und Wohnen im Heim: Endstation oder Lebensort?; Bern, Göttingen, Toronto, Seattle

Legewie, Heiner (2003): Feldforschung und teilnehmende Beobachtung; in: Flick, Kardorff, Steinke, (2003)

Lüders, Christian (2003): Beobachten im Feld und Ethnographie; in: Flick, Kardorff, Steinke, (2003)

Marotzki, Winfried (2003): Qualitative Biographieforschung; in: Flick, Kardorff, Steinke, (2003)

Matt, Eduard (2003): Darstellung qualitativer Forschung; in: Flick, Kardorff, Steinke, (2003)

Mayring, Philipp (2002): Einführung in die qualitative Sozialforschung: eine Anleitung zu qualitativem Denken; Weinheim

Mayring, Phillip (2003a): Qualitative Inhaltsanalyse; in: Flick, Kardorff, Steinke, (2003)

Mayring, Philipp (2003b): Qualitative Inhaltsanalyse: Grundlagen und Techniken; Weinheim [u.a.]

Meinefeld, Werner (2003): Hypothesen und Vorwissen in der qualitativen Sozialforschung; in: Flick, Kardorff, Steinke, (2003)

Merkens, Hans, (2003): Qualitative und quantitative Methoden: kein Gegensatz; in: Flick, Kardorff, Steinke, (2003)

Ministerium für Gesundheit, Soziales, Frauen und Familie des Landes Nordrhein-Westfalen (2004): Stationäre Altenpflege – Personalstrukturen, Arbeitsbedingungen, Arbeitszufriedenheit; Düsseldorf

Naegele, Gerhard und Weidekamp-Maicher, Manuela (2002): Lebensqualität im Alter; in: Wissenschaftszentrum Nordrhein-Westfalen – Das Magazin, 13. Jg. S. 22-26; Düsseldorf

Nittel, Dieter (1989): Report: Alternsforschung; Bonn

Noll, Heinz-Herbert (2000): Konzepte der Wohlfahrtsentwicklung: Lebensqualität und „neue" Wohlfahrtskonzepte; Wissenschaftszentrum Berlin für Sozialforschung; http//www.bibliothek.wz-berlin.de/pdf/2000/poo-505.pdf

Osborn, Carolin u.a. (1997): Erinnern – eine Anleitung zur Biographiearbeit mit alten Menschen; Freiburg,

Popper, Karl (1993): Objektive Erkenntnis; Hamburg

Pospeschill, Markus (2000): SPSS für Fortgeschrittene; RRZN; Saarbrücken

Reichertz, Jo (2003): Abduktion, Deduktion und Induktion in der qualitativen Forschung; in: Flick, Kardorff, Steinke, (2003)

Rosenthal, Gabriele und Fischer-Rosenthal, Wolfram (2003): Analyse narrativ-biographischer Interviews; in: Flick, Kardorff, Steinke, (2003)

Rost, Friedrich (1997): Lern- und Arbeitstechniken für pädagogische Studien-gänge: mit Informationen zu Auskunftsmitteln und (Internet)-Adressen; Opladen

Schmidt, Christiane (2003): Analyse von Leitfadeninterviews; in: Flick, Kardorff, Steinke, (2003)

Schmitz-Scherzer, Reinhard (1994): Verbesserung der Lebensqualität in statio-nären Einrichtungen; In: Kruse und Wahl (Hrsg.) (1994)

Schneekloth, Ulrich und Müller, Udo (1997): Hilfe- und Pflegebedürftige in Heimen, Endbericht zur Repräsentativerhebung im Forschungsprojekt „Möglichkeiten und Grenzen selbständiger Lebensführung in Einrichtun-gen"; Stuttgart, Berlin, Köln

Schumacher, Jörg; Klaiberg, Antje und Brähler; Elmar (2003): Diagnostik von Lebensqualität   –   Eine   Einführung;   http//www.uni-leipzig.de/~geopsych/material/diagn_swp.pdf

Schütze, Fritz (1983): Biographieforschung und narratives Interview; in: Neue Praxis, 13. Jahrgang, Heft 3

Schütze, Fritz (1987): Das narrative Interview in Interaktionsfeldstudien I; Fern-universität – Gesamthochschule – Hagen, Fachbereich Erziehungs- Sozial- und Geisteswissenschaften; Hagen

Seel, Mechthild und Hurling, Elke (2003): Die Pflege des Menschen im Alter – Ressourcenorientierte Unterstützung nach den AEDL; Hannover

Stamm, Hanspeter und Lamprecht, Markus (2005): Lebensqualität – Konturen eines schillernden Begriffs; In: Vorsorge 01_05; http//www.winterthur-leben.ch/pdf~vorsorge-2005-1_lebensqualitaet-konturen.pdf

Statistisches Bundesamt - Zweigstelle Bonn (2005): Bericht: Pflegestatistik 2003 - Pflege im Rahmen der Pflegeversicherung - Deutschlandergebnisse –; http//www.pflege@destatis.de

Statistisches Bundesamt - Zweigstelle Bonn (2007): Bericht: Pflegestatistik 2005 - Pflege im Rahmen der Pflegeversicherung - Deutschlandergebnisse – http//www.pflege@destatis.de

Steinke, Ines (2003): Gütekriterien qualitativer Forschung; in: Flick, Kardorff, Steinke, (2003)

Strauss, Anselm L. (1998): Grundlagen qualitativer Sozialforschung – 2. Auflage; München u. a.

Strauss, Anselm und Corbin, Juliet (1996): Grounded Theory: Grundlagen Qualitativer Sozialforschung; Weinheim

Südmersen, Ilse M. (1983): Hilfe, ich ersticke in Texten! – Eine Anleitung zur Aufarbeitung narrativer Interviews; in: Neue Praxis, 13. Jahrgang, Heft 3

Terhart, Ewald (2003): Entwicklung und Situation des qualitativen Forschungsansatzes; in: Friebertshäuser, Prengel, (2003)

Tesch-Römer, Clemens; Kondratowitz, Hans-Joachim v. und Motel-Klingbiel, Andreas (2007): OASIS – Old Age and Autonomy: The Role of Service Systems and Intergenerational Family Solidarity; Deutsches Zentrum für Altersfragen; http//www.dza/forschung/forsch-oasis.html

Tesch-Römer, Clemens, Kondratowitz, Hans-Joachim v. und Motel-Klingebiel, Andreas (2001): Lebensqualität und intergenerationelle Solidarität, in „Informationsdienst Altersfragen"; Herausgeber: Deutsches Zentrum für Altersfragen e.V.; Heft 3+4/2001 - März/April 2001

Tinnefeldt, Gerhard (2002): Lebensqualität im Altenheim; In: Basler, Heinz-Dieter und Keil, Siegfried (Hrsg.) (2002)

Titscher, Stefan, (1998): Methoden der Textanalyse: Leitfaden und Überblick; Opladen [u.a.]:

Urlaub, Karl Heinz (1995): Angehörigenarbeit in Heimen - Konzepte und Erfahrungen, Ergebnisse einer empirischen Untersuchung; Köln

Wahl, Hans-Werner und Reichert, Monika (1994): Übersiedlung und Wohnen im Altenheim als Lebensaufgabe; In: Kruse, Andreas und Hans-Werner Wahl (Hrsg.) (1994)

Wallraff, Günter (2005): Vorwort von Günter Wallraff; in: Breitscheidel, Markus (2005):

Weingandt, Birgit (2001): Biographische Methoden in der Geragogik – qualitative und inhaltsanalytische Zugänge; Köln

Wellenreuther, Martin (2000): Quantitative Forschungsmethoden in der Erziehungswissenschaft - Eine Einführung; Weinheim und München

Witterstätter, Kurt (1994): Soziologie für die Altenarbeit; Freiburg

Wolff, Stephan (2003): Dokumenten- und Aktenanalyse; in: Flick, Kardorff, Steinke, (2003)

Wolff, Stephan, (2004): Weg ins Feld und ihre Varianten. S. 334 - 349 in: Flick, Uwe (Hg.) (2004): Qualitative Forschung: ein Handbuch. Reinbek bei Hamburg

Handbücher Soziale Arbeit

Kirsten Aner / Ute Karl (Hrsg.)

Handbuch Soziale Arbeit und Alter

2009. ca. 550 S. Br. ca. EUR 39,90
ISBN 978-3-531-15560-9

Soziale Arbeit für und mit älteren und alten Menschen meint mehr als nur Altenhilfe. Vor dem Hintergrund des demografischen Wandels, der vor allem eine Zunahme der Altenpopulation mit sich bringt, eröffnet sich ein breites Handlungsfeld für die Soziale Arbeit. Mit dem Handbuch werden zum einen die gegenwärtigen Strukturprobleme sozialer Altenarbeit aufgezeigt und gleichzeitig wird das Spektrum, das weit über die reine ‚Altenpflege' hinaus geht, vorgestellt.

Bernd Dollinger /
Henning Schmidt-Semisch (Hrsg.)

Handbuch Jugendkriminalität
Kriminologie und Sozialpädagogik im Dialog

2010. ca. 650 S. Br. ca. EUR 49,90
ISBN 978-3-531-16067-2

Kriminalität Jugendlicher erweist sich regelmäßig als mediales und politisches Ereignis. Wenig relevant sind in diesen Zusammenhängen kriminologische und sozialpädagogische Befunde, die wissenschaftlich fundiert tatsächlich vorliegen. An einer Schnittstelle von Sozialpädagogik und Kriminologie setzt dieses Handbuch an und fasst die gegenwärtigen Diskurse für die (Fach-)Öffentlichkeit zusammen. Thematisiert werden zentrale Diskussionsfelder der aktuellen Auseinandersetzung um die Erscheinung und Bearbeitung jugendlicher Kriminalität.

Ulrich Deinet /
Benedikt Sturzenhecker (Hrsg.)

Handbuch Offene Kinder- und Jugendarbeit

3., völlig überarb. Aufl. 2005. 662 S.
Geb. EUR 59,90
ISBN 978-3-8100-4077-0

Barbara Kavemann /
Ulrike Kreyssig (Hrsg.)

Handbuch Kinder und häusliche Gewalt

2., durchges. Aufl. 2007. 475 S.
Br. EUR 39,90
ISBN 978-3-531-15377-3

Werner Thole (Hrsg.)

Grundriss Soziale Arbeit
Ein einführendes Handbuch

2., überarb. und akt. Aufl. 2005. 983 S.
Br. EUR 44,90
ISBN 978-3-531-14832-8

Der „Grundriss Soziale Arbeit" ist ein sozialpädagogisches Lehrbuch mit der Funktionalität eines Nachschlagewerks und ein sozialpädagogisches Nachschlagewerk mit ausgesprochenem Lehrbuchcharakter.

Erhältlich im Buchhandel oder beim Verlag.
Änderungen vorbehalten. Stand: Januar 2009.

www.vs-verlag.de

VS VERLAG FÜR SOZIALWISSENSCHAFTEN

Abraham-Lincoln-Straße 46
65189 Wiesbaden
Tel. 0611.7878 - 722
Fax 0611.7878 - 400